MÉMOIRES

ET CORRESPONDANCE

POLITIQUE ET MILITAIRE

DU

PRINCE EUGÈNE

PUBLIÉS, ANNOTÉS ET MIS EN ORDRE

PAR

A. DU CASSE

AUTEUR DES MÉMOIRES DU ROI JOSEPH

TOME HUITIÈME

PARIS

MICHEL LÉVY FRÈRES, LIBRAIRES-ÉDITEURS

RUE VIVIENNE, 2 BIS

1860

MÉMOIRES
DU
PRINCE EUGÈNE

OUVRAGES DU MÊME AUTEUR

Mémoires du Roi Joseph, 10 vol. in-8.
Suite des Mémoires du Roi Joseph, 3 vol. in-8.
Album des Mémoires du Roi Joseph, in-8.
Précis historique des opérations de l'armée de Lyon en 1814, 1 vol. in-8.
Mémoires pour servir a l'histoire de la campagne de 1812, 1 vol. in-8.
Opérations du 6e corps en Silésie en 1806 et en 1808, 2 vol. in-8 avec atlas.
Précis des opérations de l'armée d'Orient de mars 1854 a octobre 1855, 1 vol. in-8.
Le Duc de Raguse devant l'histoire, 1 vol. in-8.
Les Erreurs militaires de M. de Lamartine, 1 vol. in-8.
La Morale du soldat, in-8.

ROMANS :

Rambures, 1 vol. in-8.
Du soir au matin, 1 vol. in-8.
Le Marquis de Pazaval, 1 vol. (en collaboration avec M. Valois)

SOUS PRESSE :

Le Conscrit de l'an VIII (en collaboration avec M. Valois).
Les Deux Belles-Sœurs.

PARIS. — IMP. SIMON RAÇON ET COMP., RUE D'ERFURTH, 1.

MÉMOIRES
ET CORRESPONDANCE
POLITIQUE ET MILITAIRE
DU
PRINCE EUGÈNE

PUBLIÉS, ANNOTÉS ET MIS EN ORDRE

PAR

A. DU CASSE

AUTEUR DES MÉMOIRES DU ROI JOSEPH

« Eugène ne m'a jamais causé aucun chagrin. »
Paroles de Napoléon *à Sainte-Hélène.*

TOME HUITIÈME

PARIS
MICHEL LÉVY FRÈRES, LIBRAIRES-ÉDITEURS
2 BIS, RUE VIVIENNE.

1859

Reproduction et traduction réservées.

MÉMOIRES
ET CORRESPONDANCE
POLITIQUE ET MILITAIRE
DU
PRINCE EUGÈNE

LIVRE XXI

DU 7 SEPTEMBRE AU 5 DÉCEMBRE 1812.

§ I. — Bataille de la Moscowa (7 septembre 1812). — Rôle du prince Eugène sur la gauche de la Grande-Armée. — Attaque de Borodino. — Attaque de la Grande-Redoute. — Charge de la cavalerie Ornano. — Prise de la Grande-Redoute. — Le 4ᵉ corps marche sur Moscou par Rouza. — Il est établi au nord-ouest de Moscou sur la route de Saint-Pétersbourg (17 septembre). — Séjour à Moscou jusqu'au 19 octobre. — La Grande-Armée marche sur Kalouga. — Les Russes s'avancent sur Malo-Jaroslawetz. — Bataille de Malo-Jaroslawetz (24 octobre 1812), gagnée par le 4ᵉ corps. — Rapport du prince Eugène sur cette glorieuse affaire. — Mort du général Delzons. — Retraite sur Smolensk par Mojaïsk, Ghjat et Wiasma. — Combat de Wiasma (2 novembre). — Le 4ᵉ corps dirigé sur Doukhowtchina. — Passage du Vop. — Arrivée du 4ᵉ corps à Smolensk (12 septembre). — Combat de Krasnoé (16 novembre).
§ II. — Retraite sur Orcha (19 novembre). — Le vice-roi vole au

secours du maréchal Ney (20). — Marche sur la Bérézina. — Destruction du 4ᵉ corps. — L'Empereur quitte l'armée (5 décembre). — Lettre du prince Eugène. — Réponse de l'Empereur.

Le 5 septembre 1812, l'Empereur fit attaquer et enlever par Murat et Compans la redoute de Schwardino. L'arrière-garde russe fut chassée de sa position, et les deux grandes armées ennemies se trouvèrent en présence. De chaque côté on se préparait à une lutte suprême. On a vu toutes les dispositions préliminaires faites par Napoléon pour se donner le plus de chances possibles de succès.

Les troupes ennemies, passées sous le commandement en chef de Kutusow, prirent leur ordre de bataille en arrière du village de Borodino, la gauche à la vieille route de Smolensk à Moscou, le centre sur les hauteurs de Semenoffskoïé, et la droite entre le ruisseau de la Kolocza, affluent de la Moscowa, et ce dernier cours d'eau, sur la rive droite de la Kolocza. La droite des Russes était formée des corps de Bagawouth et d'Ostermann sur deux lignes, sur son front coulait la Kolocza, à son extrême droite on avait élevé quelques retranchements devant un petit bois. Le centre, composé des corps de Docktorow et de Rajewski, également sur deux lignes, appuyait sa droite à l'aile gauche et à deux batteries élevées en avant du village de Gorki, en arrière de Borodino. Ces deux batteries coupaient la route de Moscou. Au centre de cette partie de l'ordre de bataille russe se trouvait un ouvrage devenu célèbre sous le nom de la Grande-Redoute. L'aile gauche (corps de Baradins, de Tutchkow et les milices de Moscou en réserve) occupait la hauteur de Semenoffskoïé, à laquelle elle appuyait sa droite. Des bois assez considérables et trois flèches construites sur un petit plateau couvraient son centre. Les troupes de son extrême gauche étaient à cheval sur la vieille route de Smolensk. Quatre corps de cavalerie avaient été mis en troisième ligne, la garde impériale russe formait la réserve, derrière le village de Tatarinowo. L'aile gauche était sous les ordres supérieurs du général Miloradovitch, qui réunissait aux deux corps de Bagawouth et d'Ostermann la cavalerie Ouvarow, celle du général Korff et les Cosaques de Platow. Cette aile et le centre composaient l'armée dite de la Dwina, commandant en chef Barclay de Tolly. La gauche formait l'armée dite du Dniéper de Bagration.

La position de l'armée russe était formidable, surtout au centre et à la droite, ce qui porta Napoléon à ne faire d'abord sur ces points qu'une démonstration pour lancer ses principales forces contre la gauche de l'ennemi.

La Grande-Armée française prit dès les trois heures du matin, le 7 septembre, ses positions de combat de la manière suivante : aile gauche, sur la rive gauche de la Kolocza, le prince Eugène avec le 4ᵉ corps, moins la division Pino, qui n'avait pas encore rejoint, les deux divisions Morand et Gérard du 1ᵉʳ corps, mises sous ses ordres pour cette journée, et la cavalerie Grouchy. Le prince, d'après ses instructions, devait d'abord faire une démonstration sur la droite de l'ennemi pour retenir de ce côté une partie des forces de Kutusow en attaquant Borodino, puis ensuite opérer sur le centre en enlevant les hauteurs de Gorki, et enfin plus tard attaquer la Grande-Redoute. On voit que l'Empereur destinait un rôle assez important à son fils adoptif : c'est qu'il connaissait ses talents militaires fort réels, quoi qu'en disent certains historiens. Davout, avec les trois divisions qui lui restaient de son 1er corps, ayant pour appui la cavalerie Nansouty; Ney, avec le 3e corps appuyé par la cavalerie Latour-Maubourg, ayant en réserve les Westphaliens (8e corps), formaient le centre de l'ordre de bataille. Le premier avait pour mission de pénétrer dans la ligne ennemie agissant entre Ney et Eugène, le second d'enlever les ouvrages et les hauteurs de Semenoffskoïé, tandis que l'aile droite, sous le prince Poniatowski, déboucherait de Jelnia sur Outiza par la vieille route de Smolensk. La garde était en réserve en arrière entre la Kolocza et la route de Smolensk, près de Schwardino. Toute la cavalerie légère du prince Eugène (sept régiments), mise sous les ordres du général Ornano, promu la veille général de division, fut envoyée à l'extrême gauche du vice-roi pour le couvrir de ce côté. On verra le rôle important que devait bientôt jouer cette cavalerie pendant un des instants les plus critiques de l'action.

N'ayant à présenter que les faits relatifs au vice-roi, nous ne donnerons pas un récit complet de cette grande bataille, nous nous bornerons à parler de la part qu'y prit le fils adoptif de Napoléon.

A six heures du matin, dès qu'il entendit le signal

donné par le canon du général Sorbier, le prince Eugène lança la division Delzons sur Borodino, tandis qu'avec les divisions Broussier, Gérard et Morand et la garde italienne, il se tint prêt à franchir la Kolocza sur quatre ponts jetés à l'instant même. Le général Plauzonne, s'étant mis à la tête du 106ᵉ régiment, enleva Borodino, le dépassa et força le pont du cours d'eau pour marcher droit sur Gorki. Des forces considérables occupaient cette dernière position; l'ennemi n'eut pas de peine à arrêter le 106ᵉ, qui se trouva un instant très-compromis. Le général Plauzonne fut tué. Le 92ᵉ régiment, voyant le danger que courait le 106ᵉ, franchit la Kolocza, et, se portant à son secours, l'aida à contenir les efforts des Russes. Ces deux braves régiments rentrèrent en bon ordre dans Borodino. Cependant, tandis que le premier acte de la bataille se passait à gauche, Kutusow, qui avait fini par démêler que la véritable et sérieuse attaque des Français était sur son centre et sa gauche, dégarnit sa droite, en envoyant l'ordre à Bagawouth de se porter vers Semenoffskoïé. Davout et plusieurs généraux avaient été blessés plus ou moins grièvement, quelques-uns mis hors de combat au centre; les masses de l'ennemi grossissaient vers ce point; l'Empereur envoya dire au vice-roi de redoubler d'efforts pour retenir sur notre gauche la droite des Russes. Il était huit heures du matin. Eugène fit alors attaquer la Grande-Redoute par la division Morand. Cette division déboucha du ravin, sa première ligne déployée, la seconde en colonne par bataillons. Le général Bonamy, à la tête du 30ᵉ de ligne, pénétra dans la redoute, mais sans pouvoir s'y mantenir [1].

En effet, en voyant la redoutable attaque de Morand, Doktorow fit avancer contre lui la 12ᵉ division russe, qui le prit en flanc et le força de s'arrêter, tandis que le 30ᵉ de ligne était assailli par le reste de la 24ᵉ division ennemie. Le 30ᵉ ayant été rejeté de la redoute, où le général Bonamy, couvert de blessures, fut fait prisonnier, la division Morand se trouva avoir sur les bras des masses considérables. Heureusement les autres troupes du prince Eugène avaient eu le temps de franchir le ruisseau, elles arrivaient à son secours conduites par le prince en

---

[1] M. Thiers reproche à Eugène de n'avoir pas eu *l'ardente activité* qu'il faut dans ces moments décisifs, mais l'historien du *Consulat et de l'Empire* oublie qu'il vient de dire lui-même un peu plus haut : « Ce premier acte de la bataille accompli (la prise de Borodino), le prince Eugène devait *attendre*, pour attaquer avec les divisions Morand et Gudin la Grande-Redoute du centre, qu'à la droite Davout et Ney eussent enlevé les trois flèches qui couvraient la gauche des Russes. » M. Thiers reproche aussi à Napoléon d'avoir donné deux des divisions de Davout au vice-roi, qui, dit-il, *était peu capable de s'en servir*. C'est là une insinuation singulière, lorsqu'on pense que le prince Eugène avait commandé déjà plusieurs fois en chef et isolément des armées, qu'il avait gagné plusieurs batailles rangées, qu'enfin il avait alors 80,000 hommes sous ses ordres, et que quatre mois plus tard les débris de l'armée française allaient lui devoir leur salut. Ces divisions furent au contraire fort utiles et très-bien employées quelques moments après la première attaque sur la Grande-Redoute, lorsque Kutusow fit faire à une partie de sa cavalerie le grand mouvement tournant sur la gauche de notre ordre de bataille, mouvement que le général Ornano déjoua par une charge des plus brillantes, mouvement enfin qui avait tellement inquiété l'Empereur lui-même, qu'il avait arrêté, dit-on, la marche en avant de sa garde.

Nous ne nous arrêterons pas aux assertions contenues dans l'ouvrage de M. de Ségur, roman historique que le général Gourgaud a si habilement réfuté.

personne[1]. La division Gérard (ce général avait remplacé Gudin depuis le combat de Valontino) entre la première en ligne, à la droite de Morand, la division Broussier se forme à gauche, la garde italienne débouche en arrière, et le combat se soutient de pied ferme et se rétablit sur tous les points. Le prince allait faire un grand effort et enlever la redoute, ainsi qu'il en avait l'ordre, quand tout à coup une sorte de rumeur se produit sur son extrême gauche. Voici ce qui se passait de ce côté. Kutusow, voyant l'action vigoureusement engagée à sa gauche et à son centre et voulant arrêter l'attaque du prince Eugène sur la Grande-Redoute, clef du champ de bataille, essaya une diversion puissante à l'extrême gauche de la ligne française, où se trouvaient les sept régiments de cavalerie légère du général Ornano. En conséquence, il prescrivit à huit régiments de cavalerie du 1ᵉʳ et du 2ᵉ corps russes, soutenus par 3 à 4,000 Cosaques de Platow, de franchir la Kolocza et de déborder l'armée française. Trop faible pour résister à des forces aussi supérieures, Ornano se replia derrière le ruisseau, et le général Delzons, qui se trouvait le plus rapproché de lui, fit immédiatement former le carré à sa seconde brigade, heureusement encore sur les hauteurs de Borodino. En

---

[1] Voici comment un historien de la campagne de 1812 rend compte de cette attaque. Il est peu d'accord avec M. Thiers. « Eugène voit la crise; il envoie aussitôt au secours de Morand, Gérard à droite, suivi de la cavalerie de Grouchy, Broussier à gauche, et lui-même accourt avec la garde royale italienne. Malgré leurs efforts, les Russes cèdent à ce puissant renfort, ils reculent, et Morand dégagé reste maître du terrain. »

même temps, Eugène, repassant vivement la Kolocza avec la garde italienne, marcha à l'ennemi, dont il arrêta d'abord les progrès. Profitant de ce moment de répit, le général Ornano, qui avait rallié et reformé ses sept régiments, entama la charge à son tour, repoussa, culbuta toute cette cavalerie russe et la ramena le sabre dans les reins jusqu'au delà du ruisseau qu'elle avait si audacieusement franchi.

Cet incident terminé, Eugène s'empressa de reprendre son attaque sur la Grande-Redoute, au moment même où le roi de Naples lançait ses cuirassiers sur le même point. Cinq bataillons de la division Gérard, qui n'avaient pas encore donné, prirent la droite de l'attaque, la division Broussier passa en avant de la gauche, et ces troupes s'ébranlèrent vers le redoutable retranchement russe.

Ainsi que nous venons de le dire, pendant que cette attaque du vice-roi se développait à la droite de la Grande-Redoute, le corps de cavalerie de Montbrun, passé aux ordres du général Caulaincourt depuis la mort de son chef au commencement de la bataille, s'élançait sur la gauche de l'ouvrage, le tournait par la gorge et y entrait au galop de charge, sabrant les grenadiers russes. Caulaincourt y trouvait la mort et bientôt ceux de ses cuirassiers qui n'avaient pas été abattus par le feu de l'ennemi étaient contraints d'évacuer la redoute. Mais alors le vice-roi arrivait avec l'infanterie. Les 9e et 35e régiments de la division Broussier, le 17e de la division Morand, le 21e de la division Gérard, pénètrent à leur tour dans l'ouvrage, dont ils s'emparent définitivement, après avoir tué ou fait prisonniers tous ses défenseurs. Le général russe qui y commandait y est pris. Maître de cette importante position, Eugène se jette sur le corps de Doktorow, qu'il enfonce et culbute, en lui faisant subir une perte immense. Le centre de l'armée russe ainsi coupé, et les tentatives de Kutusow pour reprendre le village de Semenoffskoïé ayant été infructueuses, la bataille se trouva gagnée.

L'armée russe évacua le champ de carnage pendant la nuit. Le 8, le prince Eugène reçut l'ordre de passer la Moscowa avec le 4ᵉ corps et de pousser jusqu'à Rouza, dans la direction de Moscou, tenant la gauche de la Grande-Armée, comme il l'avait fait depuis la marche de Smolensk. De Rouza[1], le vice-roi gagna Zwenigorod, sur la rive gauche de la Moscowa et à quelques lieues de Moscou. Il avait été rejoint par la division italienne du général Pino. Murat, avec deux divisions de cavalerie de réserve et une division d'infanterie du corps de Davout, s'était dirigé sur Mojaïsk (rive gauche de la Moscowa), Poniatowski, sur Wereja, à l'extrême droite. Napoléon suivait par la grande route avec le corps de Ney, qui avait beaucoup souffert, et avec sa garde. Junot, avec le 8ᵉ corps (Westphaliens), eut la mission de protéger un vaste hôpital établi à Kolotskoi, non loin du lugubre et sanglant champ de bataille de la Moscowa.

Du 8 au 15 septembre, le 4ᵉ corps, qui formait l'extrême avant-garde de l'extrême gauche de la

---

[1] Eugène resta un jour à Rouza, jolie petite ville où se trouvaient des ressources qu'il parvint à sauver et qui furent très-utiles à l'armée française.

Grande-Armée, s'avança sur Moscou en suivant les bords de la Moscowa, qu'il franchit, pour venir ensuite, selon les ordres de l'Empereur, camper sur la route de Saint-Pétersbourg, occupant le faubourg du même nom. Le prince Eugène espérait refaire à Moscou ses soldats fatigués par une marche de près de trois mois, et décimés par des combats; mais l'épouvantable incendie de cette grande ville vint détruire en partie ses espérances. Déjà le froid commençait à se faire sentir; on ne tarda pas à comprendre le danger qu'il y aurait à hiverner si loin de la base d'opérations et à avoir des lignes aussi étendues. Cependant l'Empereur songeait à faire approcher les corps formés en arrière et qui devaient réparer les pertes sensibles de la Grande-Armée.

Après avoir été appelé, comme tous les autres, au pillage de ce qui pouvait encore être découvert de richesses dans cette ville réduite en cendres par la barbarie du trop célèbre Rostopchin, le 4ᵉ corps conserva sa position à l'extrême gauche de la ligne, restant assez tranquille jusqu'à la fin de septembre, époque à laquelle on commença à être inquiété sur les derrières par des partis ennemis. Les Cosaques surtout se montrèrent de toute part, interceptant les convois, se jetant sur les escortes, et faisant une guerre de partisans sinon dangereuse, du moins fort gênante. Le 26 septembre, le prince vice-roi eut ordre d'envoyer un millier de chevaux, pour rejoindre, sur la route de Mojaïsk à Moscou, le général Guyot, chargé, avec les chasseurs de la garde, de s'opposer aux tentatives des Cosaques. Cette cavalerie dut prendre position à quatre lieues de Moscou même, tant les partisans ennemis s'approchaient de l'armée française. Le même jour, ce ne fut plus seulement un millier de chevaux, mais une division tout entière d'infanterie que le vice-roi eut à diriger sur le même point. Le lendemain, le général Ornano fut envoyé pour prendre le commandement de toute cette cavalerie, avec mission d'éclairer les routes, de se mettre en communication avec le duc d'Istrie, et de se concerter avec le général Broussier, pour exécuter les ordres de Bessières, s'ils en recevaient. Ornano fut destiné, le surlendemain, à relever au château du prince Galitzin le général Saint-Sulpice, qui dut rentrer à Moscou avec les dragons de la garde.

Tous ces mouvements préparatoires, toutes ces mesures prises par l'Empereur, semblaient indiquer que l'armée ne resterait pas longtemps à Moscou, qu'elle allait bientôt faire un mouvement et que, si on avait à opérer une retraite pour se rapprocher des dépôts et de la base d'opérations, l'on aurait à subir de la part des Cosaques des attaques fréquentes.

Après l'entrée de l'armée française à Moscou, Kutusow avait fait décrire à la sienne une espèce de demi-cercle dans la direction du sud-est, autour de la ville sainte. Il entrait dans ses vues d'exciter la haine des Russes contre les Français en maintenant sous leurs yeux l'épouvantable incendie qu'il disait allumé par les *féroces* soldats de Napoléon. Le 17 septembre, le généralissime russe, changeant brusquement sa marche, s'était porté vers le sud-est, dans le but de protéger les riches provinces de cette partie de l'empire d'Alexandre. Ayant réussi à tromper Murat et à lui faire perdre un instant ses traces, il vint, au bout de quelques jours, prendre position sur la vieille route de Kalouga, à huit lieues de Moscou, à portée de la route de Mojaïsk. Il en profita pour jeter des partis de Cosaques, qui inspirèrent d'abord quelques inquiétudes, ce qui donna lieu aux dispositions relatées plus haut. Dans les derniers jours de septembre, Napoléon ayant prescrit à Bessières, aux Polonais et à Murat de se porter contre les Russes, le premier par la vieille route de Kalouga, les seconds par la nouvelle, et le troisième par Podolsk, Kutusow rétrograda dans la direction de Kalouga, et le 4 octobre il s'établit dans une bonne position derrière la Nara, à Taroutino, à seize lieues sud-ouest de Moscou. Murat, rallié par Poniatowski, occupa la petite ville de Winkowo, à deux lieues en arrière de Taroutino, sur la route de Malo-Jaroslawetz.

Le 4ᵉ corps tenait toujours les environs du château de Petrowskoé, dans la direction du nord. Il avait des avant-postes vers Mojaïsk et communiquait avec Junot, qui alors était dans cette ville. Ney se tenait à dix lieues à l'est de Moscou, à Bogorodsk, la garde et le 1ᵉʳ corps à Moscou même. Le duc de Bellune atteignait Smolensk, avec trois divisions formant 30,000 combattants.

Napoléon commença vers cette époque à faire plusieurs tentatives pour entrer en négociations avec l'empereur Alexandre. Deux Russes furent successivement envoyés à Saint-Pétersbourg; Lauriston vint ensuite au quartier général de Kutusow, pour demander des passe-ports, afin de se rendre à la cour du czar, et pour proposer un armistice. Une suspension d'armes fut convenue tacitement entre les avant-postes russes et français. Elle fut rompue brusquement et peu loyalement, le 17 octobre, par Kutusow. Les ouvertures faites par Napoléon n'aboutirent à rien : le cabinet anglais dirigeait la politique du gouvernement russe, et l'hiver, qui s'annonçait rigoureux, avançait menaçant l'armée française. Le 13 octobre, le temps se couvrit de nuages, la neige commença à tomber. L'Empereur, le jour même, fit donner l'ordre à Murat de se maintenir le plus longtemps possible à Winkowo; l'autorisant cependant, s'il y avait urgence, à se replier sur Waronowo, à quatre lieues plus près de Moscou. En outre, le roi de Naples devait surtout reconnaître les chemins qui pouvaient le ramener sur Mojaïsk. Le 14, les blessés et les malades qui étaient encore avec les corps de troupes furent évacués sur Smolensk par Mojaïsk. Junot était destiné à former l'arrière-garde sur cette route de Mojaïsk que Napoléon ne voulait pas alors faire suivre à l'armée pour son retour à Smolensk, préférant se replier sur les provinces fertiles du sud et remonter ensuite vers le Dniéper, s'il se décidait à abandonner Moscou. Le 15 octobre, Eugène porta la cavalerie Ornano et la division Delzons vers le nord, moins pour débarrasser cette partie avoisinant la capitale, des Cosaques qui l'infestaient, que pour donner le change à l'ennemi. Tandis que ces troupes s'élevaient vers le nord, le reste du 4ᵉ corps se préparait à marcher vers le sud.

Plusieurs graves circonstances vinrent alors influer sur la détermination de l'Empereur de quitter, soit définitivement, soit momentanément Moscou : les événements de Finlande ; la formation d'une armée russe sous Wittgenstein, armée portée à 65,000 combattants, par la réunion du corps de Steindell, et qui marchait contre Gouvion Saint-Cyr, resté à Polotsk, après les brillantes affaires qui lui avaient enfin fait donner le bâton de maréchal ; l'appui du corps du duc de Bellune qui pouvait venir à manquer à la Grande-Armée, si, de Smolensk, Victor était obligé de voler au secours de Saint-Cyr ; la jonction des armées russes de Moldavie et de Volhynie, le 18 septembre, sur la rive droite du Styr, en face des Autrichiens ; l'inaction de Schwartzenberg, sa retraite sur la Vistule devant les 60,000 hommes de l'amiral Tchitchakoff, malgré les ordres de Napoléon, qui lui avait prescrit de se porter vers Minsk pour rallier Victor ; la retraite de Reynier, suite forcée de celle des Autrichiens, ce qui laissait à découvert les routes de Minsk et de Wilna, places de dépôts et d'approvisionnements ; le peu de forces restant au général Dombrowski devant Bobruisk (5,000 Polonais), lorsque Victor serait obligé de se diriger vers Saint-Cyr ; la mollesse des Prussiens du duc d'York ; enfin, en dernière analyse, l'espoir, bientôt déçu, d'arriver à une paix glorieuse avec l'empereur Alexandre.

Le 18 octobre, cette retraite de l'armée française

par Kalouga sur le sud, puis ensuite vers Smolensk, n'était pas encore entièrement arrêtée dans l'esprit de l'Empereur, mais Delzons eut ordre de rejoindre le 4ᵉ corps, Ney fut rappelé de Bogorodsk, et des distributions considérables furent faites aux troupes. Cependant il y avait encore incertitude dans la pensée de Napoléon sur le mouvement définitif.

Se porterait-il sur Kalouga pour y passer l'hiver, en maintenant des troupes au Kremlin, ou bien abandonnerait-il complétement Moscou, pour se replier sur sa base d'opération[1] ?

La nouvelle de la surprise des troupes de Murat par celles de Kutusow, qui venait de reprendre brusquement l'offensive, vint presser ses résolutions. Pendant la nuit du 17 au 18, voyant que, depuis la suspension d'armes tacitement convenue entre les avant-postes, les Français se gardaient mal, le généralissime russe tourna la gauche du roi de Naples, et le fit attaquer vigoureusement. Dans les premiers instants les troupes françaises (la cavalerie principalement) surprises furent repoussées; mais bientôt, Poniatowski étant accouru à leur secours, les Russes furent contraints de repasser la Nara et de regagner leur camp de Taroutino, ayant eu deux généraux tués et un blessé. Murat avait déployé, dans cette circonstance, sa brillante valeur.

Cet événement ne pouvait plus laisser aucune il-

---

[1] Tous les projets que Napoléon roula pendant ces derniers temps dans sa tête puissante sont admirablement exposés par M. Thiers, qui les suit pour ainsi dire pas à pas au moyen de la correspondance de l'Empereur.

lusion dans l'esprit de l'Empereur sur les intentions des Russes; le mouvement de retraite fut alors définitivement marqué sur Kalouga, pays jusqu'alors épargné par la guerre. Trois jours plus tard, Napoléon abandonna tout projet de se maintenir à Moscou, et résolut, après avoir gagné Kalouga, à trente-cinq lieues sud-ouest de Moscou, sur l'Oka, de marcher sur Jelnia, puis de là à Smolensk. De Jelnia à Kalouga, il y a trente-cinq lieues; de Jelnia à Smolensk, vingt. C'était donc quatre-vingts lieues que l'armée française allait avoir à parcourir depuis Moscou. Deux routes presque parallèles, à douze lieues l'une de l'autre, conduisaient de Moscou à Kalouga : la vieille route, à l'est, par Waronowo et Taroutino ; la nouvelle, à l'ouest, par Borowsk et Malo-Jaroslawetz. Kutusow tenait la première, qu'il barrait avec son armée; l'autre était libre, elle se rapprochait de l'ouest. Napoléon résolut de gagner Malo-Jaroslawetz, laissant sur sa gauche l'ennemi, qui avait fait la faute de ne pas même jeter de cavalerie sur la route nouvelle. Il était facile à Kutusow de se porter de Taroutino à Malo-Jaroslawetz en un jour; il fallait trois marches à l'armée française pour atteindre cette petite ville; cependant, grâce à la négligence des Russes, l'Empereur espéra les prévenir sur ce point.

Le 19 octobre, le mouvement commença sur Kalouga, par le départ de Moscou du 4e corps. 6,000 hommes restèrent dans le Kremlin pour le faire sauter. Mortier, qui les commandait, devait se replier, le 23, par Wéreja. L'Empereur partit également de Moscou. Le prince Eugène vint camper le 21 à Fominskoié, où Napoléon arriva le 22. Vers le milieu de ce même jour, 22 octobre, le vice-roi, avec son corps, se dirigea droit sur Borowsk, laissant Taroutino sur la gauche. Le lendemain, 23, le général Delzons, qui, rappelé du nord de Moscou, avait l'avant-garde du 4ᵉ corps, se porta sur Malo-Jaroslawetz, ainsi que le prescrivaient à Eugène des ordres pressants de l'Empereur et du major général. Malheureusement le pont sur la rivière fangeuse de la Lougea était rompu ; il fallait le rétablir ; on passa la nuit à cette opération, sans avoir pu jeter dans la ville plus de deux bataillons.

Cependant Kutusow avait fini par apprendre et par comprendre le mouvement de l'armée française, qu'il avait longtemps refusé d'admettre, croyant toujours que ce qui se passait sur sa gauche n'était qu'une manœuvre du corps du duc d'Abrantès, venant appuyer l'attaque de l'Empereur sur Taroutino. Le 23 au soir, l'armée russe s'ébranla pour se porter sur Malo-Jaroslawetz, dans l'espoir d'y prévenir les Français. Le 24 au matin commença la bataille de Malo-Jaroslawetz, si glorieuse pour les troupes du vice-roi et pour le vice-roi lui-même. Le prince rendit compte de cette sanglante affaire dans le rapport suivant, adressé à l'Empereur :

Ce rapport est daté du 26 octobre, surlendemain de l'action.

« Sire, d'après les ordres que me donna Votre Majesté, la division du général Delzons partit le 23 de Borowsk à onze heures du matin, pour aller s'emparer du pont et de la ville de Malo-Jaroslawetz. Le reste du corps d'armée fut échelonné sur la route pour la soutenir au besoin.

« Le général Delzons trouva le pont rompu. Il s'occupa aussitôt de sa reconstruction, et fit passer la rivière à deux bataillons sur un petit pont de moulin qui se trouve un peu au-dessus. Le reste de sa division prit position sur la hauteur en deçà; la nuit se passa tranquillement.

« A la pointe du jour, pendant que six bataillons traversaient la rivière, les deux bataillons qui les avaient précédés la veille furent attaqués par des forces supérieures; mais le général Delzons, ayant réuni toute sa 1re brigade au delà du pont, attaqua l'ennemi à son tour, et s'empara des contre-forts des hauteurs que couronne la ville de Malo-Jaroslawetz.

« Le 24 au matin, le reste du corps d'armée fut mis en mouvement pour soutenir le général Delzons qui se maintint contre un ennemi supérieur. Je m'empressai d'aller prendre connaissance de l'état des choses.

« Les ordres que m'envoya Votre Majesté, portant de forcer le passage de la rivière et de se rendre tout à fait maître de la ville, je la fis aussitôt enlever par une attaque vigoureuse.

« Cependant l'ennemi, ayant l'avantage du nombre et d'une position qui lui permettait de nous envelopper par son feu, parvint à resserrer nos troupes dans la partie inférieure de la ville; on s'y battit avec le dernier acharnement. Le général Delzons, en conduisant une de ses colonnes d'attaque, tomba mort, percé de plusieurs coups de feu. C'était un officier du plus grand mérite, il est vivement regretté de tous ceux qui l'ont connu. Le chef de bataillon Delzons son frère, et son aide de camp, furent blessés grièvement auprès de lui.

« Il y eut alors un mouvement rétrograde dans le centre de la ville. Je confiai au général Guilleminot, mon chef d'état major, le commandement des troupes dans cette partie de la ville. Ce général forme aussitôt deux bataillons en colonne, marche à l'ennemi, et rétablit le combat. Tourné par sa droite et sa gauche, il se maintint près d'une église jusqu'à ce qu'un bataillon du 106°, tournant l'ennemi par sa droite, fût parvenu à le dégager. Pendant ce temps, le général Bertrand de Sevray conservait la partie gauche de la ville qu'il avait enlevée dès le commencement de l'action.

« Les forces russes continuaient d'arriver ; leurs généraux, sentant l'importance de ce poste, renouvellent leurs attaques. La division Broussier passa le défilé vers midi, et ses colonnes, marchant avec la plus belle audace, culbutèrent tout ce qu'elles trouvèrent devant elles ; mais ce renfort considérable ne put suffire longtemps contre des forces toujours croissantes, et je dus faire donner successivement la division Pino et la garde royale, à mesure qu'elles arrivèrent.

« La division italienne enleva au pas de course une sommité occupée fortement par l'ennemi dont le feu nous incommodait beaucoup. Cependant trois fois les Russes parviennent à nous ramener jusqu'à la rivière, et trois fois nos troupes sont ralliées en avant du pont, et, soutenues par des réserves ménagées d'avance, elles remontent au pas de charge et aux cris de *Vive l'Empereur!* jusque sur les hauteurs où étaient les premières batteries des Russes. La position de leur armée était couverte par un grand rideau dont le sommet était fortifié par trois redoutes, et qu'ils faisaient franchir à chaque instant par de nouvelles colonnes d'attaque. Leurs généraux les conduisent jusqu'à huit fois contre nous, mais les troupes françaises et italiennes rivalisent d'intrépidité. Elles repoussent toutes ces attaques à la baïonnette, et les Russes couvrent de leurs morts toute la partie supérieure de la ville.

« À cinq heures du soir, la division Compans, du 1ᵉʳ corps d'armée, vint se placer à la gauche de la garde italienne, et forma une réserve dans la partie inférieure de la ville. L'ennemi rentra dans sa position à la nuit close. Deux régiments de la 3ᵉ division passèrent la rivière sur le petit pont du moulin, et, après une fusillade assez vive, elle s'établit à l'extrême droite, dans un bois, à la pointe duquel était une batterie que les Russes furent forcés d'évacuer.

La nuit du 24 au 25 se passa à rallier les troupes, à rectifier les positions de chacun, et à faire panser et enlever les blessés. Le 25, à la pointe du jour, je m'assurai que l'ennemi avait fait un mouvement rétrograde de sa droite vers sa gauche, ainsi que l'annonçaient les rapports de la nuit. Il avait laissé une très-forte arrière-garde, avec laquelle nous engageâmes nos voltigeurs, et trente coups de canon suffirent pour l'éloigner. Il ne nous fut pas possible de le poursuivre en débouchant dans la plaine, l'ennemi couvrant sa retraite avec une immense quantité de cavalerie, et la nôtre n'étant point encore arrivée.

« Votre Majesté a jugé par elle-même des efforts que le 4ᵉ corps d'armée a dû faire pour enlever à des forces très-supérieures une position aussi formidable que *celle de Malo-Jaroslawetz*. Nous avons eu à combattre les 6ᵉ, 7ᵉ, 12ᵉ, 17ᵉ, 24ᵉ et 26ᵉ divisions, et la 2ᵉ division de grenadiers de l'armée ennemie, ainsi que le constatent les morts qu'elles ont laissés sur le champ de bataille.

« Il faudrait citer à Votre Majesté tous les régiments du corps d'armée ; tous se sont couverts de gloire, Français et Italiens ont rivalisé entre eux pour témoigner à Votre Majesté leur dévouement et leur amour.

« Les officiers supérieurs et particuliers des corps, ceux des divers états-majors, ont montré une bravoure digne des plus grands éloges ; les généraux, colonels et officiers ont donné partout l'exemple.

« J'ai été particulièrement satisfait du général Broussier, qui a exécuté plusieurs charges à la tête de ses colonnes. Je dois les mêmes éloges aux généraux Pino, Bertrand, Ferrant, Fontana ; aux colonels Pegot, du 84ᵉ ; Tissot, du 92ᵉ ; Gaussard, du 18ᵉ léger ; Dubois, du 2ᵉ de ligne italien ; Cosella, du 3ᵉ de ligne, et Peraldi, des chasseurs de la garde ; le major Frigieri, du 35ᵉ ; le chef de bataillon Fournier, du même régiment.

« Le général Guilleminot et l'adjudant commandant Durrieu m'ont rendu les plus grands services. Mes aides de camp Gifflenga, de la Bédoyère, Tascher et Méjan, et les officiers d'état-major Trezel, Maisonneuve, l'Huillier, méritent d'être cités.

« Je dois aussi des éloges à l'administration du 4ᵉ corps, pour les soins qu'elle a apportés à secourir les blessés. L'ordonnateur en chef Joubert a été lui-même blessé de plusieurs coups de lances, en défendant les combattants. Notre perte, que nous ne connaissons point encore, peut être évaluée à près de 3,500 hommes hors de combat, dont au plus 400 tués. J'évalue celle de l'ennemi à 8 ou 9,000 hommes, dont près de 1,500 morts sur le champ de bataille. Cette disproportion, à notre avantage, malgré les difficultés extrêmes du local, doit être attribuée à l'état d'ivresse dans lequel étaient la plupart des troupes russes.

« Tout le 4ᵉ corps d'armée regrette vivement la perte du général Delzons. Dire à Votre Majesté qu'il laisse une femme, quatre enfants et douze frères sans fortune, c'est assurer leur sort à venir[1]. Le colonel Penaut, du 35ᵉ de ligne, a été tué.

« Les généraux italiens Pino, Fontana, Levié; les

---

[1] Le général Delzons était fort aimé et fort estimé de tout le monde; à l'occasion de sa mort, le colonel chef d'état-major de sa division écrivit au prince Eugène : « Monseigneur, la 13ᵉ division a perdu son général, une balle mortelle l'a frappé au moment où il conduisait l'épée à la main ses troupes contre un ennemi trois fois supérieur en nombre. La douleur profonde de la division annonce assez combien il lui était cher; la confiance que le soldat avait en lui était sans bornes.

« Le général Delzons laisse une femme et quatre enfants sans aucune fortune : de ses apppointements le général soutenait sa nombreuse famille et douze frères. Un de ses frères, son premier aide de camp, était destiné à en devenir l'appui; mais il est frappé lui-même d'une colonels Gaussard, du 18ᵉ léger ; Lorat et Lachaise, des Dalmates ; Varese, du 3ᵉ léger ; le major des Croates, ont été blessés. Le chef d'escadron Pino, frère du général et écuyer de Votre Majesté, ainsi que plusieurs autres chefs de bataillon français et italiens, ont été tués.

« Les généraux Broussier et Gifflenga, mon aide de camp, les adjudants commandants Durrieu et Delfante, ont reçu de fortes contusions [1]. »

balle qui lui est restée dans la poitrine, et on a tout à craindre pour ce jeune et excellent officier.

« Votre Altesse Impériale ayant daigné accueillir avec bonté la prière que j'ai eu l'honneur de lui adresser pour la veuve et les enfants de mon général, j'ai l'honneur de la supplier d'assurer à cette famille infortunée les bienfaits de Sa Majesté. Chaque soldat de la division le regardera comme une récompense personnelle de son dévouement. »

[1] Cette bataille de Malo-Jaroslawetz, qui n'inspire pas un seul mot d'éloge à M. Thiers pour le prince Eugène, fut connue à Paris le 18 novembre. On lit en effet dans le *Journal de l'Empire* de cette époque l'extrait suivant :

« Nous nous empressons de mettre sous les yeux de nos lecteurs la lettre suivante de Wilna, en date du 7 novembre :

« Les dernières nouvelles que nous avons reçues de l'Empereur sont
« du 3 de ce mois ; Sa Majesté jouissait de la meilleure santé : le temps
« continuait à être superbe, et l'armée opérait son mouvement dans
« l'ordre le plus parfait, depuis la vigoureuse leçon que l'ennemi avait
« reçue à Malo-Jaroslawetz. Cette brillante affaire fait le plus grand
« honneur au corps du vice-roi d'Italie. Le prince s'y est montré le
« digne élève du grand capitaine sous lequel il a appris l'art de la
« guerre, et y a déployé tout ce que peuvent la valeur d'un jeune
« guerrier et l'expérience d'un vieux général. Les Russes, infiniment
« supérieurs en nombre, sont revenus dix fois à la charge, et dix fois
« ils ont été repoussés du champ de bataille après l'avoir couvert de
« morts et de blessés. Le prince, ranimant, enflammant tout par sa pré-
« sence, a fait ses dispositions avec calme et les a exécutées avec vi-
« gueur ; un cheval a été blessé sous lui. Quand, après la retraite de l'en-
« nemi, Son Altesse Impériale a passé en revue ses divisions, les

Après la bataille de Malo-Jaroslawetz, Napoléon renonça à livrer une seconde action générale, dans laquelle son armée eût été victorieuse, sans doute, mais qui lui eût coûté des pertes et eût augmenté les difficultés de la retraite, difficultés immenses pour le transport des blessés. Plusieurs de ses généraux, consultés, émirent l'avis de se replier sur Smolensk par la route la plus directe et qui leur était déjà connue. Mais, pour cela, il fallait d'abord gagner Mojaïsk. Ce nouveau plan une fois arrêté, l'Empereur donna ses ordres, et le lendemain 26 la Grande-Armée se mit en mouvement, la garde impériale marchant en tête, puis le 3e corps, les 4e et 5e (ces deux derniers commandés par le prince Eugène), et enfin le maréchal Davout, avec le 1er, formant l'arrière-garde.

A partir de ce moment commença la série de malheurs qui frappa l'armée et fit succomber presque tous les héroïques soldats qui avaient parcouru en combattant tous les pays de l'Europe. Le froid prit une intensité plus grande, le manque de fourrages épuisa les chevaux, détruisit les attelages et contraignit à abandonner successivement les voitures, les

---

« troupes ont fait éclater le plus vif enthousiasme, et des acclamations « unanimes ont retenti sur toute la ligne. »

L'historien russe Boutourlin a été plus juste que M. Thiers pour le prince Eugène, et, pour la première fois, Kutusow lui-même avoua qu'il n'avait pas remporté la victoire, et cependant Eugène avait lutté avec une *vingtaine de mille hommes* contre près de *quatre-vingt mille*. On prétend que sur le champ de bataille l'Empereur dit à Eugène que la gloire de cette belle journée lui revenait tout entière. Nous n'avons pu vérifier la véracité de ce fait.

caissons et jusqu'aux bouches à feu. La nuée de Cosaques qui tourbillonnaient autour des colonnes, la difficulté presque insurmontable de trouver des vivres dans un pays ruiné par les Russes, ruiné par le passage de l'armée française, l'absolue nécessité de tolérer la maraude, toutes ces causes destructives des armées régulières, mirent la désorganisation dans les bataillons. Bientôt les divisions, les régiments fondirent, au point qu'un corps d'armée ne présentait plus un nombre d'hommes égal à celui d'un simple régiment au commencement de la campagne.

Le 25 octobre au soir, le vice-roi eut ordre de se tenir prêt : soit à soutenir Davout, le lendemain, dans un mouvement offensif contre Kutusow, soit à se mettre en retraite sur Borowsk, en filant devant le prince d'Eckmühl, qu'il devait toujours être à même de secourir. Le 26, le prince se replia en effet sur Borowsk, et le 27, après avoir franchi, avec les 4ᵉ et 5ᵉ corps, la Protwa, il se mit en marche sur Weréja et sur Mojaïsk. Il venait de recevoir du major général des instructions pour régler sa marche et son bivac, chaque soir, sur la marche et la position des troupes de Davout, formant l'extrême arrière-garde de l'armée; pour accélérer le départ des bagages, assez nombreux pour faire craindre à l'Empereur un encombrement dangereux sur les routes et dans les défilés. Il apprit également par cette dépêche que le duc de Trévise avait rallié l'armée et avait fait prisonnier le général Wintzingerode.

Après avoir bivaqué ainsi que le reste de l'armée, sur le champ de bataille de la Moscowa, le 4ᵉ corps arriva le 2 novembre à Federowskoié, entre Wiasma et Ghjat. Davout faisait toujours l'arrière-garde, les troupes légères de l'ennemi n'avaient pas cessé de harceler sa marche. Une grande partie de l'armée de Kutusow venait de se joindre à elles. Le prince d'Eckmühl n'était plus qu'à une petite journée de Wiasma, Eugène en était à trois lieues. L'Empereur, y laissant le maréchal Ney, porta son quartier général à Soulowo. Miloradowitz, commandant l'avant-garde de Kutusow, menaçait le flanc gauche de l'armée française. Vers le soir, il déboucha vers le village de Glodowo, ralliant les vingt régiments de Cosaques de Platow. Le duc d'Elchingen prit aussitôt une bonne position sur les hauteurs, en avant de Wiasma, couvrant la route de Smolensk, où l'ennemi faisait mine de vouloir l'isoler de l'arrière-garde. Eugène ne lui donna pas le temps d'accomplir son projet. Vers huit heures du matin, dès qu'il eut été rejoint par le prince d'Eckmühl, il se porta en avant et franchit les bois de Mezaiédowa. Devant lui se trouvait une division russe; sur sa gauche paraissaient deux autres divisions. Il s'arrêta, fit ses dispositions et engagea la lutte. Les Russes firent des efforts inutiles pour le couper des corps de Ney et de Davout. Après cinq heures d'un combat des plus acharnés, le prince resta maître de la route de Wiasma. L'ennemi avait été rejeté au delà de l'Ulitza, et forcé de reprendre en désordre le chemin de Syczéwa. Ce beau combat de Wiasma coûta cher à l'armée, et surtout au 4e et au 1er corps [1].

[1] A propos du combat de Wiasma, M. Thiers jette une espèce de

Le soir même, Ney, Eugène, Poniatowski et Davout passèrent la rivière après avoir traversé la ville, et Ney, dont les troupes avaient moins souffert, prit à son tour l'arrière-garde, d'après l'ordre de l'Empereur, pour donner un peu de répit aux soldats de Davout. Toute l'armée se dirigea sur Dorogobouge.

Le 6, le froid prit une intensité extrême, et l'armée commença à entrer dans une période de malheurs et de misères plus effrayante encore que précédemment. Le 4ᵉ corps reçut l'ordre, le 5, à dix heures du soir, de partir le 6, à cinq heures du matin, de passer le Dniéper et de se porter ensuite sur Doukhowtchina, sur la droite, en franchissant les défilés. Le prince, d'après ses instructions, devait arriver le plus tôt possible au point qui lui était assigné et se mettre alors en communication

blâme sur la conduite d'Eugène : « Ce jeune prince, dit-il, doué de qualités chevaleresques, mais n'apportant dans le commandement ni la précision ni la vigueur du maréchal Davout, ne sut pas faire partir ses troupes à temps. » Le prince Eugène était au contraire très-ponctuel et mettait une grande précision dans son commandement, mais il n'était pas libre de débarrasser la route de l'encombrement produit par les bagages, les traînards, les éclopés. M. Thiers le dit lui-même quelques lignes plus bas : « Le 4ᵉ corps, celui du prince Eugène, *tâchait de la faire avancer* (cette foule composée de soldats désarmés, de blessés, de malades, de femmes et d'enfants) et la maltraitait souvent, » etc. Le vice-roi, fort modeste de sa nature, écrivit le lendemain de ce beau combat à la princesse Auguste deux lettres d'une grande simplicité. On trouvera ces documents à la Correspondance. Dans celle du 6, le prince dit à sa femme : « Je sais que l'Empereur a été content de mon corps d'armée dans la dernière affaire. » Le prince n'eût pas écrit ces mots, s'il n'eût été sûr de ce qu'il avançait; et, si Napoléon a été satisfait de sa conduite à Wiasma, c'est qu'il n'y avait pas lieu à lui adresser de reproche.

avec Smolensk, en poussant une colonne à mi-chemin, pour pouvoir donner à l'Empereur des nouvelles de l'ennemi et des corps français qui avaient dû se rapprocher de Smolensk. L'Empereur devait, par suite de ses rapports, envoyer d'autres instructions au 4º corps, pour qu'il eût à se diriger sur Smolensk ou sur Witepsk.

Le prince eut beaucoup de peine à exécuter cet ordre. Les défilés étaient très-mauvais, le pont sur le Dniéper était rompu ; le 6 novembre, le 4ᵉ corps ne put faire qu'une lieue et demie. Le 8, il fut obligé d'abandonner des bagages, des canons, et plus de 1,200 chevaux morts. En outre, il apprit que Doukhowtchina était occupé déjà par un corps russe. Le 9, le 4ᵉ corps fut arrêté au bord du Vop, où l'on ne put jeter un pont. Tandis qu'une partie des troupes contenait les Cosaques, les divisions non engagées franchissaient la rivière : on fut contraint d'opérer un passage à gué. La nuit survint avant que l'artillerie et la 14ᵉ division eussent pu terminer cette opération. Le 10, au matin, la 14ᵉ division passa à son tour, mais en abandonnant 60 bouches à feu et presque tous les équipages. Enfin, le 4ᵉ corps, réduit de plusieurs milliers d'hommes, presque sans chevaux et sans canons, atteignit Doukhowtchina. Le prince Eugène donna un repos de deux jours à ses soldats dans cette petite ville assez abondamment pourvue.

Le 12, le vice-roi se mit en marche pour Smolensk, sur l'ordre qu'il en avait reçu par une dépêche du major général en date du 10. La température s'était abaissée jusqu'à 18 degrés Réaumur au-dessous de zéro[1], on manquait de vivres, les Cosaques harcelaient sans cesse les débris des corps désorganisés. Smolensk n'offrait pas les ressources qu'on espérait y trouver, la situation empirait chaque jour. Le 15, le prince Eugène partit de grand matin, d'après l'ordre transmis par le major général pour se porter sur Krasnoë. Il n'avait plus avec lui que 6,000 combattants, et 6,000 autres malheureux sans armes, à moitié perclus. Les restes du 4ᵉ corps (car on ne pouvait plus appeler ces 12,000 hommes un corps régulier) bivaquèrent à Korytnia le 15 au soir. Le 16, ils partirent pour rallier à Krasnoë la garde impériale qui, la veille, avait dû se faire jour pour pénétrer dans cette ville. Miloradowitch se disposa à attaquer le vice-roi au passage du ruisseau. Vers trois heures après midi, Eugène se trouva en face de l'ennemi. Le général russe disposait de deux divisions en position sur le flanc de la route, entre les villages de Merlino et de Stezna ; de deux autres du corps de Dolgorouki, déployées en travers de la route, à gauche du ruisseau; de la cavalerie des corps d'Ouwarow et Korff. Ces forces étaient imposantes. Pour leur résister, le vice-roi forma deux carrés des hommes encore armés de la garde et des divisions Broussier et Delzons ; il plaça en arrière les hommes isolés et sans armes, donna l'arrière-garde à la division Pino, et mit en batterie, sur le front d'attaque, les 12 seules pièces qui lui restaient. Ainsi disposée, cette

---

[1] Et non pas de son propre mouvement, et après avoir consulté, ainsi que semble le dire M. Thiers.

poignée de braves soldats marche à l'ennemi, sous le feu de 100 canons et s'élance sur le corps de Dolgorouki. Le choc est si violent, que le général russe fait charger sa cavalerie; mais toutes les attaques sont repoussées, et la nuit arrive sans que rien ait pu entamer les débris glorieux du 4° corps. Le prince a lutté contre 30,000 hommes, dont 3,000 de cavalerie. Le danger est toujours aussi grand. Miloradowitch vient de le faire sommer de mettre bas les armes, ce à quoi Eugène a répondu avec mépris. Dès l'aube du jour la lutte va recommencer. Forcer le passage de front est à peu près impossible; le vice-roi se décide alors à se dégager par un mouvement de flanc des plus habiles et des plus hardis. Les manœuvres des Français ayant forcé l'ennemi à affaiblir son aile gauche, le prince profite de l'obscurité pour se porter en silence de ce côté. Il se rapproche ainsi du Dniéper, puis, tournant vers Krasnoë, il marche dans cette direction. Son avant-garde tombe dans un poste ennemi. Au cri de la sentinelle, un officier polonais répond en russe : « Tais-toi, malheureux ! nous sommes du corps de Miloradowitch, et nous allons en expédition secrète. » Cette présence d'esprit sauve les débris du 4° corps, qui parviennent à rallier la jeune garde et à entrer dans Krasnoë. Napoléon, dans une inquiétude affreuse sur le sort de son fils adoptif, lui témoigna toute la joie qu'il éprouvait à le revoir [1].

---

[1] Ce combat de Krasnoë, si glorieux pour le 4° corps et pour son chef, donna lieu à un singulier incident. Le général Ornano, alors un

Le lendemain du combat soutenu par Eugène en avant de Krasnoë, l'Empereur, voulant donner la main au prince d'Eckmühl, sortit de la ville pour offrir la bataile à Kutusow, laissant à Krasnoë même le 4ᵉ corps, qui avait tant souffert depuis son départ de Dorogobouge. Le vice-roi eut ordre de gagner Doubrowna et de s'y établir, formant ainsi l'avant-garde des débris de la Grande-Armée. Le 18, Eugène atteignit cette ville, et le soir il vint coucher à Orcha. Pendant ce temps, Napoléon avait pu rallier

des plus jeunes généraux de division de la Grande-Armée, aujourd'hui *le plus ancien des divisionnaires de l'Europe en activité*, avait essayé inutilement, dès le début de l'action, d'ouvrir un passage au 4ᵉ corps, en chargeant l'ennemi à la tête des quelques chevaux qui lui restaient de toute la cavalerie qu'il commandait à la Moscowa. Un boulet le jette la face contre terre par-dessus son cheval. On le croit mort, son corps est noir, il ne donne plus signe de vie. Le prince Eugène ordonne au commandant Tascher, un de ses aides de camp, de faire ensevelir le général sous la neige; mais, au moment où on va l'y déposer, son aide de camp, M. Delaberge, arrive, refuse d'abandonner le corps de son général, déclare qu'il ne veut pas le laisser en Russie, qu'il le ramènera en France, et il le met en travers sur son propre cheval. Un boulet traverse le cheval, jetant par terre sans les blesser général et aide de camp. M. Delaberge soulève le général Ornano et le place sur une petite charrette de cantinière, échappée au désastre du Vop. Bientôt un chirurgien s'aperçoit que le général conserve quelques symptômes de vie. On arrive le matin au quartier général de l'Empereur. Eugène annonce à Napoléon la mort d'Ornano; l'Empereur donne hautement des regrets à la mémoire d'un officier général jeune, brillant, plein d'avenir et qui lui appartient de très-près. Tout à coup on vient dire au vice-roi que le général respire encore, mais qu'il est intransportable. Eugène prétend qu'il l'a fait ensevelir sous la neige; les choses s'expliquent. Napoléon prescrit de placer le général dans son propre landau, seule voiture qu'on ait pu conserver pour son service. Aujourd'hui, le général Ornano, ayant près de quarante-huit ans de grade de général de division, est gouverneur de l'hôtel des Invalides.

Davout, qu'il avait ensuite laissé à Krasnoë; mais le duc d'Elchingen avait dû être abandonné à ses propres forces. Il se trouvait à Smolensk, dont il ne devait partir que le 17, en vertu des ordres de l'Empereur; et après avoir fait sauter les fortifications de la place. Nous ne décrirons pas les péripéties, si bien racontées par M. Thiers, de la marche héroïque de celui que l'armée avait surnommé le brave des braves. Nous dirons seulement qu'ayant été coupé par toute l'armée active de Kutusoff (50,000 hommes), ayant lutté toute la journée du 17 novembre avec 5 à 6,000 soldats, à moitié armés, contre cette masse énorme, ayant rejeté toute proposition de capituler, Ney, pendant la nuit du 17 au 18, s'était porté à droite, avait gagné le Dniéper, l'avait franchi sur la glace, s'était ensuite jeté dans les bois sur la rive droite de ce fleuve, perpétuellement aux prises avec le froid le plus rigoureux, avec la faim, avec les Cosaques de Platow, et cherchant à gagner Orcha. Le 19, à deux heures du matin, l'ordre avait été expédié au vice-roi de se porter à une lieue d'Orcha. Le prince venait de recevoir la lettre du major général et s'apprêtait à partir, lorsque le maréchal Davout entra chez lui avec un officier envoyé par le duc d'Elchingen. Ney faisait connaître qu'ayant passé le Dniéper, après avoir perdu l'espoir de se faire jour par la grande route, il avait suivi les bois jusqu'à la hauteur de Donbrowna; qu'apprenant le départ du prince d'Eckmühl, qui s'était mis en route avant le jour, il essayait de gagner Orcha; qu'attaqué au village de Jaknpowo, à quelques lieues d'Orcha, il demandait du secours. Eugène n'hésita pas à se porter au-devant du maréchal, mais il exigea que Davout tînt, avec deux divisions, les hauteurs d'Orcha, sur la rive gauche, ce que le prince d'Eckmühl promit. En même temps le vice-roi prévint l'Empereur, le priant de prescrire impérieusement à Davout d'occuper les positions d'Orcha. Ces mouvements opérés, Eugène eut bientôt le bonheur de serrer dans ses bras l'héroïque maréchal Ney, ramenant 12 à 15 cents hommes, restés seuls debout de son corps d'armée et de la division Ricard, mais il avait sauvé l'honneur du drapeau.

L'Empereur avait essayé de donner à tous ces malheureux soldats une espèce d'organisation, et on était parvenu à fournir chaque corps de quelques canons et caissons attelés, de remplacer quelques fusils, d'armer quelques hommes. La retraite continua vers l'ouest. L'armée réunie, mais réduite à une poignée de combattants, avait encore bien de cruelles heures à passer. Napoléon venait d'apprendre que l'amiral Tittchakoff s'était emparé de Minsk, que les Polonais de Dombrowski s'étaient réfugiés à Borisow. Cependant il fallait essayer de prévenir à la Bérézina l'armée russe du sud. On hâta donc la marche sur Borizow. Le 21 novembre, le 4ᵉ corps s'arrêta à une lieue de Kochanow, n'arrivant à Ubival qu'à dix heures du soir, parce qu'il avait dû attendre, à quelque distance d'Orcha, le passage du corps de Ney, retenu pour ses distributions. L'armée se remit en marche le 22 dans l'ordre suivant : Le duc de Trévise, le duc d'Elchingen, le vice-roi, le prince d'Eckmühl. Ainsi Eugène se trouvait de nouveau placé de façon à soutenir l'avant-garde si elle était attaquée par les armées russes qui manœuvraient du côté de Minsk, et à soutenir l'arrière-garde, si Kutusow essayait encore de la poursuivre avec un peu de vigueur, malgré la honte de ses échecs réitérés contre le 4ᵉ, le 1ᵉʳ et le 3ᵉ corps, malgré la leçon qu'il avait reçue en avant de Krasnoë le 17 et le 18 novembre. Le 23, Eugène vint occuper une position intermédiaire entre Ney et Davout, près de Toloczin[1], le 24, une position analogue près de Bobr. Enfin, le 25, l'avant-garde avait atteint Borisow sur les bords fatals de la Bérézina. Telle était la faiblesse des divers corps, en approchant de Borizow, que le prince Eugène ne put exécuter l'ordre qu'il avait reçu du major général, d'envoyer un officier général et 1,200 hommes pour garder le trésor de l'armée alors avec la division Claparède, près de Lochnitz. Le 26, Napoléon coucha à Borizow-Staroï, où il établit son quartier général entre Borizow, point sur lequel se faisait une fausse démonstration de passage pour tromper Tittchakoff et Studianka (3 lieues nord de Borizow), village où le point de passage véritable avait été marqué, et où le respectable général Éblé faisait établir deux ponts de chevalets. Dans cette même journée du 26, Eugène eut ordre d'abord de se

---

[1] C'est à Toloczin qu'on apprit la fatale nouvelle de l'occupation des ponts de la Bérézina par les Russes. Après des combats acharnés et glorieux, les Polonais de Drombowski et de Bronikowski avaient été rejetés sur la route, en arrière de Borisow.

tenir prêt à passer la Bérézina dès que les ponts en construction seraient terminés, puis quelques instants plus tard, de se mettre en mouvement sur Studianka pour franchir la rivière. Mais Eugène, qui avait été obligé, en vertu des ordres précédents, de s'arrêter le 26 à la porte de Lochnitza, ne put se mettre en mouvement que le 27. Il franchit la Bérézina dans la nuit du 27 au 28, et vint s'établir en bivac en arrière de la jeune garde, près d'un village brûlé. Le 28, le vice-roi, exécutant de nouveaux ordres, se porta dans la direction de Wihika, jusqu'à Pletschenitzy, où il réunit aux quelques hommes encore debout du 4ᵉ corps la cavalerie polonaise du colonel Tiken. Le prince était en outre chargé de servir d'escorte aux munitions, à ce qui restait de bagages et de malheureux échappés au nouveau désastre de la Bérézina et ayant pu franchir les ponts. Le 30 novembre, Eugène fut destiné à former l'avant-garde. En conséquence, on mit sous ses ordres la cavalerie polonaise du duc de Bellune, ce qui existait de la cavalerie Latour-Maubourg. Avec ces quelques escadrons encore à cheval, il dut éclairer le pays à droite et à gauche, et il vint coucher à l'embranchement des routes de Dolghinow et de Molodeczino. Le grand quartier général qui marchait en arrière vint à Pletzschenitzy. Le vice-roi arriva le 2 décembre à Molodeczino, sur la grande route de Minsk à Wilna, après avoir bivaqué le 1ᵉʳ à Ilias entre Pletzchenitzy et Molodeczino. Le général bavarois de Wrède, qui s'était laissé séparer du 2ᵉ corps, après la seconde bataille de Polotsk, se trouvait alors du côté de Glubokoé. Il reçut l'ordre, à plusieurs reprises, de se rendre à Wihika.

A Molodeczino, où l'Empereur espérait trouver des vivres et ses courriers en retard, le prince Eugène eut de nouvelles instructions : celles de diriger les gros bagages sur Wilna, ainsi que le trésor, les blessés, les voitures et charrettes; de faire partir pour Mercez, mais sans les faire passer par Wilna, les cavaliers démontés sous les ordres du duc d'Abrantès; d'envoyer sur Olitta les Polonais qui ne devaient pas non plus entrer à Wilna. Enfin il fut prescrit au vice-roi de donner des nouvelles de l'ennemi, et de ce qui se passait du côté de Minsk.

Après un séjour de quarante-huit heures à Molodeczino, Eugène fut dirigé avec son corps et la cavalerie Latour-Maubourg sur la route de Smorgoni. Il vint à Markowo, marchant après le prince d'Eckmühl. Le 5 il continua son mouvement sur Smorgoni, où il s'établit le soir. Le 6, il campa près d'Ochmiana, au sud-est de Wilna.

Ce fut dans la journée du 5 décembre que l'Empereur, après avoir rassemblé ses maréchaux et commandants de corps, leur fit connaître sa résolution de quitter l'armée. De graves affaires politiques le rappelaient en France. Il remit le commandement au roi de Naples. Eugène fut doublement peiné de ce départ, non pas qu'il n'en comprît la dure et impérieuse nécessité, mais parce qu'il n'avait pas foi dans les talents militaires de Murat pour commander en chef les débris ramenés de Moscou, et parce que personnellement il n'aimait pas ce prince. Il crut devoir écrire à ce sujet à l'Empereur la lettre ci-dessous :

« 5 décembre 1812. Sire, il ne m'est pas permis de chercher à pénétrer les volontés de Votre Majesté; mais si, comme il est probable, Votre Majesté ne tarde pas à se rendre aux vœux de la France, et que son intention soit de me laisser à l'armée avec le roi de Naples, je prends la liberté de réclamer un nouveau témoignage de ses bontés pour moi... Sire, j'ai dévoué ma vie au service de Votre Majesté. Il me serait pénible de n'être plus employé que pour la gloire d'un autre prince, surtout d'après les sentiments de cette personne à mon égard; sentiments que Votre Majesté connaît aussi bien que moi. J'ose donc demander un ordre pour retourner en Italie, à l'époque qu'elle jugera le plus convenable. Dans le cas où Votre Majesté me laisserait à l'armée, j'y resterai tant qu'il lui plaira, et je n'en continuerai pas moins à la servir avec le même zèle et le même dévouement, » etc.

Napoléon répondit à Eugène, de Smorgoni, le même jour, 5 décembre : « Mon cher fils, j'ai reçu votre lettre; faites votre devoir et reposez-vous sur moi. Je suis le même pour vous, et sais bien ce qu'il vous faut; ne doutez jamais de mes sentiments paternels. »

CORRESPONDANCE

RELATIVE AU LIVRE XXI.

DU 7 SEPTEMBRE AU 5 DÉCEMBRE 1812.

« Monseigneur, j'ai l'honneur de prévenir Votre Altesse, que Sa Majesté le roi de Naples reçoit l'ordre de se mettre en mouvement avec son corps d'avant-garde pour suivre l'ennemi jusqu'à six ou sept werstes au delà de Mojaïsk. L'intention de l'Empereur est que Votre Altesse se mette aussi en marche avec son corps d'armée, pour continuer son mouvement à la hauteur de l'avant-garde du roi, sur la gauche. Il est nécessaire, monseigneur, que vous vous assuriez en conséquence du moment où le roi se mettra en mouvement.

« L'Empereur s'occupera demain des remplacements ; mais en attendant, dans l'ordre naturel et d'après l'ordonnance, un corps d'armée, une division, une brigade, un régiment ont toujours un

Berthier à Eugène. Au camp imp. en arrière de Mojaïsk, 8 octobre 1812.

commandant, qui est provisoirement l'officier du grade inférieur le plus ancien ; c'est ainsi que Votre Altesse doit donner provisoirement les commandements qui sont vacants. Quant aux promotions que fera l'Empereur, c'est la circonstance où Sa Majesté donne la préférence au mérite sur l'ancienneté. »

Eugène à la vice-reine. Du champ de bataille, 8 septembre 1812. 8 heures du matin.

« Deux mots seulement, ma très-chère Auguste, pour te dire que je me porte très-bien. Il y a eu hier une grande bataille, excessivement chaude et glorieuse pour l'Empereur. Je commandais la gauche, et nous avons fait notre devoir. Figure-toi, si tu peux, mon bonheur ; hier, avant minuit, je dormais profondément à un bivac de soldats. On me réveille, c'est Fortis, m'apportant ton aimable lettre et ton charmant cadeau... Adieu, sois tranquille, à présent nous marchons sur Moscou ; et, après une bataille aussi sanglante, tout le monde a besoin de se reposer. »

Berthier à Eugène. Au camp sous Mojaïsk, 9 septembre 1812. 9 heures du matin.

« Monseigneur, je ne puis pas vous envoyer en ce moment les intentions définitives de l'Empereur, mais je pense que vous pouvez faire repasser la Moscowa à une division, pour suivre le mouvement de l'avant-garde ; que vous devez envoyer de forts partis de cavalerie sur Rouza, pour savoir ce qui s'y passe et soutenir cette cavalerie avec le reste de votre infanterie. Aussitôt que l'Empereur aura donné ses ordres définitifs, je vous les ferai passer. »

Berthier à Eugène. Quartier général, près

« Monseigneur, l'Empereur me charge de réitérer à Votre Altesse l'ordre qu'il lui a donné hier de passer la Moscowa et de poursuivre l'ennemi à la hauteur de l'avant-garde, sur la gauche. »

Mojaïsk. 9 septembre 1812.

« L'Empereur ordonne, monseigneur, que vous vous rendiez avec votre corps et le 3ᵉ corps de cavalerie à Zwenigorod, et que vous jetiez de suite deux ponts sur la route de Koubinskoié, pour être en communication avec le roi de Naples, qui s'y rend; que vous fassiez battre tout le pays, de droite et de gauche, et que vous nous envoyiez des nouvelles. — Envoyez-nous des guides. »

Berthier à Eugène. Mojaïsk, 10 septembre. 9 heures du matin.

« J'ai l'honneur de vous adresser, monseigneur, une note qui m'a été remise. Je prie Votre Altesse Impériale de vouloir bien me faire connaître si ce qu'elle contient est exact. » En marge est écrit :
« Le courage que le jeune S. Marcellin a montré à la prise de la Grande-Redoute est incontestable. Aussi Son Altesse Impériale a-t-elle cité cet officier dans son rapport [1] et demandé la décoration en sa faveur. »

[Berthier à Eugène. Mojaïsk, 10 septembre 1812.

« Monseigneur, l'Empereur a reçu vos dernières dépêches du 10. Le roi de Naples est vis-à-vis le poteau portant le n° 70, à environ sept à huit lieues de Mojaïsk. Sa Majesté l'autorise à séjourner aujourd'hui dans la position où il se trouve, le corps à ses ordres étant très-fatigué.

Berthier à Eugène. Mojaïsk, 11 septembre 1812. 4 heures 1/2 du matin.

« L'Empereur ordonne au roi de mettre à vos or-

---

[1] Nous n'avons pu retrouver le rapport du vice-roi.

dres le 3ᵉ corps de réserve de cavalerie, il lui fait dire d'envoyer à Rouza chercher des vivres ; Votre Altesse voudra bien disposer un convoi pour l'avant-garde du roi ; — avec le 3ᵉ corps de cavalerie, vous serez à même de vous éclairer sur la route de Moscou. »

<small>Berthier à Eugène. Mojaïsk, 11 septembre 1812. 9 h. du soir.</small>
« Monseigneur, l'Empereur suppose que vous êtes arrivé ce soir à Zwenigorod, et que vous vous êtes mis en communication avec le roi de Naples. L'intention de Sa Majesté est que vous continuiez demain la même route, de manière à vous trouver toujours sur la gauche du roi. J'ai donné l'ordre au roi de partir demain avec son corps et de tâcher de faire une journée qui avance d'autant l'avant-garde sur Moscou.

« L'Empereur compte partir demain dans la journée, pour aller coucher à l'avant-garde. »

<small>Berthier à Eugène. 12 septembre 1812.</small>
« Monseigneur, l'Empereur aurait désiré que vous occupassiez hier la ville de Zwenigorod ; le roi de Naples était à Krimskoïe, ayant toute l'armée devant lui et étant en mesure. Sa Majesté ordonne que vous avanciez aujourd'hui sur la route de Moscou, aussi loin que vous pourrez. Il est probable que l'armée sera aujourd'hui à ..... Faites donc avancer votre corps jusqu'à l'endroit où la route repasse la Moscowa, pour toujours tourner la gauche de l'ennemi.

« L'Empereur sera au soir à l'avant-garde. »

« Monseigneur, on dit que l'ennemi a 18 batteries, à vingt-cinq werstes de Moscou, c'est-à-dire près de Perkouchkovo. L'Empereur juge qu'il est nécessaire que vous tourniez tout cela par la position de Zubovo.

« L'ennemi a aussi des retranchements sur la montagne des Moineaux ; mais la route que le 4ᵉ corps suivra ne débouche pas sur cette montagne et la tourne. »

<small>Berthier à Eugène. Mojaïsk, 12 septembre 1812.</small>

« Monseigneur, le roi de Naples continuera demain son mouvement pour se porter vers la station de poste du village de Perkouchkovo. L'Empereur espère que Votre Altesse pourra, de son côté, se porter demain sur Barok, à quelques cents toises du point où la grande route de Zwenigorod à Moscou passe la rivière de la Moscowa ; le prince Poniatowski se portera demain sur la route de Moscou à Kalouga, au village de Bourtsovo, d'où il continuera sa route jusqu'à la station de la poste du village de Scherapovo, ou plus loin, si le roi passe la station de poste du village de Perkouchkovo : dans cette position, nous occuperons les trois routes qui conduisent à Moscou. »

<small>Berthier à Eugène. Au château, près Tatarki, 12 septembre 1812. 8 heures 1/2 du soir.</small>

« Mon cher général, Sa Majesté le roi de Naples part ce matin à neuf heures pour se rendre à Perkouchkovo, le prince Poniatowski se porte sur Scherapovo, le corps d'armée du prince vice-roi devant se porter à Bouzaievo, les trois corps d'armée seront à la même hauteur.

<small>Belliard au général Guilleminot, 13 septembre</small>

« Dans le cas où Sa Majesté le roi se porterait en avant de la station de poste de Perkouchkovo, je vous en préviendrai de suite.

« Je me recommande toujours à vous si vous avez quelques vivres de trop. »

Berthier à Eugène. Bezovka, 13 septembre 1812. 9 h. du soir.
« L'Empereur me charge de faire connaître à Votre Altesse que le roi de Naples est ce soir à *Lajiskova*, à trois lieues de Moscou ; Sa Majesté sera demain de bonne heure à l'avant-garde.

« L'intention de l'Empereur est que le 4ᵉ corps, tout réuni, en rappelant tout ce qu'il aurait derrière, et surtout toute son artillerie, se rende de bonne heure à Talarovo, où l'on rencontre la Moscowa. Votre Altesse doit se tenir en communication avec le roi de Naples, le roi se rendra vis-à-vis Phili ; on dit que l'ennemi a retranché la montagne des Moineaux et une autre montagne. Votre Altesse aura des nouvelles, et fera de suite travailler à trois ponts sur le chemin, afin que, si l'Empereur le juge convenable, Votre Altesse reçoive l'ordre d'entrer à Moscou. »

Le comte de la Valette à la vice-reine. Paris, 13 septembre 1812.
« Madame, j'ai reçu hier soir l'estafette partie le 8 à la fin de la journée. On continuait à poursuivre les Russes, qui cédaient partout et fuyaient dans le plus grand désordre. Il est probable qu'on sera entré à Moscou le 11 ou le 12. Trois lettres que j'ai reçues par cette occasion me parlent du prince ; il se porte bien, et, quoiqu'il ait été au milieu du feu, et que son corps d'armée ait constamment donné, il a été très-heureux. On ajoute qu'il s'est couvert de

gloire, et que ses troupes ont eu une très-grande influence sur le succès de la journée. L'estafette n'a pas rapporté de bulletins. J'attends celle du 9, qui sans doute nous donnera des détails qu'on attend avec la plus vive impatience.

« Je continuerai à donner des nouvelles à Votre Altesse Impériale tant que je ne recevrai pas de lettres du prince pour elle.

<small>Eugène à la vice-reine. D'un château à 6 lieues 1/2 de Moscou, 13 septembre 1812.</small>

« Ma chère Auguste, tu vois par la date de ma lettre, que nous sommes bien près de Moscou, et si nous n'y entrons pas demain, cela ne peut tarder. On nous avait conté que les Russes se battraient encore sous Moscou, je ne puis pas le croire, d'après la leçon qu'ils ont reçue, le découragement qui règne chez eux et le désordre qu'il y a dans leur armée. Le froid commence à se faire sentir et nous avons besoin d'arriver à une grande ville pour nous faire faire force fourrures. Bonsoir, je vais souper et me coucher, il est huit heures et j'ai été à cheval toute la journée en face de messieurs les Cosaques. »

<small>Belliard au général Guilleminot[1], 14 septembre 1812.</small>

« Je reçois, mon cher général, votre lettre d'hier. D'après les ordres de l'Empereur, le roi doit se mettre en marche ce matin à 9 heures, et se diriger sur Moscou.

« Sa Majesté écrivit hier soir au vice-roi, en réponse à la lettre que Sa Majesté avait reçue de Son Altesse. Le roi faisait connaître sa position au prince, et son mouvement d'aujourd'hui.

---

[1] Le général Guilleminot était le chef d'état-major du prince Eugène.

« Cette nuit, deux détachements ont été envoyés pour communiquer avec votre corps d'armée, le second avait avec lui un officier porteur d'ordres du prince de Neufchâtel. »

Berthier à Eugène, Moscou, 15 septembre 1812.

« Monseigneur, l'Empereur ordonne que vous portiez votre quartier général à la barrière de Saint-Pétersbourg, et que vous fassiez occuper la route depuis Traïk inclusivement jusqu'à la route de Zwenigorod. Sa Majesté ordonne aussi que vous envoyiez de forts partis sur la route de Saint-Pétersbourg et sur la route qu'a prise l'ennemi, afin d'avoir des nouvelles et de ramasser les traîneurs. »

Eugène à la vice-reine. Moscou, 15 septembre 1812.

« Ma chère Auguste, je t'écris du faubourg de Moscou, où je suis établi avec mon corps d'armée. Les Russes ont évacué hier la ville, mais y ont mis le feu dans vingt endroits, et surtout dans le quartier des marchands, où étaient tous les magasins, par conséquent toutes les ressources. On ne peut pas être plus barbares ! L'armée va se reposer, je pense, et cela sera fort utile pour faire réparer tous nos bagages. Je me porte bien et nos Messieurs reprennent des forces..... Le froid commence à se faire sentir, et dans un mois ce sera bien autre chose.

« Cette ville est grande, elle contient des palais magnifiques et de misérables chaumières. C'est cependant au total une belle ville, mais les principaux habitants en sont sortis ; il ne reste plus que la populace. »

« Mon neveu, l'avant-garde de l'armée est entrée hier à Moscou, à deux heures, et a pris position sur la route de Boghorodk, par où s'était retirée l'armée ennemie.

« Je n'ai pas encore reçu de l'Empereur d'ordre de mouvement. Nos vedettes sont en présence avec celles de l'ennemi. Vous me ferez plaisir de me faire connaître votre position. »

Murat à Eugène (sans date).

« Mon cher général, l'avant-garde du roi est depuis hier soir à Pauki, embranchement des routes de Kolomna et de Riazan. Sa Majesté a envoyé des officiers et des détachements pour communiquer avec le roi, et jusqu'à présent on n'a pas de nouvelles. Je vous prie de faire connaître la position de votre corps d'armée, et de me dire où se trouve l'Empereur, avec lequel le roi n'a pas pu communiquer dans la nuit, ni ce matin, à cause de l'horrible incendie qui nous a hier chassés de la ville.

« Sa Majesté désire, si cela est possible, que le prince vice-roi établisse une communication par des postes jusqu'à la barrière de Valdimir, où le roi placera du monde. »

Belliard au général Guilleminot. Petrowkoï, 1ᵉʳ village sur la route de Kolomna, 17 septembre 1812.

« Ma chère Auguste, le courrier Allari te remettra cette lettre; il te donnera des nouvelles de notre bataille, qu'il a vue de loin. Il pourra aussi te conter jusqu'où est portée la barbarie des Russes. Ils ont incendié l'immense ville de Moscou, et tu ne peux te faire d'idée du spectacle horrible que nous avons depuis trois jours sous les yeux et qui dure encore.

Eugène à la vice-reine. Moscou, 17 septembre 1812. au soir.

Ma santé continue à être bonne, elle serait encore meilleure, si j'avais l'espoir de te revoir bientôt. »

<small>Eugène
à la vice-
reine.
Moscou,
18 septembre
1812,
au soir.</small>

« Je n'ai pu faire partir Allari hier, comme je le croyais, ayant accompagné l'Empereur toute la journée, ma très-chère Auguste. Je ne l'expédierai que demain, à la pointe du jour, et il mettra sûrement 28 à 30 jours en chemin. La ville est presque totalement réduite en cendres; c'est une des plus belles de l'Europe; il y avait des palais magnifiques et en grand nombre; la barbarie des Russes a été poussée au dernier point, en ruinant ainsi 300,000 habitants et les 600 plus grands seigneurs de la Russie, et tout cela pour nous faire perdre quelques ressources en farine, en vin, en draps et en souliers. Nous avons pu faire arrêter une trentaine de ces misérables bandits au moment où, avec des torches, ils mettaient le feu. Beaucoup ont été massacrés sur place par la fureur de nos soldats. Il en reste pourtant encore assez pour qu'on fasse un jugement en règle, et il se trouve parmi eux un officier ayant même une des décorations de la Russie. Tous ces misérables ont avoué qu'ils ont été payés pour cela, et qu'ils n'ont agi qu'en vertu des ordres du gouverneur de Moscou. Tu ne peux te faire une idée du spectacle horrible que nous avons eu sous les yeux pendant cet incendie. Il restait bien dans la ville 80 ou 100,000 habitants. Ils sont à présent sans nourriture, sans vêtements, sans de quoi abriter leurs têtes au moment de l'approche d'une saison qui est si rigide ici; cela fait horreur!

« Je continue à dater mes lettres de Moscou, et pourtant je suis établi dans une petite maison, à trois quarts de lieue de la barrière, sur la route de Pétersbourg, et au milieu de mon corps d'armée. »

<small>Belliard au général Guilleminot. Couvent de Petrowskoé, 18 septembr 1812.</small>

« Je reçois ce matin seulement, mon cher général, l'avis que vous me donnez de l'établissement du quartier général de l'Empereur.

« Le général Beurmann est établi sur la route de Valdimir, il a l'ordre de se mettre en communication, par sa gauche, avec M. le général Ornano.

« Mon aide de camp m'a remis hier soir votre lettre. »

<small>Berthier à Eugène. Moscou, 9 septembre 1812.</small>

« Monseigneur, l'Empereur ordonne qu'à dater de demain le pillage cesse dans la ville de Moscou. En conséquence, vous ordonnerez le nombre de patrouilles d'infanterie et de cavalerie nécessaires pour faire rentrer chaque soldat à son corps et empêcher qu'aucun ne fouille ni dans les caves ni dans les maisons.

« Votre Altesse fera retenir tout le monde au camp du cantonnement, et à midi, à trois heures, à l'heure à laquelle elle le jugera le plus opportun, elle fera faire un appel. Je la prie de m'en envoyer l'état, afin que Sa Majesté connaisse le nombre des seuls combattants dont elle peut disposer.

« Cela est de la dernière importance. »

<small>Berthier à Eugène. Moscou,</small>

« Monseigneur, l'Empereur voit avec peine que, malgré l'ordre donné hier d'arrêter le pillage, on

_{20 septembre 1812.} s'y est encore livré aujourd'hui au moins autant qu'auparavant. Je ne puis qu'engager de nouveau Votre Altesse à faire respecter les ordres de l'Empereur, tenir les soldats au drapeau, les faire surveiller par leurs officiers et rétablir enfin le bon ordre et la discipline. »

_{Eugène à la vice-reine. Du camp près de Moscou, 21 septembre 1812.} « Il a fait avant-hier et hier un très-fort orage, ma chère Auguste, il n'a cessé de pleuvoir que ce matin, et nous étions bien pressés de voir finir ce mauvais temps. Je m'attends à un très-prochain mouvement : il est question d'envoyer des troupes sur la route de Pétersbourg, et ce sera probablement mon corps d'armée. On parlera plus tard des quartiers d'hiver, mais il est à peu près certain qu'on ne se battra plus cette année. On pense même que les Russes consentiront à faire la paix quand ils nous verront bien décidés à nous maintenir dans leur pays. Figure-toi leur embarras, leur armée est presque tout entière sur la route de Tula, et leur empereur est à Saint-Pétersbourg; les ordres ne peuvent leur parvenir que par un détour immense.

« Je m'imagine que tu suis tous nos mouvements sur la carte, et que tu t'en seras procuré une bonne de la Russie; celle qui peut le mieux te convenir pour voir l'ensemble des opérations de la Grande-Armée est la carte de Russie par Graijmann..... J'ai passé hier la soirée chez l'Empereur; nous avons joué au vingt-et-un pour passer le temps : je prévois que nous allons trouver les soirées bien longues, il n'y a pas la plus légère distraction, pas un billard.....

Adieu, ma très-chère Auguste, sans distractions, comme avec tous les amusements du monde, je n'en désire pas moins de tout mon cœur d'être bientôt réuni à toi et à mes chers enfants. »

« Monseigneur, j'ai l'honneur d'informer Votre Altesse que l'Empereur lui assigne pour l'établissement de son corps d'armée environ un quart de la ville du côté des routes de Saint-Pétersbourg et de Dmitrow. Votre Altesse pourra en conséquence disposer des quartiers de la ville nos 8, 9, 13 et 14.

« Sa Majesté vous autorise à envoyer à six lieues sur la route de Saint-Pétersbourg une avant-garde d'infanterie et de cavalerie pour prendre position jusqu'à ce que l'éloignement de l'ennemi soit assez considérable pour que Sa Majesté juge convenable de vous faire occuper les districts de Klin et de Dmitrow.

« Il est nécessaire que Votre Altesse n'occupe rien en ville, hors la limite des quartiers ci-dessus désignés, le reste étant affecté à d'autres corps d'armée.

« Il faut néanmoins laisser dans leurs logements les personnes du quartier général impérial qui se trouveraient établies dans les quartiers qui vous sont assignés. »

Berthier à Eugène. Moscou, 21 septembre 1812.

« Monseigneur, en vous donnant des quartiers pour loger vos troupes, l'Empereur n'a pas mis à votre disposition les magasins d'aucune espèce. Son Altesse doit bien y mettre des gardes, son ordonnateur doit veiller à leur sûreté; mais ce qui est dans

Berthier à Eugène. Moscou, 21 septembre 1812.

les magasins appartient à l'intendance générale de l'armée, qui ordonnera la distribution conformément à ce qui sera prescrit par Sa Majesté.

« Vos troupes, monseigneur, ne doivent donc pas toucher aux magasins qui sont dans vos quartiers; ils dépendent du duc de Trévise, gouverneur de Moscou.

« Les commandants des vingt quartiers que j'ai nommés d'après l'autorisation de l'Empereur sont les seuls qui ont droit de commander dans les quartiers; ils sont entièrement sous le duc de Trévise, et c'est à eux que votre état-major doit s'adresser pour les demandes qu'il a à faire. »

<small>Berthier à Eugène. Moscou, 21 septembre 1812.</small>

« Monseigneur, non-seulement le pillage doit cesser dans la ville de Moscou, mais encore aucune corvée organisée ne doit y être envoyée pour prendre des vivres ou des effets, ce qui serait à peu près le même désordre. Je prie Votre Altesse Impériale de donner les ordres nécessaires pour défendre ces corvées dans son corps d'armée. »

<small>Eugène à la vice-reine. Moscou, 22 septembre 1812.</small>

« Bonjour, ma chère Auguste; le mauvais temps paraissant devoir continuer, l'Empereur vient de faire rentrer toutes les troupes en ville pour éviter qu'elles ne souffrissent au camp. Je n'ai laissé qu'une division hors de la ville, le reste s'est logé dans les églises et quelques maisons conservées. Je t'écris donc de Moscou où je ne crois pourtant pas rester longtemps, car on poussera sûrement du monde jusqu'à..... »

« ..... Avant-hier, après t'avoir écrit, nous avons tous monté à cheval et pris les armes; un parti ennemi s'était jeté sur nos derrières, mais il a bientôt été repoussé : hier, on a encore tiré le canon du côté de Podolsk; c'est le duc d'Istrie qui, avec une avant-garde, a rencontré une arrière-garde russe. Sur les routes que je garde, tout jusqu'à présent est fort tranquille. »

Eugène à la vice-reine. Moscou, 24 septembre 1812.

« ..... Comme je ne sais pas si plus tard nos communications seront toujours libres, je profite du départ de ce courrier pour t'envoyer tes étrennes; c'est la plus belle fourrure que j'aie pu trouver à acheter dans tout ce désordre; c'est s'y prendre longtemps d'avance pour des étrennes, mais il est encore possible que tout finisse pour cette époque, et alors je viendrais moi-même..... Je tâcherai de trouver quelque chose pour mes petits anges, mais c'est bien difficile : il n'y a ici que des ours, c'est à la lettre. »

Eugène à la vice-reine. Moscou, 24 septembre 1812, au soir.

« Monseigneur, l'Empereur ordonne que Votre Altesse dirige sur la grande route de Moscou à Mojaïsk un millier d'hommes de cavalerie, qu'elle les fasse partir de suite, et par le plus court chemin, en traversant la ville, pour rejoindre les chasseurs de la garde, qui prennent position à moitié chemin de Moscou, au château du prince Galitzin à Bezowka où a couché l'Empereur, c'est-à-dire à moitié chemin de la première poste. Cette cavalerie sera aux ordres du général Guyot quand elle l'aura rejoint.

Berthier à Eugène. Moscou, 26 septembre 1812, 4 heures du matin.

« Il est nécessaire que cette cavalerie se rende le

plus tôt possible au point indiqué, vu que les Cosaques inquiètent toujours notre communication.

« Si la cavalerie ne rencontre pas le général Guyot, elle prendra position à mi-chemin de Moscou à la poste, et enverra prévenir M. le général Saint-Sulpice au château du prince Galitzin, à Bezowka.

« *P. S.* Le général Guyot part à l'instant avec les chasseurs de la garde et six pièces de canon pour prendre position à trois lieues et demie d'ici, c'est-à-dire à moitié chemin de Moscou, à la première poste sur la route de Mojaïsk. »

<small>Berthier à Eugène. Moscou, 26 septembre 1812, 5 heures du matin.</small>

« Monseigneur, l'Empereur ordonne que vous envoyiez une de vos trois divisions d'infanterie avec son artillerie complète pour prendre position à quatre lieues de Moscou sur la route de Smolensk, au lieu où se trouveront le général Guyot et la brigade de cavalerie légère.

« L'intention de Sa Majesté est que cette division soit là de bonne heure, et qu'à cet effet Votre Altesse la fasse partir à la petite pointe du jour. »

<small>Eugène à la vice-reine. Moscou, 26 septembre 1812.</small>

« Ma très-chère Auguste, je t'ai écrit avant-hier deux fois, le matin par l'estafette et le soir par le courrier, mais ce dernier n'a pu partir, parce que quelques partis ennemis inquiètent nos derrières. Je crains donc que quelques-unes de mes lettres servent à l'amusement de messieurs les Cosaques au lieu de servir à te tranquilliser. Je continue à me bien porter, l'Empereur aussi. Je n'ai de malades dans ma maison que Bataille et Desève, celui-ci l'est fort sérieusement..... »

« Monseigneur, l'Empereur ordonne que vous renforciez la cavalerie bavaroise, qui est sur la route de Mojaïsk, de 5 à 600 chevaux et de 6 pièces d'artillerie légère, et que vous y envoyiez le général Ornano pour commander toute cette cavalerie : vous lui ordonnerez de faire des reconnaissances avec prudence et sans se compromettre, pour savoir si la vieille route de Moscou à Kalouga par Cherapowo est libre, mais il doit tâter cette route en portant ses reconnaissances plutôt en arrière qu'en avant; il tâchera de se mettre en communication avec le duc d'Istrie qui est à Desna, soit par Fedosnio, suivant la position qu'occupe l'ennemi, mais toujours avec prudence. Ce qui est arrivé au major Martod vient de ce qu'il s'est porté à trois lieues trop en avant, c'est-à-dire à trois lieues trop loin de Moscou. Prévenez le général Ornano et le général Broussier que, s'ils recevaient des ordres du duc d'Istrie, ils doivent les exécuter. »

Berthier à Eugène. Moscou, 27 septembre 1812, 7 heures du matin.

« L'Empereur ordonne, monseigneur, que vous fassiez vos dispositions pour vous tenir prêt à partir dans la nuit, d'après de nouveaux ordres que vous serez dans le cas de recevoir, afin de vous porter sur la route de Podolsk. Vous enverrez un officier ce soir à six heures chez moi, pour y prendre les ordres que vous auriez à exécuter dans la nuit, si les circonstances portaient Sa Majesté à en donner. »

Berthier à Eugène. Moscou. 28 septembre 1812, 2 heures après midi.

« Le courrier est parti avec la fourrure et une petite provision de thé; il arrivera, j'espère, assez à temps

Eugène à la vice-reine. Moscou,

pour le commencement de vos soirées où le thé remplace les glaces. Ici, nous aurons plus de glaces que de thé, et chacun se pelisse en conséquence; pour ma part, je serai fourré des pieds à la tête. Il a commencé à neiger un peu hier. Aujourd'hui, le temps est sec et froid, cela vaut bien mieux que les pluies. J'ai reçu tes lettres des 4, 5 et 6 septembre, et vois avec plaisir que tu te portes bien. Je partage la peine que tu as éprouvée au départ de ma mère; je suis certain que tu l'auras trouvée telle qu'elle est effectivement, bonne par excellence, tu vas te trouver bien seule et plus triste! — Je te suppose établie à Monza. L'as-tu trouvé embelli? les lièvres mangent-ils toujours les petits arbres? Y a-t-il beaucoup de faisans? T'occupes-tu de ta villa? Voilà bien des petits détails qui me feront plaisir à savoir.

« *P. S.* Je suis obligé de renvoyer Desève à Wilna, il est pris de la poitrine, et en ferai peut-être autant de Bataille. »

« Le capitaine Rezia, aide de camp de Fontanelli, est arrivé hier soir, ma chère Auguste. C'est te dire assez et quelle diligence il a faite, et quelle a été ma joie d'apprendre de bonnes nouvelles de toute ma petite famille. Je te rends mille grâces pour ta chaîne de montre, je ne pourrai la porter à cheval, je l'abîmerais; je l'ai pourtant mise à ma montre, et tout le monde, chez l'Empereur, m'en a fait compliment; ce soir je mettrai le cachet et la clef de l'Impératrice..... J'ai quelques maréchaux et généraux à dîner aujourd'hui, et le dessert habituel est de leur montrer les portraits de cinq objets bien chers à mon cœur. »

« L'Empereur ordonne, monsieur le général Ornano, que vous vous rendiez sur-le-champ au château de Galitzin à Bezowka, où se trouve M. le général Saint-Sulpice avec les dragons de la garde; vous prendrez connaissance de tous les postes qu'il occupe et vous les ferez relever par vos troupes; le général Saint-Sulpice et les dragons de la garde partiront ensuite pour revenir à Moscou.

Berthier au général Ornano. Moscou, 30 septembre 1812.

« Le général Broussier, avec sa division, continuera de rester dans la position qu'il occupe; laissez-lui 500 chevaux.

« Rendez-moi compte tous les jours par l'estafette, et deux ou trois fois par jour quand cela sera nécessaire. »

« ..... On s'occupe beaucoup ici de s'installer pour y passer l'hiver; mais chacun espère que l'ennemi y songera à deux fois avant de préférer que nous restions chez lui plutôt que de faire la paix. Du reste, chacun prend bravement son parti, et tu sais s'il m'en coûtera d'être encore longtemps éloigné de toi et de mes enfants... L'Empereur va faire venir des acteurs de Paris; il m'a demandé des chanteurs de Milan, et, malgré tout cela, tu peux bien penser que nous passerons notre hiver froidement et tristement. »

Eugène à la vice-reine. Moscou, 1er octobre 1812.

« Mon fils, vous avez laissé à l'abbaye, en arrière

Nap. à Eug. Moscou,

de Mojaïsk, deux obusiers de cinq pouces six lignes. Je ne sais pas pourquoi vous affaiblissez votre artillerie. Prenez les chevaux des officiers qui ne doivent pas en avoir et menez avec vous toute votre artillerie. Témoignez mon mécontentement au général Pino de ce qu'il a laissé ses pièces derrière ; cela est contraire à l'honneur militaire : on doit tout laisser, excepté ses canons. Il faut aviser au moyen de recompléter ces batteries. Je remarque aussi avec peine que son corps est celui qui laisse le plus de chevaux en arrière ; il y a 119 voitures qui sont sans attelages à Moscou ; il faut qu'il prenne des mesures pour les atteler. »

2 octobre 1812.

«.... La vie que je mène est fort uniforme. Matin et soir chez l'Empereur, qui me retient toujours plusieurs heures et qui me traite toujours avec la même bonté. Le reste de la journée est employé aux détails du corps d'armée. Il est probable cependant que je ne resterai pas ainsi tout l'hiver et que je prendrai quelques distractions aux environs. »

Eugène à la vice-reine. Moscou, 4 octobre 1812.

« Je t'annonce une nouvelle qui, quoique ne signifiant rien de positif, sera pourtant un point de consolation pour toi, ma chère Auguste. Lauriston a été envoyé à l'armée russe et paraît y avoir été bien reçu. Voilà tout ce que je puis t'en dire ; peut-être n'est-il question que d'échanges de prisonniers, mais c'est toujours beaucoup que de commencer à se parler. Je te prie de garder cette nouvelle pour toi seule, et de n'en parler que si d'autres en parlaient.

Eugène à la vice-reine. Moscou, 6 octobre 1812.

L'armée russe paraît être dans un état vraiment déplorable. La nôtre a beaucoup gagné depuis vingt jours qu'elle se repose, nous pouvons donc n'espérer que de l'avantage, que l'on traite de la paix ou de la guerre. »

« Je t'écris aujourd'hui par Provari..... Il y a beaucoup à espérer que les affaires s'arrangeront cet hiver ; plus nous faisons pour rester ici, et plus les Russes seront pressés de nous en voir sortir, d'une manière ou de l'autre ; ainsi, ne t'effraye pas d'apprendre qu'on fait venir des acteurs, qu'on donnera des spectacles, etc., tout cela persuadera davantage aux Russes que nous ne sortirons pas de chez eux si vite qu'ils le croient, et alors ils prendront leur parti. Le temps s'est fixé au beau depuis quelques jours ; les santés affaiblies se rétablissent, et nous faisons en ce moment nos approvisionnements de l'hiver en grains et en fourrages. On attend de France des moulins à bras pour faire de la farine. Nous aurons donc fait, j'espère, par les difficultés vaincues, par la rapidité des marches, la campagne la plus étonnante, et je désire la plus courte, que nous ayons faite jusqu'à présent. »

Eugène à la vice-reine. Moscou, 9 octobre 1812.

« Nous sommes toujours ici, ma très-chère Auguste ; il était fortement question hier de départ, pour marcher sur l'ennemi ; la neige, qui tombe aujourd'hui abondamment, fera peut-être remettre le projet à un autre moment. Il y a dans l'état-major général de grands paris ouverts pour la paix, avant

Eugène à la vice-reine. Moscou, 13 octobre 1812.

le 1ᵉʳ janvier; moi, je ne parie ni pour ni contre, je me borne à soutenir le plus gaiement possible tous les événements, et cela, je te jure, ne m'empêche pourtant pas de désirer bien ardemment de te revoir. »

Eugène à la vice-reine. Moscou, 18 octobre 1812.

« Je t'envoie, ma chère Auguste, une lettre pour Allari, qui le nomme chevalier de la Couronne de fer, et que tu lui remettras de ma part; je suppose et j'espère qu'il sera arrivé sans accident. Rien de nouveau ici, seulement je te répondrai, pour Soucino, que son fils a été fait prisonnier le jour de la bataille. Il avait un cheval difficile qui l'a emporté dans les escadrons ennemis. Il ne paraît pas que nous partions, ni aujourd'hui ni demain. Il y a quelques pourparlers aux avant-postes, mais qui ne sont, je crois, d'aucune conséquence. Je pense que tu resteras à Monza jusqu'à la mi-novembre, surtout si le beau temps continue; nous nous portons tous bien; attendez-vous pourtant à ne pas nous revoir tous comme nous sommes partis; car on dit que les nez et les oreilles gèlent l'hiver très-facilement aux étrangers. Ce serait pourtant très-vilain si nous les laissions ici. »

Nap. à Eug. Troïtskoé, 20 octobre 1812.

« Mon fils, j'envoie mon officier d'ordonnance Christin, pour me rapporter des renseignements sur la route de traverse que vous allez prendre de Tschikovo à Oghigovo. Il faut activer vos sapeurs, afin de faire des ponts où cela sera nécessaire. Il en faudra plusieurs sur les petits ravins. — Envoyez un officier du génie au général Broussier; qu'il s'y rende en toute diligence et me fasse connaître les routes de Tominskoié à Mojaïsk et de Tominskoié à Koubinskoié. — Aussitôt que vous serez passé, le prince Poniatowski se rendra de Tschikovo à Tominskoié. Il sera sous vos ordres; mais il est nécessaire que tous ses bagages inutiles, il les fasse filer sur Mojaïsk. Cela formera toujours une augmentation de 5 à 6,000 hommes. Il ne sera rendu que demain 21. »

« Mon fils, je vous envoie un officier, pour que, par son retour, vous me fassiez connaître la nature de la route, les nouvelles que l'on a de l'ennemi, de Tominskoié et de Borowsk. Le général Pino vous a-t-il rejoint ou est-il sur la traverse? Est-il rallié et a-t-il tout son monde? »

<small>Nap. à Eug.
Troïtskoé,
20 octobre
1812,
4 heures
après midi.</small>

« Monseigneur, l'Empereur ordonne que Votre Altesse parte de suite avec son corps d'armée pour gagner la route de Moscou à Tominskoié. Vous suivrez le chemin qui vous conduira le plus directement pour rejoindre cette grande route. Vous ordonnerez à votre état-major de faire bien jalonner ce chemin depuis son embranchement dans la route où nous sommes jusqu'à son embranchement dans celle de Moscou à Tominskoié. Votre Altesse fera placer un poste d'infanterie et de cavalerie au point d'intersection sur cette dernière route, et où le grand écuyer doit établir un relais pour l'estafette. Un officier de mon état-major accompagnera Votre Altesse; un de vos ingénieurs géographes devra faire le cro-

<small>Berthier
à Eugène.
Troïtskoé,
20 octobre
1812,
6 heures
du matin.</small>

quis de la route et me l'envoyer de suite par le retour de mon officier d'état-major.

« Votre Altesse continuera son mouvement de manière à réunir tout son corps d'armée aujourd'hui et demain à Tominskoié. Si vous entendiez du canon, vous feriez prévenir le général Broussier que vous arrivez. Vous lui enverrez votre cavalerie légère, une batterie d'artillerie légère et 2 bataillons de ligne, qui accéléreraient leur marche pour le soutenir, s'il en était besoin. Votre Altesse fera continuer de jalonner la route de Smolensk du point d'intersection jusqu'à Koubinskoié. Votre Altesse fera également reconnaître la route qui de Tominskoié rejoint celle de Vereja dans la direction de Mojaïsk. »

Berthier à Eugène. Troïtskoé, 20 octobre 1812, 8 heures du soir.

« Monseigneur, l'Empereur pense qu'il serait convenable que vous vous portassiez demain à la pointe du jour avec votre cavalerie et votre artillerie légère à Tominskoié. Quand le reste de votre corps sera réuni sur ce point, Votre Altesse pourrait se mettre en marche pour aller sur Borowsk, si l'ennemi n'est pas trop en force. Au reste, monseigneur, c'est à Votre Altesse, qui est sur les lieux, à juger de l'état des choses, et à agir suivant que les circonstances l'exigeront. Le prince Poniatowski, comme je vous l'ai mandé, sera rendu demain à Tominskoié, et vous appuiera si cela est nécessaire. »

Nap. à Eug. Au château d'Ignatiewo, 22 octobre 1812,

« Mon fils, je reçois votre lettre. Je serai avant midi à Tominskoié, avec la garde à cheval et à pied.

« Le 1ᵉʳ corps (de réserve) n'arrivera qu'une heure après. Toute la cavalerie du roi de Naples y arrivera dans la journée. Le major général vous mande qu'avant tout il faut occuper aujourd'hui Vereja. Que le prince Poniatowski y marche avec son corps; qu'il se fasse précéder d'une avant-garde de 5 à 600 hommes de cavalerie, de 1,000 hommes d'infanterie de ses meilleurs marcheurs et de 1 ou 2 batteries d'artillerie légère; qu'ils y arrivent aujourd'hui; que le reste de son corps suive. Peut-être que ses coureurs seuls suffiront pour entrer à Vereja. Qu'aussitôt qu'il y sera, il se mette en communication avec Gharodok-Borizow, où le duc d'Abrantès a des postes fixes. Indépendamment de ce que cela établira tout de suite mes communications avec Mojaïsk, j'ai grand besoin de recevoir et d'envoyer des estafettes. Vous avez un poste de 100 hommes à Cherapowo, il faut l'y laisser et y envoyer un officier de confiance, qui placera un cheval à mi-chemin. Il y restera jusqu'à minuit ou trois heures du matin, heure où il doit entendre l'explosion du Kremlin. Aussitôt qu'il l'entendra, il viendra, ventre à terre, pour m'en instruire. Alors les piquets d'infanterie et de cavalerie se mettront en marche pour venir à Tominskoié, où ils rejoindront leur régiment. Dans tous les cas, ce détachement se mettra en marche à cinq heures du matin, demain 23, s'il n'entend pas l'explosion. Cet officier, pour mieux entendre l'explosion, pourra se porter un peu en avant avec le piquet de cavalerie qui est là.

« Quant au détachement que commande l'adjudant-commandant Bournour, à la maison Galitzin, le duc de Trévise a ordre de le ramasser en passant. Comme l'ennemi croit avoir encore toute l'armée devant lui sur l'autre route, il est convenable que vous ne montriez pas trop de troupes, et seulement ce qui est nécessaire pour bien éclairer et avoir des nouvelles. L'occupation de Vereja est la grande affaire d'aujourd'hui. »

Berthier à Eugène. Château de Krasnoé, 22 octobre 1812. 7 heures du matin.

« Monseigneur, le 3ᵉ corps de cavalerie, que commande le général Chastel, a couché à mi-chemin d'ici à Tominskoié ; il a dû vous demander des ordres ; il sera rendu de bonne heure à Tominskoié.

« L'Empereur part et sera rendu dans la matinée à Tominskoié, avec la garde à pied et à cheval et tout le 1ᵉʳ corps. Sa Majesté approuve toutes vos dispositions. Le prince Poniatowski ne doit pas envoyer 200 hommes à Vereja ; ils n'y seraient pas en sûreté ; mais il doit s'y porter avec tout son corps, de manière à occuper Vereja ce soir, et avoir des communications avec Mojaïsk. Le duc d'Abrantès a des postes à Ghorodock-Borizow. Comme la marche de Tominskoié à Vereja est un peu forte, le prince Poniatowski pourra faire une avant-garde, composée d'un millier d'hommes, de 7 à 800 chevaux et de 12 pièces d'artillerie. Cette espèce d'avant-garde prendrait possession de Vereja, et le reste de son corps arriverait pour prendre position le plus près possible de cette ville.

« Il est nécessaire que le prince Poniatowski entre à Vereja le plus tôt possible, de sorte que si ses coureurs suffisaient, il enverrait sur-le-champ du côté de Borisow et de Mojaïsk : il enverrait un officier pour parler au duc d'Abrantès, de manière que les estafettes qui arrivent à Mojaïsk soient dirigées sur Vereja.

« Cet officier sera chargé aussi de prendre avec lui les estafettes qui seraient arrivées à Mojaïsk. Il recommandera au duc d'Abrantès d'envoyer un de ses officiers intelligents, qui apportera l'état des troupes qui sont arrivées à Mojaïsk, l'état des évacuations faites, et enfin l'état des choses à Mojaïsk. Cet officier recommandera au duc d'Abrantès de faire filer sur Vereja les escadrons et bataillons de marche, les batteries d'artillerie qui seraient arrivées à Mojaïsk. Le prince Poniatowski les joindrait à son corps, afin qu'à leur arrivé à Borowsk, ils puissent se réunir à leur corps respectif.

« Le prince Poniatowski enverra des partis à mi-chemin de Medouny et de Borowsk : il laissera trois postes de correspondance entre Fominskoié et Vereja, afin de pouvoir correspondre très-promptement et recevoir des ordres pour demain.

« Le prince Poniatowski laissera à Fominskoié 50 chevaux, qui escorteront l'estafette qui doit partir à deux heures après midi de Fominskoié pour Mojaïsk, en passant par Vereja. Je prie Votre Altesse d'expédier ses ordres, et d'en donner en conséquence au duc d'Abrantès.

« Je suis ici depuis hier matin, ma chère Auguste; l'Empereur y arrive aujourd'hui avec la plus grande

<small>Eugène à la vice-reine. Fominskoié,</small>

25 octobre 1812. partie de l'armée. Nous allons marcher sur Kalouga, et je crois que le corps resté à Moscou évacuera cette ville ; ainsi nous n'y passerons pas l'hiver ; ce sera donc autre part. Je pars cette nuit pour Borowsk ; de là je ne serai plus qu'à 14 ou 15 lieues de Kalouga. Tu entendras peut-être parler d'une affaire qui a eu lieu ces jours derniers à notre avant-garde : il n'y a pas eu tout le mal qu'on ne manquera pas de débiter. Voici le fait : L'ennemi a surpris, à la pointe du jour, une de nos divisions de cavalerie qui s'était un peu trop avancée, et il lui a enlevé son artillerie ; on n'a pu la reprendre, mais on leur a tué un monde infini ; le roi de Naples a perdu, dans cette journée, son premier aide de camp, le général Diry.

« ..... Nos santés sont bonnes, et nous n'avons pas tant de mauvais temps qu'il était permis de le croire dans cette saison. »

Nap. à Eug. Borowsk, 25 octobre 1812, 7 heures 1/2 du soir. « Mon fils, beaucoup de renseignements porteraient à penser que l'ennemi est encore aujourd'hui dans son ancienne position de son camp retranché, à l'embouchure de l'Istiv dans le Nara. Il aurait craint d'être tourné par Fominskoié, et aurait envoyé une colonne d'infanterie et de cavalerie pour bien éclairer la marche des divisions françaises. Cette colonne aurait suivi le mouvement de l'armée, et se placerait cette nuit sur la lisière des bois, entre Borowsk et son camp, à peu près à deux lieues de la rivière, afin d'arrêter les mouvements de notre armée et de prévenir l'armée ennemie si nous la tournions en marchant sur elle. Si cela était ainsi, ce ne serait que cette nuit, lorsque la petite ville, que le général Delzons doit occuper[1] le serait, que l'ennemi pourra penser que, au lieu de tourner sa position pour l'attaquer, nous marchons droit sur Kalouga. — Il est nécessaire que le général Delzons, aussitôt qu'il sera maître de cette petite ville, s'éclaire bien sur sa gauche. — Il faut même que vous vous éclairiez beaucoup sur votre gauche, et que vous me rendiez compte demain matin de bonne heure de ce que vous aurez vu. Il faudra, à cet effet, envoyer sur votre gauche de fortes reconnaissances, une heure avant le jour. — Nous faisons ici, depuis le général Delzons jusqu'à Fominskoié, face à l'ennemi. — Je serais aise si le général Delzons s'emparait cette nuit de la petite ville. Vous pouvez lui donner pour instruction que si jamais il entendait une grosse canonnade, il devrait retourner pour prendre part à la bataille. Si l'ennemi montre des feux, faites-les bien observer ce soir.

« Sa Majesté, ayant dicté cette lettre en se mettant au lit, a ordonné qu'elle fût envoyée sans sa signature. — Le baron FAIN. »

Berthier à Eugène. Fominskoié, 25 octobre 1812, 8 heures du matin.

« Monseigneur, je préviens Votre Altesse que la division Broussier et la division Ornano se sont mises en marche à deux heures du matin; le prince d'Eckmühl et la garde sont en marche pour Borowsk. Tenez en réserve à Borowsk le 3ᵉ corps de cavalerie, et envoyez la brigade de cavalerie italienne, la divi-

---

[1] La ville de Malo-Jaroslawetz.

sion du général Ornano, la garde italienne, le tout sous les ordres du général Delzons, à Malo-Jaroslawetz.

« Aussitôt que la tête de la cavalerie de la garde impériale sera arrivée à Borowsk, la tête du 3ᵉ corps de cavalerie, la division Pino, la garde italienne, la division Broussier se porteront en avant entre Borowsk et Malo-Jaroslawetz. »

<small>Le général Delzons à Eugène. Borowsk, 23 octobre 1812, 6 heures du soir.</small>

« Monseigneur, la division s'est mise en marche à sept heures; elle a rencontré en avant de Masicowo un escadron de Cosaques; l'avant-garde, composée de 200 chevaux du 6ᵉ régiment des chevaulégers bavarois et d'un bataillon du 92ᵉ régiment, a repoussé tous les partis ennemis qui cherchaient à inquiéter ou arrêter notre marche. Un bois, trèsépais et de plus de deux lieues d'étendue, a été bien éclairé par cette avant-garde. A la sortie du bois, nous avons aperçu environ 5,000 Cosaques; ils ont été vivement chargés par les Bavarois; environ deux escadrons étaient en réserve derrière le village de Mitcariva. J'ai fait traverser ce village par le bataillon du 92ᵉ; un feu très-court s'est engagé, et les Cosaques ont pris la fuite.

« A trois heures et demie, ne recevant pas d'ordre, j'étais sur le point de prendre position pour passer la nuit, lorsque le général Gifflinga, aide de camp de Votre Altesse Impériale est venu m'apporter l'ordre de marcher sur Borowsk.

« La division s'est mise aussitôt en marche sur trois colonnes, la cavalerie bavaroise en tête. Le général

Villata a paru dans ce moment et il a pris la gauche. C'est dans cet ordre que nous avons traversé une belle plaine de près de deux lieues d'étendue, ayant devant nous plus de 500 Cosaques. Parvenus à peu de distance de Borowsk, j'ai fait charger vigoureusement le régiment bavarois et l'ai fait échelonner par la brigade Villata, la brigade du général Bertrand marchant sur la grande route à pas précipité.

« Le colonel Ditz, qui, dans la journée, avait demandé plusieurs fois la permission de charger, s'est mis à la tête de ses escadrons et les a conduits de la manière la plus brillante. Les Cosaques, surpris de cette attaque, ont précipité leur fuite dans la ville; ils ont été poursuivis l'épée dans les reins; ils ont laissé plusieurs morts sur la place, dix à douze sont prisonniers, un grand nombre s'est retiré dans les maisons de la ville, où nous comptons les trouver encore.

« Je ne saurais assez faire l'éloge de la bonne conduite des Bavarois; ils ont montré dans cette journée beaucoup d'intrépidité et de dévouement. Je recommande particulièrement aux bontés de Votre Altesse Impériale le colonel Ditz, les majors Winkler et Kugliani, le capitaine Dichtel, les lieutenants Lebas et Kern, le maréchal des logis Figher, le brigadier Hubert et le chevau-léger Lehertzer, qui tous ont acquis des titres à la bienveillance de Sa Majesté.

« M. le général Gifflinga, qui était constamment à la tête de la cavalerie, fera connaître à Votre Altesse Impériale les détails de cette affaire, que je ne peux qu'exposer à la hâte.

« La ville de Borowsk ne me paraît pas offrir beaucoup de ressources. J'y ai mis deux bataillons pour la garde et la police.

« J'ai fait retenir les meilleures maisons pour la cour de l'Empereur et celle de Votre Altesse Impériale. »

<small>Berthier à Eugène. Borowsk, 24 octobre 1812, 3 heures 1/2 du matin.</small>

« Monseigneur, l'intention de l'Empereur est de rallier aujourd'hui tous les bagages de l'armée et de voir ce que veut faire l'ennemi ; il suffit de s'établir à Malo-Jaroslawetz, de faire construire deux ou trois ponts sur la rivière et de se tenir en force. Faites partir au jour la division Broussier, pour prendre position à Gorodnia, c'est-à-dire, à mi-chemin de votre position à celle du général Delzons. Il sera nécessaire que vous lui donniez un peu de cavalerie, afin qu'il s'éclaire sur sa gauche du côté de la rivière. Tenez-vous prêt, avec le reste de votre corps, à vous porter là où cela serait nécessaire, et prêt à partir au premier ordre. Sa Majesté me charge de vous dire que vous devez prévenir le général Delzons, et qu'il doit se tenir dans une situation très-militaire et faire barricader toutes les issues de ce qui n'a pas été brûlé de la petite ville, afin d'en rendre les accès difficiles à la cavalerie ennemie. Envoyez à l'Empereur un rapport sur ce que les reconnaissances auront pu découvrir à la pointe du jour. Faites partir quelques officiers pour rassembler beaucoup de traînards de votre corps, qui sont en arrière. »

« Je ne t'écris que deux mots, ma chère Auguste; je me porte bien. Hier a été une journée superbe pour mon corps d'armée; j'ai eu affaire depuis le matin jusqu'au soir avec huit divisions ennemies, et j'ai fini par conserver ma position. Français et Italiens se sont couverts de gloire. »

<small>Eugène à la vice-reine. Malo-Jaroslawetz, 25 octobre 1812.</small>

« Monseigneur, l'Empereur désire que vous fassiez descendre et tenir dans la plaine, sur la rive gauche de la rivière, les bagages qui n'appartiennent pas à votre corps d'armée; que vous les fassiez parquer, ainsi que ceux de votre corps d'armée, tels que bagages inutiles, réserves, compagnies d'équipages militaires, conservant seulement avec les troupes, l'artillerie et les munitions, les bagages indispensables, de sorte que, soit que l'on se batte demain pour attaquer l'ennemi, soit qu'on évacue pour se porter ailleurs, les chemins et les débouchés se trouvent débarrassés de la cohue et du désordre que cause l'immensité de bagages inutiles. Il est donc convenable de faire parquer en ordre, comme je vous l'ai dit ci-dessus, en deçà de la rivière, et dans la prairie, les bagages qui ne sont pas de nécessité.

<small>Berthier à Eugène. 25 octobre 1812. 10 heures du soir.</small>

« J'écris au prince d'Eckmühl qu'il serait convenable, si l'ennemi n'a laissé qu'une forte arrière-garde, qu'il le poussât à deux ou trois lieues, et que dans ce cas, vous le soutiendriez, si cela était nécessaire. L'Empereur, avec sa garde, s'approchera, à la pointe du jour, de votre position. »

« Monseigneur, j'ai l'honneur de prévenir Votre

<small>Berthier à Eugène.</small>

Gorodnia, 26 octobre 1812, à midi.

Altesse que je donne l'ordre au prince d'Eckmühl de suivre l'ennemi avec deux des quatre divisions de son corps d'armée; il en laissera deux en échelon pour garder sa position et la ville de Malo-Jaroslawetz, et il laissera la division Moreau au village de Gorodnia, pour garder le pont et le défilé.

« Il gardera de plus sous ses ordres le 1er et le 3e corps des réserves de cavalerie, commandés par le général Grouchy. Après qu'il aura poussé l'ennemi, le prince d'Eckmühl prendra aujourd'hui position, entre neuf et dix heures du soir; il battra en retraite, et, à cet effet, après avoir fait filer ses bagages, il gagnera la ville de Borowsk.

« L'intention de l'Empereur, monseigneur, est que vous partiez à deux heures après midi de la ville de Malo-Jaroslawetz, pour arriver aujourd'hui au village que vous occupiez en avant de Borowsk. Vous aurez, à cet effet, fait filer en avant vos bagages. Je mande au prince d'Eckmühl que, s'il y avait des événements inattendus, de vous en prévenir, afin que vous fissiez halte et prissiez les mesures que les circonstances exigeraient; dans ce cas, Votre Altesse voudrait bien nous expédier de suite un officier. »

Eugène à la vice-reine. Timéchevo, 26 octobre 1812.

« ..... Je te répète aujourd'hui que je me porte bien; que l'affaire de mon corps d'armée a été très-glorieuse pour lui et un peu pour moi. Nous sommes en marche depuis midi; il paraît que nous allons nous rapprocher de nos cantonnements d'hiver; il faudrait aller jusqu'en Sibérie pour poursuivre ces maudits Russes! Il ne faut guère conserver l'espoir de nous embrasser aussi vite que je l'avais désiré ; mais il est permis de croire que quand nous nous reverrons, ce sera pour ne plus nous séparer...... Il me manque tes lettres des 28, 29, 30 septembre ; j'espère que nos chers Cosaques ne nous les auront pas enlevées... Adieu, je n'ai pas beaucoup dormi la nuit dernière ; j'étais resté toute la journée à cheval. »

« Monseigneur, l'Empereur ordonne que Votre Altesse Impériale se mette en marche, aujourd'hui 27, à six heures du matin. Veillez à ce que vos bagages aient passé à sept heures la rivière, aux trois ponts ou gués qui existent. Dirigez-vous sur Vereja et Mojaïsk. » Berthier à Eugène. Borowsk, 27 octobre 1812, 1 heure du matin.

« Monseigneur, l'intention de l'Empereur est que vous marchiez à votre arrière-garde ; que vous régliez la position qu'elle prendra tous les jours sur celle du prince d'Eckmühl. Tâchez qu'elle ne fasse que des marches de jour, afin de ne pas fatiguer votre corps d'armée. Ayez des colonnes de flanqueurs qui garantissent vos colonnes d'équipages, d'artillerie, etc., des Cosaques et des paysans, et puissent marcher de manière à prendre les ressources qui pourraient se trouver à droite et à gauche de la grande route. Ayez toujours un officier auprès du prince d'Eckmühl, pour savoir ce qui se passe ; instruisez-en l'Empereur, qui marche, avec sa garde, avant votre corps. Soyez prêt à remédier à tout inconvénient et à toute trouée que pourraient faire les Berthier à Eugène. Borowsk, 27 octobre 1812, 2 heures du matin.

troupes ennemies. Si vous trouvez en route des hommes abandonnés, prenez-les ; et faites mettre le feu à toutes les voitures abandonnées par les propriétaires.

« Vos divisions doivent avoir leur artillerie et être prêtes à combattre, s'il le fallait.

« Envoyez des patrouilles, de 8 à 9 heures, dans la ville, pour faire filer les traînards qui pourraient s'y trouver. »

<small>Berthier à Eugène. Vereja, 27 octobre 1812, 4 heures après midi.</small>

« Monseigneur, le duc de Trévise nous a rejoints ; il n'a eu aucun Cosaque à sa suite : il a fait prisonnier le général Wintzingerode, aide de camp de l'empereur. Le Kremlin a entièrement sauté ; la tête des bagages est à Mojaïsk, sous l'escorte du général Marchand, le duc de Trévise y est aussi.

« Faites-nous connaître où vous prendrez ce soir position. Il est bien important de faire filer les bagages. L'Empereur attend de savoir que ceux du prince d'Eckmühl sont de l'autre côté du défilé de Borowsk, pour continuer son mouvement ; il est nécessaire d'envoyer à l'avance reconnaître les débouchés ; car, sur chaque passage de rivière ou de ravin, il y en a trois à quatre. La seule chose qui puisse nous embarrasser, ce sont les bagages ; il faut donc les pousser le plus loin possible et ne les faire reposer qu'au delà des défilés. Nous pressons leur marche autant que possible ; faites-en autant pour les vôtres.

« Je prie Votre Altesse de vouloir bien faire passer la lettre ci-jointe, par un de vos officiers, au prince d'Eckmühl.

« L'Empereur désire que pour cette nuit votre cavalerie prenne position, si elle arrive ce soir ici, sur la route de Vereja à Moscou, pour nous couvrir de ce côté. »

Eugène à la vice-reine. 28 octobre 1812, au matin.

« ..... Je me porte bien; aujourd'hui, par exemple, j'ai été horriblement logé. Je t'écris d'une mauvaise baraque, dont je suis bien fâché de ne pouvoir t'envoyer le dessin. A propos, j'ai toujours oublié de te mander que ce maudit petit peintre est tombé malade de douleur d'être loin de son pays et de sa famille, et j'ai dû le renvoyer de Moscou ; il m'a emporté ma collection des bivacs et des batailles ; et, ne voilà-t-il pas qu'on dit qu'il a été pris par les Cosaques ; j'en serais désolé... »

Berthier à Eugène. Près Mojaïsk, 29 octobre 1812, 2 heures du matin.

« Monseigneur, le général d'Anthouard parle de laisser des pièces : l'Empereur a trouvé cette proposition déshonorante pour une armée victorieuse ; il faut faire dételer toutes les voitures particulières et ne laisser aucune pièce en arrière. *La proposition du général d'Anthouard est bien extraordinaire.*

« Je prie Votre Altesse de faire connaître au général Roguet le moment où elle approchera de Mojaïsk, afin que ce général ne perde pas une heure pour se porter sur Ghjat. »

Eugène à la vice-reine. Du camp de Mojaïsk, 29 octobre 1812.

« Je t'écris, ma chère Auguste, du même petit château où j'étais logé le lendemain de la bataille de la Moscowa. Suivant les apparences, nous nous rapprochons de Smolensk, 1° pour y être plus tranquillement; 2° pour pouvoir vivre cet hiver. Nous commençons à souffrir du froid; il gèle déjà très-fort les nuits et ce temps est pourtant bien heureux pour notre marche, car par les boues nous ne nous en tirerions pas.

« J'envoie au quartier général de l'Empereur, qui est déjà à quinze lieues d'ici, à Ghjat, et j'espère que l'officier me rapportera au moins trois estafettes..... On dit que l'ennemi reprend courage depuis que nous l'avons quitté, et qu'il a l'intention de nous couper la route de Smolensk; si cela arrivait, nous en serions quittes pour la perte de deux à trois courriers, mais l'ennemi serait exterminé; car le maréchal duc de Bellune doit nous rejoindre à Wiazma. »

Berthier à Eugène. — Ghjat, 5 octobre 1812, à midi.

« Monseigneur, l'Empereur porte ce soir son quartier général à Velitschowo, qui est à quatre lieues de Ghjat, sur la droite de Wiazma.

« Le duc de Dantzig, avec la vieille garde, reste toute la journée ici. La division Roguet le rejoindra dans la journée; les 2ᵉ et 4ᵉ corps de cavalerie prennent position dans les environs de Ghjat, afin de garder, l'un la gauche, l'autre, la droite de la route, pour protéger les bagages et la grande communication. Si la route était inquiétée, ou que ces corps eussent besoin d'être soutenus, le duc de Dantzig leur enverrait l'ordre de venir prendre position près de lui.

« L'Empereur me charge de vous donner connaissance de ces dispositions, afin que le duc de Dantzig ait des forces suffisantes pour tout protéger.

« Sa Majesté vous laisse le maître de suivre la route que vous proposez; mais, dans ce cas, il faut avoir grand soin de nous faire connaître chaque jour la position que vous prendrez, en m'envoyant un officier et d'en prévenir également le prince d'Eckmühl. »

« Monseigneur, je reçois la lettre du prince d'Eckmühl, que Votre Altesse Impériale m'a fait passer par un officier d'état-major; mais Votre Altesse ne m'a point écrit. Sa Majesté le roi de Naples désirerait savoir comment elle fait sa marche. Quoique je vous aie écrit que vous pouviez suivre la route dont vous me parliez, l'Empereur, en ce moment, m'ordonne de dire à Votre Altesse qu'elle doit toujours marcher de manière à soutenir l'arrière-garde du 1ᵉʳ corps, en artillerie et en infanterie, s'il en était besoin, et se tenir en correspondance avec le prince d'Eckmühl. Votre Altesse ne me donne point de nouvelles du prince Poniatowski, qui a dû recevoir les ordres du prince d'Eckmühl pour son mouvement. »

Berthier à Eugène. Viazma. 1ᵉʳ novembre 1812, 5 heures du matin.

« Monseigneur, il est très-important de changer la manière avec laquelle on marche devant l'ennemi, qui a une si grande quantité de Cosaques. Il faut marcher comme nous marchions en Égypte, les bagages au milieu, marchant serrés sur autant de files que la route le permet, un demi-bataillon en tête, un demi-bataillon en queue; des bataillons sur les flancs en file, de manière qu'en faisant front, il

Berthier à Eugène. Viazma. 2 novembre 1812. à midi.

y ait du feu partout. Il n'y a pas d'inconvénient que ces bataillons soient à quelque distance les uns des autres, mettant quelques pièces de canon entre eux, sur les flancs. On ne doit pas souffrir un homme isolé, ni un homme sans fusil.

« Passé le défilé de Viazma, le maréchal duc d'Elchingen, avec son corps, fera l'arrière-garde de l'armée ; le maréchal prince d'Eckmühl marchera de manière à le soutenir, si cela était nécessaire. Comme le corps du duc d'Elchingen et celui du prince d'Eckmühl sont suffisants pour faire la retraite, l'intention de l'Empereur est que Votre Altesse, avec son corps d'armée, continue son mouvement sur Smolensk, en faisant de bonnes journées. Le corps du prince Poniatowski marchera immédiatement après celui de Votre Altesse. Je laisse à Viazma quatre officiers chez le général Teste, pour nous apporter de vos nouvelles. »

Eugène à la vice-reine. Semlowo, 4 novembre 1812, 5 h. du soir.

« Voilà je ne sais combien de jours que je n'ai pu t'écrire, ma chère Auguste, et cela m'a été de toute impossibilité, car depuis mon affaire de Malo-Jaroslawetz, j'ai eu continuellement de bonnes occupations. Je t'avais mandé d'un petit château près de Mojaïsk que nous marchions pour reprendre des cantonnements d'hiver plus rapprochés des pays à ressources; depuis, l'ennemi s'est amusé à nous talonner, et chaque jour nous étions en présence de leur nombreuse cavalerie. Enfin, hier ils ont attaqué vigoureusement le maréchal Davout, chargé de l'arrière-garde, et m'ont attaqué en même temps par le flanc. J'ai eu même un instant une de mes divisions séparée de moi; mais l'affaire s'est engagée, le maréchal Davout a été dégagé, et nous avons ensemble continué notre marche sur Viazma. Il n'y avait que nos deux corps, et l'armée ennemie paraissait y être en entier. Nous avons fait de très-beaux mouvements rétrogrades, la faim et la fatigue nous talonnent bien un peu, mais je pense qu'arrivés à Smolensk nous trouverons un peu plus d'abondance; il n'y a plus que quelques jours de patience à avoir. Adieu, ma bonne amie, je te quitte pour me jeter sur une peau d'ours et dormir, ce dont j'ai grand besoin. »

Berthier à Eugène. Dorogoboge, 5 novembre 1812. 10 heures du soir.

« Monseigneur, l'Empereur ordonnne que vous partiez demain matin à cinq heures, avec votre corps d'armée, de la position qu'il occupe, pour passer la rivière et vous porter sur Douckhovchtchina. Vous préviendrez le prince d'Eckmühl, qui ne fera aucun mouvement, afin que vous passiez avant lui. Votre Altesse enverra à ses bagages, qui ont dû parquer, l'ordre de passer le pont à trois heures du matin. »

Berthier à Eugène. Dorogoboge, 6 novembre 1812, 3 heures du matin.

« Monseigneur, pour plus de promptitude, je donne directement l'ordre à vos bagages, qui sont près d'ici, de passer le pont du Dniéper à trois heures du matin pour suivre la route de Douckhovchtchina, Votre Altesse devant suivre cette direction d'après les ordres que je lui ai adressés hier soir.

« L'Empereur part d'ici de sept à huit heures; si Votre Altesse peut arriver ici vers sept heures, elle verrait Sa Majesté avant son départ. »

<small>Berthier
à Eugène.
Dorogoboge,
6 novembre
1812,
8 heures
du matin.</small>

« Monseigneur, l'Empereur désire que Votre Altesse Impériale arrive à Douckhovchtchina le plus tôt qu'il lui sera possible, et que vous envoyiez sur-le-champ, pour vous mettre en communication avec Smolensk, une colonne d'infanterie et de cavalerie à mi-chemin : vous serez là à même de donner des nouvelles des mouvements ultérieurs de l'ennemi. Votre Altesse poussera des postes de cavalerie jusqu'à Stabena, afin d'avoir promptement des nouvelles, et que Sa Majesté puisse vous transmettre des ordres selon les circonstances pour vous faire venir à Smolensk ou à Witebsk, ce qui dépendra des nouvelles que l'Empereur aura des mouvements ultérieurs qu'aura faits l'ennemi dans trois jours, et de ce qui se sera passé sur la Dwina. »

<small>Eugène
à la vice-
reine.
Boldin,
6 novembre
1812,
5 heures
du matin.</small>

« J'arriverai dans peu d'heures à Dorogoboge, ma chère Auguste, où je pense que l'Empereur sera encore; je sais qu'il a été satisfait de mon corps d'armée dans la dernière affaire : l'ennemi ne nous a pas inquiétés ces deux jours-ci, et je crois que nous voilà enfin au terme de notre campagne. Je crois que ma destination sera Witebsk, du moins à en juger par la route que je prendrai; aujourd'hui, je passe le Dniéper à Dorogoboge. Nous avons souffert quelques privations depuis plusieurs jours, c'est que nous marchons sur la même route qu'a déjà suivie toute l'armée, mais c'est justement dans ces circonstances difficiles qu'on juge les hommes, et c'est une bonne école. Adieu, ma chère Auguste; ma santé est bonne; j'ai fait hier une toilette dont j'avais bien besoin, car il y avait, le croirais-tu? dix jours que je ne m'étais rasé, j'avais l'air d'un capucin; j'ai reçu tes lettres jusqu'au 16 octobre. Rolland arriva précisément le jour de l'affaire de Viasma, mais il me manque..... que je retrouverai sans doute à Smolensk..... Un souvenir aimable à tes dames. Ce pauvre Banco a été tué le 3. »

« Prince, je m'empresse de prévenir Votre Altesse que les défilés étant devenus très-mauvais dans la matinée, et le pont sur le Dniéper s'étant rompu à trois reprises différentes, le 4ᵉ corps n'a pas pu se porter aujourd'hui aussi loin que je l'aurais désiré. Il est sept heures et demie, et en ce moment seulement passent la dernière division avec son artillerie et quelques pièces de la réserve restées en arrière. La tête du 4ᵉ corps n'a donc pu aller aujourd'hui qu'à une lieue et demie, et la queue se trouvera ce soir à neuf heures au delà du Dniéper. Demain, je me mettrai en marche à cinq heures du matin; et, si les mauvais chemins ou les défilés ne me retardent pas, je tâcherai d'arriver jusqu'à Olkovo. » *Eugène à Berthier. Dorogoboge, novembre 1812, 7 heures du matin.*

« L'Empereur ordonne, monseigneur, que Votre Altesse Impériale arrive le plus tôt possible sur Smolensk avec son corps d'armée. » *Berthier à Eugène. Smolensk, 10 novembre 1812, 10 heures du matin.*

« Je m'empresse de te donner de mes nouvelles, ma chère Auguste, ce que je n'ai pu faire pendant quatre jours; elles sont assez bonnes; je dis assez, *Eugène à la vice-reine. Doukowstchina,*

11 novembre 1812. car je souffre d'une jambe qui est un peu enflée; je crois que c'est seulement de fatigue : j'en ai éprouvé beaucoup tous ces jours-ci, car le temps et la saison sont devenus si mauvais, que, pour continuer ma marche, j'ai dû abandonner une partie de mon artillerie et presque tous mes bagages. Nous avons grand besoin de repos, et j'espère que cela ne tardera pas. Je crains bien que l'Empereur ne soit pas content, j'ai pourtant fait tout ce qu'il était humainement possible; l'ennemi a suivi notre mouvement avec de la cavalerie et de l'artillerie : dans une de ces petites canonnades, d'Anthouard a été blessé à la cuisse; il n'a rien de cassé, mais en a bien pour trois mois avant d'être guéri. Ce pauvre Méjan a perdu sa voiture, ses effets, etc., j'ai dû le recueillir dans la seule calèche qui me soit restée. Voilà nos infortunes, elles sont grandes, mais le courage n'est pas perdu, c'est l'essentiel. »

Eugène à Berthier. Doukowstchina, 11 novembre 1812, à midi. « Prince, j'ai l'honneur de rendre compte à Votre Altesse que je suis arrivé hier soir à Doukowstchina, n'ayant été suivi ou n'ayant eu devant moi que la valeur de quatre ou cinq régiments de Cosaques : celui de ces régiments qui suivait mon arrière-garde avait deux pièces de canon et un obusier. Hier j'avais cru remarquer sur ma droite une colonne d'infanterie, mais je crois que ce ne sont que des paysans armés. J'ai rendu compte à Votre Altesse et principalement à l'Empereur des malheurs qu'a éprouvés le 4ᵉ corps par la perte de son artillerie et de ses munitions. J'ai fait réunir ce matin tous les chevaux de trait; je les fais escorter par plusieurs compagnies d'artillerie, et j'en forme un convoi que j'envoie à Smolensk. Je prie Votre Altesse de remettre à l'officier supérieur d'artillerie que je lui envoie au moins les huit pièces de canon qui appartiennent à la division italienne, et que cette division avait laissées à son passage à Smolensk; ainsi qu'un certain nombre de caissons de munitions, soit pour canons, soit de cartouches d'infanterie. Votre Altesse voudrait bien diriger en retour ce convoi sur le point où il pourrait nous rencontrer sûrement. Je préviens Votre Altesse que j'ai placé la division italienne à moitié chemin d'ici à Smolensk; et je la prierai, quand elle m'enverra des ordres, de faire prendre, à l'officier qui en sera porteur, une escorte d'au moins 200 hommes, car les régiments de Cosaques que nous avons observent tous nos débouchés; et ce matin 4 à 500 des leurs occupaient la route de Smolensk, où j'avais envoyé mes fourrageurs. »

« Monseigneur, l'intention de l'Empereur est que les troupes à vos ordres se complètent à Smolensk de 50 cartouches par hommes, que l'on prenne également dans cette place de bons fusils en remplacement de mauvais que quelques soldats peuvent avoir, et enfin pour en donner aux hommes qui auraient perdu les leurs.

Berthier à Eugène. Smolensk, 12 novembre 1812.

« Il est bien important que vous donniez des ordres pour que l'on maraude et fourrage régulièrement et ainsi que cela se doit faire devant l'ennemi; le pays est infesté de mauvais Cosaques et de paysans armés qui ne font la guerre qu'aux maraudeurs.

« Faites-vous donner à Smolensk les cartouches et les munitions dont vous pourrez avoir besoin et que vous pourrez transporter.

« Faites-moi connaître dans la matinée si votre corps d'armée a reçu le nombre de moulins qui lui a été accordé par l'Empereur; ces moulins sont à Smolensk.

« L'Empereur désire, monseigneur, que vous lui fassiez connaître avant deux heures quand votre corps d'armée serait dans le cas de partir, et que vous m'envoyiez votre situation indiquant le nombre d'hommes prêts à combattre, le nombre de pièces d'artillerie et l'état de leur approvisionnement. »

*Berthier
Eugène.
Smolensk,
2 novembre
1812,
8 heures
du soir.*
« Ordre de prendre position avec son corps d'armée dans les meilleurs villages à une lieue et demie de Smolensk, sur la rive droite du Dniéper, se gardant militairement. Le duc d'Elchingen se trouvera demain sur la route de Smolensk à Dorogoboge à environ quatre lieues de Smolensk, ayant, échelonnée derrière lui, une division du prince d'Eckmühl. »

*Berthier
à Eugène.
Smolensk,
13 novembre
1812.*
« Monseigneur, l'Empereur me charge de vous faire connaître que son intention est que vous placiez votre corps sur la route dans les meilleurs villages à une lieue et demie ou deux lieues de Smolensk, comme je l'ai mandé à Votre Altesse, et que vous cantonniez une division dans le village du faubourg de Smolensk sur la rive droite; la garde impériale

devant partir d'ici demain 14, la ville de Smolensk et ses faubourgs seront alors partagés entre le 1er corps, le 4e et le 3e.

« Je renouvelle à Votre Altesse l'ordre de faire prendre à Smolensk les moulins qui sont destinés au 4e corps, et de faire échanger tous les fusils en mauvais état contre les bons fusils que nous avons à Smolensk. »

Eugène à Clarck. Smolensk, 14 novembre 1812.

« J'ai reçu, monsieur le duc de Feltre, la lettre par laquelle vous m'informez des ordres que vous avez donnés pour l'exécution de ceux que l'Empereur a émis à Moscou, relativement à la formation de la 35e division d'infanterie de la Grande-Armée. Vous me demandez en même temps le nom du général qui doit commander la brigade italienne : je vous préviens, en réponse, que j'ai déjà désigné pour ce commandement le général de brigade italien Zucchi. »

Berthier à Eugène. Smolensk, 14 novembre 1812, 4 heures du matin.

« L'Empereur me charge de faire connaître à Votre Altesse qu'il est nécessaire qu'elle fasse passer à son artillerie et à ses bagages les deux défilés, c'est-à-dire qu'elle les fasse porter avec une bonne escorte au delà du défilé qui se trouve sur la route d'Orcha. Envoyez-y aussi vos hommes malades.

« Faites prendre à Smolensk les moulins qui ont été accordés à votre corps d'armée, ainsi que vos vivres, jusqu'au 20 de ce mois. Votre Altesse les fera demander à l'intendant général. »

Berthier à Eugène. Smolensk, 14 novembre 1812, 7 heures du matin.

« L'intention de l'Empereur, monseigneur, est que vous partiez avec votre corps d'armée demain matin, 15, pour vous diriger sur Krasnoë. Comme le prince d'Eckmühl ne part que le 16 ou le 17 et qu'il doit soutenir la retraite du duc d'Elchingen, vous vous concerterez avec lui pour qu'il fasse prendre les positions que vous jugerez convenable, et que vous serez dans le cas d'évacuer. »

Eugène à la vice-reine. Smolensk, 15 novembre 1812, 5 heures du matin.

« Je suis ici depuis avant hier, mais j'en repars dans peu d'heures; je n'ai eu ces jours derniers que de très-petites affaires d'arrière-garde : ma jambe va un peu mieux, et elle ne demanderait qu'une demi-semaine de repos.... Croirais-tu que nous avons eu hier de 17 à 18 degrés de froid? C'était à ne pas tenir à cheval. »

Berthier à Eugène. Doubrowna, 19 novembre 1812, 2 heures du matin.

« L'Empereur ordonne que vous partiez aujourd'hui à sept heures du matin, au plus tard, pour vous rendre à une lieue au delà d'Orcha, sur la route de cette ville à Witebsk. Vous y choisirez un bon cantonnement pour y rallier votre corps. Vous pourrez choisir ce cantonnement à une ou deux lieues sur cette route. »

Eug. à Nap. Orcha, 19 novembre 1812.

« Sire, j'allais mettre en mouvement mon corps d'armée pour l'établir de l'autre côté de la ville d'Orcha, lorsque le maréchal Davout entra chez moi avec un officier du maréchal Ney : ce dernier a passé le Dniéper à Krasouï, perdant l'espoir de se faire jour par la grande route; il a suivi les bois jusqu'à près de Doubrowna, d'où, apprenant que le prince d'Eckmühl était parti avant le jour, il a tâché de gagner Orcha. Cet officier a entendu le maréchal Ney, attaqué au village de Jaknpovo, à douze verstes d'ici; il demande du secours, j'ai pensé devoir marcher dans cette direction pour communiquer avec lui, mais j'ai exigé que le maréchal Davout tînt avec deux divisions les hauteurs d'Orcha sur la rive gauche, il me l'a promis; il sera pourtant bon que Votre Majesté le lui prescrive impérieusement.

« Votre Majesté saura sans doute que des 14 pièces que l'on devait me remettre, 4 seules se trouvaient à Orcha, les 10 autres doivent m'être cédées par les Polonais, et elles sont déjà à plusieurs lieues d'ici.

« J'aurai l'honneur d'écrire ce soir à Votre Majesté; je désire qu'elle ne désapprouve pas le parti que je prends. J'oubliais de dire que l'officier du maréchal Ney m'a annoncé que l'ennemi jetait des ponts à Rassasna, et que le corps qui le poursuivait était, disait-il, celui de Platow. »

Berthier à Eugène. Orcha, 19 novembre 1812.

« Il est ordonné aux commandants d'artillerie des 1er, 4e et 5e corps d'armée, ainsi qu'aux commandants de l'artillerie et de la cavalerie, de réunir tous les canonniers, soldats du train, chevaux haut le pied qui se trouvent isolés, de les faire conduire au parc d'artillerie d'Orcha qui est au cimetière au-dessus de la ville : les commandants d'artillerie remettront de suite au général Lariboissière l'état de l'artillerie qu'il leur reste; le général Lariboissière fera remettre à chaque corps le supplément d'artillerie qu'il devra servir d'après les nouveaux ordres de Sa Majesté. Le colonel Neigre, directeur général du parc, s'y trouvera et remettra à chaque corps ce qui doit lui revenir. »

<small>Berthier à Eugène. Baranoui, 21 novembre 1812, 5 heures du matin.</small>

« Monseigneur, l'intention de l'Empereur est que Votre Altesse prenne un soin particulier d'organiser son artillerie. Faites-moi connaître le lieu où elle se trouve et la position que vous occupez. Sa Majesté désire que vous aidiez à faire déblayer toutes les voitures inutiles qui sont à Orcha, et que vous fassiez connaître l'heure à laquelle le duc d'Elchingen sera rallié à Orcha et pourra en partir. »

<small>Berthier à Eugène. Baranoui, 21 novembre 1812, 7 heures du matin.</small>

« Monseigneur, l'Empereur ordonne que Votre Altesse se mette en marche avec son corps d'armée.

« L'ordre de marche sera : le corps du duc de Trévise, celui du duc d'Elchingen, celui de Votre Altesse et celui du prince d'Eckmühl. Les quatre corps seront ainsi en mesure de correspondre entre eux; chaque corps devra avoir son artillerie au centre et marcher militairement, éclairé sur ses flancs. »

<small>Eugène à Berthier. Au camp une lieue de Kochanow, 21 novembre 1812, 10 heures du soir.</small>

« Prince, j'ai l'honneur de rendre compte à Votre Altesse que le 4ᵉ corps a pris position ce soir, entre huit et neuf heures, près d'un village, à une lieue avant Kochanow. Le prince d'Eckmühl a dû rester à trois quarts d'heure en arrière; et le duc d'Elchingen avait le projet de pousser jusqu'à la ville. Si le 4ᵉ corps est arrivé aussi tard à sa position, c'est qu'il a dû attendre, à quelque distance d'Orcha, le passage du 3ᵉ, qui avait été retenu dans cette ville pour ses distributions, afin de prendre ensuite son rang entre ce corps et celui du prince d'Eckmühl, selon les ordres de Votre Altesse. Cette circonstance a retardé sa marche de deux heures. »

Eugène à Berthier.
Au village à 12 werstes de Toloczin, 23 novembre 1812.
7 heures 1/2 du soir.

« Prince, j'ai l'honneur d'annoncer à Votre Altesse que le 4ᵉ corps a pris position à un gros village, à douze werstes de Toloczin. Le maréchal Ney est à cinq werstes en avant de moi ; le prince d'Eckmühl, que j'ai laissé à la ville, à deux heures après-midi, devait porter deux de ses divisions à moitié chemin de Toloczin ici.

« En prenant position ce soir, à l'entrée de la nuit, j'ai entendu tirer, en arrière de moi, une douzaine de coups de canon. J'ai envoyé un officier au prince d'Eckmühl, tant pour savoir ce que c'était que pour régler les heures de départ pour demain.

« *P. S.* J'oubliais de dire à Votre Altesse que ce matin, à la pointe du jour, un attelage polonais d'une pièce de canon et l'attelage de son caisson ont déserté. »

Berthier à Eugène.
Toloczin, 23 novembre 1812.
5 heures du matin.

« Monseigneur, l'Empereur part avec la garde, à six heures du matin, le duc d'Elchingen part au jour ; envoyez un bataillon prendre possession des magasins à l'Abbaye et y relever celui qu'y a placé le duc d'Elchingen ; vous ferez faire les distributions à votre corps d'armée, et vous vous mettrez en marche pour suivre la route de Bobr, aussitôt que les troupes du prince d'Eckmühl arriveront ; vous le préviendrez d'envoyer un bataillon pour prendre la garde des magasins; l'intention de l'Empereur est que le prince d'Eckmühl puisse rester toute la journée à Toloczin. »

<small>Berthier à Eugène. Bobr, 24 novembre 1812, 5 heures du matin.</small>

« Monseigneur, je vous envoie les ordres que je donne au prince d'Eckmühl; je prie Votre Altesse de les lui faire passer, après en avoir pris connaissance. Le duc d'Elchingen reste à Bobr avec son corps; l'intention de Sa Majesté est que Votre Altesse prenne une position intermédiaire entre lui et le prince d'Eckmühl. »

<small>Berthier à Eugène. Lochnitza, 25 novembre 1812, 5 heures du matin.</small>

« Monseigneur, je donne l'ordre au prince d'Eckmühl de continuer son mouvement, en le laissant maître de la position qu'il jugera convenable entre Kroupki et Natscha. L'Empereur ordonne que vous restiez, suivant les circonstances, à Natscha, ou que vous veniez prendre position entre Natscha et Lochnitza, selon ce qui se sera passé chez le prince d'Eckmühl.

« L'Empereur compte forcer le passage de la Bérésina la nuit prochaine, avec le 2ᵉ corps, le 9ᵉ, la garde impériale, et successivement soutenue par le corps du duc d'Elchingen et tous les autres. Aussitôt que ce passage aura réussi, Sa Majesté vous enverra des ordres pour venir au pont. L'Empereur compte, avec les trois premiers corps nommés ci-dessus, attaquer tout ce que l'ennemi a sur la rive droite. »

« Monseigneur, l'intention de l'Empereur est que Votre Altesse envoie, si les circonstances le permettent, un bon officier général et 1,200 hommes pour garder le trésor qui se trouve entre Lochnitza et Nernonitza, avec la division Claparède. Par cette disposition, le général Claparède partirait avec sa division pour se rendre à Studianca, où l'on passera la rivière, et où il arriverait dans la journée. »

<small>Berthier à Eugène.
Borisow, 25 novembre 1812,
7 heures ½ du soir.</small>

« Prince, j'ai l'honneur de rendre compte à Votre Altesse, qu'ainsi que j'en étais convenu avec le prince d'Eckmühl, nous sommes partis ce matin de bonne heure de nos positions, moi, du village de Natscha, pour me porter à celui de Lochnitza. J'ai trouvé à Lochnitza la division du général Partouneaux, avec une division de cavalerie, qui avaient pour instruction d'y attendre le prince d'Eckmühl. Votre Altesse m'ayant prévenu que je recevrais très-incessamment l'ordre de me porter au point de passage de la Bérésina, j'ai cru bien faire de placer mon corps d'armée en arrière de Lochnitza, à mi-chemin de Borisow. Telle est la position que j'occupe ce soir. Le prince d'Eckmühl a pris la sienne, à deux heures après-midi, à Lochnitza, d'où la division Partouneaux est partie, pour se rendre, je crois, ce soir à Borisow.

<small>Eugène à Berthier.
Au bivac à mi-chemin de Borisow,
26 novembre 1812.
6 heures 1/2 du soir.</small>

« *P. S.* Je n'ai pu envoyer les 1,200 hommes que demandait Votre Altesse pour l'escorte du trésor, les combattants diminuent chaque jour d'une manière incroyable. »

*Berthier
à Eugène.
Borisow-
Staroi,
26 novembre
1812,
4 heures
du matin.*

« Monseigneur, dans ce moment nous jetons des ponts sur la Bérésina à Studianca ; et immédiatement on va effectuer le passage de vive force, l'ennemi étant de l'autre côté. Si le passage réussit, il faut vous tenir prêt à nous suivre, ainsi que le prince d'Eckmühl, auquel Votre Altesse voudra bien faire passer la lettre ci-jointe. L'Empereur pense que vous êtes à la porte. »

*Berthier
à Eugène.
Studianca,
26 novembre
1812.*

« Monseigneur, nous sommes maîtres du passage de la Bérésina sur Studianca. L'intention de l'Empereur est que vous vous mettiez en marche pour vous porter sur Studianca, en suivant la marche de l'armée par Borisow. »

*Berthier
à Eugène.
Studianca,
27 novembre
1812,
4 heures
du matin.*

« Monseigneur, j'ai mis sous les yeux de l'Empereur votre lettre du 26, six heures du soir, par laquelle vous faites connaître que vous avez passé la nuit à la porte de Lochnitza. Dirigez-vous sur Studianca, lieu du passage. Si vous entendez la fusillade et la canonnade du duc de Reggio, faites ce que vous pourrez contre l'ennemi et établissez des tirailleurs et quelques pièces de canon qui battent les derrières de l'ennemi, si toutefois il est demain au jour au village de Stackhow, à une lieue et demie de Borisow, sur la rive droite. »

*Berthier
à Eugène.
Zawniski,
27 novembre
1812.
5 heures
du soir.*

« Monseigneur, le duc de Bellune reçoit l'ordre de garder les ponts et le village de Studianca. L'Empereur ordonne que vous passiez dans la nuit avec votre corps d'armée et votre artillerie et que vous preniez vos bivacs au village brûlé, en arrière de la jeune garde. »

« Monseigneur, l'Empereur ordonne que vous partiez demain, à la pointe du jour, de Zembin, pour vous porter sur Plechtchenitsoni, avec tout ce que votre corps d'armée escorte. Le duc d'Abrantès marchera derrière vous avec toute la cavalerie à pied.

<small>Berthier à Eugène. Zawniski, 28 novembre 1812, 7 heures du soir.</small>

« L'intention de Sa Majesté est que Votre Altesse prenne sous ses ordres la cavalerie polonaise que commande le colonel Tyken....; vous lui ferez jeter des partis pour éclairer tous les mouvements de la route, de droite et de gauche, et se mettre le plus tôt possible en communication avec le général de Wrède, qui est à Vileika.

« Le colonel polonais a dû faire éclairer le côté de Vesclavo et Rogatka pour y observer les Cosaques. Votre Altesse devra envoyer des agents polonais dans toutes les directions.

« Le prince d'Eckmühl arrivera demain, avant huit heures du matin, à Zembin. »

« Monseigneur, je viens de donner l'ordre au duc d'Elchingen de vous envoyer la cavalerie polonaise; au duc de Bellune de vous envoyer la brigade Fournier; et au roi de Naples de vous envoyer la cavalerie du général Latour-Maubourg. Ces troupes rejoindront l'avant-garde dans la journée, et vous serviront à éclairer le pays. Sa Majesté ordonne que vous alliez coucher ce soir, à sept heures, à Nestonovit-

<small>Berthier à Eugène. Kamen, 30 novembre 1812, 3 heures du matin.</small>

schi, embranchement des routes de Dolghinow et Molodotschino. Le duc d'Abrantès ira, à cinq heures environ, entre Nestonovitschi et Kostalovitschi. Le prince d'Ekmühl ira à Khotavitschi.

« Le quartier général partira à neuf heures pour Plechtchenitsoni. J'ai écrit au prince d'Eckmühl de tenir un corps en réserve, avec 2 pièces de canon, pour aller à votre secours si cela était nécessaire. Votre Altesse doit partir à cinq heures du matin. »

<small>Eugène à la vice-reine. Illja, 1er décembre 1812, au soir.</small>

« Demain, ma très-chère Auguste, je vais à Molodotschino, qui est sur la route de Minsk à Wilna, et voilà les communications rouvertes. Dieu soit loué! il est trop cruel de rester tant de temps sans donner des nouvelles ni en recevoir d'objets si chers au cœur. Nous sommes tous très-fatigués d'une longue marche et du froid qui rougit le bout du nez d'une terrible manière. Ma santé n'en a pas souffert, heureusement, mais j'ai exactement toute ma maison sur le grabat. L'Empereur se porte bien, est très-bon pour moi. Il a eu l'extrême attention d'écrire à l'Impératrice Marie-Louise de te donner de mes nouvelles, dans des moments où il m'était impossible de le faire moi-même. »

<small>Berthier à Eugène. Plechtchenitsoni, 1er décembre 1812, 2 heures du matin.</small>

« Monseigneur, l'intention de l'Empereur est que Votre Altesse continue son mouvement, ce matin, avec son corps d'armée, pour aller coucher aujourd'hui à Illja, si elle n'y trouve pas d'inconvénients, et si la journée n'est pas trop forte.

« Je donne l'ordre au duc d'Abrantès d'aller coucher à une lieue entre Illja et Staghenki, et au prince d'Eckmühl d'aller coucher à Staghenki, ce qui est également subordonné aux circonstances. Le quartier impérial sera vraisemblablement ce soir au château de Stoiki. Je prie Votre Altesse de m'envoyer un officier pour me faire connaître où elle s'arrêtera ce soir. »

« Monseigneur, l'Empereur suppose que Votre Altesse couche ce soir à Illja ou près de cette ville. L'intention de Sa Majesté est que Votre Altesse parte demain à six heures du matin, pour s'approcher le plus près qu'elle pourra de Molodotschino; elle compte que votre cavalerie y sera de bonne heure, et qu'elle aura communiqué avec l'adjudant-commandant d'Albignac, qui a reçu l'ordre d'envoyer les estafettes au-devant de l'Empereur avec une forte escorte.

« Je donne l'ordre au duc d'Abrantès de suivre votre mouvement, ainsi qu'au prince d'Eckmühl, en s'échelonnant à distance. Il faut faire le plus de chemin possible, et surtout se désencombrer des bagages. Le quartier impérial sera vraisemblablement à deux ou trois lieues d'Illja. Sa Majesté tâchera d'aller coucher à Silitsché, qui est à mi-chemin entre Illja et Molodotschino. »

<small>Berthier à Eugène. Stoiki, 1er décembre 1812, 6 heures du soir.</small>

« Monseigneur, je reçois à l'instant la lettre par laquelle Votre Altesse me fait connaître son arrivée à Illja.

« Sa Majesté approuve que vous fassiez une grande marche sur Molodotschino. Envoyez un exprès au gé-

<small>Berthier à Eugène. Stoiki, 2 décembre 1812, 1 heure 1/2 du matin.</small>

néral de Wrède, qui est à Dockistoni, pour lui donner l'ordre de se rapprocher le plus promptement possible de Vileika. Écrivez à l'adjudant-commandant d'Albignac d'envoyer au-devant de l'Empereur les estafettes avec une forte escorte. »

Berthier à Eugène. Stoïki, 2 décembre 1812, 1 heure 1/2 du matin.

« Monseigneur, l'Empereur ordonne que vous envoyiez un officier polonais à Dolyghinow et à Dockistoni à la rencontre du général de Wrède, pour lui faire connaître qu'hier, 1ᵉʳ décembre, le général Wittgenstein était à Plechtchenitsoni; que, le 3, nous serons à Molodotschino; qu'on lui a déjà envoyé plusieurs fois l'ordre de se rendre sur Vileika, afin de se trouver sur notre gauche.

« Aussitôt que Votre Altesse aura communiqué avec l'adjudant-commandant d'Albignac, l'Empereur désire que vous lui fassiez connaître la situation des troupes qu'a cet adjudant-commandant, et que vous lui donniez l'ordre de nous faire passer, sous une forte escorte, les 20 estafettes qu'il doit avoir avec lui. Vous lui recommanderez de mettre des troupes à tous les postes, pour que les maraudeurs ne la désorganisent pas et que le service des estafettes et des communications puisse être rapide avec Wilna et Paris.

« L'Empereur désire également que Votre Altesse fasse connaître si l'on pourrait s'arrêter un instant sur la ligne de la Vilia qui revient sur Wiazin et Radockovitchni. Si l'adjudant-commandant d'Albignac a avec lui des convois de vivres, ou soit qu'il y en a en route de Vilna.

« Pendant ces jours de repos, on ferait filer les blessés, les hommes à pied de cavalerie et les bagages inutiles de l'armée; mais tout cela doit être subordonné à la possibilité d'avoir des vivres.

« L'Empereur me charge de demander à Votre Altesse combien de monde elle a rallié et si elle a rétabli un commencement d'organisation dans ses régiments?

« Je vous envoie un ordre pour le général Hogendorp, gouverneur général de la Lithuanie, et un pour le général Bourcier. Je prie Votre Altesse d'expédier un officier en poste pour les leur porter. Vous lui ordonnerez de faire la plus grande diligence. »

Berthier à Eugène. Selitschi, 2 décembre 1812, 7 heures du soir.

« J'ai mis sous les yeux de l'Empereur votre lettre datée en route de Molodotschino le 2. L'intention de l'Empereur est que Votre Altesse envoie une bonne avant-garde sur la route de Minsk, afin de savoir ce qui se passe de ce côté et si l'on a des nouvelles de l'ennemi. L'Empereur espère, à son arrivée à Mollodotschino, y trouver ses estafettes.

« Sa Majesté ordonne que Votre Altesse dirige sur Wilna, sous l'escorte que fourniront les troupes de l'adjudant-commandant d'Albignac, les gros bagages, le trésor, toutes les voitures ou charrettes qui portent des blessés ou malades.

« Votre Altesse donnera également l'ordre au duc d'Abrantès de réunir et de partir avec tous les hommes de cavalerie démontés, pour se diriger par journée d'étape par la route la plus directe de Molodotschino sur Merecz, sans passer par Wilna.

« Quant aux Polonais, l'Empereur ordonne que vous les fassiez partir également de Molodotschino pour se diriger directement sur Olitta sans passer par Wilna.

« Envoyez des agents à Minsk pour avoir des nouvelles; en résumé, débarrassez-vous, sur Wilna, des bagages et des blessés, et, sur le dépôt de Merecz, de tous les hommes démontés; enfin, sur Olitta, de tous les Polonais.

« Vous cantonnerez vos troupes dans les environs de Molodotschino; le prince d'Eckmühl y cantonnera aussi les siennes, afin de se rallier et de prendre un moment de repos.

« Ci-joint les ordres au duc d'Abrantès. »

Le duc de Bassano à la vice-reine. Wilna, décembre 1812.

« Madame, le vice-roi a sans doute été plusieurs jours sans écrire à Votre Altesse Royale. *Quelques partis de Cosaques ont momentanément gêné les communications.* Un officier parti du quartier général de Zanishg près Zembin, le 29 novembre, me donne la certitude que le vice-roi continue à se porter à merveille, et toutes mes lettres m'apprennent qu'il est souvent auprès de l'Empereur, et que cette campagne aurait encore ajouté, s'il était possible, à l'attachement de Sa Majesté pour lui. Je suis, avec respect, Madame[1], etc., etc.

[1] Cette lettre, écrite par ordre de l'Empereur, ne laisse pas que d'être curieuse. Nous avons à dessein souligné la phrase relative aux quelques partis de Cosaques. A cette époque, l'armée marchait sur Wilna, après avoir subi l'épouvantable désastre de la Bérézina, ayant eu à se faire jour et à lutter contre toutes les forces réunies des diverses armées russes. C'étaient là les quelques partis de Cosaques qui avaient momentanément gêné les communications.

« Je suis arrivé hier soir sur la grande route, et ce matin ma première occupation est de te donner de mes nouvelles. Ma santé est bonne ; je m'arrête ici aujourd'hui, l'Empereur va y arriver. J'ai communiqué cette nuit avec les Bavarois qui sont à Vileika ; il m'est aussi arrivé cette nuit l'aide de camp du ministre de la guerre, Lavalette : je l'ai accablé de questions.... L'Empereur arrive ; je me lève.... Adieu. »

Eugène à la vice-reine. Molodo-tschino, 5 décembre 1812.

« Monseigneur, l'intention de l'Empereur est que vous quittiez la ville avec le général Latour-Maubourg et sa cavalerie, et avec votre corps d'armée, aussitôt que la tête du corps de M. le maréchal duc d'Elchingen sera arrivée ici. Vous ferez six lieues sur la route de Smorghoni et vous irez coucher à Markowo. Vous marcherez après le prince d'Eckmühl, qui partira à sept heures du matin pour Markowo.

« L'Empereur, avec sa garde, partira d'ici à huit heures du matin pour porter son quartier général à Bienitza. »

Berthier à Eugène. Molodo-tschino, 4 décembre 1812, 4 heures du matin.

« Ordre au prince vice-roi de se mettre en marche de Markowo à huit heures et demie du matin pour se diriger sur Smorghoni, en suivant le mouvement du corps du prince d'Eckmühl. »

Berthier à Eugène. Bienitza, 4 décembre 1812, 10 heures du soir.

« Ordre au prince vice-roi de se mettre en marche demain à huit heures du matin pour Ochmiana. »

Berthier à Eugène. Smorghoni, 5 décembre 1812, 9 heures du soir.

LIVRE XXII

DU 5 DÉCEMBRE 1812 AU 17 JANVIER 1813.

Après le départ de l'Empereur (5 décembre 1812), le prince Eugène reste à l'armée. — Il arrive à Ochmiana (6 décembre); — à Wilna (9 décembre). — Ses efforts pour défendre Wilna. — Il passe à Kowno la journée du 12. — Les débris de l'armée quittent la ligne du Niémen pour se porter sur celle de la Vistule. — Le 4ᵉ corps dirigé sur Marienwerder. — Wirballen (15 décembre). Gumbinnen, 17 et 18 décembre. — Le vice-roi se dirige par Insterburg, Welhau et Eylau sur Marienwerder. — Il arrive dans cette dernière ville le 26 décembre. — Son séjour jusqu'au 13 janvier 1813. — Ses occupations dans cette place. — Affaires d'Italie. — Coup d'œil sur l'organisation donnée au royaume par le vice-roi avant son départ de Milan (de janvier à mars 1812). — Résumé de la situation envoyé par le prince à l'Empereur le 3 janvier. — Départ de Marienwerder et arrivée à Schwetz le 13 janvier 1813. — Eugène appelé au quartier général à Posen. — Le roi de Naples quitte l'armée le 17 janvier. — Conduite du vice-roi en cette circonstance. — Il refuse d'accepter de Murat le commandement, mais il prend le commandement intérimaire comme le seul lieutenant de l'Empereur présent à l'armée. — Opinion du roi Louis sur la conduite d'Eugène. — Lettre du vice-roi à l'Empereur pour lui annoncer le départ de Murat. — Résumé de la conduite du prince Eugène pendant toute la campagne de 1812. — Déni de justice, à son égard, de M. Thiers dans son histoire *du Consulat et de l'Empire*. — Lettre par laquelle l'Empereur donne au prince le commandement de l'armée en lui exprimant le regret de ne pas l'avoir fait lors de son départ de Smorghoni[1].

Malgré son excessive répugnance de servir sous les ordres du roi de Naples, malgré son désir bien légitime de retourner auprès des siens, enfin quoiqu'il n'eût qu'un simulacre de commandement, puisque le 4ᵉ corps n'existait pour ainsi dire plus, le prince Eugène, *homme du devoir avant tout*, continua la retraite avec les débris de la Grande-Armée, se faisant au besoin de général soldat, pour défendre, le fusil à la main, ses compagnons d'armes et d'infortune. Le 6 décembre 1812, lendemain du départ de Napoléon pour la France, le vice-roi quitta Smorghoni pour se rendre à Wilna par Ochmiana. Il arriva dans cette ville le même jour, par une température glaciale. Le froid avait repris avec une intensité terrible ; le thermomètre, descendu à 18 degrés Réaumur, ne devait pas tarder à atteindre le chiffre de 25 et même de 26 degrés. Beaucoup de malheureux qu'avaient épargné le feu de l'ennemi, les glaces de la Bérézina, les lances des Cosaques, le froid et la faim, tombaient, les membres engourdis, gelés, et ne pouvant plus faire usage de leurs pieds ni de leurs mains. Le peu d'ordre qui jusqu'alors

---

[1] Pendant la courte période qu'embrasse le livre XXII, période qui comprend le temps pendant lequel le roi de Naples resta à la tête des débris de la Grande-Armée, le prince Eugène n'eut de correspondance qu'avec la vice-reine. Ce livre XXII ne sera donc plus comme les précédents suivi de la correspondance qui lui est relative, on la trouvera jointe au texte même.

avait régné parmi les hommes armés disparut complétement; ce ne fut plus qu'un troupeau humain, dans lequel chaque individu marchait pour son compte, sans s'inquiéter de ce que devenait son voisin. Bien peu d'exceptions, même parmi les soldats de la garde impériale, pouvaient laisser apercevoir un simulacre de discipline ou d'organisation militaire. Les généraux, les officiers perdaient l'espoir de rétablir une cohésion qui aurait pu donner un peu de force à tous ces malheureux et faire entrevoir la possibilité de leur salut. Les plus énergiques des chefs prenaient un fusil et faisaient le coup de feu avec les Cosaques, qui harcelaient seuls alors les traînards. Kutusow avait arrêté l'armée russe principale pour la refaire, car ses troupes, à lui aussi, subissant le froid, la fatigue et bien souvent la faim, marchaient vers une désorganisation qu'il voulait arrêter. L'armée de Wittgenstein courait vers Kœnisberg; l'armée de Tittchakoff, de Minsk, se portait vers le Bug et la Vistule, pour nous prévenir sur ces lignes de défense, en rejetant les Saxons de Reynier et les Autrichiens de Schwartzenberg.

Le 6, en arrivant au bivac près d'Ochmiana, Eugène écrivit à la vice-reine :

« Bonsoir, ma chère Auguste, je me porte bien, malgré le froid excessif qu'il fait, 18 degrés, je crois, etc. Tu sauras sans doute à présent que l'Empereur a quitté l'armée pour se rendre à Paris; il y a à parier que sa présence y était nécessaire. Chacun de nous reste à son poste; j'ai pourtant l'espoir que, si on ne fait rien cet hiver, je pourrai me rendre auprès de toi. Je le désire bien, par plus d'une raison ; d'ailleurs je ne suis pas d'humeur à servir sous le roi de Naples, qui vient de prendre le commandement de l'armée. Mais quant à partir à présent, cela eût été mal à moi, et nous devons rester à notre poste, qu'il soit bon ou mauvais. Adieu, ma très-chère Auguste, je serai après-demain à Wilna, d'où je t'expédierai Allemagne : le pauvre diable est bien fatigué, je croyais aujourd'hui qu'il était gelé tout entier. »

Après le départ de Napoléon, le vice-roi ne devait plus recevoir que rarement du major général des ordres de mouvement. Berthier était bien encore à l'armée, mais sa santé n'avait pu résister à tant de fatigues de corps et d'esprit, il avait de la peine à remplir ses importantes fonctions. Eugène partit le 7 décembre d'Ochmiana pour Wilna, où il arriva dans la journée du 9. Il avait reçu, dans la soirée du 7, du prince de Neufchâtel, l'instruction suivante :

« Monseigneur, l'intention de Sa Majesté[1] est que vous preniez position demain, 8, avec votre corps d'armée, à Roukoni, où s'arrêtera aussi le prince d'Eckmühl. L'arrière-garde, commandée par le duc de Bellune, a l'ordre de s'arrêter à Midinki ; Votre Altesse pourra se mettre en marche au jour.

« Le général de Wrède se trouvera demain à Slob-Chounisko. »

Avant de quitter le bivac du 7, Eugène écrivit à la vice-reine :

[1] Le roi de Naples.

« Je t'ai écrit hier, ma chère Auguste, aujourd'hui je t'expédie Allemagne, il t'expliquera comme il pourra tout ce que nous avons fait et souffert depuis un mois. Sois pourtant tranquille sur ma santé, elle se soutient bien. L'Empereur est parti et m'a laissé avec le roi. Je t'envoie ci-jointe la lettre que je lui ai écrite et sa réponse [1]. Tu verras que j'ai fait ce que j'ai pu pour ne pas rester avec quelqu'un que je sais ne pas m'aimer, non pas que je pense à quitter l'armée dans ce moment, Dieu m'en préserve ! mais je désirerais quitter encore cet hiver, et je conserve l'espoir de recevoir des ordres en conséquence, car mon corps d'armée est réduit à rien par les pertes de tous genres que j'ai faites. Adieu, ma bonne Auguste, je regrette bien de n'avoir rien à t'envoyer par cette occasion; mais je suis dénué de tout, etc. Pour la vie ton fidèle époux et meilleur ami. »

Suivant à la lettre les instructions qu'il recevait, aussi discipliné avec le roi de Naples qu'avec Napoléon, Eugène, qui n'a jamais su, pendant toute sa vie, ce que c'était que s'écarter de la ligne droite, Eugène n'entra pas à Wilna le 8. Bien qu'il n'en fût qu'à trois petites lieues, bien que Wilna lui offrît des ressources dont chacun avait hâte de profiter, le prince vint camper à un nouveau bivac, d'où il écrivit à sa femme :

« Je ne suis qu'à trois lieues de Wilna, ma chère Auguste, mais je n'irai que demain en ville, ayant reçu l'ordre de m'arrêter ici aujourd'hui. Ma santé est bonne; j'ai pourtant, comme tous les autres,

[1] Voir ces deux lettres au texte du livre précédent.

grand besoin de repos, j'espère qu'on nous l'accordera bientôt. Je t'ai expédié la nuit dernière Allemagne..... Ce pauvre garçon avait bien besoin de s'en aller, il n'en pouvait plus ; je n'ai pu le charger d'aucunes étrennes pour toi, ni pour nos enfants, car j'ai perdu tous mes équipages et tous mes chevaux de trait ; j'ai laissé en arrière au moins une vingtaine de domestiques, ne pouvant plus suivre de fatigue. Toutes nos peines, toutes nos fatigues seront oubliées dès que nous serons rendus à nos familles. Chaque jour nous apprend davantage que le vrai bonheur n'est que là. Embrasse pour moi mes quatre petits anges, je le fais chaque jour en idée, comme à chaque instant de ma vie je pense au bonheur que le ciel a répandu sur moi en unissant nos destinées. Puissions-nous bientôt nous réunir pour ne plus nous quitter. »

Le 8 au soir, Eugène reçut du major général de nouvelles instructions auxquelles il s'empressa de se conformer :

« Monseigneur, lui écrivait Berthier, le général de Wrède couche ce soir à Slob-Chounisko ; le roi lui a envoyé l'ordre de partir de suite avec son corps pour arriver demain à Roukoni. L'intention de Sa Majesté est que vous restiez, de votre personne, avec ce que vous avez pu réunir de troupes, à Roukoni, jusqu'à l'arrivée du général de Wrède. Je donne le même ordre au prince d'Eckmühl. Le général de Wrède, arrivé à Roukoni, se trouvera en position pour nous couvrir sur Wilna. Le maréchal duc d'Elchingen, à qui le roi vient de confier le commandement de l'arrière-garde, fera soutenir avec la division Gratien la division de Wrède; et fera garder et éclairer la route de Ronikonioni. »

« Aussitôt après l'arrivée du général de Wrède à Roukoni, Votre Altesse se mettra en marche pour se rendre à Wilna. Vous placerez vos troupes dans le couvent qui a déjà été désigné, pour réunir vos hommes marchant isolément, et dont il y a déjà une grande quantité. »

Le 9, à la pointe du jour, Eugène entra enfin à Wilna, où chacun espérait trouver un terme à ses maux. Wilna devait, au contraire, empirer les maux de tous, parce que chacun refusait de concourir au bien général. Le vice-roi s'y trouvait à peine, que la division Loison, formant l'arrière-garde et couvrant l'armée, fut attaquée à l'entrée de la ville par les Russes. Le désordre fut alors poussé à son comble; Murat, ayant en vain cherché à réunir quelques détachements pour envoyer au secours du 19ᵉ de ligne, qui s'efforçait de contenir les Russes, et, ne pouvant y parvenir, se dirigea sur Kowno. Eugène et le maréchal Ney voulurent aussi rassembler quelques soldats. Six cents, à peine, répondirent à leur appel énergique, à leurs efforts désespérés. Tous se ruaient sur les magasins, pillaient; beaucoup s'enivraient. Il fallut encore abandonner aux Cosaques des blessés, des malades, des traînards.

Le vice-roi, après avoir combattu en soldat, quitta cette ville dans la nuit suivante, du 9 au 10, quelques heures après le départ du maréchal Ney, et arriva à Kowno (vingt-six lieues plus loin que Wilna), le 12 décembre. Il écrivit de là deux lettres à la vice-reine :

« J'arrive à Kowno, ma chère Auguste, et l'estafette allant partir, je n'ai que le temps de t'écrire deux mots ; je me porte assez bien malgré le froid excessif. Nous avons eu ces jours-ci 21 et même plus de 25 degrés de glace ; cela nous cause de grandes pertes. Je suis d'une colère horrible contre Allemagne, expédié depuis quatre jours ; je l'ai retrouvé hier sur la grande route, ayant perdu ses chevaux, son domestique et ses dépêches. Si j'ai le bonheur de les retrouver, je t'enverrai Fortis. Tu comprends combien c'est désagréable pour moi, d'autant plus qu'il y avait quatre ou cinq dépêches d'anciens courriers qui, n'ayant pu passer, m'avaient rendu les paquets ; ainsi, c'était ma correspondance par Milan, d'un mois et plus. »

« Ma bonne et très-chère Auguste, je t'écris encore ces lignes aujourd'hui par M. de Turenne, qui part pour Paris... Je comprends tout ce que tu dois souffrir ; il faut espérer pourtant que le ciel se fatiguera de nous tenir si longtemps séparés et que nous pourrons nous réunir cet hiver. J'ai remis à Tascher la lettre de sa femme, que tu m'as envoyée pour lui ; je te préviens que je lui ai promis que nous tiendrons son premier enfant sur les fonts de baptême... Il fait aujourd'hui un froid cruel, et chaque jour nous perdons de nos amis et de nos camarades. Lacroix a dû rester à Wilna ; il était encore intransportable. Bataille et Pétrus sont sur un traîneau, fort malades ; Le Tourinent, Le Roy et Brochier sont aussi très-mal ; si cela durait encore quinze jours ainsi, je resterai sûrement seul de ma maison. Méjan le père est aussi bien fatigué, j'ai craint de le laisser en route. Nous passons cette nuit le Niémen, et on croit être plus tranquille sur l'autre rive. Ainsi soit-il. »

Le même jour, 12, à 9 heures du soir, le major général donna au prince l'ordre ci-dessous :

« Monseigneur, mettez-vous en marche demain 13, à huit heures et demie du matin, emportant autant de vivres que les soldats pourront en porter. Vous suivrez le mouvement du 1er corps et serez suivi par le 3e. L'on continuera les jours suivants la marche dans le même ordre, et les corps cantonneront dans les villages, échelonnés les uns en arrière des autres. »

En conséquence, Eugène passa le Niémen, le 13 au matin, espérant que la marche pour se rapprocher de la Vistule serait moins inquiétée, car on allait bientôt franchir les frontières de la Pologne et, plus on marchait, plus les troupes russes, par un froid aussi intense, éprouvaient à leur tour des difficultés à poursuivre les débris de l'armée française. Les Cosaques seuls ne se lassaient pas de harceler la queue des colonnes ; mais on les contenait assez facilement, lorsque les hommes n'étaient pas trop engourdis par le froid, et qu'un peu de nourriture ou de repos leur avait donné quelque force et quelque énergie.

Grâce à l'inaction des armées russes, forcées à leur tour de prendre quelques jours de repos, tant elles avaient souffert, les généraux français purent régulariser le mouvement et donner un certain ordre aux différents corps enchevêtrés les uns dans les autres. On chercha à obtenir ainsi une troupe d'hommes, en grande partie désarmés, infirmes, mutilés par le froid, sans doute, mais enfin pouvant présenter encore une apparence de régularité et défendre un instant une ligne de défense comme celle de la Vistule.

A la suite d'un conseil tenu à Kowno, dans lequel les maréchaux et le prince avaient eu à donner leur avis sur la situation de l'armée, il avait été décidé par le roi de Naples que l'héroïque maréchal Ney, aidé du général Gérard, défendrait Kowno, pour donner le temps aux débris des corps de se replier. Les cadres et ce qui pouvait encore suivre devaient gagner la Vistule et Kœnigsberg; puis ensuite être dirigés, ceux des 1er et 7e corps, sur Thorn; ceux des 2e et 3e, sur Marienburg; ceux des 4e et 6e, sur Marienwerder; ceux du 5e, sur Varsovie; la garde impériale et le quartier général à Kœnigsberg.

En conséquence, le 4e corps du prince Eugène dut se diriger de Kœnigsberg sur Marienwerder, entre Thorn et Dantzig (rive droite de la Vistule).

Le vice-roi, parti le 13 de Kowno, vint coucher le même jour à Marienpol, le 14 à Wilkowisken, le 15 à Wirballen, d'où il écrivit à la princesse Auguste :

« Nous sommes sur la frontière de la Pologne et de la Prusse; il paraît que ce sera dans ce dernier pays et près de la Vistule que nous nous arrêterons, pour prendre nos quartiers d'hiver, nous en avons le plus grand besoin. L'ennemi nous a suivis avec assez de troupes jusqu'à Wilna. De Wilna à Kowno, nous avons seulement été harcelés par la cavalerie et de l'artillerie ; j'espère qu'ils seront eux-mêmes fatigués de nous suivre, et ne passeront pas en force le Niémen. J'ai été obligé de laisser le pauvre Petrus (mamelouk) à Kowno : il était intransportable, je crains bien de le perdre ; je l'ai recommandé dans mon logement, et je lui ai laissé de l'argent........ Je me porte assez bien au milieu de toutes nos fatigues. »

Continuant la retraite avec ce qu'il pouvait réunir autour de lui d'hommes de son ancien 4ᵉ corps, de sa garde surtout, dont 4 à 500 étaient encore en état de marcher, le prince Eugène atteignit, le 17 décembre, Gumbinnen, première ville de la Prusse. L'armée française touchait enfin un pays allié, mais qui ne devait pas l'être bien longtemps. Le jour approchait où les Prussiens du duc d'York allaient abandonner le maréchal Macdonald.

En arrivant à Gumbinnen, le vice-roi écrivit à sa femme :

« Enfin, nous voici en Prusse, ma très-chère Auguste, et je t'expédie Fortis, qui fera bonne diligence..... Depuis Wilna, nous nous sommes toujours retirés, et l'ennemi ne nous suivant qu'avec sa cavalerie et son artillerie, je ne pense pas qu'il se passe de longtemps aucun fait d'armes important. Nous nous retirons sur les places de la Vistule, où notre armée se reposera, se reformera, se réorganisera, et j'espère que je n'y aurai point de commandement. Il est plus probable que l'Empereur me fera passer en Italie, et c'est tout ce que je désire au monde.

Fortis te dira tous ceux qui se portent bien et tous ceux qui sont malades; il y en a beaucoup de ces derniers, mais j'ai eu jusqu'ici le bonheur de me trouver parmi les premiers; il te contera comme il le pourra tous les combats que nous avons soutenus, toutes les marches que nous avons faites, toutes les fatigues que nous avons éprouvées; mais je te conterai bien mieux cela moi-même, et je ne désespère pas que ce puisse être encore cet'hiver. Adieu. »

« *P. S.* Pour amuser les dames, dis-leur que très-probablement la moitié de leurs connaissances reviendra sans nez et sans oreilles. Tout gèle ici; il y a déjà eu plus de 24 degrés de froid. »

Le lendemain, 18, il lui écrivit de nouveau :

« Deux mots seulement, ma chère Auguste, pour t'assurer de ma tendresse et te dire que je me porte bien. Les quartiers d'hiver viennent enfin d'être donnés; mon corps d'armée est destiné à se réunir et à se réorganiser à Marienwerder, ce sera donc sur cette ville que devront être dirigés les courriers pour Munich, Dresde et Posen. Carlini et le courrier parti le 24 novembre se sont arrêtés à Kœnigsberg, je les attends demain. Ne m'envoyez plus de fruits, tout ce qui est parti a été abîmé; dis qu'on n'envoie que du vin, du fromage, etc., etc., qui puissent se conserver. J'ai bien de regret à t'annoncer que toutes les jolies choses que tu m'avais envoyées pour me distraire cet hiver ont été prises par les Cosaques avec la plus grande partie de mes effets. Il y a encore une vache, que je ne crois qu'égarée sur un traîneau. »

Ce ne fut que le 26 décembre, et après avoir voulu

visiter les champs de bataille de la campagne de Pologne (1807), campagne qu'à son regret il n'avait pu faire, que le prince Eugène atteignit Marienwerder, après avoir couché le 19 à Insterburg, le 20 à Welhau, le 22 à Eylau, et avoir écrit de ces divers endroits les trois lettres suivantes à la vice-reine :

« Ma chère Auguste, je suis arrivé il y a deux heures ici, le roi de Naples va établir son quartier général à Kœnigsberg, moi je me rends à Marienwerder ; je passerai par Friedland et Eylau de ma personne, pour visiter les mémorables champs de bataille, je serai très-probablement le 26 et le 27 à Marienwerder, où mes troupes doivent hiverner. Adieu, ma chère amie, je me porte bien et je suis garni de fourrures de la tête aux pieds, pour éviter le froid. Ces jours derniers, huit officiers de mon état-major ont eu les pieds et le nez gelés. Nous avons perdu avant-hier le colonel des vélites, et on prétend que Widmann serait mort aussi; tous ceux de ma maison, excepté Battaille et Desève, vont assez bien. La blessure de d'Anthouard va bien; quand il aura pris une saison d'eau cet été, il espère être guéri. »

« Bellisoni t'apportera cette lettre, ma chère Auguste, je te l'expédie parce qu'il a besoin de repos, et puis il pourra bien te conter toute la campagne, car il a toujours été avec moi, et j'ai été extrêmement content de lui; aussi je lui ai promis mon portrait à notre retour à Milan. Je t'envoie par lui un petit collier.... Cela s'est retrouvé dans le fond d'une caisse que l'on croyait perdue et qui a été retrouvée ce matin. Adieu, nous allons bientôt commencer une nouvelle année, je souhaite ardemment qu'elle soit plus heureuse que celle-ci, c'est-à-dire que nous puissions nous réunir pour ne plus nous quitter. »

« ..... Je vois avec peine que tu t'attristes d'être sans lettres, ma chère Auguste; c'est à tort, puisque je me porte bien; d'ailleurs, il est raisonnable de penser qu'un retard de 8 à 10 jours pour la correspondance, dans un pays comme la Russie, n'est pas chose extraordinaire : même maintenant, si je n'avais pas plusieurs courriers à renvoyer en Italie, tu serais plusieurs jours sans lettres de moi, et cela parce que je suis éloigné du quartier général, d'où partent les estafettes régulières..... Rien de nouveau ici, du froid et de la neige; les habitants nous consolent de nos souffrances en nous disant que c'est l'hiver le plus rigoureux qu'ils aient eu depuis trente ans. Nous avons bien choisi !

« Plaisanterie à part, attendez-vous à revoir plusieurs d'entre nous sans nez ou sans oreilles, et on ne pourra pas dire de bien des gens qu'ils s'en sont tirés avec un pied de nez : les plus longs tombent les premiers; aussi je ne sais plus ce qu'est devenu Assalini; il s'est accolé à un juif, qui doit le transporter je ne sais où. »

En arrivant à Marienwerder, lieu assigné pour la concentration des débris de ses troupes, le prince Eugène s'occupa immédiatement et sans relâche, avec son zèle et son activité accoutumés, à réunir tous les débris épars des régiments qui avaient formé le 4e corps. Un recensement cruel ne tarda pas à lui faire connaître le chiffre effrayant de ses pertes. Des quarante mille bons soldats qui avaient, avec lui, franchi le Niémen quelques mois auparavant, il restait deux mille malheureux, à moitié morts de froid, de maladie, dont beaucoup avaient les membres perclus et étaient hors d'état de porter un fusil. Depuis le départ de l'Empereur, pour une cause ou pour une autre, le mal avait empiré d'une façon désastreuse, et la retraite ne pouvait plus même porter ce nom, c'était une marche inqualifiable d'hommes poussant droit devant eux, sans presque savoir où ils allaient, ce qu'ils faisaient. Une sorte d'instinct de conservation les portait à suivre la route sur laquelle marchaient ceux qui les précédaient.

Le 28 décembre, Eugène écrivait à la vice-reine :

« Je suis arrivé ici avant-hier soir, ma chère Auguste, et j'ai dû m'occuper de suite de ma santé, la bile commençait à me tourmenter ; j'ai pris l'émétique de mon propre mouvement : Asselini est survenu, approuva et m'a ordonné de continuer la cure, dont j'augure bien. Nous voici enfin arrivés au terme de notre voyage ; il paraît que nos quartiers d'hiver vont se prendre ici : ce sera fort ennuyeux, j'imagine ; mais il faut prendre courage et surtout patience. J'ai reçu ta chère lettre, ainsi que les objets chauds, et j'en ferai la distribution à nos messieurs. J'ai été bien heureux de savoir toute ma petite famille en bonne santé ; que tous ces jours ci j'ai pensé à elle, et comme j'aime à croire que je leur aurai manqué au jour anniversaire de naissance de notre gros garçon, de celui d'Eugénie, le soir de Noël, si mémorable pour les cadeaux, enfin le jour de l'an, où l'on s'embrassait de si bon cœur ; enfin la partie n'est que remise, et je me berce de l'idée que l'Empereur ne voudra pas me laisser inactif tout un hiver et avec si peu de monde. Car croirais-tu, ma chère amie, que de tout mon beau corps d'armée, il ne me reste pas 2,000 hommes, dont la moitié encore sont blessés : *Ceci est pour toi seule, je t'en conjure.* Adieu, ma très-chère Auguste ; espérons que nous pourrons un jour oublier toutes nos peines dans les bras l'un de l'autre. »

Une fois établi à Marienwerder, le prince Eugène, ayant reçu d'Italie plusieurs courriers, put, tout en veillant à la réorganisation du 4ᵉ corps, consacrer quelques heures à son royaume d'Italie.

Au mois de janvier 1812, l'Empereur avait fait connaître au vice-roi que la campagne contre la Russie ne tarderait pas à s'ouvrir, qu'il avait un commandement, et qu'il fallait, pour le temps de son absence, donner au royaume une organisation analogue à celle qu'il lui avait laissée pendant la guerre de 1809 avec l'Autriche. Eugène, alors, avait proposé à Napoléon un premier projet dont les bases sont contenues dans la lettre suivante, qu'il adressa de Milan le 20 janvier :

« Sire, Votre Majesté m'a fait l'honneur de me demander quelle sera l'organisation militaire de son royaume d'Italie au moment du départ du corps d'observation, et désire savoir si les places de Palma, Venise, Mantoue, Ancône, sont en état de défense sous tous les rapports.

« J'ai adressé à Votre Majesté d'après ses ordres

un projet de composition de quatre divisions actives sur lequel j'attends sa décision. J'y ai joint un autre état présentant la composition de chaque garnison indépendante de ces quatre divisions.

« Pour commander toutes ces troupes dans l'intérieur, je présente à Votre Majesté deux sujets qui me paraissent dignes de sa confiance. J'ai demandé à Votre Majesté de pouvoir conserver le général Vignolle au corps d'observation. Si Votre Majesté n'acquiesce pas à ma demande, je crois que ce général pourrait commander en Italie, il est au courant de tout ce qui concerne le pays; je crois qu'il remplirait bien son service. Si cependant Votre Majesté n'avait pas l'intention de laisser le général en Italie, je lui proposerai alors de donner le commandement au général Baraguey-d'Hilliers.

« Quant aux places, elles ont toutes des commandants et des états-majors de place.

« Palma est commandée par le général Walter, qui y a été envoyé il y a quatre ans par Votre Majesté, avec des lettres de service pour ce commandement, et, si elle pense qu'il soit nécessaire d'un second général, je proposerai pour commandant supérieur le général Schilt, qui a bien rempli cette fonction pendant la dernière campagne.

« Venise a pour gouverneur le général Villaret-Joyeuse; il y a en outre un bon commandant d'armes, le général Daurier, et chaque fort a son commandant particulier.

« Ancône a un commandant d'armes, et le général de division Barbou, qui commande la division territoriale avec un général de brigade sous ses ordres, est en même temps commandant supérieur de la place.

« Mantoue a un général de brigade italien pour commandant d'armes, le général Julien; si Votre Majesté pense que cette place doit avoir un commandant supérieur, je proposerai le général de division Fresia, ou le général Peyri pour commander la division militaire, et, en cas d'événement, commander supérieurement la place.

« Les places ne sont pas armées, excepté Venise et Ancône du côté de la mer. Je propose à Votre Majesté d'armer complétement ces deux places et de se borner à un demi-armement pour les places de Palma, Osoppo, Legnago, Mantoue, Peschiera. Toutes ces places ont leur commandant d'artillerie et du génie.

« Il n'y pas d'approvisionnement de siége, et j'aurai l'honneur de proposer à Votre Majesté : 1° un demi-approvisionnement complet pour Venise et Ancône, et 2° un dépôt de biscuit et eau-de-vie dans les autres places, en prenant pour base six mois d'approvisionnement pour la garnison présumée nécessaire. En cas d'événement ou au premier signal, on ferait entrer dans la place des vivres et des fourrages à prendre dans les environs, par réquisition. Ce qui me porte à ne pas proposer le complet des approvisionnements, c'est la cherté de tous les comestibles et le renchérissement qui aurait lieu pour toutes les denrées, surtout les grains.

« En résumé, Votre Majesté aura dans son système

d'Italie, non compris l'Illyrie, c'est-à-dire dans le pays vénitien, le Piémont et Gênes, Bologne et Florence, Rome, 31,000 hommes actifs répartis en quatre divisions, et près de 11,000 hommes de garnison, toutes les places du royaume en état, excepté les grands approvisionnements. »

Le 14 février, Eugène, qui avait organisé définitivement la partie de ses troupes devant faire la campagne de Russie, reçut une lettre de l'Empereur lui faisant connaître qu'il allait avoir des ordres de mouvement; il répondit :

« Sire, j'ai reçu les ordres de Votre Majesté du 8 de ce mois, qui m'annoncent les ordres définitifs de mouvement que doit m'adresser le major général; j'ai déjà préparé hier soir et ce matin tous ceux d'exécution, et, dès que je recevrai la dépêche du major général, ils seront de suite expédiés.

« J'aurai l'honneur de faire connaître à Votre Majesté l'époque précise de l'arrivée des troupes sur le Danube. Dans le Tyrol, les troupes marcheront par brigade, mais aux débouchés dans la plaine, elles marcheront par division, afin de mieux remplir les intentions de Votre Majesté, et afin que les troupes arrivent sur le Danube le plus possible réunies.

« Je remercie Votre Majesté du beau commandement qu'elle me destine : je continuerai à faire tout ce qui est en mon pouvoir pour mériter sa confiance et les bontés dont elle daigne m'honorer.

« Puisque Votre Majesté m'ordonne de rester encore quelque temps à Milan de ma personne, je a pric de vouloir bien presser le départ du duc d'Abrantès, car il est bien instant qu'il y ait un chef au corps d'armée pour mettre de l'ensemble pendant qu'il traversera l'Allemagne.

« La dernière quinzaine de février va être payée à la troupe, et les payeurs emporteront en caisse la solde de mars et d'avril.

« J'ai fait fabriquer à Botzen du pain biscuité, il en sera distribué pour trois jours aux soldats, et trois autres jours seront portés à la suite des divisions dans les voitures de transport.

« Quant à l'article des chevaux, pour lesquels Votre Majesté m'ordonne d'envoyer des officiers en Saxe pour faire des achats, je prierai Votre Majesté de vouloir bien ordonner à son ministre de la guerre de faire les fonds nécessaires, car les régiments de dragons, de chasseurs, d'artillerie et des transports n'ont pas un sou en caisse dont on puisse disposer. »

Quelques jours avant son départ pour Paris, le vice-roi, après avoir travaillé avec persévérance à tout organiser dans le royaume pour que rien ne pût souffrir pendant son absence, écrivit à l'Empereur pour lui proposer une organisation complète militaire de l'Italie.

Voici cette lettre datée de Milan, le 7 mars 1812 :

« Sire, j'ai l'honneur d'adresser à Votre Majesté le projet d'organisation militaire pour l'intérieur du royaume d'Italie. J'ai fait porter dans les divisions actives tout ce qui sera disponible au 1er mai, et j'ai réparti les 5es bataillons dans les différentes places du royaume. Votre Majesté voit par l'état que je lui adresse que chaque place aura à peu près une garnison suffisante contre toute surprise.

« Il existe dans chacune le commandant d'artillerie et le commandant du génie : les commissaires des guerres et les détachements d'artillerie s'y rendront successivement, de manière qu'au 1ᵉʳ mai tout soit à son poste, si Votre Majesté adopte le travail que j'ai l'honneur de lui présenter. Il manquerait pourtant deux ou trois compagnies d'artillerie française, car il n'en reste plus qu'une à Mantoue, et je pense qu'il serait bien d'en avoir une à Palmanova et une à Venise, indépendamment de l'artillerie italienne; il manquerait aussi une ou deux compagnies de sapeurs, car il en faudrait au moins une pour chacune des principales places, et il n'en reste en ce moment en Italie que deux françaises et deux italiennes, de manière qu'en mettant une compagnie à Ancône, une à Venise, une à Mantoue et une à Palmanova, il n'en resterait plus pour les autres places. Si Votre Majesté jugeait convenable de tirer des compagnies d'artillerie et de sapeurs de l'Illyrie, de Rome ou du Piémont, elle voudrait bien donner des ordres en conséquence.

« J'ai suivi exactement ce que Votre Majesté m'avait tracé pour l'organisation des deux divisions actives. Je n'ai point pu employer les 4ᵉˢ bataillons du régiment dalmate et du 4ᵉ léger, parce que ces corps n'ont pas de 5ᵉ bataillon, que leur 4ᵉ fait leur dépôt, et que ces 4ᵉˢ bataillons sont composés de manière à n'être point employés activement. J'ai supposé la 2ᵉ brigade de la 2ᵉ division placée à Perugio et Solegno, parce que, de ce point-là, cette brigade aurait facilement le moyen de se porter sur Ancône, sur la Toscane et sur Rome.

« Je n'ai pas pu porter, dans l'organisation des divisions actives, les 9es compagnies des régiments de chasseurs italiens, puisque Votre Majesté, dans le même ordre, me prescrit d'extraire des dépôts tout ce qui sera susceptible de partir pour faire rejoindre à la fin de mars et d'avril les escadrons de guerre. Mais je remplace ces compagnies par le 4e escadron du 1er des chasseurs qui se réorganise en ce moment.

« J'ai ordonné la levée de la réserve de cette année, pour pouvoir alimenter les dépôts, de manière qu'on peut compter que tous les 5es bataillons italiens seront, au 1er mai, au moins de 600 hommes.

« Je prie Votre Majesté de me donner ses derniers ordres à l'égard de l'organisation que je lui soumets. »

Cette lettre d'Eugène était suivie d'un état de situation exacte des troupes qui restaient en Italie. Voici le résumé de la force destinée à protéger le royaume :

Première division d'observation, en Illyrie. Général de division : Bertrand, gouverneur général des provinces illyriennes; général de brigade : Delort, chef d'état-major; généraux de brigade : Collaert, Gauthier, Pourailli; deux bataillons du 23e de ligne (1,800 hommes); trois du 4e léger italien (2,100); huit bataillons de Croates (6,400); un du régiment illyrien (600); 4 pièces régimentaires, deux divisions d'artillerie à pied française, une italienne. Total : 14 bataillons, 11,293 hommes.

Deuxième division d'observation, entre Udine et Venise. Général de division : Bonfanti ; généraux de brigade : Schilt, Martel (Italien), Forestier, adjudant commandant ; quatre bataillons du 15º de ligne (2,250 hommes) ; un du 1ᵉʳ léger italien (800) ; 2ᵉ léger, 1ᵉʳ de ligne, 4ᵉ, 6ᵉ, 7ᵉ de ligne italiens, à 750 et 800 hommes. Total : 10 bataillons, 6,600 hommes, et 10 pièces régimentaires.

Troisième division d'observation, à Bologne. Général de division : Barbou ; généraux de brigade : Ferrière et Zoize ; quatre bataillons du 112ᵉ (2,500 hommes) ; deux du régiment suisse (1,400) ; quatre du 22ᵉ d'infanterie légère (2,600) ; 6 pièces régimentaires. Total : 6,500 hommes.

Quatrième division d'observation, entre Rome et Naples. Général de division : Grenier (division appelée plus tard à la Grande-Armée) ; généraux de brigade : Lasalsette et Pouchin ; six bataillons du régiment de Latour-d'Auvergne (3,600 hommes) ; quatre du régiment d'Issembourg (2,600) ; un du régiment étranger (800) ; deux du 14ᵉ d'infanterie légère (1,400) ; deux du 6ᵉ d'infanterie de ligne (1,400) ; 8 pièces régimentaires. Total : 15 bataillons, 9,800 hommes.

Cinquième division d'observation, entre Gênes et Alexandrie. Général de division : Montchoisi ; adjudant commandant ; Fausson Monteluppo chef d'état-major ; pas de généraux de brigade ; un bataillon du 10ᵉ de ligne (550 hommes) ; un du 20ᵉ (520) ; quatre du 52ᵉ (2,560) ; deux du 102ᵉ (550) ; deux pièces régimentaires. Total : 8 bataillons, 4,180 hommes. »

Cavalerie, à Modène et à Crémone. Quatre escadrons des dragons de la reine (600 chevaux); un des dragons Napoléon (200); un du 1er de chasseurs italiens (200); 80 hommes d'artillerie légère avec 6 pièces. Total : 1,100 cavaliers.

Total général de cette partie active de l'armée, en Italie : 57 bataillons, 6 escadrons; 37,000 hommes environ; 1,800 chevaux et 36 bouches à feu.

A cette armée mobile de 40,000 combattants, il fallait ajouter les garnisons des places fortes :

Palmanova. Le général Walter, avec trois bataillons de dépôts des 13e, 106e de ligne et 3e léger italiens. Total : 650 hommes.

Venise. L'amiral Villaret et le général Daurier, avec six bataillons de dépôt des 2e dalmate, 3e, 5e, 7e italiens et régiment sédentaire. Total : 3,500 hommes.

Mantoue. Général Julien, avec quatre bataillons de dépôt des 9e, 84e français, 4e italien et un bataillon de vétérans. Total : 1,400 hommes.

Legnano. Colonel Cappi, avec 150 hommes du 92e de ligne.

Peschiera. Colonel Verlato, avec 600 hommes du 1er léger italien.

Ancône. Général Barbou, colonel Ferrent, avec quatre bataillons des 35e, 53e français, 2e et 6e italiens : 1,000 hommes.

Civita-Vecchia. Quatre bataillons des 14e et 22e léger, 6e de ligne et bataillon étranger : 1,500 hommes.

Livourne. 200 hommes du 112e de ligne.

1,900 hommes des 1er, 3e, 19e léger, 7e, 10e, 20e,

31ᵉ, 42ᵉ, 52ᵉ, 67ᵉ, 101ᵉ, 102ᵉ de ligne, répandus dans les vingt-sept et vingt-huit divisions militaires territoriales.

Total général des garnisons : 36 bataillons et 10 à 11,000 hommes.

Pendant les trois premiers mois de la campagne de Russie, et jusqu'au départ de Moscou, les courriers et les estafettes, arrivant avec assez de régularité, le travail envoyé d'Italie au vice-roi était réexpédié par le prince, qui donnait ensuite connaissance à l'Empereur des principaux événements. Eugène suivait exactement ce qu'il avait fait en 1809, et son absence du royaume d'Italie ne préjudiciait en rien aux affaires. Il résultait seulement dans leur expédition un retard forcé d'un mois. Lorsque la retraite commença, les désastres se multipliant, les communications étant interrompues souvent avec la France, ou, du moins, nombre de dépêches étant enlevées par les Cosaques et les partis ennemis, le travail devint irrégulier. Ce fut à Smorgoni, seulement le 5 décembre, que les courriers devinrent plus fréquents. L'Empereur avait donné, depuis le passage de la Bérézina, des ordres formels pour que le service des estafettes fût exécuté le mieux possible.

A la fin de décembre 1812, le prince Eugène, revenu du Niémen sur la Vistule, et en station provisoirement à Marienwerder, dut s'adonner à un travail qu'il avait interrompu depuis plus de deux mois. Après avoir pris connaissance des affaires du royaume d'Italie, il écrivit, le 5 janvier 1813, à l'Empereur :

« Sire, j'ai l'honneur d'adresser à Votre Majesté :

1° le livret de situation des troupes dans son royaume d'Italie ; 2° la situation particulière de son armée italienne ; 3° l'état des bâtiments en construction dans l'arsenal de Venise ; enfin, le rapport sur les travaux des places fortes du royaume pour l'année 1812. Dans la situation de l'armée italienne, on a compris les hommes hors du royaume. La brigade faisant partie de la division Grenier est forte de 8,000 hommes, et était arrivée en bon état à Augsbourg. Par le moyen de la conscription de cette année, Votre Majesté peut encore faire partir d'Italie pour la Grande-Armée 4 à 5,000 hommes, pour incorporer dans les régiments de la quinzième division. Cette division n'a pu réunir ici, officiers compris, que 250 hommes, dont moitié est hors d'état de continuer à servir.

« D'après les dernières nouvelles que j'ai reçues d'Italie, votre royaume, Sire, continue à jouir de la plus grande tranquillité. Un seul fait, à Rimini, avait attiré l'attention des autorités. C'est un petit complot découvert en cette ville, qui avait pour but, dit-on, de livrer la place aux Anglais.

« On a arrêté une douzaine de personnes, dont trois à quatre prêtres et plusieurs anciens sbires. Je crois que leur but n'était autre que de voler quelques caisses publiques, et de se sauver ensuite à bord de l'ennemi. J'ai écrit au général Vignolle et au ministre de la guerre, pour leur recommander la plus grande surveillance sur les côtes, et de tenir toujours en bon état les forts de Malamocco, qui défendent l'approche de Venise. »

« Sire, votre garde royale se trouve, par suite de cette campagne, extrêmement diminuée, puisque tous les hommes réunis ne forment ici qu'un total de 300 et quelques hommes.

« J'ai pris les ordres du roi pour la réduction de leurs cadres; mais je prends la liberté d'entretenir Votre Majesté du corps des gardes d'honneur. Les cinq compagnies parties pour la campagne, fortes de 300 hommes, sont aujourd'hui réduites à 28 hommes. Sur les trois capitaines des gardes qui ont commencé, deux sont morts, et le troisième est resté malade en Russie. Les deux qui sont restés en Italie sont hors d'état de rendre aucun service. Il serait aujourd'hui plus que difficile, dans le royaume d'Italie, de réorganiser ces corps.

« J'ai l'honneur de proposer à Votre Majesté le décret ci-joint, qui nomme officiers dans les régiments les gardes qui ont fait la campagne, et qui formeraient, avec le dépôt qui se trouve en Italie, une seule compagnie de gardes d'honneur, qu'on pourrait porter à 150 hommes. Par ce moyen, Votre Majesté continuerait à attirer au service les jeunes gens des premières familles; et, en nommant officiers tous ceux qui ont fait cette campagne, donner une récompense aux jeunes gens qui restent de ce corps, et rendre moins sensibles aux familles les pertes qu'elles ont éprouvées. »

Jusqu'au 12 janvier 1813, Eugène resta à Marienwerder. Il écrivit de cette ville à la princesse Auguste les lettres suivantes, dont plusieurs donnent quelques détails historiques assez curieux pour que nous ayons cru devoir les reproduire :

« 30 décembre 1812. — Tu auras, j'espère, reçu maintenant toutes mes lettres, qui auront enfin calmé toutes tes inquiétudes. Ma cure m'a fait le plus grand bien; ma santé continue à être très-bonne... J'ai reçu dernièrement une lettre de ton frère Charles, qui désire que je le demande au roi; sa lettre est parfaite, et je lui ai répondu que, tout en applaudissant à ses désirs, je ne ferais pourtant aucune démarche auprès de notre père, pour lui faire faire surtout une guerre où il y aurait des dangers de toute espèce à courir. Je lui ai promis de remettre cela à une guerre qui pourra ressembler à toutes les autres. Les nouvelles que je reçois de Thorn me disent que Bataille et d'Anthouard ne vont pas bien du tout. Je ne sais pas ce qu'est devenu Desève Voilà, au reste, les seuls de mes officiers encore malades; mais j'ai tous mes domestiques écloppés, et c'est enfin le cuisinier qui me sert à table. La vie qui paraît nous attendre ici, cet hiver, sera bien triste; je n'ai encore vu qu'une fois les autorités. Je passe ma journée chez moi et mes soirées à jouer aux échecs avec Triaire, ou au piquet avec Méjan. Je t'ai mandé que tous les jeux, etc., que tu m'envoyas, furent perdus. Tu serais bien aimable de me renvoyer une demi-douzaine de tableaux et un jeu d'échecs; quand mes messieurs viendront, je tâcherai d'avoir un piano, et je chanterai du matin au soir. »

« 27 janvier 1813.... Tu ne te fais pas d'idées de tous les paquets que je reçois de Paris; ma mère et ma sœur se disputent à qui m'enverra le plus de provisions de bouche et de vêtements chauds...: Tu vois que je suis traité en enfant gâté, et que si jamais j'ai le bonheur de sortir de ces pays-ci, je ne serai pas tenté d'y revenir. »

« 5 janvier 1813. J'ai reçu hier le courrier du 24, et te remercie de tes provisions de vêtements chauds. Je suis à présent complétement pourvu, et j'en ai même donné beaucoup à ces messieurs, qui se mettent à tes pieds. J'en excepte toujours d'Anthouard et Bataille, qui sont encore à Thorn. Non certes, je n'ai pas perdu ton portrait ni celui de nos enfants; je les avais heureusement placés dans mon portefeuille; un homme du piquet portait toujours ce portefeuille, et, quand je n'ai plus eu d'ordonnance, mes courriers faisaient le service. Je mets souvent devant mes yeux ce charmant groupe, et je vous ai soignés, quoique en peinture, comme le plus pur de mes trésors. Il n'y a rien de nouveau que l'arrivée du roi de Naples à Marienburg. Il a quitté Kœnisgberg précipitamment après l'espèce de trahison d'un général prussien, qui a fait un traité pour son compte avec les Russes. Cela nous soustrait un corps de 20 à 25,000 hommes, sur lesquels, je crois, l'on comptait pour couvrir nos cantonnements. Cet événement, qu'il faut encore tenir secret, nous obligera peut-être à repasser la Vistule dans quelques jours. Ma santé est bonne : je fais chaque jour une petite promenade, pour ne pas descendre trop vite d'une vie si active, puis chaque soir je m'ennuie à la mort. Je désire vivement changer de position, et tu sais bien, j'espère, que ce que je désire le plus ardemment, c'est de voler dans tes bras. »

« 7 janvier 1813. Cavaletti est parti pour Milan hier, ma chère Auguste; il te dira qu'il m'a laissé en bonne santé. Le froid est beaucoup diminué, et, grâce à tous tes envois, je ne puis plus en souffrir. Nous sommes ici bien tristement, et je ne crois pas que nous y passions l'hiver, car le roi prétend bien s'arrêter sur la Passarge; mais je crois que l'ennemi nous poussera au delà de la Vistule. Tu peux être tranquille quant aux dangers des combats, car le 4e corps n'est plus dans le cas d'en avoir de quelque temps. J'espère que vous vous efforcerez d'être gais à Milan; cela me consolera un peu de savoir que vous vous amusez pour moi. J'ai pris à présent mon parti, et, quoiqu'il m'en coûte beaucoup d'être éloigné de toi et de me trouver dans la position où je suis, je me résigne patiemment à mon sort. »

« 11 janvier. — Je ferai partir demain un courrier, et je crois même qu'A.....ni en profitera pour retourner en Italie. Je n'ai pas du tout été content de lui : c'est un homme qui n'est jamais satisfait et qui se plaint toujours; ainsi je t'en préviens. Il a beaucoup souffert, comme nous tous, mais il n'a été utile à personne. Je crois que nous ne resterons pas longtemps dans cette même position; plusieurs rapports nous annoncent que l'ennemi continue sa marche sur la Vistule, et alors nous nous replierons encore s'il se présente en force. Nous voilà donc encore en voyage, et je ne sais pas où nous nous arrêterons. »

Le prince quitta Marienwerder le 12 janvier; l'armée était obligée de se replier encore et de prendre une position plus en arrière. Les Prussiens nous avaient abandonnés; les Autrichiens ne paraissaient pas devoir rester longtemps nos alliés; les armées russes, quoique ayant beaucoup souffert, se mettaient de nouveau en mouvement contre nous. Le vice-roi vint coucher à Schwetz, ville située à dix lieues au sud-ouest de Marienwerder, après avoir repassé la Vistule sur la glace en face de Neumburg. La tête de pont fut abandonnée. Le 4ᵉ corps continua sa retraite en passant devant Grandentz, mais hors la portée du canon de la place. Déjà la garnison prussienne, sous les armes, ayant des avant-postes sur la route, avait pris une attitude quasi hostile. De Schwetz, Eugène écrivit à sa femme :

« Deux mots, ma bien-aimée Auguste : j'ai reçu Provari et tes chères lettres du 1ᵉʳ de cette année. Tu as raison de t'en rapporter à la Providence et de croire qu'elle veillera sur moi. Je suis né heureux, et je n'ai jamais si bien senti mon bonheur que depuis que j'ai uni ma destinée à la tienne.

« J'ai quitté hier nos cantonnements de Marienwerder; j'ai l'ordre du roi de me replier sur Posen. Nous avons eu affaire hier, avant le jour, avec les Cosaques, qui ont eu l'insolence de venir se faire tuer jusque devant mon logement. Le soir, en prenant position devant Neumburg, ils ont encore voulu nous inquiéter, mais je les ai fait attaquer de suite, et un seul peloton a suffi pour leur faire repasser la Vistule. C'était fort comique de voir 500 des leurs poursuivis sur la glace par nos petits soldats. Nous en avons tué plusieurs et pris une douzaine de chevaux. Aujourd'hui nous avons été fort tranquilles; je me porte bien, hors une légère fluxion qui est presque passée. »

En parlant à la vice-reine de cette petite échauffourée avec les Cosaques, et en lui annonçant qu'il se repliait sur Posen, le vice-roi ne se doutait nullement de ce qui l'attendait dans cette dernière ville, ni du motif qui le faisait appeler au quartier général par le roi de Naples. Il continua sa marche sur Bromberg et entra le 17 à Posen.

Murat, qui était loin d'avoir apporté dans le commandement que lui avait confié l'Empereur tout le zèle et tout le dévouement que Napoléon était en droit d'attendre de lui, ne supportait pas l'idée d'être loin de son royaume au moment où l'on pouvait susciter à Naples des troubles sérieux. Il ne dirigeait les affaires de l'armée qu'avec préoccupation, ayant toujours sa pensée la plus ardente fixée sur l'Italie.

Enfin, hors d'état de maîtriser plus longtemps l'impatience qui le dévorait et l'ardent désir de rentrer à Naples, il rompit brusquement avec tous ses devoirs de général en chef et de beau-frère de l'Empereur. Il annonça qu'il quittait l'armée et en confiait le commandement au prince Eugène. L'étonnement, la stupéfaction et la désapprobation furent unanimes. Le vice-roi refusa, non pas de prendre le commandement d'une armée qui avait besoin d'une main intelligente, ferme et bienveillante, mais de recevoir ce commandement du roi de Naples, qu'il n'aimait pas, et auquel il ne reconnaissait nullement le droit de le lui remettre sans ordre de l'Empereur.

Eugène laissa donc partir Murat, qui quitta l'armée le 17 janvier, et, le même jour, il prit, en sa qualité de seul lieutenant de l'Empereur alors à l'armée, le commandement en chef provisoire. Sa conduite, dans cette circonstance, est parfaitement expliquée par les deux lettres suivantes, la première à sa femme, la seconde à l'Empereur; l'une et l'autre sont datées de Posen, 17 janvier 1813[1] :

« Ma chère Auguste, je m'empresse de t'expédier Provari pour t'annoncer une inconcevable nouvelle. Depuis mon départ de Marienwerder, le roi m'écrivit de le venir joindre en poste à Posen. A peine arrivé, j'apprends qu'il allait abandonner l'armée. Il est malade et ne veut plus conserver le commandement; il part même sans attendre aucune détermination de l'Empereur. Il a voulu me donner le commandement de l'armée, mais je n'ai pas voulu le recevoir de lui; il a persisté à s'en aller, et alors j'ai pris provisoirement le commandement, tant difficile qu'il soit,

---

[1] On lit dans le III° volume de l'ouvrage du roi Louis sur la Hollande, page 318 : « L'Empereur quitta l'armée et en laissa le commandement au roi de Naples, qui, peu de temps après, le laissa au vice-roi d'Italie pour retourner à Naples; sacrifiant ainsi à l'intérêt partiel de son royaume, et au sien propre, l'intérêt général des alliés de la France et surtout de la gloire et la conservation des débris précieux de cette illustre armée. » Et plus loin, page 321 : « Les restes de la Grande-Armée faisaient des prodiges de valeur sous les ordres du vice-roi, qui peut se vanter d'avoir eu la commission la plus grande et la plus difficile à remplir, *et de l'avoir faite avec autant de prudence et de gloire que de bonheur.* »

pour donner une dernière preuve de mon dévouement à l'Empereur. Toutes les affaires ont été laissées ici en grande confusion, et je t'assure, ma bonne Auguste, que j'aurai une terrible besogne; je n'ose pas espérer en sortir avec gloire, mais j'aurai eu, du moins, le courage de l'avoir entreprise, et j'aurai certes celui de ne pas l'abandonner.

« Adieu, ma chère Auguste; ce qui me fâche le plus, c'est que je ne pourrai plus t'écrire aussi souvent, car le temps me manquera. »

« Sire, j'ai l'honneur de prévenir Votre Majesté que le roi est décidément parti ce matin à quatre heures. Nous avons inutilement fait, hier soir, le prince de Neufchâtel et moi, toutes les instances possibles pour le retenir. N'ayant ici aucun maréchal d'Empire et me trouvant le seul lieutenant de Votre Majesté, j'ai pris provisoirement le centre du commandement, jusqu'à ce que Votre Majesté ait bien voulu nommer un général en chef. Je ne puis encore donner aucune nouvelle à Votre Majesté. J'ai passé toute la journée à lire les ordres qui avaient été donnés précédemment, à me pénétrer des diverses instructions que Votre Majesté a données au major général. Je suis loin d'être satisfait de mon premier travail. Il y a eu bien peu d'ensemble dans les opérations depuis le départ de Votre Majesté, et cela a entraîné des pertes énormes en hommes et en effets. Le roi a porté son quartier général à Posen, et il y est venu en poste; et, excepté l'intendant général, aucun chef de service n'est encore arrivé. J'ai prescrit au comte Daru de s'occuper sans délai des approvisionnements de siége des places de l'Oder et de deux magasins pour l'armée à Glogau et Custrin. J'attends l'officier général du génie pour garnir ces places d'un nombre suffisant d'officiers de cette arme. Depuis que nous avons perdu la ligne de la Vistule. la position du grand-duché devient bien embarrassante. Je vais tâcher de réunir ici quelques mille hommes pour rouvrir au moins la communication de l'Oder avec Varsovie. Dans toute autre saison, la ligne de la Netze eût été excellente pour appuyer notre flanc gauche. Tout ce que je puis faire est de rester ici avec quelques mille hommes, jusqu'à ce que j'apprenne que l'ennemi a sérieusement passé la Vistule; mais je pense que l'ennemi va s'occuper de la capitale du grand-duché. Il va chercher à tourner le prince Schwarzenberg par la droite et par la gauche. Je regrette bien de ne pas avoir 20,000 hommes disponibles; car je suis convaincu qu'en renforçant de ce nombre notre droite et en se groupant autour de Varsovie, l'ennemi remettrait à la campagne prochaine à tenter quelque chose de sérieux de ce côté. Malheureusement il n'existe plus dans ce moment aucune troupe organisée.

« J'ai réuni ici tous les régiments polonais, infanterie et cavalerie, à la solde de la France. Les Bavarois, qui étaient à Plock, et qui soutiennent la gauche du prince Schwarzenberg, ont déjà eu des ordres de se porter ici. Je n'approuve point ce mouvement, car je les croyais plus utiles appuyant les Autrichiens; mais, leur mouvement étant à peu près opéré, je me suis borné à les arrêter à deux marches d'ici. Il me tarde bien d'avoir quelques directions de Votre Majesté. Elle sait que j'en ai toujours besoin. et c'est dans ce moment que je le sens plus que jamais.

« Dans le cas où le prince de Schwarzenberg serait forcé dans sa position en avant de Varsovie, dois-je l'engager à rester dans le système de la Grande-Armée, et à se replier sur l'Oder? ou bien dois-je le laisser se retirer en Gallicie, comme il est probable qu'il tâchera de le faire? Dans le cas malheureusement trop certain où l'ennemi nous obligerait de prendre la ligne de l'Oder, dois-je m'appuyer plutôt à Custrin qu'à Glogau? Ce dernier endroit me serait plus facile de Posen ou de Varsovie, mais l'autre place aurait l'avantage de me mettre de suite en contact avec les troupes qui se rassemblent à Berlin. »

Résumons en quelques mots la conduite du viceroi pendant cette désastreuse campagne de 1812, les services qu'il rendit à l'armée, à la France et à l'Empereur, les nouveaux titres de gloire qu'il acquit.

Eugène, sans fiel du divorce récent de sa mère avec l'Empereur, sans autre ambition que celle d'être employé comme Napoléon, son père adoptif, croit devoir le faire, sans autre désir que de passer sa vie auprès de la mère de ses enfants, au milieu de sa charmante famille, dans un pays où il vit aimé pour ses qualités, estimé pour ses vertus, Eugène, homme du devoir avant tout, se consacre, dès la fin de 1811, à organiser son armée en vue de la campagne qui va s'ouvrir. Au commencement de 1812 tout est prêt.

40,000 bons soldats, formés par ses soins, vont franchir les Alpes; 40,000 autres assureront pendant l'absence des premiers les bienfaits de la tranquillité intérieure au royaume d'Italie. En mars, il a ordre de se rendre à Paris pour prendre des instructions; il se sépare des siens, il abandonne une vie douce et heureuse, sans laisser percer un regret. Déjà il est revenu des idées exclusives de gloire qui ont fait battre son cœur dans son jeune âge. Le sentiment de l'honneur, du devoir, de la reconnaissance pour celui qui fut son protecteur, et qu'il considère encore comme tel, quelles qu'aient été les exigences d'une politique inexorable, lui font abandonner tout ce qu'il chérit au monde. Il part. Un avenir brillant, la perspective d'un trône en Pologne, ne sauraient le séduire, et cela, bien qu'il sente lui échapper une couronne de l'espoir de laquelle il avait pu se bercer. Tout entier à ses devoirs de soldat et de général, il guide avec un tact parfait, avec une remarquable entente de la guerre, avec une sollicitude constante, les 80,000 hommes qui lui sont confiés, et dont il est adoré.

A leur tête il franchit le Niémen, cherche par son activité, son zèle, son énergie, à remplir la mission qui lui est confiée. Faisant taire son peu d'affection pour le roi de Naples, il le seconde de tout son pouvoir, et avec autant d'intelligence que de bonheur, dans les trois jours de combat que Murat livre à l'ennemi près d'Ostrowno. A la Moscowa, il prend une large part à cette bataille de géants, enlève la Grande-Redoute, manœuvre en déployant les talents d'un habile général, et contribue puissamment au succès définitif. A Moscou, son corps d'armée, réorganisé par ses soins, est aux avant-postes, il ne le perd jamais de l'œil. La retraite commence, il fait l'avant-garde. Napoléon veut percer par Malo-Jaroslawetz. Eugène sait l'importance que l'Empereur attache à la prise de cette petite ville; il l'enlève, et, avec 18 à 20,000 hommes, se soutient pendant toute une journée contre l'armée entière de Kutusow, forte de 80,000 combattants. Quelques jours plus tard, à Wiasma, il assure la victoire de Davout par les bonnes dispositions qu'il fait et le courage personnel qu'il déploie. Coupé à Krasnoë par 25,000 Russes, après avoir lutté toute la journée, à la tête de 6,000 malheureux mais braves soldats épuisés par les fatigues, il trompe la surveillance de l'ennemi auquel il a refusé de se rendre, décidé à périr plutôt qu'à remettre son épée aux généraux d'Alexandre. Grâce à un mouvement des plus audacieux et des plus adroitement combinés, il rejoint l'Empereur à Orcha; il vole au secours du maréchal Ney, quelque péril qu'il y ait pour lui et les faibles restes du 4ᵉ corps à marcher à l'ennemi. A Smorgoni, il apprend le départ de l'Empereur; il est navré de rester sous les ordres du roi de Naples; cependant il le fait pour obéir à la voix, impérieuse pour lui, du devoir et de l'honneur. Il lutte, le fusil à la main et en soldat, pour arracher quelques victimes aux Russes à Wilna, tandis qu'il lui serait si facile de gagner Kowno avec le roi de Naples. Il continue, sans jamais se séparer des restes de son malheureux 4ᵉ corps, une retraite épouvantable jusqu'à Marienwerder, exécutant avec une scrupuleuse exactitude tous les ordres qui lui sont transmis d'un chef qu'il n'aime pas. Enfin, à Posen, il refuse un commandement qu'il ne reconnaît qu'à l'Empereur le droit de lui donner, mais il prend le jour même ce commandement, malgré tous les devoirs difficiles qu'il impose, et quoique cela le retienne en Allemagne, il le prend parce que la loi de la hiérarchie et de la discipline militaires le désignent comme le chef naturel de l'armée. Cette armée, qui en était encore une à Smorgoni, n'est plus rien à Posen; elle va être forcée de se replier devant des forces ennemies considérables; ses alliés l'abandonnent; il faut la réorganiser, lui fournir de nouvelles armes, la sauver de la ruine, de la destruction complète, remonter son moral, la mettre en état de se soutenir en attendant l'arrivée de renforts. Eugène mesure cette tâche noble, mais difficile; le nouveau devoir tout de dévouement que le beau-frère de Napoléon, le brillant Murat, n'a pas eu assez de force de caractère pour accomplir, il se sent, lui, le courage, l'énergie nécessaires pour s'y consacrer. D'ailleurs, et encore une fois, c'est un devoir, et pour Eugène tout est dans ce mot.

Et voilà l'homme pour lequel, dans l'admirable XIVe volume de son magnifique ouvrage, le grand historien du *Consulat et de l'Empire* n'a pas trouvé un mot parti du cœur! M. Thiers, dans ce brillant récit de 1812, a des louanges méritées pour tous, une justice distributive pour chacun des lieutenants de l'Empereur, il reste froid et glacial pour Eugène.

Il l'oublie tant qu'il peut, il ne parle de lui que quand il n'ose faire autrement que de citer son nom; s'il met à côté de ce nom une épithète tant soit peu flatteuse, comme s'il regrettait à l'instant d'avoir pu laisser échapper cette épithète de sa plume, il l'accompagne d'une autre qui la détruit et la rend presque cruelle.

Enfin, il va jusqu'à dire, en racontant la désignation faite par Murat du prince Eugène pour le remplacer : « Le prince Eugène, effrayé de cet honneur, *par modestie et par indolence*, était cependant le seul qu'on pût choisir. »

N'est-ce pas là un véritable déni de justice? Nous avons expliqué, preuves en main, pourquoi et comment Eugène refusa de recevoir de Murat un commandement qu'il prit de lui-même le jour même du départ du roi de Naples. La voix populaire, plus juste que celle de l'historien de l'Empire, ne s'est pas trompée sur le prince Eugène. En France, pour les masses et malgré les allégations calomnieuses d'un ouvrage récent condamné par l'opinion publique, Eugène est resté chez nous le type du soldat intrépide, du général habile, du prince vertueux, de l'homme honnête dans toute l'acception du mot; sa vie est pure de toute souillure.

A ce reproche d'indolence qu'il donne au refus du vice-roi pour accepter le commandement de Murat, nous répondrons par cette simple lettre de l'Empereur, écrite de Fontainebleau à Eugène le 22 janvier 1813. Le grand homme de guerre venge en quelques mots le prince Eugène des insinuations peu bienveillantes du grand historien :

« Mon fils, prenez le commandement de la Grande-Armée : *je suis fâché de ne pas vous l'avoir laissé à mon départ; je me flatte que vous seriez revenu plus doucement et que je n'aurais pas éprouvé d'aussi immenses pertes.* Le mal passé est sans remède.

« Vous m'écrirez tous les jours et en détail.

« Aussitôt que vous pourrez vous passer du major général, renvoyez-le.

« Renvoyez également le comte Daru si le général Dumas est en état. »

LIVRE XXIII

DU 17 JANVIER AU 12 MAI 1813.

Le prince Eugène prend le commandement en chef de l'armée (17 janvier 1813). — Il fait tous ses efforts pour en réorganiser les débris. — États sommaires des armées françaises et russes au commencement et à la fin de la campagne de 1812. — Opérations de Macdonald sur la gauche. — Mesures que prend le vice-roi pour la réorganisation des troupes. — Résumé de la curieuse correspondance de Napoléon relativement à la mise sur pied des nouvelles et nombreuses armées françaises. — Sa prodigieuse activité secondée par celle du prince Eugène. — L'Empereur semble vouloir se faire illusion sur la fidélité de ses alliés. — Le vice-roi, plus rapproché du théâtre des opérations, ne croit pas à cette fidélité. — Les Russes se portent sur la Vistule. — Eugène abandonne Posen (12 février). — Il se replie sur l'Oder par Meseritz et Francfort, où il s'arrête trois jours. — Combat de Kalisch à droite. — Le prince de Schwarzenberg oppose une force d'inertie à l'exécution des instructions qui lui sont envoyées par le vice-roi. — Eugène occupe Berlin (22 février), et porte ensuite son quartier général au sud-est de cette ville, à Copenick, où il reste jusqu'au 27 février. — Il réside à Schœnberg, près de Berlin, du 27 février au 4 mars. — Évacuation de Berlin (4 mars). — Retraite de l'Oder sur l'Elbe par Saarmund (4 mars), Treuenbritzen (5 mars) et Wittenberg (6 mars). — Situation des armées belligérantes au commencement de mars 1813. — Le prince vice-roi porte son quartier général à Leipzig (9 mars), en avant de l'Elbe. — Sa lettre au roi de Saxe. — Eugène, dans la pensée de défendre Dresde, se porte sur sa droite; Napoléon n'approuve pas cette disposition. — Ses reproches au vice-roi. — Réponse de ce dernier. — Opinion de M. Thiers sur les opérations du prince. —

L'armée manque de cavalerie. — L'Empereur souvent abusé par de faux rapports. — Ordre à Eugène de se concentrer autour de Magdebourg. — Eugène se porte de Leipzig à Magdebourg (21 mars). Opération autour de Magdebourg. — Combat de Mœckern (5 avril). — Mouvement sur la Saale. — Staffurth (du 8 au 11 avril). — Ascherleben (du 11 au 15 avril). — Hoym (du 15 au 21 avril 1815). — Dans les derniers jours d'avril, le vice-roi manœuvre pour rejoindre la Grande-Armée entre Leipzig et Mersebourg. — Il vient le 1ᵉʳ mai à Weissenfeld. — Bataille de Lutzen (2 mai 1815). — Le 12 mai, il reçoit l'ordre de se rendre en Italie.

Le prince Eugène, ainsi que nous l'avons dit plus haut, en prenant le commandement de l'armée ou plutôt des débris de l'armée française, après le départ du roi de Naples, sacrifiait à un devoir impérieux. Nul calcul d'ambition, de vaine gloire, n'avait agi sur sa résolution. La plus précieuse récompense de sa conduite, il la trouva, il le dit lui-même, dans la confiance sans bornes que l'Empereur lui témoigna, dans les assurances flatteuses qu'il lui donna dans ses lettres.

M. Thiers prétend que Napoléon *témoigna confiance au prince Eugène afin de l'encourager.* Il semble que, lorsque le grand historien du *Consulat et de l'Empire* est en quelque sorte contraint de rendre au vice-roi une justice qu'il ne peut dérober à l'histoire, il cherche par tous les moyens possibles à atténuer ce que ce prince, héros populaire de la France, a pu faire de bien. Nous répondrons à M. Thiers que ce ne fut pas seulement pour *encourager* Eugène que Napoléon lui *témoigna confiance*, mais bien parce qu'il reconnaissait en ce jeune prince des talents militaires et administratifs réels. La preuve en est dans la correspondance de Napoléon avec son fils adoptif.

Ainsi, dans une longue lettre qu'il écrit au ministre de la guerre, en date du 25 janvier, lettre relative à la formation des corps d'armée, Napoléon a soin de dire à son ministre « que le vice-roi fera connaître les objections qu'il voit à l'exécution de cet ordre. »

Dans la même il écrit : « Ceci est mon instruction générale, que le vice-roi modifiera selon les circonstances. »

On lit dans une autre lettre du 28 janvier de l'Empereur à Eugène : « Je vous envoie aujourd'hui copie de la lettre que j'ai écrite au ministre de la guerre, et dans laquelle je pose les bases de cette nouvelle formation. Je les fixerai dans un décret, *aussitôt que vous aurez répondu.* »

Croit-on que l'Empereur, s'il n'avait eu qu'une *feinte confiance* dans le prince Eugène, se fût donné la peine de le consulter aussi sérieusement et qu'il ne se fût pas borné purement et simplement à lui envoyer des ordres à exécuter?

Ce manque de bienveillance, de simple justice, de M. Thiers à l'égard du prince vice-roi, est tellement prononcé, tellement évident, qu'il saute aux yeux du lecteur. Ainsi il est hors de doute, et lorsqu'on aura consulté la correspondance qui suit ce livre, on en conviendra facilement, il est hors de doute qu'Eugène a fait preuve d'une activité prodigieuse, d'une prudence extrême et d'une grande habileté pendant cette campagne de 1813; cependant M. Thiers semble prendre plaisir à ne pas même prononcer son nom. Il évite de parler de lui, de ses efforts pour réorganiser l'armée et pour la maintenir sur les lignes de défense. Napoléon rendit plus de justice à son fils adoptif, et la France tout entière s'est montrée de l'avis de Napoléon.

Avant de parler de la situation critique dans laquelle se trouvaient les débris de la Grande-Armée lorsque le roi de Naples abandonna son commandement, qu'on nous permette de faire voir par quelles phases cette Grande-Armée avait passé depuis sa formation.

Lorsqu'elle arriva sur le Niémen, au moment de l'ouverture de la campagne, elle se composait de neuf corps d'infanterie, de quatre corps de réserve de cavalerie, d'une armée autrichienne et de deux corps en formation, plus un corps de la garde impériale. L'aile droite était sous le commandement du roi Jérôme (5e, 7e, 8e corps), le centre sous celui d'Eugène (4e, 6e).

Le 1er corps (Davout), 5 divisions d'infanterie (Morand, Friant, Gudin, Dessaix, Compans); 2 brigades de cavalerie légère (Bordesoult, Pajol), 65,000 fantassins, 2,400 cavaliers.

2e corps (Oudinot), 3 divisions d'infanterie (Legrand, Verdier, Belliard); 2 brigades de cavalerie (Castex, Corbineau), 52,000 fantassins, 2,400 cavaliers.

3e corps (Ney), 3 divisions d'infanterie (Ledru, Ragout (françaises), prince de Wurtemberg (wurtembergeoise); 2 brigades de cavalerie (Mouriez, Beurmann), 35,000 fantassins, 2,400 cavaliers.

4e corps (Eugène), 4 divisions d'infanterie (Delzons, Broussier (françaises), Lecchi, Pino (italiennes); 2 brigades de cavalerie italienne (Thriaire, Vilatta), 38,000 fantassins, 2,400 cavaliers.

5ᵉ corps (Poniatowski), 3 divisions d'infanterie polonaise (Dembrowski, Zayonschek, Fischer); une division de cavalerie légère polonaise (Rosnietzky), 36,000 fantassins, 1,800 cavaliers.

6ᵉ corps (Gouvion Saint-Cyr), 2 divisions d'infanterie bavaroise (de Deroi et de Wrède); deux brigades de cavalerie légère (Seidwitz et Preissing); 25,000 fantassins, 3,000 cavaliers.

7ᵉ corps (Reynier), 2 divisions d'infanterie saxonne (Lecoq et Zeschau); une division de cavalerie légère saxonne (Funk), 24,000 fantassins, 2,000 cavaliers.

8ᵉ corps (Junot), 2 divisions d'infanterie westphalienne (Ochs et Dareau); une brigade de cavalerie légère westphalienne, 18,000 fantassins, 1,200 cavaliers.

9ᵉ corps (Victor), en formation, 3 divisions d'infanterie (Partouneaux, Daendels (hollandaises), Girard (polonaise); une brigade de cavalerie (Fournier), 25,000 fantassins, 1,800 cavaliers.

10ᵉ corps (Macdonald), 2 divisions d'infanterie (Grandjean (française), Kleist (prussienne); une division de cavalerie prussienne (Massenbach), 26,000 fantassins, 3,000 cavaliers.

11ᵉ corps (Augereau), en formation; une seule division, celle du général Loison, rejoignit la Grande-Armée vers la fin de la retraite, 12,000 fantassins.

Garde impériale (Lefebvre), 2 régiments de grenadiers, 2 de fusiliers, 2 de chasseurs, 1 de flanqueurs, 1 de garde nationale (Mortier); 6 régiments de voltigeurs, 6 de tirailleurs (Bessières); lanciers, mameluks, chasseurs, grenadiers, dragons, 32,000 fantassins, 3,800 cavaliers.

1er corps de cavalerie (Nansouty), 3 divisions (Bruyères, Saint-Germain, Valence), 7,200 cavaliers.

2e corps de cavalerie (Montbrun), 3 divisions (Wattier, Sébastiani, de France), 7,200 cavaliers.

3e corps de cavalerie (Grouchy); ce corps fut formé des brigades de cavalerie légère retirées, dès le début de la campagne, des corps d'infanterie, 7,200 cavaliers.

4e corps de cavalerie (Latour-Maubourg), 3 divisions (Kellermann, Doumerc, Lahoussaye), 7,200 cavaliers.

Corps autrichien du prince Schwarzenberg, 3 divisions d'infanterie (Ziegenthal, Trautenburg, Bianchi), une de cavalerie (Frimont), 24,000 fantassins, 4,000 cavaliers.

Les 9e et 11e corps n'ayant paru à la Grande-Armée qu'après la retraite de Moscou, l'armée active qui passa d'abord le Niémen, en juin 1812, était forte de 355,000 fantassins, de 60,000 cavaliers et de plus de 50,000 hommes des armes du génie, de l'artillerie, du train des équipages, etc.

A la même époque l'armée russe était fractionnée en :

Première armée d'Occident (Barclay de Tolly); 2e armée d'occident (Bagration); 3e armée d'occident (Tormasow), corps de Mozyr (général Hertel).

PREMIÈRE ARMÉE D'OCCIDENT (Barclay de Tolly).

1ᵉʳ corps (Wittgenstein), 2 divisions d'infanterie (Manow, Kosakowsky), une division de cavalerie légère (Kulnew), la garnison de Dunabourg (prince Iachwit), une division d'infanterie en marche de Saint-Pétersbourg (prince Repnin) : total 31,000 fantassins, 3,200 cavaliers.

2ᵉ corps (Bagawout), 2 divisions d'infanterie (prince de Wurtemberg, Alsuffiew), 19,000 fantassins.

3ᵉ corps (Tutchkow), 2 divisions d'infanterie (Strogonow, Konowitzin), 18,000 fantassins.

4ᵉ corps (Ostermann Tolstoy), 2 divisions d'infanterie (Tutckow, Kerpow), 12,000 fantassins.

6ᵉ corps (Doktorow), 2 divisions d'infanterie (Likaczow et Kaptzewitch), 18,000 fantassins.

Réserve ou 5ᵉ corps (Lawrow), 2 divisions de la garde et des grenadiers, 35,000 fantassins.

1ᵉʳ corps de cavalerie (Ouwarow), 2 divisions de cuirassiers (Deyreradowitch et Schewitch), 3,200 cavaliers.

2ᵉ corps (Korf), 2 divisions de dragons, 3,200 cavaliers.

3ᵉ corps (Palhen), 2 divisions de cavalerie légère, 6,400 cavaliers.

Deuxième armée (prince Bagration).

7ᵉ corps d'infanterie (Raiewsky), 2 divisions (Paskiewicz, Newerowsky), 14,000 fantassins.

8ᵉ corps (Barasdin), 2 divisions de grenadiers et une d'infanterie (prince Charles de Meklenbourg), 14,000 fantassins.

9ᵉ corps (Gortchakoff), une division de grenadiers réunis, une de dragons (Woronzow et Siewers),

7,000 fantassins (les dragons comptant au 2º corps de réserve de cavalerie).

1ᵉʳ corps de cavalerie (de la 2ᵉ armée) (Knorring), 2 divisions de cuirassiers (Kretow et Duk), 3,200 cavaliers.

2ᵉ corps de cavalerie (Siewers), 2 divisions de dragons (Pontchulisew), 3,200 cavaliers.

3ᵉ corps (Wassilitchikoff), 2 divisions de cavalerie légère, 6.400 cavaliers.

Corps des Cosaques réguliers (Platow), chasseurs à pied (Potemkin), cavalerie légère (Dorochow), 40 régiments de Cosaques, 2,000 fantassins, 1,600 cavaliers, 20,000 Cosaques.

Troisième armée (Tormasow).

Corps du général Markow, 2 divisions d'infanterie (Kamenskoi et Markow), 14,000 fantassins; une division de cavalerie 6,400 cavaliers.

Corps du général Lambert, une division d'infanterie, 6,000 fantassins, une de cavalerie, 2,400 cavaliers.

Corps du général Tchaplitz, une division d'infanterie, 6,000 fantassins, une de cavalerie, 2,600 cavaliers.

8,000 Cosaques baskirs.

Corps de Mozyr (général Hertel), une division d'infanterie (Zapolski), une de cavalerie, 12,000 fantassins, 4,000 cavaliers.

Troupes ayant rejoint après le passage du Niémen par les Français :

Armée de Moldavie (amiral Tittchakow).

1ᵉʳ corps (Woinow), 4,800 fantassins, 1,200 cavaliers.

2ᵉ corps (Langeron), 8,400 fantassins, 3,600 cavaliers.

3ᵉ corps (Essen), 7,200 fantassins, 2,800 cavaliers.

4ᵉ corps (Balatow), 4,800 fantassins, 1,200 cavaliers.

Corps de Finlande (général Stengel).
10,000 fantassins, 3,200 cavaliers.

Total général des armées russes, 250,000 fantassins, 110,000 cavaliers, ce qui, avec les armes spéciales, portait la force totale à plus de 400,000 combattants.

Au 1ᵉʳ janvier 1813, c'est-à-dire six mois après l'entrée en campagne de ces forces, les plus considérables qui eussent encore été mises sur pied par les États de l'Europe moderne, les armées françaises et russes étaient presque réduites à rien. Le 1ᵉʳ corps français était à Thorn, le 2ᵉ à Marienburg, le 3ᵉ à Elbing, le 4ᵉ à Marienwerder, le 5ᵉ à Varsovie, le 6ᵉ à Plock, le 9ᵉ à Dantzig, le 8ᵉ allait bientôt s'enfermer dans Custrin, le 7ᵉ se trouvait à Wengrod sur la route de Varsovie à Byalistock, le 10ᵉ à Tilsitt, en retraite sur Kœnisberg, réduit à la division Grandjean et à quelques bataillons prussiens du général Bulow, par suite de la défection du corps d'York. Le 11ᵉ avait encore 2,000 hommes, et occupait Berlin. Le corps de Schwarzenberg tenait Ostrolenka, prêt à se rejeter en Gallicie.

La totalité des hommes qui avaient pris part aux opérations et s'étaient repliés de Moscou sur Wilna ne s'élevait pas à 30,000 encore debout, la plupart hors de service.

Les armées russes, à la même époque, occupaient les positions suivantes : le grand quartier général de Kutusow à Wilna, où se trouvait aussi l'empereur Alexandre. Les 2ᵉ, 3ᵉ, 5ᵉ, 7ᵉ corps d'infanterie ; les 1ᵉʳ, 3ᵉ, 4ᵉ et 5ᵉ de cavalerie, également à Wilna et dans les environs de cette ville. Les 4ᵉ, 6ᵉ, 8ᵉ d'infanterie sous Tormasow, en avant, entre Wilkomir et Lida. Le 1ᵉʳ d'infanterie, le corps de Finlande du général Stengel, sous les ordres de Wittgenstein, devant Tilsitt, en face de Macdonald. L'armée de Moldavie de l'amiral Tittchakow, en avant de Kalvary, ayant pour la couvrir dans la direction de Thorn les Cosaques de Platow, et à sa gauche le 2ᵉ corps de cavalerie du général Korf. L'armée de Volhynie de Sacken à Drogiczin, sur le Bug.

Toutes les troupes russes ne présentaient pas un effectif de plus de 100,000 combattants.

On a vu que, le 1ᵉʳ janvier, Murat avait abandonné Kœnisberg pour prendre position, d'abord sur la ligne de la Passarge, laissant la division Heudelet, chargée de maintenir la communication avec le 10ᵉ corps de Macdonald, en retraite pour rejoindre les débris de la Grande Armée.

Le 10ᵉ corps, sans s'arrêter à Tilsitt, où il ne pouvait espérer retarder la marche de l'ennemi, ayant été abandonné par le corps d'York, se replia sur Kœnisberg, suivi d'assez près par Wittgenstein, car, le 3 janvier, son arrière-garde, commandée par le général Bachelu, eut avec l'ennemi un vif engagement à Tapiau.

Après le combat de Tapiau, Macdonald se dirigea sur Dantzig, ne laissant à Kœnisberg qu'une faible arrière-garde aux ordres du général prussien Bulow, resté fidèle aux drapeaux de la France. Le 7, il eut encore une affaire à Braunsberg. Les Russes furent repoussés, mais on fut obligé de brûler les magasins qu'on n'eut pas le temps d'évacuer.

Pendant que ceci avait lieu sur sa gauche, Murat, prolongeant son mouvement de retraite, portait son quartier général à Elbing, puis, le 7 janvier, à Marienburg, et enfin à Dirschau, faisant passer l'ordre au vice-roi de le rejoindre à Posen.

Le 1er corps resta en garnison à Thorn, sur la Vistule, le 6e de Plock vint à Posen, les 2e et 8e avaient pour instructions de repasser la Vistule à Marienburg dès qu'ils seraient ralliés par le 10e. Dans la nuit du 11 au 12, le 3e corps évacua Elbing, et le 4e, avec le vice-roi, passa la Vistule sur la glace, en face de Neumburg. La tête de pont fut abandonnée. Achevant le mouvement rétrograde qui lui était prescrit, Eugène se rendit à Schwetz en ayant soin de se maintenir hors de la portée du canon de Grandentz, dont la garnison prussienne montrait déjà des dispositions hostiles. De Schwetz, ainsi qu'on l'a vu au livre précédent, il gagna Bromberg, puis Posen, le 17 janvier.

C'est là qu'était le quartier général du roi de Naples. Après avoir repoussé deux attaques de Wittgenstein, Macdonald pénétra, le 13, dans la ville de Dantzig, où il remit ses troupes (restes du 10e corps et division Heudelet) au général Rapp, nommé gouverneur. Au moyen de ce renfort, la garnison de cette importante place se trouva composée : de la 33ᵉ division, toute napolitaine, des divisions Grandjean du 10ᵉ corps, et Heudelet du 9ᵉ.

Les Russes, malgré les succès qu'ils devaient à cette désastreuse retraite de Moscou, craignirent d'être pris en flanc par les Saxons de Reynier et les Autrichiens de Schwarzenberg, qui avaient peu souffert et ne se déclaraient pas encore pour la coalition. Ils s'arrêtèrent donc sur les bords de la Vistule, occupant Bromberg, et rappelant les troupes qui avaient déjà franchi cette rivière à la suite de l'arrière-garde française.

Le prince Eugène, dès qu'il eut pris le commandement provisoire de l'armée, commandement abandonné par Murat, se mit au travail avec l'ardeur qu'il apportait à l'accomplissement de tous ses devoirs. Ne se dissimulant pas la difficulté de la tâche, le peu de gloire qu'il en pouvait acquérir, mais n'ayant en vue que les services qu'il avait occasion de rendre à la France et à l'Empereur, il résolut de tout tenter pour donner une espèce d'organisation primitive, telle quelle, aux débris qu'on lui laissait. Il chercha à former un tout à peu près homogène des 10,000 malheureux soldats qu'il avait sous la main ; il écrivit des lettres pleines d'instance à Reynier, qui ne demandait pas mieux que de le seconder, et à Schwarzenberg, qui songeait à abandonner la partie, pour les engager l'un et l'autre à le couvrir sur la droite. Il chercha à ranimer l'esprit militaire, perdu chez les maréchaux et dans le cœur de la plupart des généraux eux-mêmes. Il rendit compte de la situation vraie, sans rien dissimuler à l'Empereur; sans se laisser intimider par la grandeur du péril, il songea à profiter du répit que lui donnait l'armée russe pour s'établir de son mieux sur la ligne de défense de la Warta, couvert sur sa gauche par Dantzig, sur sa droite par Varsovie et Modlin.

Malheureusement la perte des immenses magasins d'Elbing et de Bromberg le privait de ressources bien précieuses. Les bateaux retenus par les glaces dans les deux villes, bateaux chargés de vivres, d'armes, d'effets d'habillement, de munitions, étaient tombés au pouvoir de l'ennemi. Ne désespérant de rien, il voulut d'abord se rendre bien compte de ce que le roi de Naples lui laissait de combattants.

Le prince trouva, en tout et pour tout, 17,000 hommes environ, plus ou moins en état de faire un service actif. Il dut commencer par laisser à Thorn 5,000 hommes strictement nécessaires pour la garnison d'une place dont les ouvrages avaient un développement considérable. Il confia cette ville au général du génie Poitevin, auquel il donna les Bavarois et les soldats les moins capables de tenir en rase campagne.

Les 1ᵉʳ, 2ᵉ, 3ᵉ, 4ᵉ, 6ᵉ corps, fondus, amalgamés, lui composèrent un petit corps de 11 à 12,000 combattants, avec une poignée de cavaliers. On forma de tout cela une division française, qui fut donnée au général Gérard ; une bavaroise, qui, d'abord sous le commandement du général de Wrède, passa bientôt sous les ordres du général Rechberg; une lithuanienne et polonaise dont on nomma chef le brave général Girard. 500 chevaux de la garde impériale, 300 Bavarois et quelques pelotons de lanciers lithuaniens du prince Gedroitzé composaient toute la cavalerie disponible.

A l'exception des dépôts du 6ᵉ corps, qui restèrent à Thorn, ceux des autres corps, et les cadres de ceux que le vice-roi venait de fondre, furent envoyés sur les derrières. Le dépôt du 1ᵉʳ corps à Stettin, celui du 2ᵉ à Custrin, celui du 3ᵉ à Spandau, celui du 4ᵉ à Glogau. Les maréchaux qui les avaient commandés pendant la campagne rentrèrent en France. Seul, le maréchal Gouvion Saint-Cyr resta auprès du prince Eugène, bien qu'il n'eût pas de commandement déterminé.

L'Empereur, après avoir confirmé le vice-roi dans son commandement en chef, de la façon la plus honorable pour le prince, après avoir approuvé toutes les mesures provisoires qu'il avait cru devoir prendre, lui envoya les instructions les plus détaillées et les plus curieuses pour la réorganisation de la Grande Armée et pour le mettre au courant de ses projets futurs. Ces instructions, ces projets, qu'on trouvera développés dans la correspondance de Napoléon, à la suite de ce livre, ont été analysés avec tellement de justesse et d'habileté par M. Thiers, qu'il serait superflu de s'étendre sur ce sujet. Nous n'en dirons donc que quelques mots résumés des lettres de l'Empereur.

Une première série de douze lettres dictées par l'Empereur, le 22 janvier, indique au vice-roi ce qu'il doit faire : pour les ambulances et les administrations de l'armée, pour les hôpitaux, qu'il renfermera dans les places fortes ; pour les équipages militaires, dont il renverra les cadres sur Mayence, après avoir complété et retenu à son armée deux ou trois bataillons, faisant rétrograder sur Vérone les hommes du 9ᵉ bataillon (Italiens); pour le trésor, qu'il renverra à Magdebourg, établissant des caisses de 600,000 francs à Stettin, Glogau, Custrin, Spandau, dirigeant celle de Berlin sur Spandau ; pour la cavalerie, dont il renverra les cadres après avoir gardé autant de cadres de compagnies qu'il aura de fois cent cavaliers à pied ou à cheval, ordonnant aux généraux de cette arme qui lui seraient inutiles de revenir en France; pour l'artillerie; pour la maison de l'Empereur, qu'il devra renvoyer à Magdebourg, en gardant la portion du matériel qui pourrait lui être utile; pour la jeune garde ; pour la cavalerie et les équipages militaires des troupes italiennes, qu'Eugène fera remonter comme la cavalerie française, concentrant les conscrits italiens à Bamberg, à Bayreuth et à Nuremberg; pour la garde impériale, qu'il retiendra à l'armée à raison d'autant de cadres de compagnies qu'il y aura de fois cent hommes, renvoyant le reste à Mayence; pour les Polonais, dont il ordonnera d'organiser trois régiments; pour les Lithuaniens, dont il fera trois autres régiments, n'épargnant rien pour les rendre aussi nombreux que possible ; enfin pour les places fortes de

Dantzig, de Thorn, de Glogau, de Stettin et autres, dont il poursuivra l'armement, la force des garnisons, dont il assurera la défense.

Eugène n'a pas eu le temps d'exécuter ces ordres et de répondre à Napoléon, qu'il reçoit de ce dernier une nouvelle série de lettres datées du lendemain, 23 janvier 1812, et lui faisant connaître : la satisfaction de l'Empereur de savoir le commandement de l'armée entre les mains du vice-roi; l'ordre de former les régiments d'infanterie à deux bataillons et de renvoyer les cadres des autres (ordre inexécutable, ce qui restait des régiments ne pouvant fournir assez de monde pour les cadres de deux bataillons); la formation d'un corps pour le maréchal Ney et d'un autre pour le maréchal Davout.

Le 24 janvier, nouvelles instructions : l'approvisionnement de Stettin est satisfaisant, le vice-roi devra compléter ceux des autres places. La garde sera réorganisée, la cavalerie et l'artillerie à Fulde et à la Fère, l'infanterie en France. Le prince devra se maintenir à Posen et former un corps d'avant-garde pour le duc d'Elchingen; il nommera à toutes les vacances jusqu'au grade de capitaine. Enfin l'Empereur pousse la précaution jusqu'à envoyer à son fils adoptif, deux jours à l'avance, afin de ne pas perdre un instant, les lettres, instructions, ordres relatifs à l'armée, qu'il écrit au ministre de la guerre, et que ce dernier doit développer au commandant en chef. En outre, il le consulte sur ce qu'il compte entreprendre, lui fait part de ses projets, lui indique les meilleures combinaisons pour tenir tête à l'ennemi et lui-donner à lui-même le temps de réorganiser, d'une manière formidable, la Grande Armée française et de la conduire en Allemagne. Napoléon suppute les forces qu'il aura en ligne au mois de mai, parle des opérations qu'il compte faire et de son espérance de rejeter au delà du Niémen, au delà même du Borysthène, les armées russes; mais Napoléon ne se voit d'ennemis que les troupes d'Alexandre, il ne semble pas se préoccuper encore de l'attitude de la Prusse, de la mollesse de l'Autriche. Soit qu'il n'ait pas de crainte sérieuse de ces deux côtés, soit qu'il ne veuille pas décourager ses généraux, il ne parle des Saxons et des Autrichiens que comme on parle d'alliés fidèles sur lesquels on peut compter en tout et pour tout.

Eugène, plus rapproché des hommes, plus à même de juger les événements, moins prévenu peut-être aussi en faveur des alliés, dont il voit les troupes lui échapper sur sa gauche et opposer sur sa droite de mauvaises raisons aux ordres qu'elles n'exécutent pas, Eugène met sans cesse sous les yeux de l'Empereur la vérité nette et catégorique. Il se plaint de Schwarzenberg, il prévoit l'instant où l'inaction, la force d'inertie des troupes de l'Autriche, le contraindront à abandonner lui-même la ligne d'ailleurs assez mauvaise de la Warta pour se replier derrière celle de l'Oder. Obligé de renoncer à son projet primitif, qui était de se placer en bataille derrière la Vistule, n'ayant plus de communication avec Dantzig, bloqué par la droite des Russes, le vice-roi se trouve contraint d'adopter une ligne oblique, sa droite couverte par le 7ᵉ corps, entre Thorn et Varsovie.

Le général Reynier, qui commandait le 7ᵉ corps, obéissant aux instructions du prince, conjurait Schwarzenberg de couvrir le plus longtemps possible Varsovie, cherchant à lui faire comprendre que l'armée russe était hors d'état d'organiser un détachement assez fort pour empêcher les trente mille Autrichiens et Saxons qu'ils avaient encore sous leurs ordres d'opposer une énergique résistance. Schwarzenberg savait parfaitement que le vice-roi et Reynier avaient raison, mais il avait déjà des instructions secrètes du cabinet de Vienne, et il lui tardait de gagner la Gallicie. Comme Eugène se doutait de tout cela, il prescrivit au 7ᵉ corps de se replier sur Kalisch dans le cas possible où les Autrichiens évacueraient Varsovie pour se porter en Gallicie.

Le vice-roi était vivement préoccupé de sa position : d'une part, le peu de forces effectives alors à sa disposition; de l'autre, l'attitude plus que douteuse de Schwarzenberg. Il résolut donc de placer en colonne derrière la Vistule la division bavaroise à Gnesne, chargée de maintenir la communication avec Thorn, les deux autres à Posen, le peu de cavalerie qui lui restait à Zirke, sur la Warta, pour couvrir son extrême gauche et les routes de Custrin et de Francfort-sur-l'Oder.

La Warta, mauvaise ligne, ne pouvait être défendue que jusqu'au moment où l'ennemi ferait une démonstration sérieuse; mais, en s'y maintenant le plus longtemps possible, il couvrait Berlin, ville importante alors au double point de vue politique et militaire. D'ailleurs, tous ses efforts devaient tendre, et tendraient en effet, à gagner du temps pour l'organisation de la Grande-Armée et pour la réorganisation des troupes qui lui restaient.

Le 23 janvier, un petit train d'artillerie, précieuse ressource, et 2 bataillons de la jeune garde, ces derniers venant de Stettin, rallièrent le vice-roi à Posen. Les 2 bataillons et 2 de la vieille garde formèrent une division de réserve d'environ 2,000 hommes, dont le général Roguet prit le commandement.

Vers la fin de ce même mois de janvier 1813, la grande armée russe, qui s'était arrêtée sur la frontière de la Pologne, se mit en mouvement. Kutusoff, dont le quartier général se trouvait à Syk, avait auprès de lui les corps de Tormasow à Syk même, ceux de Doktorow à Kolno, et de Miloradowitch à Lomza, avec l'avant-garde commandée par Wintzengerode, occupant Przasznie. Les trois corps qui avaient suivi les débris de l'armée française jusqu'à la Vistule étaient restés en position, attendant la marche de Kutusoff pour décider leur propre mouvement en avant. Le corps de Wittgenstein bloquait Dantzig à l'extrême droite des Russes; l'armée de Moldavie faisait face au vice-roi, ayant son centre à Soldau; le corps de Korf observait Schwarzenberg; à la gauche de la ligne ennemie l'armée de Volhynie cherchait à tourner par le sud les Autrichiens.

Telle était la position des forces que le vice-roi devait contenir, lorsque, dans les premiers jours de février, l'avant-garde de Kutusoff (corps de Wintzengerode) occupa Plock sur la Vistule. Miloradowitch se dirigea sur Varsovie. Schwarzenberg s'était rapproché de cette ville, Reynier battit en retraite sur Petrikau. Le 6 février, Schwarzenberg, qui n'attendait que la démonstration des Russes pour évacuer Varsovie et exécuter la convention secrète, se hâta de se replier par la route de Cracovie sur Novaminsto. Le général Korf entra dans la capitale du grand-duché dès le 8 au matin. Le prince Poniatowski, occupé à réorganiser le corps polonais, quitta également Varsovie le 6 pour se retirer à Petrikau. Le jour même où les Russes faisaient leur entrée dans cette ville, Pillau capitulait. Le général Castella commandait dans cette place, une grande partie de la garnison était prussienne. Le général russe Sievers le fit sommer. Les Prussiens menacèrent de faire cause commune avec l'ennemi; force fut au général de se rendre prisonnier de guerre[1]. La forteresse fut remise par les Russes au général York.

Tandis que tout cela se passait à notre droite, au centre l'amiral Tittchakow s'approchait de Thorn et de Bromberg, se dirigeant sur le vice-roi, toujours à Posen. Ce mouvement décida le prince Eugène à commencer sa retraite sur Berlin par Francfort. Il n'avait pas de temps à perdre pour exécuter cette opération, car l'ennemi tendait chaque jour à le déborder par sa droite et par sa gauche. Sur sa droite, puisque Schwarzenberg était en pleine marche sur

---

[1] L'Empereur, furieux, en apprenant la capitulation de Pillau, ordonna l'arrestation du général Castella et sa mise en jugement.

la Gallicie, Reynier forcément sur Kalisch; sur sa gauche, puisque Wittgenstein, auquel les Prussiens avaient ouvert le passage, montrait déjà ses têtes de colonnes sur la Warta, du côté de Zirke. En outre, le centre de la grande armée russe marchait à lui. Le 10, la division bavaroise fut rappelée de Gnesen sur Pudwitz, le 11 elle fut rapprochée de Posen, et le 12, le vice-roi quitta cette ville, se retirant par Francfort. Malheureusement, le prince avait laissé trop loin de lui les quelques escadrons lithuaniens jetés à Zirke; bien qu'il les eût fait prévenir de se tenir sur leurs gardes, ils furent attaqués par des forces tellement supérieures de Czernischeff, qu'ils furent enlevés. Le prince Gedroïtzé, qui les commandait, fut pris avec la plus grande partie de son monde. Une brigade de Cosaques franchit la Warta au-dessus de la ville, et vint couper les routes de Posen à Pinne et à Meseritz.

Cette affaire de Zirke, malgré son peu d'importance apparente, était en réalité fâcheuse, en ce qu'elle privait le prince Eugène d'une partie de sa cavalerie, déjà si peu nombreuse. L'Empereur en fut assez mécontent. Cependant le vice-roi opérait sa retraite, suivi de près par un corps ennemi de 11 à 12,000 hommes, avec l'avant-garde duquel son arrière-garde était perpétuellement engagée. Le 12 février, Eugène eut son quartier général à Bythin; le 13 à Pinne, le 14 à Schillen, près de l'Obra; le 15 à Meseritz, où il resta le 16 et le 17; le 18 à Francfort-sur-l'Oder. De tous ces divers endroits, il adressa des lettres à l'Empereur, marchant, combattant et organisant, sans se donner un instant de répit.

Pendant ce temps-là, les Bavarois, qui avaient également évacué Posen le 12, s'étaient repliés sur Crossen, où ils arrivèrent le 16, en suivant la route de Grätz, Karga, Zullichau, en avant de l'Oder, dont ils descendirent le cours par la rive droite jusqu'à Crossen, où ils s'arrêtèrent.

Le général Reynier, à l'extrême droite, découvert par la retraite de Schwarzenberg, s'était empressé de suivre ses instructions, et avait cantonné ses troupes autour de Kalisch. Le 13 février, obéissant au mouvement offensif général, Wintzengerode se porta sur lui avec deux divisions russes et 6,000 chevaux. Wintzengerode franchit la Warta à Kolo et se jeta sur la gauche de Reynier. L'attaque fut des plus vives, car les divers régiments du 7ᵉ corps ne purent gagner Kalisch, point indiqué de ralliement, qu'en se faisant jour au travers de l'ennemi. Reynier parvint à se maintenir dans la ville jusqu'au soir. Pendant la nuit, il se retira sur Kobielin où il resta jusqu'au 15. De là, il gagna Glogau le 19, mais il n'y arriva pas avec tout son corps d'armée. Nostitz, l'un de ses généraux, coupé avec environ 450 hommes et 4 bouches à feu, fut fait prisonnier. Un autre, le général Gablentz, qui commandait l'avant-garde, parvint à se retirer sur Czenstochau, aux sources de la Warta, vers le sud. Le prince Poniatowski, ne pouvant espérer rallier le général Reynier, dans le mouvement du corps saxon vers l'ouest, se replia avec les Polonais, d'abord sur Petrikau et ensuite sur Czenstochau.

Les débris du 8ᵉ corps commandés par le général Fulgraff, depuis le départ du duc d'Abrantès, après avoir couvert la gauche du vice-roi, sur la rive droite de la Warta autour d'Obernic, entre Zirke et Posen, suivirent également le mouvement rétrograde de l'armée le 12 février, en se retirant sur Zirke, sur Lansdberg, rive droite de la Netze et sur Custrin, confluent de la Netze et de l'Oder. Le 15 février ils chassèrent de Landsberg les Cosaques de Czernischeff. Depuis quelques jours, les Westphaliens étaient passés sous les ordres supérieurs du général Girard[1], que le vice-roi avait mis à la tête de toutes les troupes cantonnées sur la rive droite de la Warta. Cet intrépide officier, ayant appris qu'un détachement de 400 hommes envoyés de Cassel à Custrin et Stettin pour rallier le 8ᵉ corps avait été enlevé à Wrietzen, se porta, le 12, sur Zehden, dans l'espoir de reprendre à l'ennemi cette petite colonne; mais, en arrivant à Zehden, il apprit que les prisonniers avaient été dirigés sur Berlinchen, douze lieues plus loin, et il dut renoncer à son projet. Le 19, Girard eut l'ordre du vice-roi de se diriger sur Custrin où il entra le lendemain. Il reçut alors une nouvelle destination et laissa dans la place les Westphaliens pour en augmenter la garnison. Cette garnison se trouva forte de 4,300 hommes, soldats et officiers de tous les corps de la Grande-Armée échappés aux désastres de la retraite de Moscou. Il y avait là des Français, des Italiens, des Suisses, des Hollandais, des Illyriens,

---

[1] Le brave Girard, tué à Fleurus, l'avant-veille de Waterloo en enlevant le village de Ligny.

des Hambourgeois et enfin des Westphaliens. Le général Fornier d'Albe en était gouverneur. Les ouvrages étaient en mauvais état, il n'y avait ni argent ni médicaments, mais on ne manquait ni de munitions de guerre ni de provisions de bouche. En outre, le gouverneur eut le bon esprit de faire transporter, petit à petit, en ville, les approvisionnements d'un magasin appartenant à la Prusse et situé à une lieue.

Cependant Grenier, venant d'Italie, avait atteint Berlin. Son corps, composé des divisions Fressinet et Charpentier, était fort de 18,000 combattants. Il avait en outre avec lui un millier de chevaux du 4ᵉ de chasseurs italiens. Le duc de Castiglione, alors dans la capitale de la Prusse avec deux bataillons et un escadron de Wurzbourg, y retint la division Fressinet, mais il dirigea sur Francfort, pour rallier le vice-roi, la cavalerie et l'autre division de Grenier, dont le corps prit la dénomination de 11ᵉ.

La pénurie presque complète de cavalerie et surtout de cavalerie légère, dans laquelle se trouvait le vice-roi, était des plus cruelles en ce moment, car à peine Czernischeff eut-il enlevé à Zirke le prince Gedroitzé, qu'il lança ses nombreux Cosaques jusqu'à l'Oder. Ses troupes légères et celles de Wittgenstein franchirent le fleuve autour de Custrin, non loin de Stettin, vers Wrietzen et Garz, se répandant vers Straussberg, menaçant de tourner Berlin, dont ils s'approchèrent tellement, que le duc de Castiglione fut obligé d'envoyer contre eux une petite colonne aux ordres du général Poinsot. Le 20 février,

Czernischeff s'enhardit au point de se montrer à Landsberg, entre Wrietzen et Berlin et à quelques lieues de cette dernière place. Un parti de 4 à 500 Cosaques pénétra dans les faubourgs, répandant partout l'alarme. La garnison prit les armes, l'ennemi fut repoussé, et quelques habitants, qui s'étaient trop hâtés de faire des démonstrations et de se joindre aux Cosaques, furent victimes de leur zèle prématuré.

Le 19, le vice-roi était encore à Francfort, mais le mouvement des avant-gardes russes ne lui permettait pas de rester longtemps sur les bords de l'Oder. Il fallait songer à couvrir Berlin, que les Russes et les Prussiens tendaient chaque jour à envelopper par leurs troupes légères d'abord, bientôt après par leurs divisions d'infanterie. Heureusement le dégel vint donner à Eugène quelque répit, en mettant de sérieux obstacles au passage de l'ennemi. Le 20 février, le prince Eugène abandonna Francfort et vint s'établir à Berlin[1]. Le 22, son quartier général fut porté à Copnick, près et au sud-est de la ville. L'ennemi, hors de la portée du canon, sur la rive droite de la Sprée, cours d'eau marécageux,

---

[1] Le prince, effrayé des rapports qu'il avait reçus de Berlin et de la tentative audacieuse de l'ennemi sur cette ville, s'était rendu en toute hâte dans la capitale de la Prusse avec 500 chevaux de la garde, tandis que le reste de sa petite armée, après avoir laissé à Francfort le général Gérard avec sa faible division, suivait sous les ordres du maréchal Gouvion Saint-Cyr. Une division avec le 4ᵉ de chasseurs italien prit à droite par la route de Muncheberg. Le 4ᵉ de chasseurs se laissa attirer dans une embuscade que lui tendit le colonel russe Sekendorf et perdit 700 chevaux, perte énorme et irréparable en ce moment. Un sort fatal semblait jeté sur la cavalerie du vice-roi.

observait sans attaquer, s'étendant de Furstenwalde au sud-est à Brandenburg au nord-ouest de
Berlin.

Le vice-roi s'empressa, dès son arrivée dans la
ville, de donner une organisation plus forte aux
troupes qu'il avait reçues et à celles qui l'avaient
suivi. Le corps de Grenier, fondu avec ce qui arrivait de Posen, fut fractionné en trois divisions :
Charpentier, Fressinet et Gérard. Une réserve de
deux bataillons de la vieille garde et de deux de la
jeune garde, le tout donnant 2,400 hommes, resta
aux ordres du général Roguet. La cavalerie, depuis
la mésaventure du 4ᵉ de chasseurs, était réduite à
300 chevaux de ce régiment, 500 de la garde, 200
de Wurzbourg. Tout cela mettait aux mains du prince
quelque chose comme 26 à 28,000 hommes, y compris les Bavarois. Cette petite armée était sous la
main du prince, à l'exception de la division bavaroise à Crossen et de la division Gérard, restée à
Francfort. Le général en chef avait en outre sous son
commandement, mais bien loin de lui : 1° sur sa
droite, les Autrichiens de Schwarzenberg sur lesquels
il n'avait plus qu'une action illusoire; les Saxons de
Reynier qui, à Glogau, ne semblaient pas des alliés
bien sincères; les Polonais de Poniatowski, lesquels,
réduits à un petit nombre, avaient dû suivre le mouvement des Autrichiens et se trouvaient fatalement
englobés dans leur retraite; 2° sur la gauche, les
Westphaliens à Custrin, et les garnisons de Stettin,
de Dantzig bloquées par les armées ennemies.

Les garnisons de ces places fortes qui couvraient

son front étaient formées des cadres des 1ᵉʳ, 2ᵉ et 4ᵉ corps envoyés à Stettin, Custrin et Glogau, cadres complétés par des bataillons venus de l'intérieur. Stettin avait pour gouverneur le général Grandeau, pour défenseurs 9,000 hommes; Custrin, le général Fournier d'Albe et 3,500 hommes, Glogau, le général Laplanne et 6,000 hommes; Modlin, le général hollandais Daëndels et 6,000 hommes; Zamosz, 6,000 hommes; Spandau, le général Bruny et les cadres du 3ᵉ corps.

Un instant, le prince fut fort inquiet du général Gérard, qui se trouva coupé de Berlin par un corps de cavalerie russe assez considérable. Gérard, craignant de ne pouvoir opérer sa jonction s'il restait plus longtemps à Francfort, brûla le pont, passa sur la cavalerie ennemie en lui faisant des prisonniers, et vint prendre position à la droite de l'armée à Müllrose, un peu au sud-ouest, sur le canal qui va rejoindre l'Oder.

Nous avons laissé le général Reynier à Glogau. Il ne put s'y maintenir. Le 19, un corps de Cosaques franchit l'Oder à Steinau au sud; le 25, un autre corps de cavalerie russe, fort de 3,000 hommes, passa à Koben entre Steinau et Glogau, et le 26, le général Lanskoï, avec l'avant-garde de Wintzengerode, opéra le même passage au même point. A cette nouvelle, Reynier se replia sur Bautzen, à quelques lieues en avant de Leipzig.

Tandis que l'ennemi commençait cette marche offensive au sud et sur la gauche, sa droite sous Wittgenstein, après avoir laissé un corps d'observation devant Dantzig, franchit l'Oder à Zellin entre Stettin et Custrin, le centre de l'armée de Moldavie, dont Barclay de Tolly avait pris le commandement, marcha sur Francfort, les corps de Tormasow et de Doktorow, passant par Kalisch, vinrent bloquer Glogau. L'empereur Alexandre établit le grand quartier général russe à Kalisch. Les Prussiens d'York, suivant le mouvement général, se montraient sur les frontières de la Poméranie.

Telle était la situation des choses à la fin de février 1813. Tandis que le vice-roi essayait de tenir en échec les troupes légères de l'ennemi, et donnait ainsi le temps aux renforts envoyés de France et d'Italie de le rallier, ces renforts commençaient à s'organiser en arrière de l'Elbe. Le général Lauriston réunissait à Magdebourg les cohortes du premier ban et les régiments de formation nouvelle composant le 5ᵉ corps. Le duc de Bellune, à Wittenberg, concentrait dans cette ville les 2,000 soldats qui devaient former le noyau du 2ᵉ. Davout, à Leipzig, opérait de même pour le 1ᵉʳ corps.

Jusqu'au 25 février il n'y eut autour de Berlin que quelques escarmouches sans importance dont la principale eut lieu à Copnick. Mais bientôt l'avant-garde de Wittgenstein s'approcha des troupes du vice-roi, et Czernischeff poussa ses Cosaques vers l'Elbe par la rive droite de la Havel qu'ils descendirent, causant ainsi beaucoup d'inquiétude dans la Prusse centrale et au nord.

Le roi Frédéric avait abandonné sa capitale, laissant le pouvoir aux mains d'un gouvernement provisoire. Les membres de ce gouvernement n'ignoraient pas le traité d'alliance, encore secret, de la Prusse avec la Russie, mais ils redoutaient de voir une bataille s'engager dans la ville. Ils sollicitèrent vivement le prince Eugène de quitter Berlin avant l'arrivée de l'ennemi. L'intention du vice-roi n'était pas d'attendre de pied ferme les Russes dans une place ouverte, déjà hostile à la France, qu'il n'eût pu contenir autrement que par des rigueurs intempestives et dont les habitants, en prenant parti pour ses adversaires, eussent pu lui créer des dangers difficiles à surmonter. Il n'avait pas de cavalerie, il ne pouvait s'éclairer au loin; l'ennemi le pressait de toutes parts, le débordait sur ses ailes; il crut donc bien faire en préparant tout pour l'évacuation de Berlin. Eugène, en prenant cette détermination, n'était pas sans crainte sur ce que dirait l'Empereur, dont il redoutait le blâme; et, en effet, Napoléon ne fut nullement satisfait de son mouvement, d'autant que ce mouvement eut lieu vers la droite, de façon à couvrir Dresde, tandis qu'il entrait dans les projets de l'Empereur, en cas que l'armée fût forcée sur l'Oder, qu'elle se repliât sur l'Elbe en se concentrant à Magdebourg. Les instructions parties de Paris se croisèrent avec les lettres par lesquelles le vice-roi annonçait son opération vers le sud-ouest. Nous reviendrons sur les reproches assez vifs adressés par l'Empereur au prince et sur sa réponse.

Le 2 mars, Eugène fut prévenu que le prince de Repnin, commandant l'avant-garde de Wittgenstein s'avançait sur Berlin, suivi de près par des forces considérables. Il transporta le jour suivant son quartier général à Schœnberg, à une lieue de la ville, et fit dire au gouvernement provisoire que l'évacuation aurait lieu le lendemain. On convint que la garde bourgeoise garderait les barrières depuis le 3 à minuit, et que Czernischeff serait informé qu'il pouvait prendre possession de la place. A peine les barrières eurent-elles été remises à la garde bourgeoise, qu'une partie de ces miliciens se précipitèrent au-devant des Cosaques pour les guider et leur ouvrir les portes. Les Cosaques se hâtèrent de pénétrer dans les murs. L'arrière-garde française n'était pas encore sortie; il s'ensuivit un léger combat à la porte de Halle. L'empereur Alexandre blâma Czernischeff d'avoir, par son imprudence, fait courir à la ville de Berlin un danger qu'on cherchait à lui éviter.

Une division d'infanterie russe, deux régiments de dragons, trois de hussards occupèrent la capitale de la Prusse. Le prince Repnin en fut nommé gouverneur, et peu de jours après le roi Frédéric lui adjoignit le général prussien Branschitsch. Le 16, Wittgenstein fit une entrée solennelle, entouré de tout l'état-major de l'armée prussienne.

Le vice-roi cependant avait transporté le 4 son quartier général à Saarmund, après une petite affaire d'arrière-garde qui eut lieu à Zehlendorf. L'armée française se dirigeait sur Wittenberg en deux colonnes, celle de droite par Trebbin et Juterbook, celle de gauche avec laquelle marchait le prince par Belitz et Treuenbrietzen. La division bavaroise reçut en même temps l'ordre de gagner Torgau, abandonnant Crossen, et passant par Gubin et Lackau. Elle devait rallier à Torgau la division saxonne de Thielman, mais ce général, dont le souverain, longtemps l'allié de la France, se laissait attirer dans la coalition contre l'Empereur, ayant refusé de recevoir les Bavarois, ces derniers se rendirent à Meissen, plus au sud, à quelques lieues de Dresde. Reynier dut aussi se replier de Bautzen sur Dresde, où il arriva le 7 mars.

Le 5, le vice-roi vint à Treuenbritzen, le 6 à Wittenberg, après deux combats soutenus contre les Cosaques, l'un à Belitz, l'autre à Seehausen.

Le 9, le quartier général fut transporté à Leipzig, et l'armée occupa la ligne de l'Elbe, savoir : le 11e corps (Grenier) autour de Wittenberg; le 7e (Reynier) à Dresde; la division bavaroise à Meissen; la cavalerie à Dessau. Davout, avec 3,000 hommes, à Leipzig même; le duc de Bellune à Bernburg, au sud de Magdebourg.

Le 2e corps de cavalerie s'organisait à Brunswick; le 1er autour de Magdebourg, où se trouvait le général Lauriston avec le 5e corps. Le général Carra-Saint-Cyr, toujours commandant la 32e division militaire, au nord, était couvert par le général Morand, qui occupait avec 2 à 3,000 hommes Stralsund et la Poméranie suédoise.

Derrière cette première ligne, le 3e corps (maréchal Ney) s'organisait à Wurzbourg; les contingents du Wurtemberg, de Bade et de Hesse se formaient autour de la même place; le 6e corps (duc de Raguse) se concentrait à Francfort, ainsi que la garde impériale sous les ordres de Bessières. Les Bavarois envoyaient leurs renforts à Bamberg; les premiers bataillons du 1ᵉʳ corps (Vandamme) convergeaient vers Wesel, et le 4ᵉ, formé en Italie (général Bertrand), avait dépassé le Tyrol. Toutefois, l'Empereur ayant recommandé d'attendre que ces jeunes troupes fussent exercées, un peu aguerries, pour les engager sérieusement, l'armée dont le vice-roi disposait (5ᵉ 11ᵉ, 7ᵉ corps, et la division Durutte) ne formait pas encore un total de 40,000 combattants, et l'ennemi était nombreux et menaçant.

La conduite du général Thielman à Torgau, le départ du roi de Saxe, qui avait quitté Dresde[1], donnant

---

[1] Le 9 mars, en arrivant à Leipzig, Eugène écrivit au roi de Saxe :

« Sire, j'ai reçu la lettre que Votre Majesté a bien voulu m'écrire le 1ᵉʳ de ce mois, et qui a été apportée par M. le général de Langenau. Je la prie d'être bien persuadée de toute la peine que j'ai ressentie lorsque, forcé de céder aux circonstances, j'ai dû ramener les troupes jusque dans ses États, que j'aurais désiré couvrir et défendre. Votre Majesté connait le dévouement respectueux que je lui porte, elle croira facilement au regret que j'ai eu de savoir sa tranquillité troublée; elle peut aussi être sûre que du moins je ferai tout ce qui dépendra de moi pour alléger, autant que possible, en faveur de ses sujets, les charges de l'armée et éloigner d'eux les maux de la guerre, si son royaume venait à en être le théâtre. Au surplus, Votre Majesté est encore fondée à écarter d'elle de trop sérieuses alarmes. Si les sentiments de la Prusse paraissent nous être peu favorables, du moins restent-ils encore douteux, et rien n'annonce que cette puissance ait décidément pris parti contre nous. Quant aux Russes, il est certain que le gros de leur armée n'avait point encore passé l'Oder dans ces derniers temps, et qu'ils n'avaient porté au delà de ce fleuve que des partis de cavalerie et quelques têtes d'infanterie. Le débordement des eaux aura sans doute contrarié leurs opérations. De notre côté, des mesures vont être prises pour la défense de l'Elbe, et chaque jour voit s'approcher des bords de cette rivière les moyens puissants que l'Empereur a réunis fort à penser au prince Eugène, ce dernier résolut de placer dans la seconde de ces deux villes un homme capable d'imposer; personne n'était plus propre à cela que le redouté prince d'Eckmühl. Davout reçut donc l'ordre de quitter Leipzig le 9 mars, pour se rendre dans la capitale de la Saxe. A son arrivée dans cette place, il fit miner les deux piles du pont de l'Elbe pour pouvoir, au besoin, faire sauter l'arche qu'elles supportaient. Il se hâta de mettre la partie de la ville sur la rive droite de l'Elbe en état de défense et d'y placer quelques-unes des troupes saxonnes du 7ᵉ corps.

Toutes ces dispositions contrarièrent d'autant plus l'Empereur que les choses allaient mal dans le Nord ; que les généraux Carra-Saint-Cyr et Morand se repliaient devant les troupes légères de l'ennemi; que le plan de Napoléon était de défendre le bas Elbe plutôt que le haut Elbe, afin de maintenir la 32ᵉ division et d'empêcher le débarquement des Anglais sur ces côtes; que des troubles sérieux avaient éclaté à Hambourg. Trompé souvent par de faux rapports[1], il blâma assez vivement le vice-roi qui lui répondit de Leipzig les deux lettres suivantes, datées, la première du 12, la seconde du 15 mars. Nous les donnons sans commentaires ainsi que la réponse

et mis en mouvement depuis son retour, et lui-même est attendu très-prochainement de sa personne. Voilà pour Votre Majesté de grands motifs de tranquillité, et je n'aurai rien à désirer si je puis contribuer par mes efforts à maintenir la sûreté dont jouissent encore ses États. »

[1] Cela résulte de différentes lettres qu'on trouvera à la correspondance de ce livre.

de l'Empereur, en date du 20 du même mois :

« Sire, je n'ai pu répondre hier, comme je l'aurais désiré, à la lettre de Votre Majesté, parce qu'elle n'a été achevée de déchiffrer que fort tard. Je vais bien me pénétrer des ordres et instructions qu'elle contient, afin de les adapter autant que possible à notre position actuelle. J'espère que Votre Majesté ne trouvera pas que j'ai trop étendu mes forces; il était instant cependant de garder tous les défilés, pour empêcher cette malheureuse cavalerie légère ennemie de nous inquiéter. D'ailleurs je maintiens toujours mes principales forces entre Torgau et Magdebourg, puisqu'en deux à trois marches je pourrai réunir sur un point les quatre divisions du général Lauriston, et les 35° et 36° divisions que commande le général Grenier. D'ailleurs, lorsque l'ennemi aura décidé son mouvement au delà de l'Oder, je reploierai, s'il est possible, ma droite derrière Torgau.

« Votre Majesté me demande pourquoi j'ai laissé le général X..... à Stettin. Je ne connaissais point cet officier. Il avait en sa faveur qu'il venait d'être nommé tout récemment général de division par Votre Majesté, sur présentation et rapport favorable du prince d'Eckmühl. Votre Majesté me demande que font les généraux Fournier d'Albe, qui commande à Custrin, et Laplanne, qui commande à Glogau, et le général de division de Lagrange pour Custrin. J'en informai de Posen le ministre de la guerre, qui, en réponse, m'a envoyé de nouvelles lettres de service pour les généraux Fournier d'Albe et Laplanne. A Spandau, il y avait le général B..... qui est un mauvais officier ; il était d'ailleurs fort malade ; je l'ai remplacé par le général Bruny qui n'avait pu se rendre à Stettin, les communications avec cette place ayant été interrompues par la cavalerie ennemie.

« Le général Reynier m'a écrit de Dresde que, le 10, le peuple de cette ville avait paru vouloir se soulever en voyant travailler au pont. On a fait quelques patrouilles et tout est rentré dans l'ordre. Une lettre particulière annonce que l'affaire a été plus sérieuse que ne le dit le général. Le peuple ameuté se serait porté à sa maison dont il aurait cassé les vitres, et toutes les troupes auraient pris les armes.

« Le prince d'Eckmühl arrive aujourd'hui dans cette ville.

« J'enverrai un officier du génie reconnaître toutes les communications qui existent dans le Hartz. Le roi de Westphalie m'a envoyé ici un officier aide de camp de Sa Majesté, et qui m'assure bien connaître le pays. Le général Lauriston, me mande d'hier qu'après avoir reçu les dernières lettres de Votre Majesté il s'est décidé à porter une division à Brunswick. Je lui mande aujourd'hui que je n'approuve pas qu'il éloigne autant, c'est-à-dire à quatre journées de marche de lui, une de ses divisions. Cassel et le Hanovre sont couverts de fait par les positions qu'il occupe autour de Magdebourg. Quant au reste des troupes sous mes ordres, elles peuvent se ployer et s'appuyer à cette place, si les mouvements de l'ennemi étaient prononcés en grande force en Saxe. J'ai longtemps hésité à faire occuper aussi fortement la ligne depuis Torgau jusqu'à Dresde ; mais ce qui m'y a le plus décidé, c'est que j'ai l'espoir d'avoir enfin arrêté la marche de toute cette cavalerie et de ces corps légers que l'ennemi poussait au loin devant lui. Dans la lettre chiffrée du 6 mars, de Votre Majesté, que j'ai reçue ce matin, je crois qu'elle aurait désiré que j'établisse un camp en avant de Magdebourg, afin de rester à cheval sur cette rivière ; mais j'aurais eu beaucoup de peine à tenir, dans cette saison, mes troupes réunies dans un camp, et, en prenant des cantonnements en avant de Magdebourg, et n'ayant point encore assez de cavalerie pour laisser mon infanterie à sa garde, j'aurais été harcelé sur tous les points par ces 7 à 8,000 chevaux ennemis, qui se seraient toujours montrés avec leur artillerie sur les points les plus faibles. Cependant, si j'avais reçu à temps les instructions de Votre Majesté, je les aurais certainement suivies. Indépendamment des observations ci-dessus, je pourrai aussi alléguer à Votre Majesté les difficultés de nourrir une aussi grande masse de troupes avec les greniers de Magdebourg. Votre Majesté pourra en juger par une lettre que je reçois du roi de Westphalie, et que j'envoie au major général. »

« Sire, je ne vois que trop, par les dernières lettres que j'ai reçues de Votre Majesté, qu'elle n'approuve aucune des dispositions militaires que j'ai prises pour la marche sur l'Elbe, et je dois craindre qu'elle n'approuve pas non plus la position que j'ai cru devoir prendre sur ce fleuve. Obligé de régler ma conduite sur les événements qui me pressaient, tandis que j'aurais eu si grand besoin des directions de Votre Majesté, j'avais cru faire ce qu'il y a de mieux pour son service; j'avais cru suivre les leçons de la prudence et ne pouvoir m'égarer lorsque je m'abandonnais aux inspirations de mon cœur; mais les grands intérêts tombés passagèrement dans mes mains réclament encore plus de talent que de zèle, et sont peut-être supérieurs à tous les efforts de mon dévouement. Si donc Votre Majesté pense, comme toutes ses lettres ne me portent que trop à le croire, que je ne puis remplir ses vues, je la prie de ne pas me laisser plus longtemps dans une position où je puisse lui déplaire, et je la conjure de vouloir bien me remplacer dans le commandement en chef de son armée; et, comme il est bien loin de moi de penser à ne pas servir activement en ce moment, je désire que Votre Majesté veuille me fixer un commandement de troupes où je puisse lui donner encore des preuves de mon zèle et de mon éternel attachement. »

« Mon fils, j'ai reçu votre lettre du 15 mars. Les observations que je fais sur les différents mouvements sont pour le bien du service, et vous auriez tort d'y donner d'autre interprétation[1]. »

---

[1] M. Thiers qui, dans son XVe volume résume assez brièvement le commencement de la campagne de 1813, rend au moins justice dans de certaines limites au vice-roi. Après avoir expliqué les motifs de sa retraite de Posen sur Berlin, de Berlin sur l'Elbe, il dit (page 326) : « Le prince Eugène n'avait rien à se reprocher depuis qu'il avait pris le commandement, si ce n'est un peu trop de circonspection, et avait rendu d'incontestables services. » Nous sommes en partie de cet avis, mais nous croyons que c'est précisément parce que le prince agit avec

Les Russes cependant avançaient sur tous les points qu'Eugène avait à défendre. Dès le 6 mars, le colonel Bekendorf, détaché par Czernischeff, s'était porté sur Dresde. Wintzengerode marchait sur la même ville par Bautzen, tandis que le 8, les Cosaques se montraient près de Magdebourg, occupant Mockern et Leitzkau. Sur l'Elbe inférieure, le colonel Tettenborn se présenta devant Neustadt et Leuzen, menaçant Hambourg et tournant les troupes du général Morand, qui se mit en retraite pour passer sur la rive gauche du fleuve. Le général Carra Saint-Cyr, avec les 1,000 hommes de la garnion de Hambourg, abandonna cette place, mit un bataillon à Bergedorf et à Zollenspicker, pour assurer le passage de l'Elbe aux troupes de la Poméranie, et se retira sur la rive gauche à Artlenburg. Le général Morand arriva à Molln le jour même où Tettenborn occupait Lauenburg sur l'Elbe. Harcelé par les Cosaques, il n'en rejoignit pas moins Carra Saint-Cyr; mais l'ennemi, quoiqu'il n'eût que des troupes légères et 500 Prussiens, entra à Hambourg et y rétablit l'ancien gouvernement, ce qui rendit l'Empereur fort mécontent de la conduite de Carra Saint-Cyr et de Morand.

A cette époque, vers le milieu de mars 1813, la défection de la Prusse était un fait accompli, avéré

---

circonspection qu'il rendit d'incontestables services. Un homme qui eût voulu acquérir une gloire personnelle, agissant avec moins de prudence, eût peut-être compromis le succès de toutes les opérations ultérieures. « La gloire coûte trop cher, » écrivait à cette époque le prince Eugène, encore frappé des désastres dont il avait été témoin pendant la retraite de Moscou.

et qui augmentait considérablement les forces de nos adversaires.

La position des armées en présence était alors la suivante : 1° Wittgenstein, devant Magdebourg, 17,000 hommes; 2° Czernischeff, Dörnberg et Tettenborn, sur le bas Elbe, 10,000; 3° l'avant-garde de Wintzengerode, devant Dresde, 13,000; 4° la grande armée d'Alexandre, encore sur l'Oder, 40,000; total : 80,000 Russes; 5° l'armée de Moldavie, en marche de la Vistule sur l'Oder, 50,000 fantassins et 25,000 cavaliers; 6° les corps prussiens de Tauentzein devant Stettin, de Schöler devant Glogau, de Thumen devant Spandau, 20,000 combattants; total général : 250,000 hommes.

Le vice-roi disposait de : 1° 5,000 hommes du 2ᵉ corps (duc de Bellune); 2° 16,000 du 5ᵉ (général Lauriston, divisions Maison, Puthod et Rochambeau); 3° 2,500 du 7ᵉ corps (division Durutte et division saxonne Lecoq); 4° 2,000 Bavarois (division Rechberg); 5° 2,400 hommes de la garde impériale (division Roguet); 6° 6,000 hommes du corps de l'Elbe inférieur (division Lagrange, qui, faisant partie du 5ᵉ corps, en fut détachée pour être mise sous les ordres de Davout, lorsque ce maréchal fut envoyé à Hambourg); 7° de 1,800 chevaux du 1ᵉʳ corps de cavalerie (Latour-Maubourg); 8° 1,000 chevaux du 2ᵉ corps (Sébastiani). Total général : 53,800 combattants, dont 2,800 de cavalerie.

Heureusement le moment n'était pas éloigné où l'Empereur allait faire entrer en ligne sa nouvelle armée et en prendre lui-même le commandement.

Les 3ᵉ, 6ᵉ et 12ᵉ corps se formaient sur le Rhin et le Main.

Le 4ᵉ arrivait d'Italie, le 1ᵉʳ s'organisait à Wesel, mais cette armée péchait par le manque de cavalerie, comme celle du vice-roi. Malgré tous ses efforts, Napoléon n'avait pu réunir assez de régiments de cette arme pour lutter, par le nombre, avec celle si considérable des Russes. Les excursions des Cosaques jusqu'à l'Elbe, la capture de bateaux chargés d'effets de harnachements et de selles, avaient causé un grand préjudice sous le rapport des remontes et de l'organisation des escadrons.

Le 17 mars, la Prusse, abandonnant toute réserve et levant ouvertement le masque, fit notifier à M. de Saint-Marsan, ambassadeur de France à Berlin, sa déclaration de guerre. Le roi adressa en même temps une proclamation à ses armées. Cette puissance avait 30,000 hommes de troupes à Breslau, en Silésie, elles reçurent l'ordre de se diriger sur la Saxe, sous le commandement du feld-maréchal Blücher, et Wintzengerode, en marche sur Dresde, fut destiné à former l'avant-garde de cette nouvelle armée auxiliaire. Les corps de York et de Bulow, depuis longtemps à l'arrière-garde de la grande armée russe, passèrent sous le commandement de Wittgenstein, près de Berlin.

Le 19, l'avant-garde de Wintzengerode arriva devant Dresde. Davout fit sauter l'arche dont il avait miné les piles, et se retira sur Leipzig, laissant dans la partie de la ville vieille les débris du 7ᵉ corps, aux ordres du général Durutte, qui avait remplacé Reynier, parti pour cause de maladie, et la division saxonne Lecoq; mais, le 22, cette division eut ordre du roi de Saxe de se retirer dans Torgau. La division Durutte, restée seule à Dresde, ne tarda pas à être ralliée par la division bavaroise de Rechberg, qui abandonna Meissen en brûlant le pont. Ces troupes évacuèrent la capitale de la Saxe dans la nuit du 26 au 27. Elles soutinrent un brillant combat d'arrière-garde à Colditz, sur la route de Leipzig, repoussèrent la cavalerie russe, passèrent la Saale, et se dirigèrent sur Stolberg (entre le Weser et la Saale).

Cependant le vice-roi, s'empressant de suivre les instructions de l'Empereur, repliait son aile droite pour se concentrer autour de Magdebourg, place d'arme des plus importantes, assignée par Napoléon lui-même comme le centre de défense de l'armée[1]. Tandis que Wittgenstein et Bulow s'avançaient vers l'Elbe, dans la direction de Magdebourg, Bulow vers Torgau, Wintzengerode et Blücher vers Dresde, Eugène envoyait Davout sur le bas Elbe, et reconnaissait tout le terrain en avant de Magdebourg, dans le rentrant du fleuve, pour y prendre une bonne position défensive, et couvrir de là, le nord, Brême, Hambourg, et les corps en formation sur le Rhin et le Main. Appuyé à Magdebourg, menaçant toujours Berlin, pivotant la droite en arrière, il devait espérer que l'ennemi hésiterait à s'engager sur son front, à longer l'ordre de bataille de l'armée française, risquant ainsi de se trouver tout à coup face à face avec

---

[1] L'Empereur avait envoyé le général Flahaut, un de ses aides de camp, pour communiquer en détail ses intentions au vice-roi.

les forces considérables que Napoléon organisait sur les lignes de défense en arrière de l'Elbe.

En manœuvrant de cette manière, et comme le lui indiquait au reste l'Empereur, le prince Eugène attirait sur lui les principales forces prusso-russes, mais il gagnait du temps, tendait à se rapprocher par sa droite des renforts, et contraignait l'ennemi à attendre ses principales armées encore un peu en arrière.

En conséquence de ces dispositions et de ce plan, le vice-roi quitta Leipzig, le 21 mars, pour se porter à Magdebourg, et le 11e corps, qui eût été trop en l'air en restant plus longtemps autour de Wittenberg, repassa l'Elbe et se rendit à Dessau. La division Maison, du 5e corps, occupa Möckern en avant de Magdebourg, le 24 mars, faisant des réquisitions pour assurer la subsistance de cette ville qu'elle était chargée de couvrir. Après être resté quatre jours à Möckern, pour cette opération, et avoir favorisé les reconnaissances du prince Eugène, le général Maison se replia, le 28, sur l'Elbe, devant une division prussienne qui s'avança assez près de Magdebourg.

A la même époque, un ancien aide de camp du roi de Westphalie, le général Dörnberg, passé au service de la Prusse, se portait à Havelberg, au nord de Magdebourg, passait l'Elbe en face de Werben avec une assez forte avant-garde, et menaçait la gauche du général Lauriston, qui parut un instant effrayé de cette pointe, ignorant sans doute que Dörnberg n'avait qu'une avant-garde. 5 bataillons, 500 chevaux et 2 bouches à feu, sous les ordres de Montbrun, alors à Stendal, culbutèrent, le 28, cette avant-garde prusso-russe, et la rejetèrent sur la rive droite du fleuve.

On était au commencement de mars, l'armée du vice-roi se trouvait en arrière de la Saale et de l'Elbe. Le 11ᵉ corps à Magdebourg, le 5ᵉ de Magdebourg à Stendal et Werben, le 2ᵉ corps de Werben à Bernburg sur l'Elbe, au sud de Magdebourg, se liant avec la division Durutte et les Bavarois. Ces derniers postés au pied des montagnes du Hartz vers Stolberg, couvrant Cassel et ce côté de la Westphalie.

Nous avons laissé Carra Saint-Cyr et Morand faisant leur jonction à Artlenburg, vers le milieu du mois de mars. Les deux généraux continuèrent ensemble leur retraite sur Brême. En arrivant dans cette ville, ils apprirent que les Anglais avaient opéré un débarquement à l'embouchure du Weser, et qu'ils s'étaient emparés, avec le secours des habitants d'Oldenburg, de quelques batteries de côtes. 2 bataillons du 52ᵉ de ligne partirent aussitôt de Brême pour rejeter les Anglais, et le même jour, 25 mars, le général Morand, avec sa colonne forte de 1,000 fantassins, 4 canons et un peloton de cavalerie, se dirigea au nord-est sur Lüneburg, d'après les ordres du vice-roi. Le 52ᵉ de ligne culbuta les Anglais et leur prit 2 canons. La colonne partie pour Lüneburg pénétra dans cette ville, rejeta les Cosaques qui s'y trouvaient et l'occupa militairement; mais, tandis qu'elle cherchait à se lier avec l'aile gauche du prince Eugène, le général Dörnberg, repoussé de Werben, sur Havelberg, Czernischeff jeté en avant sur l'Elbe inférieure, avec son corps et celui de Bekendorf, avaient résolu de passer le fleuve hors de la portée des troupes du vice-roi, et le 30 mars, Czernischeff avait exécuté son projet au-dessus de Werben avec quelques régiments de Cosaques, montant vers Lüneburg, tandis que Dörnberg descendait sur ce point. Les trois généraux, faisant un mouvement de concentration sur Lüneburg, vinrent attaquer le général Morand avec une supériorité de force telle, qu'après la plus honorable résistance, après le combat le plus opiniâtre, le 2 avril, et à la suite d'une blessure mortelle que reçut Morand, ce qui était encore debout de sa petite troupe fut obligé de capituler[1].

Le lendemain, 3 avril, le général Montbrun, envoyé avec l'avant-garde de la division Lagrange par le prince d'Eckmülh qui avait pris le commandement supérieur du bas Elbe, se présenta devant Lüneburg. A son approche, l'ennemi se hâta d'abandonner la ville, et on reprit quelques prisonniers. Le 4 avril, Davout y arriva en personne. Il rejeta complétement tout ce qui se trouvait de ce côté de l'Elbe sur la rive droite, puis il se replia le 8 sur Brunswick, pour se rapprocher de la droite du prince Eugène. Par suite des mouvements de l'ennemi vers Magdebourg, et du combat livré le 5 à

[1] Le malheureux général Morand, fait prisonnier après sa grave blessure, fut lâchement assassiné par les habitants de Lüneburg. Le général Dörnberg, fugitif de Westphalie, jadis comblé par le roi Jérôme, essaya dans une lettre au général Montbrun de justifier ce crime.

Möckern, en avant de cette place, le vice-roi se concentrait, sachant d'ailleurs que la 32ᵉ division n'avait été menacée réellement que par des corps de partisans et des avant-gardes. Les divisions Carra Saint-Cyr et Dufour, du corps de Vandamme, venaient d'arriver à Brême et la division Dumonceau à Minden, ce qui assurait complétement la tranquillité sur le bas Elbe.

Tandis que ces événements se passaient sur l'Elbe inférieur, les principales forces prusso-russes marchaient sur Magdebourg, paraissant se diriger sur Leipzig. Le vice-roi, ainsi que nous l'avons dit, ayant fait faire à ses troupes un changement de front presque perpendiculaire l'aile droite en arrière, avait alors sa droite en avant du Hartz, et sa gauche vers l'Elbe et Magdebourg. Voyant se dessiner plus nettement le mouvement de Wittgenstein et de York sur Leipzig, et ne voulant pas que l'ennemi vînt compromettre l'organisation des corps en formation sur le Main et le Weser, Eugène feignit à son tour de prendre l'offensive. Il poussa, le 2 avril, une reconnaissance vigoureuse sur la rive droite de l'Elbe, avec les 5ᵉ et 11ᵉ corps, rejeta de Wahlitz jusqu'à Nedlitz (route de Möckern et de Berlin) la division prussienne Borstel, la poussa le lendemain, 3 avril, jusqu'au-delà de Möckern, puis il se déploya en avant de Magdebourg, pensant qu'il ne tarderait pas à être attaqué, ce qui en effet eut lieu le 5.

Ce jour-là, l'armée française occupait les positions suivantes entre Möckern et Magdebourg : le 11ᵉ corps sur le plateau de Nedlitz, la gauche à ce village, la droite à Gommern, observant les deux routes de Möckern à gauche et de Zerbst à droite; le 5ᵉ corps à Gerwisch et à Wahlitz, gardant : la division Puthod, la route de Gommern, la division Maison celle de Burg, servant en outre de réserve au 11ᵉ corps; la division Rochambeau à Waltersdorf, liant la gauche du 11ᵉ corps avec la droite de la division Maison; la garde à la tête d'une digue formant défilé allant rejoindre l'Elbe et Magdebourg, et commençant à deux lieues du fleuve, et à peu de distance de la croisée des routes de Burg et de Berlin. Le prince transporta son quartier général à Kœnisborn. Des postes avancés, jetés le long d'un petit ruisseau, couvraient le front de cette position défensive très-bien choisie par le vice-roi. Le 5, Wittgenstein, qui avait fait ses dispositions, déboucha de Zerbst avec son corps et celui d'York à gauche, tandis que Bulow débouchait à droite, et la division Borstel au centre par Loburg.

Le prince vice-roi était occupé à visiter ses avant-postes, lorsqu'il entendit tout à coup, sur sa gauche, le canon de l'ennemi. Il vit alors que de fortes colonnes s'avançaient sur Leitzkau. Rejoignant aussitôt le 11ᵉ corps, il en prit la direction, et fit soutenir chacun des trois postes avancés qu'il avait à Whalitz, à Danigkow et à Zehdenitz, par deux bataillons. L'action s'engagea avec vivacité sur les routes de Möckern et de Leitzkau. Les petits postes se défendirent vigoureusement. Vers le soir, une charge de cavalerie française échoua sur la gauche, les lanciers furent ramenés au moment même où le village de Zehdenitz venait d'être enlevé par l'ennemi. Les Russes, malgré ce léger succès, n'osèrent s'aventurer à franchir le petit cours d'eau qui couvrait les grand'gardes du prince. Ils bivaquèrent dans leurs positions en arrière.

Ce combat de Möckern qui donna lieu à de grandes manifestations de joie à Berlin, où l'on craignait la veille de voir déboucher l'armée française, avait contraint les Russes et les Prussiens à déployer devant le prince Eugène plus de 60,000 hommes. La masse de l'ennemi se concentrait de ce côté, le vice-roi était parvenu à attirer sur lui les principales forces de ses adversaires, c'était un répit précieux pour les corps sur le Main, c'était du temps gagné pour les opérations ultérieures. Satisfait d'avoir obtenu ces résultats, et ne voulant pas compromettre dans une affaire générale le sort d'une armée qu'il était si désireux de remettre intacte aux mains de l'Empereur, le prince replia pendant la nuit, ses troupes sur la rive gauche de l'Elbe, et les fit rentrer dans Magdebourg[1].

---

[1] « Le lendemain de ce combat, dit le baron Darnay dans sa *Notice historique sur le prince Eugène*, le vice-roi, étant en reconnaissance avec une forte escorte, sur le terrain où l'on s'était mesuré la veille, fut assailli et chargé par un pulk de Cosaques qui s'étaient tenus embusqués. Plusieurs chasseurs de son escorte furent tués à coups de lance, et, parmi eux, celui qui portait le portefeuille du vice-roi. Dans cette échauffourée, le colonel Kliski, Polonais, qui accompagnait Son Altesse Impériale comme officier d'ordonnance, se vit entouré par plusieurs Cosaques; le vice-roi, témoin du danger et de l'embarras du colonel, accourut à son secours, le délivra de ces assaillants avec quelques coups de pistolet, qui les mirent en fuite. D'un autre côté, des dragons de l'escorte du vice-roi reprenaient le portefeuille percé de

L'aile gauche de l'armée ennemie n'avait pas discontinué son mouvement. Wintzengerode, traversant Dresde, s'était porté sur Leipzig où ses premières troupes pénétrèrent le 31 mars. S'élevant un peu vers le nord, pendant sa marche de Dresde à Leipzig, le général russe avait passé par Eilenburg où le général saxon Thielman s'était empressé de se rendre de Torgau, pour avoir avec lui une entrevue assez significative. Le comte Orloff entra à Leipzig le 1er avril avec une avant-garde, le général Lanskoï l'y suivit le 5, et dès le 8 les Russes occupaient Meserburg et Halle sur la Saale. Deux régiments de Cosaques furent poussés par Querfurth jusqu'à Nordhausen, au pied du Hartz, vers l'ouest, entre la Saale et le Weser. Le feld-maréchal Blücher suivit Wintzengerode, entra à Dresde; puis, craignant d'être pris en flanc par le corps qui du Tyrol débouchait par Nuremberg, sous les ordres du général Bertrand, il étendit sa gauche vers Plauen et Hof, tandis que des partis détachés de sa droite allaient jeter l'alarme jusqu'à Weimar et Gotha, sur la route de Francfort. Le centre de l'armée russo-prussienne, après le com-

---

coups de lance. J'ai cru, ajoute le baron Darnay, devoir consigner ici ce fait particulier, si honorable pour le prince Eugène. Le colonel Kliski, chaque année, pendant la vie du vice-roi, lui adressait des actions de grâces au jour anniversaire de l'événement. Ce beau fait a été gravé, et se trouve dans les annales militaires parmi les grands traits de courage et de dévouement. Madame la vice-reine conserve, au milieu des précieux trophées du vice-roi, le portefeuille percé de coups de lance. »

Nous n'avons trouvé nulle part, dans la correspondance du prince, trace de ce fait, mais cela n'a rien de surprenant pour qui a pu se rendre compte de la modestie du vice-roi.

bat de Möckern, avait laissé un corps, celui de Bulow, devant Magdebourg et s'était porté sur Dessau pour y passer l'Elbe et se lier par Leipzig avec l'aile gauche. Le 11, Wittgenstein était à Dessau. Ce mouvement étant bien dessiné, le vice-roi manœuvra à son tour pour défendre les passages de la haute Saale dont il se rapprocha immédiatement, et pour empêcher qu'on ne le coupât de Francfort. En conséquence, il transporta son quartier général le 9 à Stasfurth, laissant une partie du 11ᵉ corps en réserve à Magdebourg. C'est alors qu'il avait cru devoir rappeler à lui le maréchal Davout. Le 5ᵉ corps et quelques troupes du 11ᵉ vinrent occuper Aschersleben et les villes d'Ermsleben, Ballenstedt et Quedlinburg. Le 2ᵉ corps resta à Calbe et à Bernburg; l'extrême droite de l'armée (division Durutte et Bavarois) continuait à tenir Stolberg, couverte par un petit corps de cavalerie westphalienne posté à Nordhausen dont il avait chassé l'ennemi. Les forces principales du vice-roi formaient comme un triangle dont le sommet eût été Strolberg, et la base la ligne de l'Elbe, un peu au-dessous de son confluent avec la Saale, de Bernburg (sur la Saale) à Magdebourg. Les troupes ennemies contenues au nord, rejetées par Davout sur la rive droite du bas Elbe, défilaient pour ainsi dire devant le vice-roi, depuis le changement de front opéré par ce prince. Les Russo-Prussiens ne pouvaient prolonger longtemps une pareille marche sans risquer de choquer leurs têtes de colonnes contre l'avant-garde de la Grande-Armée de l'Empereur, tandis que leur centre était pris en flanc par l'armée du prince Eugène. Cette manœuvre du vice-roi, d'ailleurs en partie indiquée par Napoléon, était donc fort habile.

Comprenant tout l'avantage qu'il y avait à gagner du temps, le prince résolut de prolonger tant qu'il pourrait l'incertitude des généraux ennemis par une série continuelle de reconnaissances offensives faites sur différents points. En conséquence, s'étant rendu le 11 avril à Aschersleben, il se porta pendant les journées des 13, 14 et 15 sur Gerbstadt, Leimbach et Waldeck avec le corps de cavalerie Latour-Maubourg auquel il avait adjoint quelques bataillons. Il s'approchait ainsi des premières troupes russes, qu'il semblait menacer d'une opération offensive prochaine. Un colonel qui se trouvait à Gerbstadt avec ses Cosaques, se figurant avoir toute l'armée française sur les bras, se replia précipitamment pour couvrir Eisleben.

Tandis que le vice-roi faisait ces démonstrations, en avant des montagnes du Hartz, Wittgenstein essayait, le 13, de forcer le passage de la Saale à Calbe et à Bernburg. Son mouvement, couvert par une forte reconnaissance du général prussien Yorck sur Alsleben, n'eut aucun succès. Le 2ᵉ corps ayant repoussé toutes les attaques, la tentative du général russe n'eut point d'autre résultat que d'attirer de ce côté le prince Eugène. En effet, le 16, le vice-roi, poussant sa cavalerie et 6 bataillons d'Aschersleben sur Bernburg, vint jusqu'auprès de Cothen entre Dessau et Bernburg.

C'est par ces démonstrations inquiétantes pour

ses adversaires qu'il parvint à les contraindre à attendre l'entrée en ligne de leurs principales forces pour agir d'une façon vigoureuse.

Wittgenstein, voyant qu'il ne pouvait enlever les passages de la Saale, résolut de s'emparer de Wittenberg dont il crut pouvoir se rendre maître par un coup de main. En conséquence, le 16, il vint à Zahne, et le 18 il fit jeter d'un peu loin quelques bombes sur la ville, tandis que le général Kozatchkowsky attaquait la tête de pont. Après une attaque inutile, après une sommation aussi inutile que l'attaque au général Lapoype, après avoir brûlé le 19 et le 20 une partie des faubourgs, Wittgenstein abandonna son projet et porta la division Kleist à Dessau.

Dans le nord, Vandamme, après le prince d'Eckmühl, avait eu quelques succès et s'était emparé du fort de Harbourg le 27 mars. Mais, si les choses allaient bien sur le bas Elbe et en arrière de Magdebourg, là où se trouvait le prince Eugène, il n'en était pas de même devant les places fortes de Thorn, de Spandau et de Czentoszau qui, toutes les trois, avaient été forcées de capituler pendant le mois d'avril.

Thorn, bloquée longtemps par le corps du général Langeron, avait été assiégée dans les premiers jours d'avril. Elle se défendit jusqu'au 17. A cette époque, la garnison était réduite à 1,800 hommes en état de faire le service, nombre trop peu considérable pour garnir l'immense développement de la place. 600 hommes étaient morts pendant le blocus, et 1,900 aux hôpitaux. Le général Poitevin stipula que les troupes prisonnières sur parole seraient renvoyées dans leur patrie, et les Polonais licenciés.

Spandau eut beaucoup à souffrir du feu de l'ennemi. Le bombardement commença le 17 avril. Une grande partie de la ville fut incendiée. Le 18, le magasin à fourrage subit le même sort. Le même jour, à midi, le magasin à poudre du fort de la Spré sauta en l'air, démantelant en partie le fort. Un grand pan de muraille de la citadelle s'écroula, et l'ennemi refusa d'accorder la capitulation demandée par le général Bruny. Le feu recommença, et enfin le 24 Spandau fut obligée de capituler aux mêmes conditions que Thorn. La garnison prit la route de l'Elbe par Havelberg. Sans la présence d'un régiment russe, il est probable que les braves défenseurs de la forteresse eussent été lâchement égorgés par les paysans armés des districts environnants.

Czentoszau fut investi le 15 mars par le général Sacken. Le 21, le feu fut ouvert contre la place. Le 23, le gouverneur entra en négociations, et le 25 il capitula.

Nous ne devons pas passer sous silence la brillante conduite de la division bavaroise de Rechberg qui, rappelée par le roi pour servir de noyau à un nouveau corps, et étant partie de Stolberg le 17 avril, fut attaqué à Lengensalza, entre Gotha et Mulhausen, par un assez fort parti prussien. Quoique cette division n'eût que 1,700 fantassins et 300 chevaux, elle culbuta l'ennemi, lui enleva deux canons et lui fit des prisonniers.

Cependant la Grande-Armée française, organisée depuis la fin de mars, commençait à se mettre en mouvement.

Le ministre de la guerre fit connaître cette organisation au prince Eugène, par la lettre suivante, datée de Paris, le 28 mars :

« Monseigneur, j'ai l'honneur d'adresser ci-joint à Votre Altesse Impériale ampliation d'un décret impérial rendu par Sa Majesté le 12 mars, qui pourvoit à l'organisation de la Grande-Armée.

« J'ai cru, Monseigneur, devoir donner connaissance à Votre Altesse Impériale des dispositions que Sa Majesté Impériale et Royale a déterminée à cet égard.

« Article 1er. — Le 1er corps de la Grande-Armée sera composé des 1re, 2e et 3e divisions.

« La 1re division sera d'abord composée des 16 seconds bataillons des régiments du 1er corps.

« La 2e division des seize 4es bataillons, et la 3e des seize 5es bataillons.

« Lorsque ces trois divisions pourront se rejoindre, alors les bataillons seront réunis par régiments, deux divisions seront composées chacune de 5 régiments, et une sera composée de 6.

« Art. 2 — Le 2e corps sera composé des 4e, 5e et 6e divisions de la Grande-Armée.

« La 4e division sera composée des douze 2es bataillons des régiments du 2e corps ; la 5e division sera celle qui composera les douze 4es bataillons ; et enfin les douze 3es bataillons fourniront la 6e division ; ces divisions seront ensuite formées comme celles du

1ᵉʳ corps par régiments, et chaque division sera de 4 régiments.

« Art. 3. — Le 3ᵉ corps de la Grande-Armée sera composé des 8ᵉ, 9ᵉ 10ᵉ et 11ᵉ divisions.

« La 8ᵉ division sera la division Souham, qui est actuellement le 1ᵉʳ corps d'observation du Rhin.

« La 9ᵉ division sera la 2ᵉ du 1ʳᵉ corps d'observation du Rhin.

« La 10ᵉ sera la 3ᵉ actuelle du corps d'observation du Rhin.

« La 11ᵉ sera la 4ᵉ du même corps.

« Art. 4. — Le 4ᵉ corps sera composé du corps d'observation d'Italie. Les 4 divisions actuelles de ce corps d'observation prendront les nᵒˢ 12, 13, 14 et 15 de la Grande-Armée, et formeront le 4ᵉ corps.

« Art. 5. — Le 5ᵉ corps sera composé des 16ᵉ, 17ᵉ, 18ᵉ et 19ᵉ divisions. Les 4 divisions qui composent actuellement le corps de l'Elbe prendront ces numéros et formeront le 5ᵉ corps.

« Art. 6. — Le 6ᵉ corps sera composé de 4 divisions du 2ᵉ corps d'observation du Rhin, qui prendront les nᵒˢ 20, 21, 22 et 23.

« Art. 7. — Le 7ᵉ corps sera composé de 2 divisions du contingent saxon, qui prendront les nᵒˢ 24 et 25, et de la 32ᵉ division (division Durutte), qui conservera son numéro.

« Art. 8. — Le 8ᵉ corps sera composé des 2 divisions polonaises qui prendront les nᵒˢ 26 et 27.

« Art. 9. — Le 9ᵉ corps sera composé du corps bavarois dont les deux divisions prendront les nᵒˢ 28 et 29.

« Art. 10. — Le 10ᵉ corps sera composé des 3 divisions qui forment la garnison de Dantzig. Ces divisions conserveront les nᵒˢ 7, 30 et 33 qu'elles ont actuellement, tout ce qui se trouve à Dantzig de l'ancienne 34ᵉ division sera placé dans la 30ᵉ division.

« Art. 11. — Le 11ᵉ corps restera formé comme il l'est actuellement des 31ᵉ, 35ᵉ et 36ᵉ divisions, les 3 bataillons de la division Gérard (3ᵉ, 105ᵉ et 127ᵉ), et les 2 bataillons napolitains feront partie de cette division.

« Art. 12. — Le contingent westphalien formera une division qui s'appellera la 37ᵉ.

« Le contingent wurtembergeois formera une division qui s'appellera la 38ᵉ.

« Le contingent de Hesse Darmstadt, de Bade et du prince Primat, formeront une division qui s'appellera la 39ᵉ.

« Les 4 régiments de la légion de la Vistule, les 3 régiments polonais qui étaient en Espagne, et les régiments lithuaniens formeront ensemble une 40ᵉ division.

« La 41ᵉ division qui se forme à Erfurth sera composée des 2ᵉ et 3ᵉ bataillons du 123ᵉ, des 2ᵉ et 4ᵉ bataillons du 124ᵉ, des 2ᵉ et 3ᵉ bataillons du 127ᵉ, des 2ᵉ et 3ᵉ bataillons du 128ᵉ, et 2ᵉ et 3ᵉ bataillons du 129ᵉ.

« Art. 13. — Tout ce que les régiments du 1ᵉʳ corps ont en garnison dans les places de l'Oder sera porté au 1ᵉʳ corps ; il en sera de même de ce que les régiments du 3ᵉ corps auraient dans les garnisons.

« Tout ce que la 31ᵉ division aura laissé dans les garnisons sera également porté pour mémoire à la 31ᵉ division.

« Tout ce que l'ancien 4ᵉ corps a laissé en garnison à Glogau sera porté au 4ᵉ corps, au corps d'observation d'Italie.

« Art. 14. — Le 1ᵉʳ corps sera commandé par le prince d'Eckmühl; le 2ᵉ corps, par le duc de Bellune; le 3ᵉ corps, par le prince de la Moskowa; le 4ᵉ corps, par le général Bertrand; le 5ᵉ corps, par le général Lauriston; le 6ᵉ corps, par le duc de Raguse; le 7ᵉ corps, par le général Reynier; le 8ᵉ corps, par le prince Poniatowski; le 9ᵉ corps, par ..... ; le 10ᵉ corps, par le général Rapp, et le 11ᵉ corps, par le maréchal Saint-Cyr. »

Le 20 avril, la nouvelle Grande-Armée française commença à se rapprocher de celle du vice-roi, sans attendre la formation complète de la cavalerie; ce qui aurait trop retardé l'ouverture de la campagne, et fait courir quelques dangers aux troupes du prince Eugène, dont la force était encore peu en rapport avec celle de l'ennemi. A cette époque du 20 avril, le 3ᵉ corps (Ney) était à Erfurth; le 4ᵉ (général Bertrand) à Cobourg; le 6ᵉ (Marmont) à Gotha, occupant Lengensalza. La division Souham, du 3ᵉ, se portait sur Weimar; le 12ᵉ corps (Oudinot) à Bamberg; la garde (duc d'Istrie) à Eisenach. L'Empereur, parti de Saint-Cloud, le 15, à sept heures du matin, était le 16 à Mayence, où il resta jusqu'au 24 à huit heures du soir. De son côté, la grande armée russe se rapprochait de l'Elbe. Elle passa l'Oder à Steinau, Radschütz et Koben le 13, arriva à Dresde, le 20, sous les ordres de Miloradowitch, qui remplaçait Kutusow, malade à Bunzlau. Enfin, le 22 avril, elle était à Freyberg, entre l'Elbe et la Saale. Woronsow, qui avait passé l'Oder, le 15, à Francfort, rejoignait par Berlin et Dessau Wittgenstein, qui, lui, était alors à Delitzsch, couvert à Schkeulitz par le corps d'Yorck. Wintzengerode occupait Leipzig et Merseburg; Halle était gardé par les Prussiens. L'armée russo-prussienne était donc encore à même de se jeter entre les deux principaux éléments de force de l'armée française, l'armée du prince Eugène au nord, celle de l'Empereur au sud; mais, à partir de ce moment, les deux armées françaises manœuvraient pour se réunir, ce qui leur était facile grâce aux sages dispositions du vice-roi.

L'Empereur fit connaître à son fils adoptif qu'il concentrait ses forces entre Leipzig et la Saale, et que le 3e corps allait quitter Weimar pour se porter sur cet affluent de l'Elbe. Aussitôt Eugène se mit en marche pour se rapprocher de Leipzig. Obligé de s'avancer avec prudence et de couvrir sa gauche, il porta, le 25, son quartier général à Mansfeld, jetant en avant de lui, à Eisleben, la division Gérard. Le 5e corps occupait Alsleben et les environs, se liant par sa gauche avec le 2e, qui à Bernburg couvrait Magdebourg, et par sa droite avec le 11e. Le 3e corps était encore à Weimar, les 6e, 4e et 12e s'échelonnant en arrière de lui, à Gotha, à Saalfeld par Erfurth, où arrivait la garde impériale avec l'Empereur. Napoléon atteignit cette ville, le 25, à onze heures du soir.

L'armée ennemie n'avait fait aucun mouvement, si ce n'est pour retirer la cavalerie légère et les postes jetés du côté de Cassel, vers Nordhausen et Heiligenstadt. L'empereur de Russie et le roi de Prusse avaient gagné Dresde, où ils avaient fait une entrée solennelle, ayant à leur suite le général saxon Thielman, venu de Torgau.

Le 26 avril commencèrent pour les deux parties de l'armée françaises les grands mouvements. Le 3ᵉ corps occupa Naumburg, la division Souham força le passage de la Saale, culbutant une avant-garde russe de 2,000 chevaux. Le 4ᵉ corps se porta près d'Auerstaedt, s'élevant au nord, le 12ᵉ à Cobourg, la garde à Weimar. Le vice-roi s'approcha de Merseburg, sur la Saale. C'est là qu'il voulait franchir la rivière.

Toutefois, avant d'y arriver, il crut devoir enlever au préalable les têtes de pont que l'ennemi avait à Wettin et à Halle au nord de Merseburg. Sans cela, en effet, il eût pu voir ses communications avec Magdebourg coupées et les 2ᵉ et 3ᵉ corps compromis. En conséquence, le général Lauriston reçut l'ordre d'attaquer le pont de Wettin, ce qu'exécuta la division Maison. Les Russes, après une résistance assez vive, brûlèrent le pont. Le 4ᵉ corps franchit la Saale à Dornburg et à Camburg, entre Iéna et Nuremberg. Wittgenstein, voyant le mouvement du vice-roi, voulut le suivre et s'en rendre compte. Il descendit sur Leipzig avec les troupes russes, le corps de Yorck restant toujours à Keuditz et ayant une division à Halle.

Le 28, le vice-roi fit attaquer par le 5ᵉ corps la tête de pont de Halle. L'action fut chaude, les Prussiens brûlèrent leurs ouvrages de la rive gauche. Toutefois ils se maintinrent toute la journée dans la ville sur la rive droite. Ces opérations offensives déterminèrent Wittgenstein, qui venait de recevoir le commandement en chef, devenu vacant par la mort à Bunzelau de Kutusow, à se replier d'abord derrière l'Elster, ensuite derrière la Pleiss. Il ne commença à connaître que le 30 avril la jonction des armées de l'Empereur et du vice-roi, jonction qui eut lieu le jour même, 30 avril, par l'envoi que fit le prince Eugène de la division Roguet à l'armée de Napoléon.

A cette époque, les armées en présence occupaient les positions suivantes : le quartier général de l'Empereur, la garde et le 3ᵉ corps à Weissenfels, au nord-est de Naumburg, le 4ᵉ à Stössen en avant et sur la rive droite de la Saale (route de Naumburg à Zeitz et Altenburg), le 6ᵉ près de Naumburg, le 12ᵉ à Saalfeld et à Iéna; le vice-roi avec les 5ᵉ et 11ᵉ corps à Merseburg. Du côté de l'ennemi, Wittgenstein, avec les corps de Tormasow et d'Yorck à Zwenckau, au sud de Leipzig; Blücher à Borna en seconde ligne, avec les Prussiens, les réserves de cavalerie et les gardes impériales et royales; Miloradowitch, avec 12,000 hommes principalement de cavalerie, à Altenburg, plus au sud sur la Pleiss. L'empereur de Russie se porta à Freyberg, le roi de Prusse à Chemnitz, quittant Dresde pour se rapprocher de leurs troupes; Wintzengerode eut la mission de se porter avec trois divisions de cavalerie et une d'infanterie sur Weissenfels.

Une bataille était imminente. Napoléon résolut de profiter de la jonction de son armée avec celle du vice-roi pour porter ce dernier jusque sur les passages de l'Elster. Il lui prescrivit donc de se rendre de Merseburg à Leipzig, tandis que lui-même irait par Lutzen également à Leipzig.

Le 1er mai, l'armée, directement aux ordres de l'Empereur, déboucha de Weissenfels, culbuta le corps de Wintzengerode, le rejeta à droite sur Werben, et continua son mouvement. Les 5e et 11e corps, guidés par le prince Eugène, débouchèrent de Merseburg, culbutèrent les avant-postes de la division Kleist et poussèrent l'ennemi devant eux. Mais, à ce moment, Eugène entendit sur sa droite une canonnade tellement vive (celle de Wintzengerode aux prises avec la Grande-Armée), que, croyant à la possibilité d'une affaire générale, il se décida à marcher au canon, en se rapprochant de l'Empereur par sa droite, et en gagnant avec deux divisions du 11e corps la grande route de Leipzig à Lutzen, tandis que le 5e corps, se liant avec lui par une de ses divisions, prolongerait son mouvement sur la première de ces deux villes. De cette façon, il était toujours à même, soit d'exécuter l'ordre de Napoléon de gagner directement Leipzig, soit de se porter sur le champ de bataille où l'action semblait chaudement engagée. Cette manœuvre hardie et judicieuse eut l'entière approbation de l'Empereur.

Le combat de Weissenfels était terminé, lorsque

le vice-roi rejoignit Napoléon près du monument de Gustave-Adolphe, en avant de Lutzen.

Le soir, l'armée française bivaqua : en avant de Lutzen, le 3ᵉ corps et la garde; à Poserna, en arrière et à l'est, le 6ᵉ; à Stossen, plus au sud encore, le 4ᵉ; le 5ᵉ entre Leipzig et Merseburg; le 11ᵉ entre Lutzen et Leipzig, à deux lieues de chacun de ces deux points. Le 12ᵉ était en marche de Iéna sur Naumburg. Les armées russes et prussiennes, en position le long de l'Elster, occupaient du nord au sud : Leipzig, par le corps de Kleist (Prussiens), Zwenchau, par Wittgenstein et Yorck (Russes et Prussiens); Pegau, par Blücher et les réserves de la garde russe et prussienne; Zeitz, beaucoup plus au sud, par le corps de Miloradowitch pour observer le 12ᵉ corps. Les souverains alliés étaient à Pegau.

Le 2 mai 1813, au point du jour, l'armée russo-prussienne déboucha par Pegau, Zwenchau et Dohlen, sur la rive gauche de l'Elster, puis elle franchit le ruisseau de Flossgraben et vint se déployer en avant des villages occupés par le corps du maréchal Ney.

L'armée française, continuant son mouvement sur Leipzig, s'allongeait vers cette ville, ayant en tête de colonne les troupes du prince Eugène. Le corps de Lauriston, parti de grand matin de Guntersdorf, se trouvait à neuf heures à Lindencau, n'étant plus séparé de la place que par les différents bras de l'Elster et de la Pleiss. Il fit aussitôt culbuter une avant-garde ennemie postée sur ce point, puis il engagea le feu d'une manière vigoureuse avec les troupes qui défendaient le passage. L'Empereur, entendant une vive canonnade sur Leipzig où était déjà le prince Eugène, s'y porta, mais tout à coup il aperçut l'armée ennemie dans la plaine, prenant sur sa gauche ses positions de combat. Il devenait évident que les Russo-Prussiens voulaient l'attaquer en flanc pendant sa marche sur Leipzig. Aussitôt il changea ses dispositions tactiques, et, tandis que Ney avec le 3e corps recevait l'ordre de tenir à Ruhna, Gross-Gorschen, Eisdorf et Kaya, le 6e corps à Poserna avait celui de se porter à l'extrême droite de la nouvelle ligne française, le 4e celui de se diriger sur le flanc gauche de l'ennemi, le vice-roi celui de rétrograder en laissant assez de forces pour tenir en échec la garnison de Leipzig et de se rabattre sur le champ de bataille.

Les 30,000 hommes du maréchal Ney, attaqués par toutes les forces des alliés, soutinrent le choc avec une intrépidité sans égale. La division Souham, la division Girard, cette dernière formée de jeunes soldats, ne furent ébranlées ni par la nombreuse cavalerie russe et prussienne, ni par une canonnade vigoureuse, ni par des attaques réitérées. Soutenus en seconde ligne par les bataillons de la jeune garde que Napoléon vint placer lui-même vers Kaya, généraux et conscrits se firent tuer aux cris de vive l'Empereur. L'intrépide Girard, blessé de trois balles, défend qu'on l'enlève du champ de bataille. « C'est ici, dit-il à ceux qui veulent l'emporter, c'est ici que tout ce qui a le cœur vraiment français doit vaincre ou mourir. »

La bataille avait commencé vers midi. L'impétueux Blücher s'était jeté à Gross-Gorschen sur la division Souham, puis le corps de Wintzengerode et la nombreuse cavalerie de réserve des alliés étaient entrés en ligne, cherchant à accabler le 3ᵉ corps de l'armée française, à faire une trouée sur le centre pour tourner les colonnes en mouvement sur Leipzig par la grande route de Lutzen. Successivement aussi Napoléon avait engagé le 6ᵉ corps (Marmont), qui s'était porté au secours du 3ᵉ, puis les 16 bataillons de la jeune garde. Il tenait en réserve, à peu de distance en arrière, les 6 bataillons de la vieille garde, la cavalerie et 80 bouches à feu. La division Morand du 4ᵉ corps arrivait sur le terrain, mais l'Empereur avait déjà employé toutes les forces qu'il avait sous la main, et presque toutes ses réserves, tandis que l'ennemi avait encore une grande partie de ses troupes disponibles, et n'ayant pas donné. La position pouvait devenir critique d'un instant à l'autre. Heureusement le prince Eugène avait reçu, devant Leipzig, l'ordre de revenir sur le champ de bataille. Le 5ᵉ corps étant aux prises à l'entrée de la ville, et éprouvant une résistance assez vive, le vice-roi se décida à le laisser, dans la crainte que le corps d'Yorck ne fût tout entier dans la place, et ne vînt à déboucher à la suite de sa colonne, si Lauriston n'était chargé de lui tenir tête. D'ailleurs le 5ᵉ corps avait quatre lieues à parcourir pour atteindre la plaine où l'on se battait, il n'arriverait donc que fort tard et sa coopération serait peut-être inutile. Le prince prescrivit seulement au général Lauriston de pousser une de ses divisions vers Albersdorf pour ne pas se laisser couper par la nuée des Cosaques qui débouchaient de Zwenckau.

Ces dispositions préliminaires fort sages étant prises, Eugène revint de sa personne à Schonau sur la route de Lutzen, pour donner une nouvelle direction au 11ᵉ corps (Macdonald). Le duc de Tarente lui proposa de suivre la grande route sur laquelle il se trouvait, afin de déboucher par Lutzen même. Le vice-roi considéra cette marche comme un faux mouvement. Et en effet, s'il eût adopté le projet de Macdonald, le 11ᵉ corps eût perdu un temps précieux, fût arrivé trop tard sur le champ de bataille, et son action n'eût pas été décisive comme elle le fut. Il s'arrêta au parti qui lui parut, et qui était en effet le plus rationnel et le plus tactique, celui de se jeter sur le flanc droit de l'ennemi, et de menacer ses communications avec les ponts de l'Elster; car, si les Russo-Prussiens avaient eu, en attaquant Napoléon le 2 mai 1813, l'espoir de déboucher sur l'armée française opérant une marche de flanc devant eux, et l'avantage qui résulte toujours d'une bataille livrée dans de pareilles conditions, du moment où l'armée qu'ils voulaient surprendre pouvait faire front, l'avantage disparaissait, et ils restaient avec le grave inconvénient d'avoir à dos des défilés formés par deux rivières et des marécages. En menaçant leurs ponts, seuls points de retraite, on faisait une opération des plus inquiétantes pour eux. C'est ce que le vice-roi calcula avec beaucoup de justesse et d'entente de la guerre. Le 11ᵉ corps eut donc l'ordre de suivre la direction de Pegau. A quatre heures de l'après-midi, il se déployait sur les hauteurs, près de Meyen, sur le flanc droit de l'armée ennemie. Son front était couvert par 60 bouches à feu. Au moment où le canon du vice-roi annonçait son entrée en ligne, les Prussiens occupaient les trois villages de Rahna, Kaya et Eisdorf; l'aile gauche de l'armée alliée s'étendait vers Starsiedel et Pobles, et sur sa droite une division allait déboucher sur Kitzen. L'arrivée du 11° corps modifia d'abord, changea totalement ensuite la situation des choses. La droite du prince Eugène donna sur une division prussienne qui avait passé le Flossgraben, et la repoussa sur Eisdorf. Macdonald fit ensuite enlever ce village et celui de Kitzen, malgré un renfort de 15 bataillons de la garde russe que Wittgenstein y envoya. Les deux villages étant au pouvoir du 11° corps, le prince Eugène fit passer le ruisseau à la division Fressinet, occuper fortement Eisdorf par la division Charpentier et Kitzen par celle de Gérard.

Pendant que le corps de Macdonald gagnait du terrain sur le flanc droit de l'ennemi, la division Bonnet du 6° corps se battait vigoureusement entre Starsiedel et Kaya, à la gauche de Blücher, et le général Bertrand lançait la division Morand de son 4° corps sur le même point pour rejeter l'aile gauche des Russo-Prussiens sur le centre, favorisant ainsi l'attaque de la jeune garde conduite par le duc de Trévise sur le centre vers Kaya. 80 bouches à feu précédaient ces bataillons de la jeune garde.

L'ennemi attaqué vigoureusement sur tous les

points, menacé par le mouvement tournant du vice-roi qui débordait l'aile droite des Prussiens, après l'avoir culbuté, poussé sur Kaya, chassé des villages qu'il avait enlevés au commencement de l'action, fut contraint d'opérer, toujours en se battant, un mouvement rétrograde. Les corps de Wittgenstein et de Blücher se trouvèrent ramenés aux points où ils se trouvaient avant l'action. Le vieux Blücher voulait encore tenter le sort des armes, et il fit une charge furieuse à la tête de sa cavalerie, mais cela n'eut d'autre résultat que de jeter un instant de désordre dans une des divisions du 6e corps.

Vers trois heures de l'après-midi, le général Lauriston avait occupé Leipzig, et, repoussant le corps de Kleist, qui se repliait sur Wurtzen, il jetait des partis sur la route de Rotha.

Le corps de Miloradowitch, qui était à Zeitz, et qui observait le 12e de l'armée française, ne rallia l'armée ennemie que le 5 au matin.

Wittgenstein fit bivaquer son armée en avant des ponts de l'Elster. Voyant que le mouvement du 11e corps de l'armée française lui avait fait perdre la communication de Zwenckau, que l'occupation de Leipzig par le 5e corps permettait à ce corps de prendre à revers la communication de Pegau, il se décida à opérer le plus rapidement possible sa retraite, dans la crainte de voir les deux ailes de l'armée française l'envelopper et se replier sur lui. Pendant la nuit, l'armée alliée repassa l'Elster à Pégau, d'où les Prussiens se dirigèrent sur Borna, les Russes sur Frohberg. Miloradowich repassa la rivière à Zeitz. Les deux souverains alliés se retirèrent sur Dresde, faisant répandre partout la nouvelle de la grande victoire qu'ils venaient de remporter, victoire qui ne les empêchait pas de mettre trente lieues entre leurs personnes et Napoléon, et de faire battre précipitamment en retraite leurs armées, que le manque de cavalerie du côté des Français sauva seule d'un désastre.

Après la bataille de Lutzen, au succès de laquelle il eut une large part, le vice-roi cessa d'agir séparément avec les deux corps sous ses ordres (5ᵉ et 11ᵉ). Il forma l'avant-garde de la Grande-Armée jusqu'à Dresde avec le 11ᵉ corps, tandis que le 5ᵉ, prenant sur la gauche, débordait la droite des Russes et des Prussiens, en marchant par Wurzen, Oschatz et Meissen.

Le 3 mai, le 11ᵉ corps passa l'Elster à Pégau, et prit position à moitié chemin de cette ville à Borna, serrant de près les Prussiens d'York en pleine retraite sur la route de Dresde, tandis que les Russes, dont Miloradowitch formait l'arrière-garde, se dirigeaient plus au sud par Frohburg. Le 4, Eugène ayant pris position à Hopfgarten au-dessus de Borna abandonné par les Prussiens, ces derniers se replièrent derrière la Mulda, et essayèrent de tenir, le lendemain 5, devant Colditz. Les divisions du corps de Kleist avaient coupé le pont. La canonnade s'engagea des deux rives. Le vice-roi, déployant alors devant l'ennemi la division Charpentier, s'éleva au nord avec la division Gérard, pour passer la Mulda au village de Sermuth; puis, au lieu de se rabattre brusquement sur Colditz, il longea un parc situé en arrière de la ville, et vint établir une batterie de 20 pièces sur les hauteurs qui dominent la grande route. Ce mouvement força les divisions prussiennes à évacuer Colditz, en passant sous le feu de l'artillerie française, qui leur fit beaucoup de mal. L'ennemi se retira partie sur Leissnig, partie sur Hartha. Le prince se mit à le poursuivre. En arrivant à hauteur de Hartha, il se trouva face à face avec le corps russe de Miloradowitch, qui battait en retraite de Rochlitz. Eugène avait avec lui la division Gérard. La division Charpentier ne tarda pas à le rejoindre, le pont de Colditz fut réparé. Alors le vice-roi attaqua vigoureusement les Russes, les rejeta sur Waldheim, en leur faisant perdre près de 2,000 hommes.

Le lendemain 6, le prince Eugène, toujours à l'avant-garde, et qui avait couché à Hartha, passa le ruisseau de Tschoppe, derrière lequel Miloradowitch avait pris position, après avoir rompu le pont de Waldheim. Ce pont avait été rétabli de bonne heure. Il engagea un combat des plus vifs, poussa les Russes sur Etzdorf, près de Rosswein. Là, Miloradowitch, prenant une forte position couverte par des ravins, essaya de tenir; mais, à la suite d'une affaire assez vive, il fut encore obligé de battre en retraite, et recula jusqu'à Nossen, se rapprochant toujours de Dresde, dont les deux souverains alliés essayaient d'organiser la défense.

Le 11e corps, guidé comme les jours précédents par le prince vice-roi en personne, attaqua une fois encore Miloradowitch en position à Limbach, le culbuta sur Wilsdruff, et le contraignit à gagner les faubourgs de Dresde, tandis que le quartier impérial, qui n'avait cessé d'avancer sous la protection des combats livrés par l'avant-garde, atteignit Nossen.

Le 8, vers midi, le vice-roi entra à Dresde, à la tête du 11ᵉ corps, il prit avec lui quelques cavaliers, et alla immédiatement reconnaître le pont de bateaux jeté au-dessus de la ville. Miloradowitch y avait encore des troupes; mais, après avoir tiré quelques coups de fusil, les Russes évacuèrent leurs ouvrages, en mettant le feu au pont. Le matin, l'ennemi avait brûlé l'arche en charpente construite sur celui de Dresde, en sorte que tout passage se trouvait intercepté. Napoléon ne tarda pas à arriver lui-même à Dresde, et s'empressa de se porter à Priesnitz en aval, pour y déterminer l'emplacement d'un autre pont de bateau, à la construction duquel il fit travailler. La garde pénétra dans la place, le 5ᵉ corps atteignit Meissen, le 6ᵉ Nossen, le 4ᵉ et le 12ᵉ continuèrent leur mouvement.

A trois heures du matin, le prince Eugène, avec la division Fressinet, vint veiller à la construction du pont, qu'il fit protéger par l'artillerie de la garde. Deux batteries, une de dix-huit bouches à feu, l'autre de seize, furent établies par ses soins des deux côtés du village de Priesnitz. Deux compagnies de voltigeurs furent lancées sur l'autre rive, au moyen d'un bateau, et se portèrent sur Mukten. Deux bataillons passèrent ensuite sur un radeau. L'ennemi essaya de s'opposer au mouvement offensif par le feu de quarante pièces soutenues par plusieurs bataillons de grenadiers, mais il ne tarda pas à être forcé de battre en retraite. Pendant que ce combat était engagé au nord, dans la ville vieille, Napoléon faisait mettre vingt pièces en batterie pour obliger les Russes à évacuer la ville neuve, dans laquelle ils tenaient et qu'ils s'obstinaient à défendre. Après un combat assez vif et un échange de projectiles, les alliés abandonnèrent la capitale de la Saxe. Les 4e, 6e, 12e corps y pénétrèrent.

Le prince Eugène avait donc rempli avec autant de bonheur que de talent la mission difficile qui lui était échue en partage par le départ du roi de Naples, mission à laquelle il s'était dévoué pour le salut de l'armée, pour le service de la France et de l'Empereur. Il était parvenu, avec une dizaine de mille hommes désorganisés, à contenir les armées russes, puis ensuite à opérer en face d'un ennemi nombreux une retraite périlleuse, ne cédant le terrain que pied à pied. Enfin, après cinq mois de luttes incessantes, de combats glorieux, de manœuvres habiles, il avait pu organiser une armée assez forte pour remettre aux mains de l'Empereur près de 80,000 soldats aguerris. Il avait été assez heureux pour contribuer puissamment au succès d'une des dernières et belles victoires de l'Empire, et il allait se rendre en Italie pour continuer à servir la France et son père adoptif avec le zèle, le dévouement, l'intelligence qu'il avait toujours mis à remplir ses devoirs.

Cette conduite n'est-elle pas digne de la reconnaissance de la patrie et de l'admiration des hommes honorables, à quelque parti qu'ils puissent appartenir? N'aurait-elle pas dû mettre la mémoire du prince à l'abri de basses calomnies qu'il nous sera, du reste, bien facile de réduire à néant?

Le même jour (8 mai 1813), le prince Eugène reçut de Napoléon l'ordre de retourner en Italie et d'y organiser une armée. La conduite douteuse de l'Autriche en 1812 et le rôle même qu'elle jouait dans le moment présent ne permettaient plus de la regarder comme une alliée sûre. Il était probable que, si elle ne se réunissait pas bientôt à la Russie et à la Prusse pour profiter de la supériorité que devait alors prendre la coalition, au moins le ferait-elle au premier revers de nos armées. L'Italie, dégarnie, était, pour cette puissance, une tentation trop forte pour qu'elle pût y résister, et la conquête de ce pays, dans l'état actuel des choses, ne lui coûtait qu'une invasion. Les talents militaires qu'avait déployés le prince Eugène en 1809, et surtout dans les quatre premiers mois de 1813, avaient dû lui mériter la confiance de son souverain. Aussi l'empereur Napoléon ne balança pas un instant dans son choix, persuadé que non-seulement Eugène défendrait l'Italie, mais que, en cas de nécessité, il opérerait contre l'Autriche une diversion utile. Le prince arriva à Munich, lorsque déjà le général de Wrède et le parti autrichien intriguaient auprès du roi Maximilien pour l'engager à accéder à la coalition, ce qui aurait permis à l'Autriche de se déclarer plus tôt. Ils travaillaient également à ôter le ministère au comte de Montgelas, qui, fidèle aux vieilles maximes politiques de la Bavière, voulait la retenir dans l'alliance de la France. Le nom et la réputation du prince Eugène, et l'estime que lui portait le roi, arrêtèrent pour le moment l'effet des intrigues autrichiennes. La nouvelle de la victoire de Bautzen et de la retraite des Russo-Prussiens sur l'Oder acheva de faire taire les ennemis de la France, et la Bavière resta notre alliée pendant quelques mois de plus.

CORRESPONDANCE

RELATIVE AU LIVRE XXIII.

DU 17 JANVIER AU 12 MAI 1813.

« Sire, je n'ai reçu aujourd'hui aucune nouvelle qui annonçât un mouvement positif de l'ennemi. J'envoie à Votre Majesté le dernier rapport que j'ai eu de Plock et de Varsovie. Il paraît que la reconnaissance que l'ennemi avait faite sur les avant-postes du général Reynier, et dont le Roi a dû rendre compte à Votre Majesté, n'a donné lieu jusqu'à présent à aucune affaire. Le maréchal Davout m'écrit d'hier, 17, qu'on annonçait seulement la marche d'une petite colonne sur..... et Galoppe, mais rien n'avait encore paru devant lui. Il occupait même Br..... avec 800 hommes d'infanterie et deux pièces d'artillerie. J'ai reçu des nouvelles de Dantzig par un officier qui en est parti le 14 au soir. Le général Rapp y était tranquille, avait encore une division

_{Eug. à Nap.
Posen,
18 janvier
1813.}

et demie hors de la place pour faire rentrer du fourrage et des bestiaux de la Noga. Nos communications avec cette place vont devenir plus difficiles, parce que les parties de cavalerie qui ont débouché par Marienburg et Marienwerder parcourent le pays de Kantritz-Kamin et Enkel.

« J'ai fait écrire ce matin à M. de Saint-Marsan [1] pour le prier de me tenir informé de l'organisation que l'on doit faire en Prusse d'un nouveau corps d'armée, et de représenter au gouvernement prussien que, dans le moment actuel, il lui serait très-facile, avec deux ou trois colonnes mobiles composées de cavalerie et d'infanterie légère, d'empêcher les Cosaques de ravager la Poméranie, d'empêcher les partis de s'approcher du bas Oder, et peut-être de maintenir la communication avec Dantzig, surtout si, comme je le pense, l'ennemi n'est point en état d'entreprendre rien de sérieux sur cette place. Je me suis occupé ce matin de l'établissement de nouveaux hôpitaux en arrière de l'Oder. J'attends avec impatience le commandant de l'artillerie et le commandant du génie pour organiser tout ce qui tient à la défense des places de l'Oder. Je compte aussi avoir ici une vingtaine de pièces d'artillerie pour les 10,000 hommes que je pourrai y réunir. »

Eugène à la vice-reine. Posen, 18 janvier 1813.

« Ma bonne et chère Auguste….. je suis à la besogne jusqu'au cou, et je t'assure que j'ai du travail….. J'ai reçu à mon réveil ta lettre du 8 janvier.

---

[1] Ambassadeur de France à Berlin.

Je ne te sais pas mauvais gré de la démarche que tu as faite près de l'Empereur[1]; mais ce n'est plus le moment de parler de retour et du bonheur de nous revoir; tu dois comprendre combien Sa Majesté est affligée intérieurement de tout ce qui se passe, et il y a tant de monde qui l'abandonne en ce moment, que c'est justement dans les occasions pénibles et difficiles qu'on doit montrer du dévouement, plus de courage et de résignation. Toi, qui en as tant, j'espère que tu ne les perdras pas. Encore un effort, et j'augure que nous pourrons enfin jouir, fût-ce dans un coin, du bonheur d'être réunis et tranquilles. Adieu, ma très-chère Auguste, il n'est pas permis de penser pour le moment à un voyage pour toi : d'abord nous ne sommes pas fixés, et puis la saison, et puis encore les enfants! J'avais conservé l'espoir, par exemple, de te revoir cet hiver à Munich, nous eussions pu nous y donner rendez-vous; mais à présent que ce diable de roi de Naples m'a laissé le gros fardeau, je doute bien que cela soit possible. Enfin, patience, et aimons-nous-en davantage, si toutefois cela est en notre pouvoir. »

Eug. à Nap. Posen, 18 janvier 1813.

« Sire, j'ai l'honneur d'adresser à Votre Majesté la seule note qui me soit parvenue aujourd'hui sur les mouvements de l'ennemi. Les nouvelles de Var-

---

[1] Avant de savoir que Murat avait quitté l'armée, la laissant aux mains d'Eugène, la vice-reine avait écrit à l'Empereur pour lui demander le retour de son mari; mais, lorsqu'elle connut les événements, cette noble princesse fut la première à engager Eugène à rester au poste de l'honneur.

sovie n'annonçaient aucun mouvement. Thorn était encore tranquille hier soir. Un officier parti le 15 de Dantzig annonçait que les troupes tenaient encore la campagne à trois et quatre lieues. Le général Bachelu avait eu un léger avantage en faisant attaquer, dans la nuit du 14 au 15, les avant-postes ennemis par un colonel et 800 Polonais. Le résultat a été 3 officiers russes prisonniers et 30 soldats dont 8 hussards. Le seul point où les partis ennemis aient déjà pénétré est toujours Kaumitz et Tuckel. J'ai écrit au prince de Schwarzenberg, au général Reynier et au prince Poniatowski : j'ai vu par leur correspondance qu'on les a laissés longtemps sans instruction et sans nouvelles de ce qui se passait. Je me suis efforcé de leur démontrer combien il était peu probable que l'ennemi entreprît rien de nouveau, vu la saison avancée et l'imprudence qu'il y aurait de sa part à pénétrer au milieu de nos places fortes et de s'ôter par là tout moyen d'être en mesure au printemps prochain. Je ne leur ai pas laissé ignorer que tous les rapports que je reçois annonçaient que l'armée ennemie était harassée de fatigue. J'ai prescrit au prince Poniatowski de se concentrer autour de Varsovie au lieu d'éparpiller ses régiments comme il l'a fait. Je lui ai recommandé d'en presser la remonte. Je n'ai point encore les commandants d'artillerie et du génie. Je ne puis encore donner de bonnes nouvelles du major général; ce prince a beaucoup souffert cette nuit. »

Eug. à Nap.
Posen,

« Sire, j'ai l'honneur d'adresser à Votre Majesté

le résumé des différents rapports d'espions de la journée. Ceux que j'ai reçus particulièrement de Pordon, près de Bromberg, paraîtraient faire croire que de l'infanterie ennemie était déjà établie à Schwetz. Par un autre rapport de Plock, auquel je puis donner croyance, le quartier général du général Tittchakoff était le 13 janvier à Gulstatt. Le général Wittgenstein venait de quitter l'armée pour rentrer en Russie. Il paraît que quatre généraux ennemis se plaignent assez hautement de l'ordre qu'ils prétentendent avoir reçu de continuer la campagne. J'ai écrit de suite au prince Schwarzenberg et au prince Poniatowski pour les tranquilliser sur tout ce qui s'est passé jusqu'à présent dans la basse Vistule.

20 janvier 1813.

« J'ai une peine infinie pour recevoir l'exact emplacement des différentes troupes. Avec un peu de patience et de persévérance, j'espère sortir de cet embarras.

« Le prince major général est toujours fort souffrant; je crains bien que, malgré sa bonne volonté, il ne puisse continuer à rester ici : il a été très-mal la nuit dernière, et les médecins craignent beaucoup pour celle-ci; Votre Majesté voudra-t-elle l'autoriser de rentrer en France? »

« Comme j'ai beaucoup de travail à expédier en Italie, j'envoie un courrier à Milan, ma chère Auguste..... Je me porte bien, mais je trouve furieusement lourd le poids du commandement en chef. J'ai trouvé dans toutes les affaires le plus grand désordre; chacun ne pensait qu'à se sauver, et on ne

Eugène à la vice-reine. Posen. 20 janvier 1813.

savait même plus où trouver les troupes. Je crois que j'aurai déjà beaucoup fait si je parviens à tranquilliser les esprits et à mettre un peu d'ensemble dans les mouvements. On ne pourra pas dire, j'espère, que c'est l'ambition de la gloire qui m'a fait prendre le commandement en chef, car c'est bien *par dévouement à l'Empereur*, et il est impossible d'accepter une tâche plus difficile et plus épineuse à remplir. Je n'ai pas encore de nouvelles de Sa Majesté l'Empereur. Informe-toi bien s'il est vrai que le roi soit passé pour se rendre à Naples, car il nous avait dit qu'il allait se reposer chez le roi de Westphalie, et, pour un malade, ce ne serait pas mal d'aller d'une course jusqu'à Naples. Il faut avouer que l'Empereur est bien mal servi par sa propre famille... J'espère que cela lui ouvrira les yeux... »

Eug. à Nap. Posen, 21 janvier 1813.

« Sire, j'ai l'honneur de rendre compte à Votre Majesté que le maréchal Davout m'informe d'hier, qu'ayant appris que des premiers partis d'ennemis étaient entrés à Bromberg, il y avait envoyé le général Gérard avec 800 hommes d'infanterie et 4 pièces d'artillerie. Le général Gérard a trouvé effectivement à Bromberg le général prince Woronzof, qui y était entré le matin même du 18, avec 5 à 600 hommes d'infanterie et autant de Cosaques. L'ennemi a été chassé de Bromberg et poursuivi jusqu'à deux lieues de là, à la sortie d'un bois. — Le général Gérard est resté le lendemain à Uscz, d'où il a dû partir ce matin avec le prince d'Echmühl. — Les renseignements qu'on a pu se procurer à Bromberg sur l'ennemi sont qu'il y avait à Culm et à Culmsée une colonne d'infanterie de plusieurs mille hommes. Un espion prétend avoir vu 20 pièces d'artillerie dans le premier de ces deux endroits et 10 dans l'autre.—200 chevaux et 6 pièces d'artillerie devaient être à Schwetz.

« On annonçait que le corps du général Tittchakoff était le 17 à Lobau, la tête était déjà arrivée le 18 à Strasburg[1]. Je ne puis encore avoir d'opinion sur ce que l'ennemi pense faire. Ses véritables intentions ne peuvent pas tarder à être connues. S'arrêtera-t-il devant Thorn? s'occupera-t-il seulement de cette place? ou la négligera-t-il, soit pour se porter sur Posen, soit pour tourner la gauche des Autrichiens et remonter la Vistule? C'est ce que nous saurons dans quatre ou cinq jours.

« Le directeur du parc est enfin arrivé ici aujourd'hui. Le tableau qu'il m'a fait de ses ressources est réellement affligeant; nous manquons totalement de caissons. Les seules 9 pièces qui sont avec la garde ont chacune leur caisson. Il paraît qu'il n'y en a aucun dans les places de Stettin, Custrin et Glogau. Il y en avait une soixantaine à Dantzig. On ignore encore si on a pu les envoyer jusqu'à l'Oder. D'après les états qu'il m'a été présenté de Custrin et de Glogau, je crois que même nous ne sommes pas très-riches en munitions. J'ai ordonné que l'on en confectionnât de suite à Custrin. Il n'y a dans cette place

---

[1] Strasburg ou Brodnitzo, ville des États prussiens, à treize lieues sud-est de Marienwerder et à sept lieues sud-ouest de Lobau.

qu'un millier de cartouches. J'ai ordonné qu'on en confectionnât deux cents milliers. Cette place a aussi besoin de poudre; elle n'en a que 80 milliers, et il lui en faudrait plusieurs fois autant.

« J'attends le général Sorbier pour savoir de quelle place on pourra en tirer. — Le peu de troupes que j'avais annoncé à Votre Majesté devoir se réunir ici n'auront fini leur mouvement que le 26 et 27. — Si j'ai bien calculé les mouvements de l'ennemi, ce ne serait que vers cette même époque qu'il pourrait passer la Vistule.

« Le major général, qui avait passé une meilleure journée aujourd'hui, ressent ce soir de très-vives douleurs. »

<small>Eug. à Nap.
Posen,
21 janvier
1813.</small>

« Sire, le duc d'Abrantès s'est adressé à moi pour obtenir un congé qui l'autorise à rentrer en France. Je n'ai pas cru pouvoir obtempérer à sa demande sans l'autorisation de Votre Majesté. Il s'appuie sur le mauvais état de sa santé et sur le petit nombre d'hommes qui lui restent à commander. En effet, le 8⁰ corps n'a pas aujourd'hui plus de 1,200 hommes. Je prie Votre Majesté de me faire connaître ses ordres au sujet du duc. »

<small>Eug. à Nap.
Posen,
21 janvier
1813.</small>

« Sire, j'ai l'honneur de rendre compte à Votre Majesté que, d'après les premières destinations qu'avait reçues le prince d'Eckmühl, il a dû quitter aujourd'hui Thorn avec le 1ᵉʳ corps et a laissé dans cette place 3,000 Bavarois et 800 Français. Il en a confié le commandement au général bavarois Zoller;

quoiqu'on dise du bien de cet officier, je regrette qu'il n'y ait point laissé un officier général français. Je compte laisser continuer la marche du 1er corps jusqu'à Custrin, et je ne garderai ici que les troupes qui l'ont rejoint et qui doivent former environ 1,800 hommes. — Je joindrai à ces trois bataillons douze compagnies d'élite que le roi avait fait sortir de Dantzig. Je donnerai à ces cinq bataillons 8 pièces d'artillerie, ce qui me fera à peu près 3,000 hommes. Les Bavarois que j'arrête à Gunler fourniront encore 4,000 hommes avec 12 pièces d'artillerie. Enfin la garde impériale qu'on peut porter à 3,000 hommes, ce qui complétera un total d'à peu près 10,000 hommes d'infanterie; c'est tout ce que je pourrai avoir sous la main d'ici au 30.

« Je regrette que Votre Majesté m'ait fait ordonner au maréchal Augereau d'arrêter le corps du général Grenier à Berlin. S'il avait pu m'arriver jusqu'ici, je l'aurais placé en arrière de Thorn et je me serais porté avec tout ce que j'ai ici de disponible en arrière du prince Schwarzenberg; celui-ci est toujours fort inquiet de sa position. Il doit craindre, en effet, les mouvements que l'on pourrait faire sur sa gauche, et la seule manière de le tranquilliser eût été d'avoir à Thorn un corps assez fort pour occuper la droite de l'ennemi. — Votre Majesté voit combien il reste peu de monde disponible. J'espère toujours une chance favorable pour nous; c'est celle où l'ennemi serait assez raisonnable pour arrêter sa marche sur la Vistule et s'occuperait, comme il paraît qu'il le fait, des préparatifs d'une nouvelle campagne. — J'attends avec bien de l'impatience des nouvelles de Votre Majesté. »

Eugène à la vice-reine. Posen, 21 janvier 1813.

« Ma chère et bonne Auguste, je t'écris pour te dire que je continue à me bien porter; j'ai beaucoup à travailler, mais je le fais avec plaisir, surtout si cela peut faire connaître à l'Empereur ses vrais amis. Nous n'avons pas encore fait de mouvements; mais je n'ose pas trop me flatter, et je crains que l'ennemi, par les siens, ne nous oblige à nous retirer derrière l'Oder; toute cette pauvre Pologne serait alors occupée par les Russes.

« *P. S.* Le fils de ce pauvre Michel est mort avant-hier, j'en suis bien triste; c'était un bon valet de pied. »

Nap. à Eug. Fontainebleau, 22 janvier 1813.

« Mon fils, vous garderez le comte Dumas avec toute l'administration.

« On ne nous a pas encore écrit que Desgenettes était mort : nous ne le savons qu'indirectement. Nommez parmi les médecins qui sont à l'armée un médecin pour faire les fonctions de médecin en chef; faites renfermer tous les hôpitaux dans les places fortes. Renvoyez sur Magdebourg tous les médecins et chirurgiens inutiles. »

Nap. à Eug. Fontainebleau, 22 janvier 1813.

« Mon fils, j'ai ordonné la formation de cinq bataillons d'équipages militaires en France. On manque d'officiers et de sous-officiers. Je pense qu'il faut que vous complétiez à l'armée un, deux ou trois bataillons d'équipages, si vous avez suffisamment d'hommes, et que vous renvoyiez tout le reste des équipages militaires sur Mayence, en me le faisant connaître, et en ordonnant aux chefs de faire connaître également à l'administration de la guerre ce qu'ils amènent avec eux de chaque bataillon, et quand ils arriveront à Mayence.

« Ainsi donc, vous aurez à l'armée trois bataillons que vous organiserez, et le reste rentrera en France.

« Tout ce qui appartiendrait au neuvième bataillon d'équipages militaires, vous le renverrez sur Vérone, en faisant connaître au général Vignolle et au ministre de l'administration de la guerre ce que vous envoyez. Par ce moyen vous serez débarrassé d'un tas d'hommes inutiles, et nous aurons ici des cadres.

« Après six semaines de séjour en France, tout cela reprendra son énergie ordinaire. »

« Mon fils, renvoyez tout le trésor à Magdebourg, et même le payeur de l'armée. Ordonnez que la caisse de Berlin se rende à Spandau. Établissez une caisse à Stettin, Custrin, Glogau et Spandau, mais dans laquelle il n'y aura pas plus de 5 à 600,000 francs. La comptabilité générale se tiendra à Magdebourg avec tous les fonds de réserve. Ayez à votre quartier général tout au plus 1,000,000, bien attelé et bien en état.

Nap. à Eug.
Fontainebleau,
22 janvier
1813.

« Faites-moi connaître quelle est la quantité d'argent qui est restée à Dantzig et à Thorn. »

Nap. à Eug. Fontaine-bleau, 22 janvier 1813.

« Mon fils, je viens de vous écrire sur différents objets d'administration; demain je vous écrirai sur les opérations générales. Je dois cependant vous faire connaître les principales dispositions que j'ai prises.

« J'ai créé un corps d'observation de l'Elbe, dont le quartier général est à Magdebourg; un corps d'observation du Rhin dont le quartier général est à Francfort; un corps d'observation d'Italie dont le quartier général est à Vérone.

« J'ai donné le commandement du corps d'observation de l'Elbe au général Lauriston, qui part après-demain, et aura le 15 février son quartier général à Magdebourg. Indépendamment de quatre divisions françaises, il aura sous lui une division westphalienne. Il est probable que la tête de ce corps pourra arriver à la fin de février à Magdebourg. La tête du corps d'observation du Rhin arrivera à Francfort en même temps. Le général Souham en commande provisoirement la 1re division. Ce corps est sous les ordres du duc de Valmy. J'emploierai les généraux disponibles qui sont à la grande armée dans ces corps.

« Je forme derrière, une armée de réserve composée de tout ce qui appartient à la grande armée. Dans le courant d'avril, cette armée de réserve aura un effectif de 120,000 hommes.

« Le duc de Castiglione commande la division Grenier et la division Lagrange. La division Grenier n'a qu'un seul général de division; elle a cependant de quoi former deux divisions; je ne pense pas qu'il faille la faire venir à Posen : cette division ayant fait une grande route dans la saison actuelle, on perdrait trop de monde. D'ailleurs, il faut garder Berlin et la Prusse. Il faut donc que vous la laissiez reposer pendant février, et que l'intendant lui nomme un bon ordonnateur.

« Si le corps autrichien, le 5ᵉ corps et le 7ᵉ sont obligés d'évacuer Varsovie, ils laisseront une bonne garnison à Modlin avec des vivres pour un an. Ils y laisseront aussi le matériel du duché qu'ils ne pourront pas apporter, et ils se retireront par Kalisch sur vous. Par ce moyen vous aurez un gros noyau d'armée sur Posen.

« Le roi de Naples peut, dès à présent, fournir 1,500 hommes de bonne cavalerie.

« Il n'est pas présumable que l'ennemi, laissant Modlin, Thorn, Dantzig et Grandentz derrière lui, veuille s'avancer sur vous au milieu de l'hiver, puisque le corps de la droite doit avoir 50,000 hommes.

« L'Autriche réunissant un corps d'armée en Gallicie, les Russes seront obligés de lui opposer un corps d'armée de 50 à 60,000 hommes. Il leur faudra 80,000 hommes pour masquer Dantzig, Grandentz, Thorn et Modlin. Il est donc probable que rien ne se présentera sur Posen, si ce n'est quelques corps de Cosaques [1].

« Je pense qu'il est important de garder Posen autant que vous pourrez. Après cela, il est d'une grande importance de garder Berlin. »

[1] Ces sages prévisions de l'Empereur devaient être déjouées par la neutralité quasi hostile de l'Autriche.

Nap. à Eug. Fontainebleau, 22 janvier 1813.

« Mon fils, je n'ai encore aucun renseignement sur l'état de la cavalerie à la grande armée. J'ignore où sont les différents régiments; je n'ai pas de renseignements sur les remontes; je ne sais ni combien on en a fait, ni où sont les chevaux; je n'ai aucun renseignement sur le harnachement; je ne sais où sont les selles envoyées par le ministre de l'administration de la guerre. Je vous prie de me faire connaître ce que vous savez là-dessus.

« Il est nécessaire de réunir tous les détachements des différents régiments entre l'Oder et l'Elbe. Faites, à cet effet, revenir ce qui est à Varsovie, afin de ne pas disséminer ma cavalerie, et de réunir tous les détachements pour reformer les régiments.

« Vous avez beaucoup de généraux de cavalerie inutiles; renvoyez-les tous en France; ne gardez que trois ou quatre généraux de division et le nombre de généraux de brigade qui sera nécessaire pour surveiller les remontes et commander les différentes brigades et divisions au moment de leur réunion.

« Il ne faut plus que la cavalerie donne des régiments provisoires : nous perdrions tout; il faut absolument réunir les corps.

« Le général Bourcier ne nous écrit pas; l'intendant ne donne point de renseignements, de sorte que nous ne savons rien.

« Je vous l'ai déjà dit, et je vous le répète : renvoyez en France tous les cadres, et gardez autant de cadres de compagnies que vous aurez de fois cent hommes à pied ou à cheval.

« Vous me ferez savoir si les marchés passés

à Hambourg, Glogau, Berlin, Posen et Varsovie vous ont procuré ou pourront vous procurer un nombre de chevaux assez considérable pour remonter les hommes que vous avez à pied.

« Gardez les colonels des régiments dont vous auriez deux escadrons à pied ou à cheval ; renvoyez les colonels en gardant les chefs d'escadron pour les régiments réduits à moins de deux escadrons. Vous sentez combien la présence de ces colonels à leurs régiments serait utile et nécessaire.

« Je me suis assuré de 25,000 chevaux de remonte, et les cantons fournissent 30,000 hommes montés : cela portera ma cavalerie, qui partira dans le courant de mars et d'avril, à plus de 50,000 hommes. Mais il est important que vous renvoyiez tous les officiers, sous-officiers et cadres inutiles.

« Envoyez-moi l'état de la répartition qui a été faite de la cavalerie à pied, le lieu où elle se trouve. Donnez ordre aux généraux qui commandent ces différentes portions de cavalerie, aux colonels ou officiers qui commandent les régiments et détachements isolés, au général Bourcier et aux généraux qui commandent les dépôts de Berlin, etc., d'adresser par des estafettes extraordinaires des états de situation au ministre de la guerre. Les estafettes extraordinaires peuvent se diriger sur Berlin et Magdebourg où elles trouveront l'estafette générale. »

Nap. à Eug. Fontainebleau, 22 janvier 1813.

« Mon fils, le général Sorbier commandera l'artillerie, et le général Neigre sera directeur du parc.

« J'ignore la quantité de matériel d'artillerie qu'on a attelée depuis mon départ à Dantzig; mais voici les dispositions que le ministre de la guerre a prescrites : des compagnies d'artillerie des cohortes se rendront à Magdebourg; elles sont composées de très-beaux hommes et elles serviront à compléter cinquante compagnies d'artillerie qui ont fait la campagne. Ainsi, dans le courant de février, ces compagnies seront dans le meilleur état.

« Le ministre a ordonné qu'on renvoyât les cadres de la plupart des compagnies d'artillerie à cheval, en en conservant quelques-uns pour l'armée. Des dispositions ont été également arrêtées pour les bataillons du train. Le général d'artillerie, avec qui correspond le ministre de la guerre, vous fera un rapport sur tout cela, et vous me ferez connaître comment on exécute ce qui a été ordonné.

« Le général Bourcier doit lever des chevaux d'artillerie; on en lève beaucoup en France. Le 11ᵉ corps, composé de la division Grenier et de la division Lagrange, doit avoir son artillerie complète. »

Nap. à Eug. Fontainebleau, 22 janvier 1813.

« Mon fils, renvoyez toute ma maison et mes chevaux de main à Magdebourg, parce que c'est à Magdebourg que j'ai ordonné au grand maréchal et au grand écuyer de reformer ma maison. Gardez la portion du matériel qui peut vous être utile; mais qu'on me le fasse connaître sur-le-champ.

« Madame de Ségur est morte hier d'une rougeole rentrée. Renvoyez son mari à Paris.

« Faites-moi connaître ce qui reste de ma maison

et de mes chevaux, où ils sont, et si j'ai perdu des chevaux de rang. »

« Mon fils, faites-moi connaître tout ce qui me reste des cadres de la jeune garde. Ordonnez qu'on me fasse connaître également les pertes qu'elle a éprouvées en chefs de bataillon, capitaines, etc., afin de pourvoir sans délai à leur remplacement. » *Nap. à Eug. Fontainebleau, 22 janvier 1813.*

« Mon fils, la cavalerie italienne sera remontée comme la cavalerie française. Je pense que tous les cadres de cavalerie italienne qui n'ont pas d'hommes doivent tous être envoyés du côté de Bamberg ou de Bayreuth, et que vous devez passer là des marchés pour les remontes, en écrivant en Italie de faire venir des conscrits et en faisant faire des selles sur les lieux. Cela sera, ce me semble, préférable à renvoyer ces cadres en Italie, où ils pourraient ne pas trouver de chevaux. Même chose pour les équipages militaires italiens : faites venir des conscrits italiens et faites-les former à Bamberg, Bayreuth ou Nuremberg. On y refera les voitures et on complétera les hommes. » *Nap. à Eug. Fontainebleau, 22 janvier 1813.*

« Mon fils, retenez ma garde soit à pied, soit à cheval, et autant de cadres de compagnies que vous avez de fois cent hommes. Renvoyez le reste sur Mayence. *Nap. à Eug. Fontainebleau, 22 janvier 1813.*

« Renvoyez tout le personnel d'artillerie de la garde soit du train, soit des équipages militaires, et faites en sorte que les commandants adressent ici au grand maréchal, à qui j'ai donné le commandement, l'état de situation de ce qui est en route, en faisant connaître le jour où ces détachements arriveront à Mayence.

« Ayez soin de renvoyer le général Friant, commandant les grenadiers, et le général Curial, commandant les chasseurs. J'en ai besoin pour l'organisation. Le général Roguet pourra commander toute l'infanterie de la garde.

« Le peu de cavalerie qui pourra rester (et je ne suppose pas que cela passe 600 chevaux soit en état, soit écloppés), donnez-en le commandement à un bon officier de ma garde, soit Guyot, soit Excelmans ou le major Letort.

« Sorbier restera pour commander en chef l'artillerie de l'armée. Vous renverrez les deux autres généraux de brigade d'artillerie de la garde. Dirigez tout sur Mayence.

« Faites revenir de Varsovie, pour augmenter la garde, les deux bataillons d'élite de Toscane et de Piémont, et les deux compagnies de gardes d'honneur de Toscane et de Piémont aussi, les compagnies de garde d'honneur et les compagnies de la garde italienne qui sont à Glogau.

« Si les canonniers de la garde avaient des chevaux, et que le train en eût également, vous pourriez les prendre pour d'autres corps de l'armée. Ainsi, par ce moyen, vous renverriez également tous les généraux de brigade.

« Il faut aussi me renvoyer l'ordonnateur de la garde, en retenant seulement un commissaire des guerres. L'ordonnateur se rendra seul à Paris. Vous chargerez le duc de Trévise du commandement de la garde, à laquelle sera jointe la garde italienne et la garde napolitaine.

« Par ce moyen, vous vous déferez de beaucoup de généraux et d'officiers et de beaucoup d'embarras. Tous revenant à Mayence et dans l'intérieur de la France, se remettront, se dégèleront et seront dans le cas de repartir avec moi en mars.

« Aussitôt que vous aurez pris ces mesures, faites partir en poste le duc d'Istrie, l'ordonnateur, le général Friant et le général commandant les chasseurs.

« Vous me ferez connaître où sont le 1ᵉʳ bataillon du 2ᵉ régiment des voltigeurs de la garde, et le 1ᵉʳ bataillon du 2ᵉ des tirailleurs qui étaient à Stettin avec 1,800 hommes sous les armes. Je désirerais bien que ces deux bataillons continuassent à rester à Stettin. Comme il y a deux majors, j'ai ordonné qu'un restât pour commander deux bataillons et que l'autre retournât en poste à Paris pour commander les deux autres bataillons.

« La garde s'organise à grande force. J'ai déjà ici une division de 10,000 hommes, et j'ai besoin d'officiers et de cadres pour recevoir les hommes qui viennent de tous côtés. »

« Mon fils, les trois régiments polonais qui venaient d'Espagne et qui faisaient partie du corps du duc de Bellune, sont à ma solde. Complétez-les et n'épargnez rien pour les rendre aussi forts que pos-

<small>Nap. à Eug. Fontainebleau, 22 janvier 1813.</small>

sible. Idem des quatre régiments de la Vistule; idem des trois régiments lithuaniens à pied et des deux à cheval. Cela fait douze régiments qu'il faut tâcher de compléter et en faisant la dépense nécessaire de mon trésor.

« Vous pouvez former ces Polonais en corps et en donner le commandement à un maréchal. »

Nap. à Eug. Fontainebleau, 22 janvier 1813.

« Mon fils, je désire avoir la situation de la garnison laissée à Dantzig. Le général Rapp y commande sans doute. Je dois connaître les généraux restés sous ses ordres.

« Les approvisionnements en blé et légumes doivent être immenses. Ceux en fourrage et viande, il a pu s'en procurer facilement. Ainsi, je compte que cette place doit pouvoir tenir un an. Je suppose que vous avez un chiffre avec le général Rapp. Je suppose qu'il y a là au moins dix compagnies d'artillerie complètes, de celles qui n'ont pas fait la campagne.

« Le major général m'a rendu compte qu'il y avait à Thorn 3,000 hommes avec 4 compagnies d'artillerie française. J'ignore quel est le commandant qu'on y a laissé, ainsi que l'officier du génie et celui d'artillerie. Je sais que les approvisionnements y sont immenses, du moins en farines, blés, légumes et avoines. Je compte donc que cette place tiendra jusqu'à ce que j'arrive pour la dégager. Vous devez aussi avoir un chiffre avec cette place.

« Vous pouvez demander au roi de Saxe 500 Saxons pour augmenter la garnison de Glogau. Vous pouvez aussi employer ce qui reste de Westphaliens pour augmenter la garnison soit de Glogau soit de Stettin. Mettez une garnison de choix de 1,500 hommes, si les circonstances l'exigent, à Custrin ; c'est la place la plus importante. J'ai déjà ordonné au général Hogendorf de se rendre à Spandau pour y prendre le commandement de la citadelle et de la place et d'y réunir un approvisionnement pour un an. »

« Sire, d'après les grands mouvements que l'ennemi faisait sur la droite, et dont j'ai eu connaissance, j'ai cru devoir écrire la lettre ci-jointe au prince de Schwarzenberg ; je désire que Votre Majesté l'approuve. Je crains bien que l'ennemi ne persiste dans son mouvement et ne veuille s'emparer du grand-duché, et, faisant marcher sa droite sur Bromberg, ne se dirige ensuite sur Posen. Je regrette beaucoup d'avoir ici aussi peu de monde disponible. J'ai donné à tout ce que j'ai pu rallier l'apparence d'une organisation en l'appelant : corps d'observation, et en le composant comme je l'ai dit hier à Votre Majesté.

« J'attends avec impatience des nouvelles de Dantzig. J'y ai envoyé deux agents pour tâcher d'y pénétrer et pour aller aux nouvelles dans cette partie. — La garde impériale est arrivée ici aujourd'hui. Tous les cadres réclamés par Votre Majesté vont partir. »

<small>Eug. à Nap. Posen, 22 janvier 1813.</small>

« Mon fils, je reçois votre lettre du 16. Je vous ai fait connaître que je vois avec plaisir le commande-

<small>Nap. à Eug. Fontainebleau, 23 janvier 1813.</small>

ment de l'armée entre vos mains. Je trouve la conduite du roi fort extravagante, et telle qu'il ne s'en faut de rien que je le fasse arrêter pour l'exemple. C'est un brave homme sur le champ de bataille, mais il manque de combinaison et de courage moral.

« Je suis fort en peine de savoir si l'on n'a pas laissé quelques Français à Thorn.

« Le duc d'Elchingen m'a écrit : employez ce maréchal qui vous est nécessaire. »

<small>Nap. à Eug. Fontainebleau, 23 janvier 1813.</small>

« Mon fils, je vous ai écrit hier fort en détail. Je vous envoie la copie de la lettre que j'écris au ministre de la guerre. Vous y verrez les dispositions que je fais pour les corps de la Grande Armée. Elles consistent à laisser le premier bataillon de chaque régiment à votre disposition, en y incorporant tous les hommes des cinquièmes bataillons qui étaient à bord des vaisseaux, et qui sont en route pour se rendre auprès de vous. Vous renverrez en France les cadres des autres bataillons de l'armée. Tous ceux des seconds bataillons s'arrêteront à Erfurth, où ils seront complétés à 480 hommes par les conscrits qui partent des dépôts. Ces 32 bataillons, joints aux 32 que vous aurez, feront 64 bataillons. Chaque régiment de la Grande Armée aura ainsi 2 bataillons au lieu de 5. Ces seconds bataillons pourront être destinés à la garde des places fortes. Les cadres des 3e, 4e et 6e bataillons rentreront en France, où ils recevront les conscrits de la levée de 100,000 hommes, qui seront en marche dès le 1er février. »

« Mon fils, renvoyez en France tous les généraux, adjudants-commandants et officiers d'état-major qui auraient été blessés. Renvoyez à leurs dépôts en France tous les officiers ou sous-officiers qui auraient été blessés. Il y dans ce moment 1,500 hommes à chaque dépôt de la Grande Armée habillés, équipés et en bon état. Tout cela a besoin d'officiers et de sous-officiers.

<small>Nap. à Eug. Fontainebleau, 22 janvier 1813.</small>

« Complétez les cadres du 1er bataillon de chaque régiment; incorporez-y tous les hommes disponibles aux corps, tous les hommes disponibles aux hôpitaux, tous les hommes des cinquièmes bataillons qui formaient les garnisons de vaisseaux, et qui doivent être à Berlin ou en route pour s'y rendre. Renvoyez les cadres des autres bataillons en France. Le cadre du second bataillon complété restera à Erfurth, comme vous le verrez par ma lettre de ce jour au ministre de la guerre, dont je vous envoie copie. Ces cadres de bataillons recevront chacun à Erfurth 7 à 800 hommes. Placez-y des majors en second pour y commander ces bataillons deux à deux. Les cadres des troisièmes et quatrièmes bataillons iront en France à leurs dépôts, où, à leur arrivée, ils trouveront à être mis au grand complet avec la levée des 100,000 hommes. Par ce moyen, vous aurez à la Grande Armée 16 bataillons du 1er corps, 6 du second, et 6 du troisième.

« Vous aurez à Erfurth un pareil nombre de bataillons. Les 28 bataillons qui resteront à la Grande Armée, formez-en un corps sous les ordres du maréchal Ney, et mettez-y le nombre de généraux de division et de brigade que vous jugerez convenable.

« Vous pouvez charger le maréchal Davout de se rendre à Magdebourg pour y correspondre avec vous et y surveiller tous les détails relatifs aux organisations qui se font de ce côté.

« Vous ferez tirer des différents dépôts de Glogau, Stettin et Custrin tout ce qui peut servir à compléter les premiers bataillons. Les 3es, 4es et 6es bataillons arrivés en France pourront en repartir un mois après au grand complet.

« Il sera convenable d'envoyer à Erfurth un général de division et plusieurs généraux de brigade pour commander ces 28 bataillons sous les ordres supérieurs du prince d'Eckmühl. »

Eug. à Nap. Posen, 23 janvier 1813.

« Sire, j'ai reçu aujourd'hui différents rapports qui coïncident avec les nouvelles que j'avais reçues de Varsovie, sur le mouvement général de l'ennemi sur sa droite. Voici, en résumé, quelle était la position de l'ennemi ces jours derniers. L'armée de droite, commandée par le général Tittchakoff, était le 19 à Lobau, marchant sur la Vistule. Avant-hier, 21, il y avait à Pordon, d'après le dire d'un agent, 8 à 10,000 hommes d'infanterie, 3,000 hommes de cavalerie, Cosaques, etc., et 28 bouches à feu. Je crois la force de cette infanterie un peu exagérée; ce corps ne venait point d'Osterode, mais de Marienwerder. Ces troupes avaient passé hors de la portée de canon de la forteresse de Grandentz. Le corps de centre, commandé en personne par le général Kutusoff, était en mouvement sur Willemberg. A cet effet, le corps Dortorow était arrivé le 18 à Schamisbourg, marchant sur Willemberg, et le corps de Miloradovich était le même jour, 18, à Gonions, suivant la même route que Doctoroff. Enfin, la gauche de l'ennemi, composée des divisions Sacken et Essen, descendait la rive droite du Bug. D'après ces mouvements, il me semble remarquer déjà de l'indécision dans les projets de l'ennemi. Il avait d'abord commencé à marcher sur sa gauche, et puis il a changé et s'est porté dans les États prussiens. Tout cela est, je pense, à notre avantage, puisque ces grands mouvements de l'ennemi fatiguent ses troupes et nous font gagner du temps, ce qui est beaucoup. Je ne cache cependant pas à Votre Majesté que ce que je crains, c'est que l'ennemi se porte, avec toutes ses forces réunies, sur un point de la Vistule, comme Plock, pour forcer à évacuer Varsovie. Mais, si le prince de Schwarzenberg exécute fidèlement ce que je lui ai prescrit, et refuse toujours son aile gauche à mesure que l'ennemi cherche à gagner son flanc, il obligera constamment l'ennemi à de grands mouvements, et nous arriverons insensiblement à la saison des dégels, seule chance qui puisse nous être favorable.

« J'ai envoyé ce matin un officier au général prussien Bulow pour savoir où en est l'organisation de son corps. Je le crois à Stuttgardt. Aussitôt que je le saurai disponible, je le mettrai en mouvement, soit pour m'appuyer en venant pour établir la communication avec Dantzig.

« D'après les ordres de Votre Majesté, j'ai prescrit à un grand nombre de généraux blessés, malades ou fatigués, de se rendre, avec leurs états-majors, à la disposition du ministre de la guerre. J'ai donné la même autorisation aux maréchaux Ney, Macdonald et Mortier. Je n'ai gardé à l'armée que les maréchaux prince d'Eckmühl, duc de Bellune, duc d'Istrie et Saint-Cyr.

« Le prince major-général va un peu mieux aujourd'hui; mais son état laisse toujours les mêmes craintes. »

Nap. à Eug. Fontainebleau, 24 janvier 1813.

« Mon fils, j'ai reçu une lettre du comte Daru, du 17 janvier. Je vois qu'il y a à Stettin 1,500,000 rations de farine; 500,000 rations de biscuit; 800,000 rations de riz et de légumes secs; 11 millions de rations de sel; 300,000 rations d'eau-de-vie; 300,000 rations de vin; 300,000 rations de bière; 300,000 rations de vinaigre; 1 million de rations de viande salée; 400,000 rations de foin; 400,000 rations de paille; 200,000 rations d'avoine ou orge; 1 million de rations de bois. Cet approvisionnement me paraît fort satisfaisant. Le comte Daru calcule sur une garnison de 2,800 hommes et 800 chevaux. Cette base est fausse. On ne peut avoir à Stettin une garnison moindre de 4,000 hommes, ni un approvisionnement pour moins d'un an; mais 2 millions de rations de farine ou biscuit, à 5,000 rations par jour, car, pour une garnison de 4,000 hommes, il faut compter 5,000 rations, suffisent pour 400 jours; 800,000 rations de riz et légumes pour 200 jours;

le vin, l'eau-de-vie, la bière et le vinaigre pour 300 jours; 1 million de rations de viande salée pour 200 jours. D'ailleurs, en cas de besoin, le commandant aurait soin de ramasser dans les environs 5 ou 600 bœufs. Ainsi on peut être sans inquiétude sur l'approvisionnement de cette place.

« Il est nécessaire que Cüstrin soit approvisionné pour un an pour 2,000 hommes, ou 3,000 rations par jour; Glogau pour 4,000 hommes de garnison, ou 5,000 rations, également pour une année; et Spandau pour 3,000 hommes de garnison, ou 4,000 rations, également pour une année. »

« Mon fils, les grenadiers et chasseurs à cheval et les dragons de la garde ont à l'armée 447 hommes. Veillez à ce qu'il n'y reste que les cadres d'une compagnie de grenadiers, d'une compagnie de dragons et d'un escadron de chasseurs. Les deux compagnies de grenadiers et de dragons formeront un escadron commandé par un chef d'escadron, et ces deux escadrons seront sous les ordres d'un major de la garde. Vous renverrez tout le reste des officiers et sous-officiers. Le duc d'Istrie reviendra aussi à Paris. Tous les officiers et sous-officiers que vous renverrez doivent partir en poste.

Nap. à Eug. Fontainebleau, 24 janvier 1813.

« J'ai ordonné aux 932 hommes de la garde à cheval, que le général Wathier ramenait à Mayence, de s'arrêter à Fulde, où on dirige de Paris les effets d'habillement nécessaires; ils y seront formés en 4 escadrons, et les sous-officiers et officiers superflus reviennent à Paris.

« Je vous avais fait connaître que tout ce qui appartenait à l'artillerie, au train d'artillerie et au train des équipages de ma garde, devait revenir en France. Donnez ordre à tout cela de s'arrêter à Fulde. Il faut que le commandant adresse son itinéraire au duc de Frioul, ainsi que l'état de ce qu'il amène.

« Vous ordonnerez que tous les officiers et sous-officiers se rendent en poste à la Fère, en ne laissant à Fulde que les cadres d'autant de compagnies qu'on pourra en compléter.

« Quant à l'infanterie de la garde, vous garderez le cadre d'un régiment de chasseurs et d'un régiment de grenadiers, et les cadres de quelques bataillons de la jeune garde, selon le nombre d'hommes que vous aurez. Les officiers et sous-officiers superflus reviendront en poste à Paris. Le tout pourra être sous les ordres du général Roguet. Je puis déjà faire partir d'ici pour ma garde 1,500 chevaux : par les mesures que j'ai prises elle sera de 8,000 chevaux à la fin de mars.

« Vous êtes libre de garder ou de ne pas garder le duc de Trévise, selon qu'il vous conviendra. Si vous ne le gardez pas, envoyez-le à Fulde, où il prendra le commandement de tout ce qui s'y trouvera de ma garde, cavalerie, infanterie et artillerie. C'est là que mon intention est de la reformer. »

Nap. à Eug. Fontainebleau, 24 janvier 1813.

« Mon fils, j'ai pourvu à l'approvisionnement de Magdebourg. J'ai accordé que cette place fût approvisionnée pour un an, et pour une garnison de 15,000 hommes et 2,000 chevaux.

Je crois que les places de Stettin, Cüstrin, Glogau et Spandau sont suffisamment approvisionnées : si elles ne l'étaient pas, il ne faudrait négliger aucun moyen pour qu'elles le fussent sans délai. Indépendamment de ces approvisionnements de siége, je désire que l'intendant général achète et fasse emmagasiner à Stettin 25,000 quintaux de farine et 1 million de boisseaux d'avoine, ce qui fera 50,000 quintaux de farine et 2 millions de boisseaux d'avoine. On n'y touchera pas sans mes ordres, à moins d'un cas extrêmement urgent.

« Ce magasin formera un approvisionnement pour 100,000 hommes pendant cinquante jours.

« Chacun de ces deux approvisionnements aura une quantité proportionnée de riz et de légumes secs.

« Donnez ces ordres sans délai pour que l'intendant général passe les marchés les plus avantageux possible et pour que tout soit emmagasiné avant le 20 février. »

« Mon fils, je vois dans une lettre du duc de Trévise qu'un habitant de Dirschau ayant été arrêté comme ayant commis des provocations contre les troupes françaises, il a eu la faiblesse de le remettre aux autorités prussiennes. Témoignez-lui-en mon mécontentement : il aurait dû le faire fusiller sur-le-champ. » *Nap. à Eug. Fontainebleau, 24 janvier 1813.*

« Mon fils, j'ai reçu votre lettre du 17½ janvier. Le général Lauriston part aujourd'hui de Paris pour *Nap. à Eug. Fontainebleau, 24 janvier 1813.*

se rendre à Wésel et de là à Hambourg, d'où il ira à Magdebourg. Je ne connais point encore la situation des affaires; les troupes que vous avez placées à Dantzig et à Thorn. Je n'ai point de renseignements sur l'état de situation de la jeune garde et de la garde à pied. J'ai ordonné qu'on renvoyât en France les cadres de la jeune et de la vieille garde qui seraient inutiles : je n'entends parler de rien. Le major général étant malade, il ne répond pas assez en détail à mes questions. Je désire avoir l'état de situation des dépôts de l'armée qui reviennent. Je vous ai mandé d'arrêter les seconds bataillons à Erfurth. J'ai ordonné au général Lauriston de diriger la moitié de la division qui est à Hambourg, c'est-à-dire 6 bataillons, sur Magdebourg, pour y relever la demi-brigade provisoire qui s'y trouve et qui se rendra à Cüstrin. Par ce moyen la division Lagrange sera tout entière sur l'Oder.

« Vous pouvez former la division Grenier en deux divisions en lui donnant deux bons généraux de division. Elle est arrivée actuellement à Berlin : ainsi, dans les premiers jours de février, si elle est en bon état, elle pourra nous servir. Si les dépôts de l'armée sont suffisants pour tenir garnison à Glogau, Cüstrin et Stettin, où il y a d'ailleurs deux bataillons de la garde, vous pourrez réunir toute la division Lagrange, qui est forte et a toute son artillerie, avec les deux divisions du général Grenier, ce qui fera trois divisions ou une trentaine de mille hommes, indépendamment des Polonais et de ma garde. Cela vous mettra à même de garder Posen, ce qui est d'une bien grande importance. Le roi de Prusse doit reformer son contingent et vous fournir de la cavalerie. J'ai mandé au roi de Saxe de réunir toutes les troupes dont il peut disposer, cavalerie, infanterie et artillerie, à Glogau, ce qui appuiera votre droite. Enfin je vous ai mandé de faire venir de Varsovie les bataillons toscans et piémontais pour renforcer ma garde. En formant ainsi des deux divisions du général Grenier et de la division Lagrange un corps que vous mettrez sous les ordres du duc d'Elchingen, vous serez en position de conserver Posen. Vous êtes maître d'y réunir tous les magasins qui vous paraîtront nécessaires, et d'employer des fonds à cet effet. En considérant la situation actuelle des affaires, je ne puis penser que les Russes s'avancent sur Posen, si ce n'est avec quelques bataillons d'infanterie légère, quelques milliers de Cosaques et quelques pièces de canon. Il est impossible que devant masquer Dantzig, Thorn et Grandentz, ayant sur leur flanc gauche le prince Schwarzenberg et le général Reynier, et plus loin l'armée que l'empereur d'Autriche rassemble en Gallicie; au milieu de l'hiver, fatigués comme ils le sont et sachant les troupes qui nous arrivent, ils tentent une opération sérieuse ; mais il faut enfin leur résister, et ne pas s'en aller par une terreur panique. Vous devez avoir, avec l'artillerie du 11ᵉ corps, 100 pièces de canon dans les mains.

« Le contingent prussien se rassemble sur votre gauche, entre vous et Stettin; les Saxons se réunissent à Glogau sur votre droite : vous êtes donc à

Posen dans une bonne position si vous pouvez y rassembler un peu de cavalerie. 2,000 chevaux étaient déjà réunis à Varsovie ; je vous ai mandé de les faire revenir. Il vous sera donc facile de rassembler 3 à 4,000 hommes de cavalerie légère, indépendamment des Prussiens et des Saxons. L'avantage de tenir Posen est sensible : par là l'ennemi ne peut s'approcher de l'Oder, et vous conservez à la fois Berlin et Dresde. Lorsque vous recevrez cette lettre, la 1re division du corps d'observation du Rhin sera déjà à Francfort. En résumé : vous mettrez deux bons généraux de division à la division Grenier. Vous changerez le général de division Lagrange, qui est un brave homme, mais qui a un bras de moins et peu d'habitude de manier l'infanterie. Vous réunirez ces trois divisions avec 3 à 4,000 hommes de cavalerie légère sur Posen. Écrivez en Saxe pour que toutes les troupes disponibles viennent couvrir le royaume, en manœuvrant sur Glogau. Je crois que le roi de Saxe peut aisément rassembler 1,800 hommes de cavalerie et 4 à 5,000 hommes d'infanterie. Écrivez en Prusse, pour que le contingent prussien se rassemble et qu'on vous envoie un millier de chevaux à Posen. Ce contingent appuiera votre gauche. Vous pourrez appeler les divisions Grenier et Lagrange, réunies sous les ordres du duc d'Elchingen, « corps d'avant-garde, » ou bien leur conserver l'ancien nom de 11e corps. Tout ceci doit pouvoir se faire d'ici au 15 février. Écrivez au prince Schwarzenberg et au général Reynier pour qu'ils gardent Varsovie aussi longtemps que possible. S'ils étaient obligés de l'évacuer, le prince Schwarzenberg et le général Reynier, ainsi que le prince Poniatowski, devraient marcher sur Kalisch. Les garnisons des places de Stettin, Cüstrin, Glogau et Spandau auront besoin d'être moins fortes pendant que vous les couvrez. Dans le cours de février, les 28 seconds bataillons seront réunis à Erfurth; comme ils seront composés de jeunes gens, ils seront bons à placer dans les places fortes; de sorte que chaque régiment de l'armée aura deux bataillons. A la fin de février le corps d'observation de l'Elbe sera en partie sur Magdebourg, et celui du Rhin à Francfort. Vous pouvez nommer à toutes les places vacantes de capitaines, lieutenants et sous-lieutenants; mais seulement aux places vacantes et sans dépasser la nouvelle organisation. Faites venir un bon général de cavalerie à Posen, et réunissez-y toute la cavalerie légère que vous pourrez. Elle doit être réunie par escadrons entiers. Le ministre de la guerre vous enverra le décret que j'ai pris pour vous nommer mon lieutenant général. Vous pourrez le faire mettre à l'ordre de l'armée. »

Eug. à Nap. Posen, 24 janvier 1813.

« Sire, je n'ai rien appris de nouveau sur l'ennemi. Des émissaires, venus de Bromberg, m'annoncent que la division ennemie, qui est dans cette partie, s'est bornée à envoyer des partis de 60 Cosaques dans plusieurs directions. J'attends avec bien de l'impatience que les mouvements de l'ennemi se décident davantage du côté de Willemberg. — Votre Majesté remarquera dans la lettre du prince de

Schwarzenberg au major général qu'il représente les besoins de la place de Modlin. Je n'ai pas perdu une minute pour faire tout ce qui était en mon pouvoir. J'ai envoyé de suite 150,000 francs au commandant du génie à Modlin, en lui recommandant d'employer cet argent à compléter les palissades, et à la construction de plusieurs blindages, tant pour le logement des troupes que pour les magasins.

« J'ai vu dans la correspondance du maréchal Augereau, qu'il commençait à avoir des inquiétudes sur le service des vivres à Berlin. Je compte y envoyer, sous deux à trois jours, l'intendant général qui s'occupera aussi de passer des marchés. »

Nap. à Eug. Fontainebleau, 25 janvier 1813.

« Mon fils, je vous envoie copie de deux lettres que j'écris, l'une au ministre de la guerre, concernant les équipages d'artillerie de l'armée, l'autre au ministre de l'administration de la guerre, concernant les équipages militaires. Communiquez la première au général d'artillerie et l'autre à l'intendant, et donnez tous les ordres en conséquence. »

Napoléon au ministre de la guerre. Fontainebleau, 25 janvier 1813.

« Monsieur le duc de Feltre, j'ai reçu votre rapport du 24 avec le compte du général Bourcier, daté du 16 janvier.

« Il résulte de ce compte que le général Bourcier a fait des marchés pour 7,800 chevaux de trait, savoir : pour 2,000 à Varsovie, pour 1,300 à Posen, 1,300 à Glogau, 1,900 à Berlin, et enfin 1,300 à Hambourg et à Hanovre; que sur ces 7,800 chevaux, les deux cinquièmes doivent être pour les équipages militaires ; enfin qu'il se propose encore de faire des marchés pour 3,000 chevaux. — Faites lui connaître que j'approuve que ses marchés pour les chevaux de trait aillent à 10,000, dont 6,500 pour l'artillerie, et 3,500 pour les équipages militaires; que les chevaux qui sont à Posen, Glogau et Berlin, montant à 4,500, peuvent être facilement harnachés avec les harnais qui sont à Berlin et à Dantzig ; que ceux de Hambourg et de Hanovre peuvent être facilement harnachés par ce qu'on fera confectionner à Hanovre. — Quant aux 2,000 de Varsovie, il doit y avoir des harnais ; une partie de ces chevaux sera nécessaire pour compléter les attelages de la division Durutte. Il paraît urgent que vous écriviez au général de l'artillerie pour qu'il vous fasse connaître le nombre de soldats du train qu'il a disponibles pour prendre ces 6,500 chevaux, et enfin toutes les dispositions qu'il faut prendre.

« La circonstance de l'occupation des bords de la Vistule par l'ennemi rendra impossible de tirer de Dantzig les pièces de campagne qu'on voulait en tirer. Il sera également difficile de tirer de Glogau, Cüstrin et Stettin les pièces qu'on voudrait en tirer. Je désire donc que le bureau de l'artillerie me fasse un rapport sur ce qu'on fera des 6,500 chevaux qui vont bientôt exister à Varsovie, Posen, Glogau, etc., et sur les modifications que les circonstances doivent naturellement apporter dans la formation des équipages de la grande armée. — Ainsi au lieu de 9,000 chevaux en Allemagne, je n'en demande que 6,500. — Il est probable également que le voisinage de l'ennemi de Varsovie dérangera la fourniture des 2,000 chevaux du train qui doivent y être livrés. — J'envoie l'état du général Bourcier au ministre de l'administration de la guerre pour qu'il en prenne copie, en cas qu'il ne l'ait pas reçu, et vous le renvoie ensuite. »

Napoléon au ministre de l'administration de la guerre. Fontainebleau, 25 janvier 1813.

« Monsieur le comte de Cessac, je vous envoie un état que le ministre de la guerre a reçu du général Bourcier. Je désire qu'après que vous en aurez fait prendre copie, vous le rendiez au bureau de l'artillerie. Vous verrez dans cet état que les chevaux de trait montent à 7,800. Le général Bourcier mande qu'il va faire un nouveau marché de 3,000 chevaux, ce qui portera le total à 10,000 chevaux de trait, dont 6,500 pour l'artillerie, et 3,500 pour les équipages militaires. Tout me porte à penser que la fourniture de Varsovie éprouvera des diminutions, et qu'ainsi on aura difficilement les 3,500 chevaux. Vous verrez par le même état que le général Bourcier a fait des marchés pour 5,200 chevaux de grosse cavalerie, 2,400 de dragons, et 14,000 de cavalerie légère; en tout pour 21,000, — livrables, savoir: 6,000 à Varsovie, 2,700 à Posen, 3,000 à Glogau, 3,500 à Berlin, 2,200 à Hambourg et 3,100 à Hanovre. Je suis fondé à penser que le marché de Varsovie ne se réalisera pas en totalité; mais une première fourniture de 2,000 chevaux doit déjà y avoir eu lieu; savoir: 600 de dragons et 1,400 de cavalerie légère; je doute que le reste réussisse; ainsi je prévois qu'il doit y avoir une diminution de

4,000 chevaux sur ce marché. Quant à tous les autres, comme beaucoup ne sont livrables qu'au 15 juin, cela formera un double emploi pour remonter la cavalerie de l'armée qui d'ici là serait démontée. — Écrivez au général Bourcier pour lui demander l'état de situation, régiment par régiment, de ce qui se trouve dans ses dépôts; 2° un rapport sur l'artillerie; 3° quelle était la partie de ces chevaux qui avait été reçue au 15 janvier? — Je vous envoie aussi une lettre que je reçois du comte Daru, relativement aux équipages militaires. Je suppose que cette situation s'augmentera. Il paraît que les 2°, 6°, 9°, 17° et 18° sont en marche. Aussitôt que vous serez certain que les cadres de ces cinq bataillons ont passé l'Oder, vous pourrez les compter dans la formation des cinq bataillons que vous organiserez. Je suppose que depuis vous avez donné l'ordre que tout le 9° se rende sur Vérone. J'ai également donné l'ordre que les deux bataillons de la garde se missent en route pour Fulde, et que les deux bataillons italiens se missent en route pour Nuremberg, où le vice-roi les fera réunir en un seul bataillon et recompléter en hommes, chevaux et voitures venant d'Italie. Donnez ordre que le 7°, qui était attaché à la garde, rentre également en France. Il restera donc à l'armée 10 bataillons, savoir : le 16° et le 14° à Varsovie; de ces deux il n'en faut faire qu'un que l'on complétera sous le titre du 14°. Je crois que c'est un bataillon à la comtoise. Les 600 voitures et les harnais nécessaires pourraient être faits à Varsovie, ce qui emploiera les chevaux de Varsovie. —

Le 10ᵉ est à Berlin; il pourrait facilement y être recruté. Autorisez qu'on y mette des hommes qui auraient perdu des doigts. — On peut réduire le 20ᵉ et le 21ᵉ à un seul, sous le titre du 20ᵉ; de même le 22ᵉ et le 23ᵉ pourraient être réduits à un seul sous le titre du 23ᵉ. — Ainsi de 15 bataillons, 6 passent en France (les 2ᵉ, 6ᵉ, 7ᵉ, 9ᵉ, 17ᵉ et 18ᵉ. — 2 se formeront en un seul à Varsovie sous le titre du 14 (les 14ᵉ et 16ᵉ). — 2 se formeront en un seul à Glogau sous le titre du 12ᵉ (les 12ᵉ et 15ᵉ). — 1 se formera à Berlin (le 10ᵉ). — 2 se formeront en un seul à Dantzig sous le titre du 20ᵉ (les 20ᵉ et 21ᵉ). — 2 se formeront à Berlin en un seul sous le titre du 22ᵉ (les 22ᵉ et 23ᵉ). — Chacun de ces 5 derniers bataillons au lieu d'être de 6 compagnies ne sera que de 4, toutes organisées à la comtoise, c'est-à-dire à 100 voitures par compagnie, ce qui fera 400 voitures par bataillon; et pour les 5 bataillons réorganisés à l'armée 2,000 voitures. Quant aux chevaux, cela en exigera 800 par bataillon, et 4,000 pour les 5 bataillons. Enfin pour les hommes, il faudra 500 hommes par bataillon, et 2,500 hommes pour les 5 bataillons. Le nouveau 14ᵉ, qui se réunit à Varsovie, se complétera avec des Polonais. Le 20ᵉ, qui se réorganise à Dantzig, se complétera de tous les hommes du pays. Reste donc à pourvoir au recrutement des 12ᵉ, 10ᵉ et 22ᵉ qui se forment, le 1ᵉʳ à Glogau, et les deux autres à Berlin. Il y sera pourvu en y incorporant tous les Français qui ont eu les mains gelées, et enfin par des conscrits qu'on enverra. Ainsi le bataillon de Dantzig doit déjà avoir ses

voitures à Dantzig. Les hommes doivent trouver là
leur habillement et les chevaux leur harnachement.
Il ne sera pas difficile de former les deux bataillons
à Berlin; on pourrait d'ailleurs en envoyer un à Hanovre. Celui de Glogau y est bien; celui de Varsovie,
qui se recrute de Polonais, y sera promptement en état.

« Il faudrait 4,000 chevaux pour ces 5 bataillons;
mais comme celui de Dantzig n'aura besoin de ses
chevaux que lorsqu'on se reportera en avant, et que
la place sera débloquée, il n'en faut maintenant que
3,200. Faites le budget conformément à cette base.
— Les voitures à la comtoise seront légères, et, en
un mot, telles que celles qu'on avait dans la dernière
campagne.

« Ainsi donc les équipages de la grande armée se
composeront de 6 bataillons qui se forment en
France, des 2 bataillons de la garde et de 5 bataillons
qui restent à l'armée, ce qui fait 13. — Les deux
bataillons italiens dirigés sur Nuremberg ne devront
plus en former qu'un seul, ce qui fera 14 bataillons
d'équipages militaires.

« Je désire que vous me fassiez connaître où s'or-
ganisent les 5 bataillons qui sont en France; quelle
espèce de voitures on leur construit, et quand ces
voitures seront faites? Une partie de ces bataillons
doit atteler des voitures à la comtoise. »

« Mon fils, je vous envoie copie d'une lettre que *Nap. à Eug.*
j'écris au ministre de la guere. Par ce moyen, vous *Fontainebleau,*
connaîtrez mes intentions deux jours plus tôt. Fai- *25 janvier
1813.*
tes-moi réponse sur-le-champ.

« Je suis surtout pressé de connaître : 1° quelle sera la force et le nombre des compagnies des 5ᵉˢ bataillons provenant des garnisons de vaisseau, qui doivent se trouver à Berlin, et dont j'ai ordonné l'incorporation dans les premiers bataillons des 1ᵉʳ, 2ᵉ, 3ᵉ et 4ᵉ corps; 2° quelle est la force de la garnison de Dantzig. Faites-en retirer le plus de cadres que vous pourrez. Enfin, faites-moi connaître en détail le nombre d'officiers et sous-officiers que chaque régiment renvoie en France, le lieu où ils se trouvent, leur itinéraire; le nombre des généraux, d'officiers d'état-major, d'officiers du génie et d'artillerie, ainsi que des officiers d'administration que vous renvoyez sur Magdebourg; enfin, faites-moi connaître la force du 11ᵉ corps, celle de la garde et celle du corps du maréchal de Saint-Cyr, infanterie, cavalerie et artillerie. Je suppose que cette partie active, à elle seule, doit vous donner promptement 45 à 50,000 combattants.

« 2 à 3,000 chevaux ont été fournis à Varsovie; il doit en avoir été fourni à Glogau, à Berlin; il en avait été fourni à Elbing. Vous ne devez pas tarder à réunir quelques milliers de chevaux. Si, à ce corps, on joint ce que le roi de Saxe réunira en avant de Glogau, et les Prussiens entre Stettin et Cüstrin, vous ne pouvez plus être dépossédé de Posen, et serez à à même de tenir vos communications avec Varsovie. »

Napoléon au ministre de la guerre. Fontaine-

« Monsieur le duc de Feltre, donnez l'ordre au vice-roi, commandant l'armée, de renvoyer tous les cadres en France, et d'organiser, sous les ordres du duc d'Elchingen, et sous le titre d'avant-garde, un corps qu'il composera des troupes du général Grenier, qu'il partagera en deux divisions, et de la division Lagrange. Cela mettra sous les ordres de ce maréchal 36 bataillons qui n'ont pas encore donné. Une division polonaise et une autre division, qu'il composera de troupes alliées, formeront un autre corps qu'il pourra mettre sous les ordres du maréchal Gouvion Saint-Cyr. Donnez-lui ordre de placer les bataillons de la Grande-Armée qu'il gardera dans les places de l'Oder et à Spandau, où ils seront rejoints par les 28 bataillons qui vont s'organiser à Erfurth et ensuite par les 2 autres bataillons qui vont se réorganiser en France avec la conscription de 100,000 hommes, de sorte qu'avant le mois de mai, chacun de ces régiments sera rétabli à 4 bataillons. En adoptant cette marche, le vice-roi doit placer les 1ers bataillons du 1er corps à Stettin, ceux des 2e et 3e corps à Cüstrin et à Spandau; ceux du 4e corps à Glogau, afin que ces régiments restent toujours ensemble, que les seconds puissent les rejoindre et insensiblement les derniers. Cela aura aussi l'avantage que tous les malades, les écloppés et les égarés sauront où est leur corps et sur quel point ils doivent se diriger. On saura aussi comment diriger les compagnies des 5es bataillons qui proviennent des garnisons de vaisseaux. Moyennant ce, ces troupes qui sont si fatiguées se reposeront, auront des dépôts fixes et serviront en même temps de garnison; et l'avant-garde, composée tout entière du 11ᵉ corps, appuyée par le corps prussien ou par celui des auxiliaires commandés par le maréchal Saint-Cyr, et par un corps saxon qui couvrira Glogau, sera à même de se maintenir à Posen. — Ceci est mon instruction générale que le vice-roi modifiera selon les circonstances.

« Alors il suffira de former de tous les bataillons du 1ᵉʳ corps conservés à Custrin une division qu'on appellera division du 1ᵉʳ corps; un général de division et deux généraux de brigade sont nécessaires pour commander cette division. Il faut les prendre parmi ceux qui entendent le mieux l'administration et l'organisation des troupes, afin qu'ils s'occupent avec activité de l'habillement et du rétablissement de ces bataillons. On laissera également des officiers du génie, un officier d'artillerie, des chirurgiens et les administrations nécessaires à cette division. Les mêmes ordres seront donnés pour les bataillons des 2ᵉ, 3ᵉ et 4ᵉ corps; mais il suffira d'un général de brigade pour commander chacun de ces corps. Par ce moyen, tout le reste des généraux, officiers, administrations, etc., des 1ᵉʳ, 2ᵉ et 3ᵉ corps, qui comprend aussi le 9ᵉ depuis sa suppression, deviendra disponible, et tous ces individus devront se rendre à Magdebourg. Aussitôt que vous en aurez reçu l'état, ils seront employés dans le corps d'observation, et l'armée se trouvera ainsi composée sur de nouvelles bases. — La division Durutte est restée avec le général Reynier; mais donnez l'ordre au vice-roi de la reprendre pour le corps du duc d'Elchingen, si jamais elle s'en rapprochait. Cependant il doit la laisser au corps du général Reynier tant que ce général sera chargé de couvrir Varsovie.

« Les divisions Loison, Heudelet, Grandjean, sont, je crois, toutes les trois à Dantzig; toutefois je n'en suis pas certain. Donnez l'ordre que les bataillons qui composent le 3e, le 105e, le 29e et le 113e soient réduits; qu'on réunisse tous les hommes disponibles dans un ou deux bataillons, par régiment, selon ce qui reste, et qu'on renvoie tous les autres cadres sur Erfurth. Le 29e régiment ayant 4 bataillons pourrait renvoyer les cadres de 2 bataillons bien complets. Si la garnison de Dantzig est ainsi composée de la division Grandjean, de la division Loison, de la division Heudelet et de la division napolitaine, avec l'artillerie de la garde, elle doit composer plus de 25,000 hommes.

« Il me paraît convenable que vous envoyiez un officier intelligent qui se rende avec les précautions convenables à Dantzig et en rapporte des nouvelles et des renseignements sur l'état des choses. Le gouverneur aura soin d'écrire en chiffres toutes ces lettres.

« Par ces dispositions tous les généraux d'artillerie de l'armée deviennent disponibles. Ils sont tous aujourd'hui dans les places de l'Oder. Vous pouvez donc désigner ceux qui seront employés au corps d'observation de l'Elbe, aux deux corps d'observation du Rhin ou à celui d'Italie. C'est ainsi que, sans déranger le colonel Paris, qui est en Hollande, vous pouvez désigner un des généraux de brigade du génie de la Grande-Armée pour le corps du général Lauriston.

« Moyennant cette nouvelle organisation, les 1ᵉʳ, 2ᵉ, 3ᵉ et 4ᵉ corps n'existeraient plus. Il n'en existerait plus que 4 divisions, qui deviendraient la garnison des places fortes jusqu'à ce que le retour des 28 bataillons d'Erfurth et des 56 bataillons qui, au mois de mars, sortiront de France recompose ces corps. 2° La Grande-Armée consisterait dans les 4 divisions de Dantzig; dans le 11ᵉ corps, qui prendrait le titre d'avant-garde et serait composé de 3 divisions; dans le corps auxiliaire commandé par le maréchal Saint-Cyr et qui continuerait à porter le titre de 6ᵉ corps, et enfin dans ce qui resterait des gardes impériales italienne et napolitaine, qui formeraient la garde du vice-roi. Les cadres de la garde, infanterie, artillerie et cavalerie, qui ne seraient pas nécessaires, viendraient se réorganiser à Fulde. Dans quinze jours vous pourrez avoir la réponse du vice-roi à ces dispositions. Il fera connaître la force qu'auront les bataillons de la Grande-Armée qui formeront les 4 divisions de garnison et les objections qu'il voit à l'exécution de cet ordre. Alors, on pourra savoir l'époque où les 28 bataillons d'Erfurth, ainsi que les bataillons réorganisés en France, pourront revenir; ce qui donnera des idées précises sur l'époque de la réorganisation des 4 corps de la Grande-Armée.—Remettez-moi un état de toutes les compagnies qui étaient à bord des vaisseaux et du lieu où elles se trouvent, afin que je donne des ordres pour qu'elles continuent leur marche et soient incorporées dans les 1ᵉʳˢ bataillons de la Grande-Armée. Les cadres devront revenir en France. »

« Mon fils, je reçois un état de l'approvisionnement de Glogau. J'y vois que l'approvisionnement se compose de 3,500 rations pendant un an. Cependant les rationnaires doivent être au moins au nombre de 5,000. Il faudrait donc un supplément de 400,000 rations de farine, c'est-à-dire de 4,000 quintaux poids de marc. Il n'y a de la viande salée que pour quatre mois; il faudrait l'augmenter de 100,000 rations. Il n'y a en eau-de-vie, vin, bière, vinaigre, que pour un an; il faudrait l'augmenter de 400,000 rations, et il est indispensable de prendre des mesures efficaces pour que cet approvisionnement existe. »

Nap. à Eug. Fontainebleau, 25 janvier 1813.

« Mon fils, je suppose que vous avez un chiffre avec le commandant de Dantzig, avec celui de Thorn, et avec les commandants de chacune des places fortes de l'Oder. »

Nap. à Eug. Fontainebleau, 25 janvier 1813.

« Mon fils, vous avez nommé le général Marchand pour commander le 4ᵉ corps. — Je vous ai, je crois, fait connaître qu'il fallait dissoudre tous les corps. — Formez une bonne avant-garde sous les ordres du duc d'Elchingen et réunissez-y tout ce qui vous restera disponible après avoir renvoyé tous les cadres en France, et les généraux, administration, officiers d'état-major, d'abord sur Magdebourg; ceux-ci recevront à Magdebourg des ordres pour être placés dans les corps d'observation qui vont déboucher en Allemagne. »

Nap. à Eug. Fontainebleau, 25 janvier 1813.

« Mon fils, le roi de Naples a donné ordre aux

Nap. à Eug. Fontaine-

bleau, 25 janvier 1813.

cadres des bataillons et vélites de sa garde de se rendre à Glogau. Je ne comprends pas trop ce qu'on a fait des hommes qui étaient dans ces cadres, puisqu'ils n'ont pas donné et qu'ils n'ont jamais dépassé Wilna. Il ne serait pas convenable de laisser ces cadres, qui ont souffert, traverser toute l'Italie; cela serait d'un mauvais effet. Il est préférable qu'ils restent à Glogau et qu'ils reçoivent là les conscrits qui leur seront envoyés pour les recruter. »

Eug. à Nap. Posen, 25 janvier 1813.

« Sire, je n'ai absolument rien de nouveau à mander aujourd'hui à Votre Majesté. Un de nos agents parti de Pordon y avait laissé le comte Woronzow avec sa division. Cette division fait partie de l'armée commandée par l'amiral Tittchakoff. Elle s'est bornée jusqu'à présent à envoyer des partis de 60 Cosaques, comme je l'ai dit hier à Votre Majesté.

« Le prince de Schwarzenberg m'a expédié hier son aide de camp. Il paraissait toujours inquiet de sa position. Il parle beaucoup de se retirer. On rend compte que plusieurs de ses avant-postes ont été obligés de se retirer, étant vivement inquiétés par un grand nombre de cavalerie ennemie. Je lui enverrai demain un aide de camp pour le rassurer, lui faire observer que l'ennemi doit naturellement faire un fort détachement sur Dantzig. Cela suppose l'emploi de 18 à 20,000 hommes. Un égal nombre de forces en face de nous et de Thorn. Il doit juger lui-même que le reste de l'armée ennemie n'est point en ce moment en état de se mesurer avec lui. — La levée des hommes dans le Grand-Duché continue à avancer avec activité. Les seuls objets de retard sont l'habillement et le harnachement. Le crédit manque, et ils n'ont point d'argent comptant. Ces huit jours de tranquillité ont amené un peu de calme et chassé les fausses alarmes. J'espère recevoir demain les premières lettres de Votre Majesté.

« Le major général avait passé une meilleure journée. Ce soir les douleurs ont repris d'une manière assez violente. »

Eugène à la vice-reine. Posen, 25 janvier 1813.

« J'espérais que le courrier du 16 arriverait dès hier, mais nous voilà déjà au 25, et il n'a pas joint : j'ai ta lettre du 13 et suis inquiet de ce que tu te sois décidée aux vésicatoires; cela me prouve que ta santé n'est pas aussi bonne que tu me le dis, et j'en suis affligé. Ménage-toi bien, ma bonne Auguste; tranquillise-toi sur ma position, et espérons que notre bonne étoile nous réunira bientôt. Je travaille beaucoup, mais je le fais avec plaisir, puisque j'en vois déjà des résultats. Le calme se rétablit, les gens qui couraient le plus vite commencent à rougir de leur conduite, et j'augure bien de ce changement..... Je crains pourtant que l'ennemi ne nous force à évacuer Varsovie et le Grand-Duché; ce serait un grand malheur pour les Polonais. »

Nap. à Eug. Fontainebleau, 26 janvier 1813.

« Mon fils, j'approuve la mesure que vous avez prise de faire incorporer dans les lanciers de la garde les 200 hommes montés et habillés de la gendarmerie lithuanienne. »

Nap. à Eug. Fontaine-bleau, 26 janvier 1813.

« Mon fils, il paraît qu'on a disséminé la division du général Grenier sur une trop grande étendue de pays, de sorte que les troupes y sont mal. Il est plus convenable que l'intendant prenne des mesures pour les nourrir, si la Prusse ne les nourrit pas. — J'attache toujours beaucoup d'importance à réunir la division Lagrange, qui est reposée, à Posen. — Il ne me paraît pas possible que les Russes passent la Vistule, si ce n'est des Cosaques.

« J'attends des renseignements sur les garnisons de Dantzig et de Thorn, et sur l'organisation du 11e corps à Posen, sous les ordres du maréchal Ney. — Vous devriez pourtant bientôt avoir 5 ou 6,000 hommes de cavalerie pour vous mettre tout à fait à l'abri des incursions des Cosaques. — Je vous ai, je crois, écrit pour la formation de quelques magasins à Cüstrin et à Spandau. »

Nap. à Eug. Fontaine-bleau, 26 janvier 1813.

« Mon fils, je reçois votre lettre du 20. Je vous ai autorisé à faire rentrer le major général. En général, vous avez cette autorisation pour tous ceux qui en auront besoin ou que vous jugerez convenable de renvoyer.

« Je n'ai rien à ajouter à mes dépêches antérieures. Tous vos efforts doivent tendre à garder Varsovie.

« Les rapports qui me parviennent de tous côtés confirment que, sur la Bérézina, les Russes se sont crus perdus; que, sans la malheureuse affaire de Partouneaux, Victor les aurait battus comme nous avions battus l'amiral, et que leur armée aurait été écrasée[1]; que le corps de Kutusoff est tout à fait détruit; qu'ils ne pensaient pas à venir sur Wilna et restaient à Minsk, lorsque les marches forcées qu'on a faites et les mesures qu'on a prises à Wilna les ont encouragés à s'y présenter.—Depuis, le succès de la trahison du général York les a poussés au delà du Niémen : actuellement tâcheront-ils d'arriver à Varsovie? Voilà la question.

« *P. S.* Je ne doute pas que vous ne gardiez Posen. »

« Mon fils, les places de Stettin, Cüstrin, Glogau et Spandau ont besoin de différentes réparations : ordonnez au commandant en chef du génie de l'armée de mettre sur le champ des fonds à la disposition des commandants respectifs de ces places pour qu'ils s'approvisionnent d'outils, sacs à terre, etc., et qu'ils les fassent mettre en état par tous les travaux nécessaires.

« Ordonnez au commandant en chef de l'artillerie d'y faire parvenir tous les artifices qui pourraient y manquer, tels que pots à feu, etc., de sorte que ces places soient complétement en état de défense et entièrement approvisionnées. »

Nap. à Eug Fontainebleau, 26 janvier 1813.

---

[1] Le général Partouneaux, sacrifié avec sa division à Borisow, coupé de l'armée française qui passait les ponts à Studianka, n'ayant pu se faire jour de vive force, malgré les plus courageux efforts, avait perdu une partie de ses troupes en marchant de Borisow sur Studianka. Toutefois, lorsqu'on lit avec attention les documents relatifs à la retraite de la Bérézina à Smorgoni, il est difficile d'admettre que le désastre de cette division Partouneaux ait eu réellement sur les opérations des Russes et les malheurs de Wilna, etc., l'influence que Napoléon lui attribue dans cette lettre.

Nap. à Eug. Fontaine-bleau, 26 janvier 1813.

« Mon fils, le ministre directeur de l'administration de la guerre me rend compte qu'il a ordonné la formation de cinq magasins de réserve : l'un à Stettin et les autres à Cüstrin, Glogau, Spandau et Magdebourg. — J'ai déjà pourvu à l'approvisionnement de Magdebourg en ordonnant, comme je vous l'ai mandé avant-hier, que cette place fût approvisionnée pour un an et pour une garnison de 15,000 hommes et 2,000 chevaux. Quand cet approvisionnement sera fait, je verrai si je dois y en faire faire un autre.

« Je vous ai également mandé, le 24, de faire faire, à Cüstrin et à Spandau, un approvisionnement de 25,000 quintaux de farine et un million de boisseaux d'avoine. (Si ma lettre portait Stettin au lieu de Spandau, c'est par une erreur.) — Vous ordonnerez donc à l'intendant général de regarder la lettre du comte de Cessac comme non avenue et de s'occuper sans délai des dispositions que j'ai prescrites le 24. — J'aurai ainsi trois magasins : un à Magdebourg, un à Cüstrin et un à Spandau, ce qui m'assure tout ce qui est nécessaire. — Ayez soin qu'il y ait 500,000 rations de biscuit à Stettin et autant à Cüstrin. — Vous prendrez les mesures les plus économiques pour faire fournir ces approvisionnements, et vous ferez en sorte qu'ils soient complets avant la fin de février. — Donnez des ordres pour que, le plus promptement possible, les approvisionnements des places fortes soient complétés à mes frais, sans chicaner la Prusse.

« Faites-moi connaître le nombre de moulins portatifs qui restent à l'armée. Vous devez en avoir reçu dernièrement.

« Ayez soin de donner l'ordre que le blé des approvisionnements de toutes les places soit converti en farine, non-seulement pour être prêt en cas de siége, mais pour qu'au commencement de la campagne nous puissions trouver de la farine toute faite pour aller en avant.

« Du moment que vous aurez réuni 6,000 hommes de cavalerie, 40,000 hommes d'infanterie, avec 150 pièces de canon, il faudra organiser les magasins de Posen : je désire y avoir, à l'ouverture de la campagne, 2 millions de boisseaux d'avoine, 50,000 quintaux de farine, et des légumes secs et de la viande en proportion. — Cela doit être promptement réuni en payant en argent comptant.

« Des renseignements que j'ai reçus me portent à penser que l'ennemi espérait surprendre Dantzig. — D'après toutes les données que j'ai, je ne mets point en doute que vous ne vous mainteniez à Posen. — Je pense que vous avez donné des ordres pour mettre Thorn en état.

« Écrivez à Dantzig pour que l'on y fasse moudre, de manière qu'au commencement de la campagne nous y ayons 100,000 quintaux de farine. Écrivez également à Thorn pour que l'on s'occupe, dès que cela sera possible, à moudre, pour que nous y trouvions aussi 100,000 quintaux de farine. — Donnez les mêmes ordres à Modlin pour que nous y trouvions, à notre arrivée, de la farine en grande quantité. »

*Eug. à Nap.
Posen,
26 janvier
1813.*

« Sire, il ne s'est rien passé de nouveau aujourd'hui en face de nous. Nos patrouilles ont rencontré, à quelques milles en deçà de Bromberg, quelques patrouilles de Cosaques qui se repliaient aussitôt. Le corps de Woronzow paraît n'avoir fait aucun mouvement. J'ai reçu ce matin des nouvelles de Thorn d'avant-hier. Tout était tranquille dans cette place. J'ai reçu aussi ce matin une lettre de Varsovie du prince Poniatowski et du général Reynier. Ce dernier me communique une lettre du prince de Schwarzenberg, dans laquelle ce prince exprime l'intention de repasser bientôt la Vistule. Ses avant-postes d'Ostrolonka avaient été obligés de se retirer. Une forte avant-garde s'était présentée pour occuper la ville. J'espère que mes dernières lettres engageront le prince Schwarzenberg à se conduire différemment avec les Russes et à montrer un peu plus d'énergie. »

*Nap. à Eug.
Fontainebleau,
27 janvier
1813.*

« Mon fils, je n'ai pas encore des idées bien nettes sur la manière dont l'armée doit se réorganiser. — Je ne sais pas de quoi est composée la garnison de Dantzig. Je suppose qu'il y a la division Heudelet, la division Loison, la division Granjean et la division napolitaine. Je présume que l'artillerie de campagne de ces divisions y a été enfermée en même temps, et que, indépendamment de cette artillerie, il y a 10 compagnies d'artillerie à pied qui n'ont pas fait la campagne, quelques compagnies de sapeurs et les cadres de deux bataillons des équipages militaires qui doivent n'en former qu'un. Je présume que ce que vous avez de plus disponible est le 11ᵉ corps, qu'il faut former en 3 divisions : 1° la division Lagrange, qu'il faut faire sortir des places et réunir, et la division Grenier, qu'il faut partager en deux, en laissant 12 bataillons au général Grenier, et en donnant aux 12 autres un général de division de choix. Je vous ai mandé que vous pouvez remplacer le général Lagrange. On ne peut faire une guerre aussi active avec un bras de moins. — Ces trois divisions seront sous les ordres du duc d'Elchingen, et conserveront le titre de 11ᵉ corps, ou prendront celui de corps d'avant-garde de la Grande-Armée.

« Réunissez sous les ordres du général Latour-Maubourg deux divisions de cavalerie : une de cavalerie légère et une de cuirassiers. Celle de cavalerie légère sera sous les ordres du général Bruyère, et celle de cuirassiers sous ceux du général Doumerc. Vous leur donnerez à chacun deux bons généraux de brigade; et vous tâcherez de réunir 4,000 hommes de cavalerie légère et 2,000 cuirassiers; vous aurez ainsi 6,000 chevaux pour être avec le corps d'avant-garde.

« Les 1ᵉʳˢ bataillons du 1ᵉʳ corps se réunissent à Stettin; ceux du 2ᵉ à Cüstrin; ceux du 3ᵉ à Spandau, et ceux du 4ᵉ à Glogau. Ces bataillons formeront la garnison de ces places. — Les seconds bataillons qui vont se compléter à Erfurth reviendront rejoindre ces 1ᵉʳˢ bataillons, et en doubleront le nombre ; de sorte qu'il y aura 2 divisions du 1ᵉʳ corps à Stettin, une du 2ᵉ corps à Cüstrin, une du 3ᵉ corps à Spandau, et une du 4ᵉ à Glogau : ce qui fera cinq divisions. — Le 1er corps qui se trouvera à Stettin est très-fort, et pourra observer la Poméranie. — Chacune de ces cinq divisions doit avoir un bon général de division et deux bons généraux de brigade.

« Les 3es et 4es bataillons de l'armée qui doivent aller jusqu'à leurs dépôts pourront partir, les 3es dans le courant de mars, et les 4es dans le courant d'avril; ainsi, au mois de juin, tous les régiments de l'armée auront 4 bataillons; et on formera à Stettin 4 divisions du 1er corps; 2 du second à Cüstrin, 2 du 3e à Spandau, et 2 du 4e à Glogau, ce qui ferait 10 divisions. — L'artillerie et le génie suivront la même proportion; et il y aura 2 batteries d'artillerie à pied par division. Il faut commencer par *organiser d'abord l'artillerie du 11e corps*; je crois qu'elle l'est déjà, et je pense que le corps a plus de 100 pièces de canon. — Les 2 divisions de cavalerie de l'avant-garde auront chacune deux batteries d'artillerie à cheval; ce qui fait 24 bouches à feu. Organisez à Stettin 2 batteries pour le 1er corps; à Custrin 2 pour le second; à Spandau 2 pour le 3e, et 2 à Glogau pour le 4e. — Au mois de mai, lorsque les 3es et 4es bataillons arriveront, on organisera huit autres batteries. — Ce ne sera donc que dans le courant de juin que les 1er, 2e, 3e et 4e corps pourront entrer en ligne; jusque-là ils garderont la place et maintiendront le pays.

« L'armée est composée de l'avant-garde ou 11e corps; du corps d'observation de l'Elbe, commandé par le général Lauriston, qui a sous lui quatre généraux de division : Carra Saint-Cyr, Pacthod,

Lagrange (celui qui était à Kœnigsberg) et Rochambeau : tout ce corps, avec son artillerie, sera réuni au 1er mars à Magdebourg ; du corps d'observation de l'Italie que commande le général Bertrand, lequel sera réuni à Vérone et prêt à partir le 1er mars ; du corps d'observation du Rhin, dont le duc de Raguse aura le commandement ou bien le comte de Lobau, ayant sous lui les généraux de division Souham, Dubreton, Bonnet et Almeïda ; ce corps sera réuni à Francfort au 1er mars, et prêt à partir. Ces trois corps pourront donc se porter sur l'Oder, le corps d'observation de l'Elbe pour y arriver dans le courant d'avril, ou plutôt au commencement du mois ; et ceux d'Italie et du Rhin dans le courant d'avril.

« Ainsi, au 1er mai, l'armée se trouvera composée du 11e corps, fort de 36 bataillons ; du corps d'observation de l'Elbe, 48 bataillons ; du corps d'observation d'Italie, 48 bataillons ; du 1er corps d'observation du Rhin, 48 bataillons ; ayant en réserve derrière eux 2 divisions du 1er corps, 32 bataillons ; 2 divisions des 2e et 3e corps, 32 bataillons ; 2 divisions du 4e corps, 32 bataillons : total 96 bataillons ; ce qui ferait 17 divisions et 276 bataillons, ayant en arrière le 2e corps d'observation du Rhin, composé de 4 divisions, parmi lesquelles il y a 20 bataillons de vieilles troupes d'artillerie de la marine. Ce corps sera réuni à la fin de mars à Magdebourg.

« Ainsi, à la fin de juin, la situation de l'armée sera la suivante : corps d'avant-garde, 3 divisions, 36 bataillons ; corps d'observation de l'Elbe, 4 divisions, 48 bataillons (qui prendra un numéro) ; corps d'observation d'Italie, 4 divisions, 48 bataillons (qui prendra un numéro); 1ᵉʳ corps d'observation du Rhin, 4 divisions, 48 bataillons; 2ᵉ corps d'observation du Rhin, 4 divisions, 48 bataillons; 1ᵉʳ corps, 4 divisions, 48 bataillons; 2ᵉ corps et 3ᵉ corps réunis, 4 divisions, 48 bataillons; 4ᵉ corps, 3 divisions, 36 bataillons : total de l'armée qui sera au delà du Rhin au 1ᵉʳ juin, sans y comprendre la garnison de Dantzig, 30 divisions d'infanterie, 362 bataillons.

« En mettant le bataillon à 650 hommes présents sous les armes, cela fait 200,000 hommes d'infanterie, et, en comptant la cavalerie, l'artillerie et le génie, cela fait plus de 300,000 Français. Le corps westphalien sera complété à 20,000 hommes. Les corps saxon, wurtembergeois et bavarois seront complétés. L'armée sera donc d'un tiers plus forte qu'elle ne l'était la campagne passée.

« Le commandement de ces différents corps pourra être donné comme il suit: 11ᵉ corps, duc d'Elchingen; corps d'observation de l'Elbe (prenant un numéro), comte Lauriston; corps d'observation d'Italie (prenant un numéro), comte Bertrand; 1ᵉʳ corps d'observation du Rhin (prenant un numéro), duc de Raguse ou comte de Lobau; 2ᵉ corps d'observation du Rhin (prenant un numéro), comte de Lobau ou duc de Raguse; 1ᵉʳ corps, prince d'Eckmülh; 2ᵉ et 3ᵉ corps réunis, duc de Reggio; 4ᵉ corps, duc de Tarente.

« Observez bien que je ne prononce rien de définitif : j'attends pour cela de nouveaux renseignements; mais cela doit vous donner l'idée en général de mes projets.

« L'artillerie est adaptée à cette organisation; déjà 48 compagnies d'artillerie à pied sont à la Grande-Armée, compagnies qui n'ont pas fait la campagne. 52 compagnies vont se réorganiser à Magdebourg, en y recevant pour y être incorporées 52 compagnies des cohortes de la garde nationale.

« Quant à la cavalerie, j'adopterai la même organisation que dans la dernière campagne. Tous les cuirassiers et dragons seront, au mois d'avril, à 600 hommes par régiment. — Tous les régiments de chasseurs, de hussards et chevau-légers seront, au mois de mai, à 1,000 hommes. Je rétablirai donc les divisions et les brigades comme elles étaient, sauf à resserrer les divisions et brigades selon les circonstances.

« En supposant que Dantzig soit investi au 1er février, il n'y aurait que quatre mois qu'il serait investi au 1er juin, et le siége ne peut commencer qu'au mois d'avril. J'aurai donc tout le mois de juin pour me porter sur Dantzig. Une fois le siége de Dantzig et de Thorn levé, et mes communications rétablies, ayant occupé la Nogat, et, si cela est jugé convenable, Kœnigsberg, je remettrai à aller plus loin dans une autre campagne, ou bien je passerai le Niémen, si cela paraît convenable, aux environs du 15 août. C'est le moment le plus favorable, puisqu'alors la récolte est faite et que les fourrages sont mûrs pour les chevaux, et que deux mois et demi suffisent pour me porter sur Witebsk et le Borysthène ou faire toute autre opération suivant les circonstances qui arriveront : ou bien l'Autriche deviendra partie principale, ou bien son corps sera porté à 60,000 hommes, ce qui donnera le moyen d'entrer en même temps en Wolhynie.

« Quant à ma garde, je vous ai dit de renvoyer les cadres. J'ai déjà ici une division de 11 bataillons avec son artillerie, laquelle sera rendue dans le courant de mars à Francfort. J'ai fait rester à Fulde les hommes démontés de ma cavalerie. Au mois de mars ils seront recrutés et remontés au nombre de 2,000 hommes. Au mois d'avril il y en aura 4,000; au mois de mai 6,000, et au mois de juin il y aura 8,000 hommes à cheval. — Une 2e division de la garde également avec son artillerie sera, dans le courant d'avril, à Francfort; une 3e au mois de mai, ce qui portera ma garde, vieille et jeune, au double de ce qu'elle était tant en infanterie que cavalerie, avec le même nombre de pièces d'artillerie.—J'aurai en outre 120,000 hommes sous les armes, en France et en Italie, indépendamment des dépôts, pour défendre mes côtes et mes frontières.

« J'espère que vous avez un bon commandant des officiers du génie et d'artillerie, et au moins quatre compagnies d'artillerie dans Thorn.

« Je suppose que vous avez fait revenir toute la cavalerie qui était à Varsovie. On doit tout faire pour conserver Varsovie. L'Autriche fait de grands armements.

« Selon tous les renseignements, l'armée russe est dans une horrible situation et ne pourra pousser sur Posen que de la cavalerie légère ou une faible avant-garde.

« Je fais presser la Prusse de hâter la réorganisation de son corps entre Posen et Stettin. Il faut donc rester à Posen pour protéger Varsovie, en maintenant les communications. Réunissez-y donc le corps d'avant-garde du 11ᵉ corps.

« Si le prince Schwarzenberg évacuait Varsovie, le 5ᵉ corps, qui est déjà de 20,000 hommes, le sien et celui du général Reynier formeraient une armée de 60,000 hommes, et porteraient les forces réunies entre Posen et la Silésie à un nombre tel qu'il n'est pas à penser que l'armée russe puisse aller outre, puisqu'elle ne peut laisser moins de 50,000 hommes devant Dantzig, 10,000 hommes devant Thorn, autant devant Modlin, et moins de 60,000 hommes devant la Gallicie. Il est donc impossible que l'armée russe marche sur vous.

« Le principal est de réorganiser le corps de cavalerie du général Latour-Maubourg, afin de pouvoir s'éclairer et de tenir l'ennemi éloigné de ses communications. — La division Grenier a besoin de repos; mais la division Lagrange qui, depuis longtemps, est dans les places de Spandau, Stettin, Cüstrin et Glogau, peut être sur-le-champ réunie à Posen. — La demi-brigade qui est à Magdebourg se dirige sur Berlin; la tête de la 1ʳᵉ division du corps d'observation de l'Elbe étant en marche, et arrivant à Magdebourg dans les premiers jours de février.

« Je vous ai écrit pour que vous fassiez réunir des approvisionnements à Spandau et à Cüstrin. Peut-être serait-il convenable de faire fournir ces approvisionnements par la Prusse, en payant tout en argent comptant, au prix où le roi paye à ses sujets le blé et les autres denrées. Je désire que ces approvisionnements soient formés dans le courant de février. — Donnez des ordres également pour que 500,000 rations de biscuit soient préparées dans chacune de ces places.

« S'il arrivait que par des raisons quelconques vous ne pussiez vous maintenir à Posen, il ne faudrait pas mettre en mouvement inutilement la division Grenier, ce qui la démoraliserait et l'affaiblirait. »

Nap. à Eug. Fontainebleau, 27 janvier 1813.

« Mon fils, le ministre de la guerre vous a écrit pour vous faire connaître que les détachements de conscrits de chacun des 28 régiments de la Grande-Armée qui doivent se rendre à Erfurth où ils trouveront les cadres de leurs seconds bataillons, ce qui complétera ces 28 bataillons, partent de France, les premiers, c'est-à-dire les détachements des 30° et 33°, le 10 février, et arriveront le 19 à Erfurth ; le dernier, c'est-à-dire celui du 13° d'infanterie légère, arrivera le 17 mars. — Avant le 1er mars, les premiers bataillons du 30° et du 33°, celui du 61° et celui du 111°, celui du 85°, celui du 18° et celui du 57° seront arrivés; ce qui fera 7 bataillons. — Ordonnez à un des généraux de brigade du 1er corps de prendre sous son commandement ces 7 bataillons, et de se porter à Wittenberg, où ils pourront être arrivés du 1er au 5 mars. Celui du 24° léger, ceux des 26° léger, 4° de ligne et 72° arriveront avant le 8 mars. — Donnez ordre à un des généraux de brigade du second ou du troisième corps, qui désormais n'en doivent former qu'un, de partir avec ces 4 bataillons, et de se rendre à Spandau. — Le 12ᵉ de ligne, le 48ᵉ, le 108ᵉ et le 33ᵉ de ligne arriveront avant le 12. Donnez ordre à un général de brigade du 1ᵉʳ corps de prendre cette brigade, et de la conduire également à Dessau. — Le 17ᵉ et le 25ᵉ de ligne, le 15ᵉ d'infanterie légère et le 13ᵉ d'infanterie légère, qui arriveront avant le 17 mars, continueront leur mouvement, se réuniront ensemble à Weimar, et de là continueront leur mouvement pour se rendre à Wittenberg, où le général de division du 1ᵉʳ corps aura porté son quartier général, et il aura ainsi sous ses ordres ces bataillons avec des généraux de brigade.

« Je donne ordre que le bataillon du 11ᵉ d'infanterie légère, celui du 21ᵉ de ligne et celui du 56ᵉ, qui sont à Juliers, Wesel et Grave, se rendent directement sur Cassel. — Donnez ordre que le 2ᵉ bataillon du 21ᵉ de ligne, ceux du 11ᵉ d'infanterie légère et du 56ᵉ, au lieu de se rendre à Erfurth, se rendent à Cassel, où se fera l'embrigadement. Envoyez-y un major en deuxième pour prendre le commandement de ces 3 bataillons, et après s'être reposés à Cassel le nombre de jours nécessaires, ils seront dirigés sur Spandau.

« Les bataillons du 2ᵉ de ligne, du 37ᵉ, du 93ᵉ, du 46ᵉ et du 19ᵉ, qui arriveront au plus tard le 16, se réuniront successivement à Leipzig, et aussitôt qu'ils seront réunis, un des deux généraux de brigade du 2ᵉ ou du 3ᵉ corps, que vous enverrez à Erfurth, les prendra sous ses ordres, et les conduira à petites journées, et après le repos nécessaire à Leipzig, à Spandau. — Vous voyez donc que dans le cours de mars la Grande-Armée recevra 28 bataillons, ce qui portera à deux bataillons ce que chaque régiment aura.

« La division du 1er corps, qui se réunira à Wittenberg, se dirigera sur Berlin, et de là sur Stettin, et les différents bataillons du 2e et du 3e corps joindront leurs corps à Spandau et à Cüstrin. Par ce moyen, dès la fin de mars, le 1er corps et le 2e (puisque, par ma lettre, il n'est plus question du 3e) seront, le premier, composé de 2 divisions, chacune de 16 bataillons; et le 2e corps, composé de 2 divisions, chacune de 12 bataillons, indépendamment des Suisses et des Illyriens. Par ce moyen ces deux corps auront déjà quelque existence. — Le prince d'Eckmühl continuera à commander le 1er corps : il aura 16 à 20,000 hommes présents sous les armes. — Le maréchal duc de Tarente, auquel vous pouvez donner le commandement du 2e, composé du 2e et du 3e, aura également une division entière à Spandau, et une entière à Cüstrin, c'est-à-dire 24 bataillons (indépendamment des Illyriens et des Suisses) qui doivent faire au moins 15,000 hommes sous les armes. — Quant au 4e corps, vous aurez gardé tous les premiers bataillons des 6 régiments français qui étaient en Italie, à Glogau. Vous aurez établi pour les régiments italiens ce que vous aurez jugé convenable. Vous aurez gardé un bataillon du 8e et du 18e d'infanterie légère. Vous aurez donc 8 bataillons français à Glogau. Vous aurez envoyé les autres cadres en Italie. — Faites arrêter à Augsbourg les cadres des 2es bataillons de ces 8 régiments. Je donne l'ordre qu'on fasse partir d'Italie 700 conscrits de chaque dépôt, ce qui complétera les 2es bataillons à Augsbourg. Ils se dirigeront à petites journées sur Glogau, ce qui établira au 4e corps 16 bataillons français, indépendamment des Italiens. Vous en formerez une ou deux divisions, comme cela vous paraîtra le plus convenable. »

Eug. à Nap. Posen, 27 janvier 1813.

« Sire, j'ai l'honneur d'adresser à Votre Majesté la copie des derniers rapports que j'ai reçus ainsi que la lettre que je reçois du prince Schwarzenberg. Il a décidément donné tous les ordres pour la concentration de son corps sur Pultusk ; mais je crains bien qu'il n'y reste pas longtemps, et qu'il ne repasse promptement la Vistule. Je suis toujours disposé à douter que l'ennemi ait l'intention sérieuse de se mesurer avec lui, et je persiste à penser qu'il cherche à l'intimider par ses manœuvres.

« L'officier que j'avais envoyé au général Bulow l'a trouvé à Stettin. Ce général me mande que les troupes qu'il a sous ses ordres sont loin d'être disponibles, qu'on ne peut compter sur elles avant cinq à six semaines. Il n'a que 300 chevaux avec lui. J'ai envoyé la lettre à M. de Saint-Marsan pour qu'il fasse sentir au gouvernement prussien combien avait été illusoire la mesure qu'il avait prise de mettre ses troupes à ma disposition, puisque ce corps n'avait ni artillerie ni cavalerie, et était rempli de nouvelles levées non habillées. J'engage M. de Saint-Marsan à demander une partie de la cavalerie qui est en Silésie.

« D'après les rapports que j'ai reçus, il paraît qu'un corps russe est devant Dantzig. On porte sa force à 25,000 hommes et à 5 à 6,000 chevaux. — Je comptais recevoir ce soir des lettres de Votre Majesté ; j'en attends avec la plus vive impatience. »

<small>Le ministre de la guerre à Eugène. Paris, 27 janvier 1813.</small>

« Monseigneur, j'ai mis sous les yeux de l'Empereur la situation du 1ᵉʳ régiment provisoire croate que Votre Altesse Impériale a fait connaître par sa lettre du 8 de ce mois à M. le prince de Neufchâtel, et je lui ai demandé ses ordres sur la proposition qu'a faite le colonel de renvoyer ce corps en Illyrie.

« Les motifs allégués à ce sujet n'ont pas paru de nature à faire adopter cette mesure. Sa Majesté a pensé qu'il serait préférable que Votre Altesse Impériale donnât des encouragements aux officiers, tels que la haute paye ou des pensions, et qu'elle complétât le régiment avec des Polonais en le mettant à cet effet dans une place. Sa Majesté ne doute pas qu'au moyen de quelques secours d'argent, ces Croates (qu'il n'y aurait aucun avantage à renvoyer dans leur pays dans un moment où ils ont souffert des circonstances) ne soient bien aises de rester à l'armée.

« Comme il y a à la Grande-Armée deux régiments croates, l'Empereur consent à ce qu'on ne fasse qu'un seul régiment, et, si ce projet ne peut réussir, à ce qu'on les incorpore avec le nouveau régiment croate qui doit se rendre à la Grande-Armée avec le corps d'observation d'Italie.

« Telles sont les intentions de l'Empereur au sujet des régiments provisoires croates employés à la Grande-Armée. Je prie Votre Altesse Impériale d'en faire envers un corps l'usage que les circonstances et le bien du service pourront nécessiter, et de me faire connaître les mesures qu'elle pourra être dans le cas de prendre. »

Nap. à E 1g. Paris, 28 janvier 1813.

« Mon fils, je reçois votre lettre du 24 au matin. Je vois avec peine que vous n'ayez et que vous ne m'envoyiez encore aucun renseignement sur la cavalerie. — Je dois avoir 2,000 chevaux à Varsovie; j'en dois avoir plusieurs milliers sur l'Oder. — Je voudrais bien qu'il fût enfin possible de former les divisions Bruyère et Doumerc, sous les ordres du général Latour-Maubourg.

« Vous ne pouvez pas être embarrassé pour l'artillerie; le 11ᵉ corps en a plus de 100 pièces. Il y a aussi des caissons, des équipages à Berlin.

« L'inspecteur de l'habillement est-il à Posen? Le ministre de l'administration de la guerre a envoyé plus de 15,000 selles à la Grande-Armée : que sont-elles devenues? Écrivez à Magdebourg et à Cüstrin pour qu'on vous donne le détail de ce qui y a passé.

« Nous commençons à avoir une idée de ce qui reste en infanterie; mais nous n'en avons aucune de ce qui reste en cavalerie et en cavalerie à pied.

« Ainsi donc, j'espère qu'avant le 15 février vous pourrez avoir réunis sous les ordres du duc d'Elchingen trois belles divisions d'infanterie, 4 à 5,000 hommes de cavalerie et 100 pièces de canon, ce qui, avec les 10,000 hommes que vous avez déjà réunis et les corps saxons et prussiens, formera une armée de 60,000 hommes environ. — A cette même époque, le corps d'observation de l'Elbe commencera à arriver à Magdebourg. »

Nap. à Eug.
Paris,
28 janvier
1813.

« Mon fils, je vous ai écrit hier pour vous communiquer mes premières idées sur la réorganisation de la Grande-Armée. Je vous envoie aujourd'hui copie de la lettre que j'ai écrite au ministre de la guerre, et dans laquelle je pose les bases de cette nouvelle formation. Je les fixerai dans un décret aussitôt que vous aurez répondu.

« Le 5e corps se trouve supprimé dès ce moment. Donnez le commandement du 2e corps et du 5e corps réunis au duc de Tarente ou au duc de Bellune, en choisissant celui des deux qui est en meilleur état.

« Par la lettre que je vous écris, vous verrez que les détachements des 2es bataillons, qui se réunissent à Erfurth, sont en marche, et qu'ainsi ces trois corps de la Grande-Armée pourront déjà avoir une tournure dans le courant de mars.

« Vous pourrez envoyer le prince d'Eckmühl à Stettin, et vous pouvez mettre le corps prussien qui se réunit entre Stettin et Cüstrin sous ses ordres. »

« Monsieur le duc de Feltre, voici les bases de la formation de la Grande-Armée. Cela vous servira de règle pour les généraux, pour l'artillerie, le génie et l'administration.

Napoléon au ministre de la guerre, Paris, 28 janvier 1813.

« Le 1ᵉʳ corps sera réorganisé à 2 divisions au lieu de 5 qu'il avait. Chaque division sera de 8 régiments, chaque régiment sera de 2 bataillons; chaque division sera partagée en 3 brigades et aura en conséquence trois généraux de brigade. Les divisions se réuniront à Stettin ou Spandau, comme le vice-roi le désignera.

« Le 2ᵉ corps se réunira avec le 3ᵉ, sous le titre de 2ᵉ corps. Il sera formé en 2 divisions; chaque division comprendra 6 régiments; chaque régiment sera fort de 2 bataillons, et ce, indépendamment des Illyriens et des Suisses, mais y compris les 123ᵉ et 124ᵉ.

« Le 4ᵉ corps sera composé d'une division française et de 16 bataillons (sans comprendre les Italiens); chaque division sera de 3 brigades.

« Il est donc nécessaire de laisser au 1ᵉʳ corps deux généraux de division et six généraux de brigade; au 2ᵉ corps, deux généraux de division et six généraux de brigade; et au 4ᵉ corps, un général de division et trois généraux de brigade.

« Les 3ᵉ, 9ᵉ et 10ᵉ corps sont supprimés : le 1ᵉʳ corps sera commandé par le prince d'Eckmühl; le 2ᵉ par ……, et quant au 4ᵉ, le vice-roi, jusqu'à nouvel ordre, sera censé le commander; mais le général de la division française fera les fonctions de commandant.

« *Composition des corps.* — La division Lagrange, ou la 31ᵉ, entrera le plus promptement possible en ligne. A cet effet, ce qu'elle a à Magdebourg rejoindra sans délai Cüstrin, et aussitôt qu'un bataillon du corps de l'Elbe sera arrivé de Magdebourg, ce qui est à Cüstrin, à Glogau et à Stettin se réunira au lieu qu'indiquera le vice-roi. — La division que commande le général Grenier continuera de s'appeler la 35ᵉ. La nouvelle division qui sera tirée de son corps s'appellera la 36ᵉ. Ces deux divisions se réuniront comme avant-garde au lieu qui sera indiqué par le vice-roi. — Les garnisons de Stettin, Cüstrin et Glogau seront formées par les 1ᵉʳ, 2ᵉ et 4ᵉ corps. — Tous les hommes disponibles, comme il a déjà été ordonné, seront réunis dans le 1ᵉʳ bataillon de leur régiment, ce qui fera 18 bataillons pour le 1ᵉʳ corps, 14 pour le 2ᵉ et 8 pour le 4ᵉ corps, indépendamment des Suisses et des Illyriens, des Croates et des Italiens, ce qui fera que chaque division du 1ᵉʳ corps ne sera d'abord que de 8 ou 9 bataillons. — Celles du 2ᵉ corps ne seront que de 6 ou 7 bataillons, et celles du 4ᵉ que de 7 à 8; — mais, moyennant les dispositions prises, dans le courant de mars, les 2ᵉˢ bataillons viendront augmenter ces divisions, ce qui complétera ces corps conformément à ce qui est dit ci-dessus. — Je n'ai rien à ajouter à ce qui est dit dans mes dépêches antérieures concernant la composition des corps d'observation de l'Elbe, du 1ᵉʳ d'observation du Rhin, de celui d'Italie, ainsi que du 2ᵉ corps du Rhin.

« *Artillerie.* — L'artillerie du 1ᵉʳ corps sera composée de 4 batteries d'artillerie à pied (2 par division), d'une batterie de réserve de 12 et d'une batterie d'artillerie à cheval. Total, 46 bouches à feu.

« Celle du 2ᵉ corps et celle du 4ᵉ sera composée dans les mêmes proportions.

« L'artillerie du 11ᵉ corps sera composée comme il est dit dans une lettre de ce jour; je n'en parlerai donc pas ici : elle doit avoir au moins 6 batteries à pied, 2 à cheval et 2 de réserve. Total, 76 à 80 bouches à feu. Le total de l'artillerie sera donc : 5 batteries à cheval, 30 pièces; 14 batteries à pied, 102 pièces; 5 batteries de réserve, 40 pièces. Total, 182 bouches à feu.

« *Génie.* — Le génie sera organisé en conséquence.

« Lorsque les 3ᵉˢ et 4ᵉˢ bataillons de ces corps d'armée pourront partir de France pour renforcer ces différents corps et les doubler, c'est-à-dire en mai, alors il faudra pouvoir doubler l'artillerie, puisque chaque régiment se trouvera être de 4 bataillons, et que le 1ᵉʳ corps se trouvera porté à 4 divisions, le 2ᵉ à 4 divisions et le 4ᵉ à 2 divisions. Je ne dis ceci que pour observation, vu que les renseignements que nous aurons d'ici là mettront à même de décider si l'on portera les régiments à 3 ou 4 bataillons. — Si on ne les porte qu'à 3 bataillons, alors il n'y aura que 3 divisions au 1ᵉʳ corps, 3 au 2ᵉ corps et 2 au 4ᵉ corps. — Mais on aura le temps d'organiser cette artillerie, et on la fera partir avec les 3ᵉˢ et 4ᵉˢ bataillons qui iront rejoindre les 1ᵉʳ, 2ᵉ et 4ᵉ corps. — Ce qu'il faut organiser avant tout, c'est l'artillerie de l'avant-garde ou du 11ᵉ corps;

après cela l'artillerie nécessaire aux 5 divisions des 1ᵉʳ, 2ᵉ et 4ᵉ corps, et enfin l'artillerie du corps d'observation de l'Elbe, du corps d'observation du Rhin et du corps d'observation d'Italie.

« *Cavalerie.* — La cavalerie doit être organisée de la même manière que dans la campagne passée; mais les 4 batteries d'artillerie légère me paraissent nécessaires avant tout pour 2 divisions de cavalerie qui vont être formées pour l'avant-garde, et le reste successivement. »

Eug. à Nap.
Posen,
28 janvier
1813.

« Sire, j'ai l'honneur d'adresser à Votre Majesté les seuls rapports qui me sont parvenus aujourd'hui sur l'ennemi. Il paraît certain que ses mouvements sont actifs. Il est bien fâcheux que je ne puisse pas réunir un peu de monde. Je n'ai que 10 à 12,000 hommes d'infanterie et 2 à 3,000 chevaux. Il me serait facile, en m'appuyant à Thorn et joignant ma droite à la gauche du prince Schwarzenberg, d'empêcher l'ennemi de faire plus de progrès. Il me tarde bien de savoir sur quoi nous pouvons compter ici; si les Prussiens donnent vraiment à Votre Majesté un nouveau corps de troupes dans lequel ils feront entrer plusieurs mille chevaux, et cela leur est facile, et si les Autrichiens complètent ou augmentent leur contingent. Je ne doute pas que si ces deux points eussent été possibles l'ennemi n'aurait point pensé à envahir le Grand-Duché; mais, comme Votre Majesté le sait, je n'ai aucune force réelle à leur opposer s'il poursuit sa marche, et je vois par les dernières lettres de Varsovie que déjà le prince Schwarzenberg a replié tous ses postes derrière Pultusck. Je n'ai point osé appeler à moi ni le corps du général Grenier, ni même la 31ᵉ division, d'abord parce qu'il y avait un ordre du ministre de la guerre qui prescrit à ces corps de s'arrêter à Berlin; que je sentais que la présence de ces corps y était nécessaire; que ces 30,000 hommes devaient faire une bonne partie de l'armée au printemps prochain, et enfin qu'appelant les troupes sur le théâtre de la guerre sans avoir de cavalerie, j'aurais peut-être risqué de les compromettre sans aucun fruit. Mon opinion est cependant, Sire, qu'au dégel, si, comme je l'espère, l'ennemi n'a pu s'emparer d'aucune place sur la Vistule, on pourra facilement reprendre cette ligne, si elle se perdait, en n'employant même que le corps que j'ai, la 31ᵉ division, et 10,000 Prussiens, s'il m'est permis surtout d'espérer de cette dernière puissance 3 à 4,000 hommes de cavalerie. Je désire bien que Votre Majesté daigne me donner son opinion à cet égard.

« Le roi a dû rendre compte à Votre Majesté que les 1ᵉʳ, 2ᵉ, 3ᵉ et 4ᵉ corps avaient été dirigés par lui sur les places de l'Oder. Le 4ᵉ corps est à Glogau, les 2ᵉ et 3ᵉ à Custrin, et le 1ᵉʳ est en marche pour Stettin. Outre que ces corps sont très-faibles, il ne faut pas compter qu'ils puissent rendre aucun service avant plusieurs mois. — D'après les ordres de Votre Majesté de renvoyer le plus de cadres possible, on ne gardera qu'une ou deux compagnies par régiment, ce qui formera à peu près la valeur d'un bataillon par chaque division ancienne.

« Dans ses lettres du 21, Votre Majesté demandait au major général un état exact de la cavalerie : jusqu'à présent il nous a été impossible d'obtenir rien de positif à cet égard. Comme le roi travaillait directement avec le général Belliard, et que ce dernier n'est point ici, nous n'avons aucune donnée; je viens d'envoyer un officier pour en obtenir. A cet égard, je dirai à Votre Majesté qu'il est très-important qu'elle fasse un exemple sévère des officiers généraux et officiers supérieurs qui ont jeté sur les derrières de l'armée l'alarme, la peur, et ont abandonné devoir et service en se rendant en France sans permission. »

Nap. à Eug. Paris, 29 janvier 1813.

« Mon fils, je reçois votre lettre du 23 janvier. Je vous ai fait connaître qu'il fallait réunir une avant-garde de 40,000 hommes et de 5 à 6,000 chevaux, afin de se maintenir à Posen et de pouvoir ainsi conserver ses communications avec Varsovie.—J'aurais désiré donner le commandement de cette avant-garde au maréchal duc d'Elchingen ; mais, puisque vous l'avez envoyé à Paris, il vous reste le maréchal Saint-Cyr.

« Le comte Daru est arrivé; il ne m'apporte aucun renseignement sur la cavalerie ni sur les selles, ce qui fait que je l'ai assez mal reçu. J'espère cependant avoir d'un moment à l'autre des nouvelles du général Bourcier. Il me semble qu'on ne devrait pas tarder à avoir quelques milliers de chevaux en état de se faire honneur.

« Je vous ai fait connaître mes intentions sur la réorganisation de l'armée. Faites payer la solde;

mais veillez à ce qu'on ne la paye qu'aux présents.

« J'ai ordonné que mes chevaux de selle et ma maison fussent réunis et réorganisés à Berlin au lieu de Magdebourg, et j'ai recommandé qu'on annonçât ma prochaine arrivée à Berlin.

« Les 22 régiments composés des 90 bataillons de cohortes sont superbes.

« Vous trouverez ci-joint copie de la lettre que j'écris au ministre de la guerre pour que vous envoyiez à Magdebourg les officiers nécessaires au complétement des cadres de ces bataillons. Ces 22 régiments et le 11e corps réunis seront déjà suffisants pour repousser l'ennemi au delà de la Vistule lorsqu'on aura atteint la bonne saison et qu'on pourra disposer d'un peu de cavalerie.

« Faites marcher la division Grenier le moins possible, et surtout ne lui faites pas faire de fortes marches. Une retraite de Posen à l'Oder la démoraliserait et la perdrait.

« Vous verrez dans le *Moniteur* que le royaume d'Italie s'électrise : Milan m'a offert 100 chevaux; on m'assure que le royaume en fournira 2,000. — J'ai ordonné qu'on répartît ces chevaux entre les dépôts des 4 régiments de cavalerie que nous avons en Italie.

« J'ai en marche un superbe corps de 20,000 hommes, tirés des troupes de la marine, et dont le moindre soldat a un an de service; c'est eux-mêmes qui ont demandé à marcher.

« Vous devez dire, et vous-même être bien convaincu que la campagne prochaine je chasserai l'ennemi au delà du Niémen.

« Renvoyez le prince de Neufchâtel, puisqu'il est en si mauvais état. »

<small>Eug. à Nap.
Posen,
29 janvier
1813.</small>

« Sire, je reçois à l'instant, quatre heures du soir, les seize lettres de Votre Majesté, du 22 et 23, que Votre Majesté m'a fait l'honneur de m'adresser; je vais bien me pénétrer de leur contenu, donner les ordres d'exécution pour les dispositions qu'elles renferment, et j'informerai successivement Votre Majesté. Je me borne pour ce soir à lui adresser le rapport des avis qui me sont parvenus. L'armée russe paraît être décidément en grand mouvement sur Varsovie; le prince de Schwarzenberg avait déjà annoncé son arrivée à Varsovie pour le 29.

« J'ai reçu aussi la lettre par laquelle Votre Majesté me confie le commandement provisoire de la Grande-Armée. Je sens tout le prix de cette marque de confiance, et je redoublerai de zèle et d'activité pour continuer à mériter les bontés de Votre Majesté. »

<small>Nap. à Eug.
Paris,
3 janvier
1813.</small>

« Mon fils, les bataillons de marche de l'Escaut et du Texel sont à Cüstrin et à Glogau. Vous trouverez ci-joint copie de ma lettre de ce jour au ministre de la guerre. Faites-la exécuter sans délai; cela augmentera d'autant les cadres des 1ers bataillons qui sont restés sur l'Oder. Vous trouverez ci-joint le décret que j'ai rendu pour dissoudre les 125e et 126e. Je suppose que vous l'avez reçu. Je vous l'envoie néanmoins pour que vous sachiez où vous devez incorporer ces compagnies. Le 134ᵉ fait partie du corps d'observation de l'Elbe. La compagnie qui doit être incorporée dans ce régiment pourra l'attendre à Spandau ou Cüstrin. »

« J'ai reçu hier soir les réponses de l'Empereur au sujet du départ du roi de Naples; Sa Majesté me donne définitivement le commandement en chef de la Grande-Armée, et elle me l'écrit d'une manière très-aimable, puisqu'elle veut bien me dire qu'elle regrette de ne me l'avoir pas laissé dès son départ[1] : me voici donc garrotté ici pour longtemps; et je crains bien que mes occupations ne soient bien grandes jusqu'au retour de l'Empereur à l'armée. J'ai pourtant, ma chère Auguste, le plus grand désir de te revoir, de te serrer dans mes bras. Espérons que les circonstances ne différeront pas trop ce bonheur, et je t'avoue que je forme continuellement des vœux pour que ce soit bientôt. Ma santé est bonne, et je n'ai à me plaindre ces jours-ci que d'une fluxion avec joue enflée. Adieu, ma chère amie; Bataille va en Italie rétablir sa santé : j'envie bien son sort. »

Eugène à la vice-reine. Posen, 30 janvier 1813.

« Mon fils, je vous envoie copie d'une lettre que j'écris au général Fontanelli, à Milan, concernant l'armée du royaume d'Italie. »

Nap. à Eug. Paris, 31 janvier 1813.

« Monsieur le comte Fontanelli, il y a en Italie 12 régiments de ligne ou d'infanterie légère, ce qui

Napoléon au général Fontanelli, ministre

[1] Cette lettre de l'Empereur est au texte du livre précédent.

fait 48 bataillons. Mon intention est que vous m'envoyiez la situation de ces régiments, bataillon par bataillon, compagnie par compagnie, en ayant soin d'indiquer de quelle date est la situation. — De même pour la cavalerie, l'artillerie et le génie. — Il faut m'envoyer cet état tous les mois. Vous pouvez ensuite faire une récapitulation pareille à celle que vous m'avez envoyée le 15 de ce mois.

« Dans vos états du 15 janvier vous portez l'armée à 80,000 hommes; mais les pertes faites en Espagne et à la Grande-Armée doivent exiger une déduction de 24,000 hommes. On ne peut donc calculer que sur l'existence d'une armée de 56,000 hommes. Vous l'augmentez par un appel de 6,000 sur la réserve de 1813; l'armée sera donc de 60,000 hommes.

« Vous me présenterez un projet de décret pour que les bataillons qui sont en Espagne soient réduits à 8 ou 10, en y versant tout ce que les autres cadres ont de disponible, et en renvoyant ces cadres en Italie. Mais il faut avoir soin que les hommes ne sortent pas de leurs régiments, c'est-à-dire que les régiments qui ont 3 bataillons en gardent un ou deux, en versant dans ceux-là tous les hommes disponibles, et renvoient l'autre bataillon en Italie.

« Vous donnerez ordre que des 16 bataillons qui étaient au 4ᵉ corps de la Grande-Armée, tous les cadres retournent en Italie, hormis ceux de deux bataillons de ligne et un d'infanterie légère, dans lesquels on incorporera ce qu'il y a de disponible dans les 16 bataillons.

« Vous enverrez au corps d'observation d'Italie

qui se réunit à Vérone les 8 bataillons, ainsi que je vous l'ai déjà mandé. Les 48 bataillons de l'armée d'Italie seront donc employés ainsi qu'il suit : 8 ou 10 en Espagne; 17 à la Grande-Armée, dont 6 au corps du général Grenier, 3 au 4e corps, et 8 au corps d'observation d'Italie; 25 bataillons hors du royaume. Il en restera donc 21 ou 23, indépendamment des 5es bataillons, qui seront tous complétés avec la conscription de l'an XIV, et, s'il est nécessaire, par un appel sur les conscriptions antérieures.

« *Cavalerie.* — Il y a au 4e corps 4 régiments, deux de chasseurs et deux de dragons. Pour les deux de chasseurs, le cadre de l'un rentrera en Italie, et le cadre de l'autre, complété avec ce que tous les deux ont de disponible, restera à Nuremberg ou à Bamberg. Il en est de même des dragons : un régiment restera à Bamberg ou à Nuremberg, et l'autre retournera en Italie. — Vous ferez partir le plus tôt possible 600 dragons et 600 chasseurs pour recruter ces deux régiments à Bamberg ou Nuremberg. Vous ferez partir avec eux autant de chevaux harnachés que vous pourrez; et les chevaux nécessaires pour les compléter, vous les ferez acheter à Bamberg. Enfin vous ferez faire dans cette ville les harnais nécessaires, de manière qu'à la fin de mars ces deux régiments puissent entrer en ligne avec 800 chevaux chacun.

« Vous compléterez le 1er de chasseurs à 1,000 chevaux et à 1,000 hommes; il fera partie du corps d'observation d'Italie.

« Tous les hommes et les chevaux offerts par les communes et les cantons, vous les incorporerez dans ces cinq régiments à raison de 400 hommes par régiment, s'il y a 2,000 chevaux à répartir, et à raison de 500 hommes s'il y en a 2,500. Cela complétera vos régiments à 1,000 hommes et à 1,000 chevaux. Le 4° de chasseurs est déjà à ce complet; le 1er de chasseurs a 225 hommes et 225 chevaux. Vous avez 1,000 hommes au dépôt des chasseurs, et le même nombre entre les deux régiments de dragons. Vous avez donc 3,225 hommes, indépendamment de ce qui reste aux quatre régiments qui sont à la Grande-Armée. — Il est donc probable qu'avec les dons, qui seront de 2,000 hommes et de 2,000 chevaux, vous pourrez mettre ces régiments au complet, et alors on aura le résultat suivant : 2 régiments de chasseurs, 1 régiment de dragons, à la Grande-Armée, 3,000 hommes; 2 régiments de chasseurs, 1 régiment de dragons, en Italie, 3,000 hommes : total 6,000 hommes.

« La division du corps d'observation d'Italie aura son artillerie; la division de la Grande-Armée l'a déjà. Tout ce qui appartiendrait au 4° corps du train d'artillerie pourra se rendre en Italie pour s'y réorganiser. — Pour le moment, j'attendrai la réponse et l'état que je vous demande avant de rien statuer sur la levée des années antérieures. — J'approuve que vous ayez levé 6,000 hommes sur la levée de 1813. Dans la répartition de ces 6,000 hommes, il est nécessaire que vous donniez beaucoup au train d'artillerie et aux équipages militaires, afin de les réorganiser. Il faut aussi en donner aux régiments qui étaient au 4° corps de la Grande-Armée. »

« Sire, j'ai reçu hier soir les lettres que Votre Majesté m'a fait l'honneur de m'écrire le 24, et je me suis empressé de donner aujourd'hui tous les ordres pour que les ordres de Votre Majesté soient promptement remplis. J'ai écrit au duc d'Istrie de faire arrêter à Fulde les cadres d'artillerie de la garde impériale qui avaient été envoyés en France; ainsi que la colonne de cavalerie de la garde commandée par le général Walter, qui aurait été dirigée sur Mayence, Fulde étant le lieu que Votre Majesté a désigné pour donner à ces corps une nouvelle organisation.

Eug. à Nap. Posen, 31 janvier 1813.

« J'ai informé le duc de Castiglione de l'ordre donné pour le mouvement sur Posen de la division Grenier et de la 31ᵉ division.—La division Grenier partira la première; elle marchera par brigade et sera précédée par le régiment de cavalerie dont nous avons surtout besoin. — J'ai prescrit que les troupes ne fussent mises en mouvement qu'autant qu'elles auraient leur artillerie. La 31ᵉ division ne s'ébranlera que pour faire place au 6ᵉ bataillon attendu de Hambourg, afin de ne pas laisser Magdebourg et Berlin dégarnis. Je ne dédoublerai la division Grenier qu'après son arrivée à Posen, pour en former 2 divisions; j'espère que les premières colonnes se mettront en marche dans les premiers jours de février. J'ai indiqué au duc de Castiglione avec détail comment les 1ᵉʳ, 2ᵉ, 3ᵉ et 4ᵉ corps suffiraient pour les garnisons d'Italie, Cüstrin et Glogau. J'ai donné avis de ce mouvement aux princes Poniatowski et de Schwarzenberg, bien propre à relever le courage des Polonais et à inspirer plus de fermeté aux corps autrichiens.—J'ai fait part au premier de la confiance où est Votre Majesté, qu'il fera tout ce qui est humainement possible pour sauver Varsovie. J'indique au prince Schwarzenberg que ce serait sur Kalisch qu'il devrait se retirer dans le cas où, contre toute attente, il serait forcé dans sa position.—Enfin, j'ai cherché à combattre ses inquiétudes et l'espèce d'irrésolution dans laquelle il flotte, par tous les moyens possibles, et, à cet effet, je ne lui ai point laissé ignorer l'organisation des nouveaux corps prussiens dans le Bas-Oder, ni celle du corps saxon en arrière de Glogau.

« Les deux ministres de Votre Majesté près de Dresde et de Berlin ont été avertis d'avoir à me tenir au courant de tout ce qui est relatif à la composition de ces deux corps et au progrès de leur organisation. Je les ai pareillement engagés à faire toutes les démarches propres à obtenir promptement de chacun des deux corps un millier de chevaux qui seraient immédiatement dirigés sur Posen. — Enfin, j'ai écrit fort longuement à l'intendant général pour ordonner de presser le complétement des approvisionnements des places de Stettin, Cüstrin, Glogau et Spandau; cela d'après les nouvelles bases arrêtées par Votre Majesté; ainsi que pour la formation à Stettin et à Cüstrin de grands approvisionnements de réserve suffisants à la vie de 100,000 hommes pendant cinquante jours. Je lui ai représenté la nécessité de rassembler ici, sans délai, des magasins assez considérables pour l'augmentation que nous allons recevoir en infanterie et en cavalerie.

« Je n'ai reçu aujourd'hui aucune nouvelle de Varsovie; le 28, le corps de Kutusow occupait Vittemberg, Soldau. Une division de cavalerie était déjà arrivée à Mlawa, et le bruit courait dans l'armée russe que leurs principales forces se dirigeaient sur Plock, pour obliger par ce mouvement à l'évacuation de Varsovie. »

Eug. à Nap. Posen, 31 janvier 1813.

« Je vais tâcher de répondre de mon mieux par la présente aux différentes lettres que Votre Majesté m'a fait l'honneur de m'écrire les 22 et 23 janvier, et, pour plus de clarté, je diviserai mes réponses en autant de chapitres que d'objets.

« *Maison de l'Empereur.* — Les équipages de Votre Majesté étaient divisés en service léger et équipages proprement dits. Ces derniers avaient été envoyés à Glogau pour se reposer et se refaire; le service léger était resté ici. — J'ai ordonné, d'après les intentions de Votre Majesté, qu'il parte demain pour se réunir à ceux de Glogau et se rendre à Magdebourg. L'écuyer Salmies n'a pu me rendre compte des pertes qu'il a éprouvées dans ses chevaux de selle et d'attelage; mais il m'a remis l'état ci-joint de ce qui existe, et il sera facile de connaître les pertes, en le comparant avec l'état primitif.

« *Garde impériale.* — Le travail que Votre Majesté avait ordonné au major général a été fait. Il n'est resté ici qu'autant de cadres de compagnies qu'il y avait de centaines d'hommes. — Il y a ici 8 compagnies de la vieille garde, dont 4 de grenadiers et 4 de chasseurs, et le peu de soldats qui venaient de la jeune garde ont été incorporés dans les deux bataillons arrivés ici de Stettin. — Votre Majesté aurait désiré qu'elles restassent dans cette place ; mais j'ai connu trop tard son intention. Le roi ayant ordonné le mouvement de ces deux bataillons d'Elbing, le bataillon toscan et le bataillon piémontais de vélites sont ici réunis à la garde ; ce qui reste de la garde italienne a été réuni à ce qui est venu de Glogau, et forme un petit bataillon. Le général Roguet commande toute l'infanterie de la garde. Le major Lis commande la cavalerie, et j'avais gardé le maréchal Bessières pour commander le tout ; le maréchal Mortier était arrivé ici fort incommodé.

« D'après les ordres que Votre Majesté nous donne de renvoyer en France le plus de maréchaux possible, j'ai autorisé le maréchal Mortier à se rendre à Paris. — Je l'ai chargé de remettre à Votre Majesté tous les états du travail fait ici pour la garde impériale ; ces états doivent comprendre tout ce qui reste ici, et tout ce qui est parti pour se rendre à Mayence. Ainsi Votre Majesté peut regarder ses ordres relativement à la garde impériale comme complétement exécutés en ce qui nous concernait.

« *Artillerie.* — D'après les ordres de Votre Majesté, toutes les compagnies d'artillerie qui ont fait la campagne sont dirigées sur Magdebourg pour y recevoir tous les canonniers du corps qui y seront dirigés de France. Le chef d'état-major de l'artillerie, seul officier général de cette arme que j'aie près de moi, a expédié au bureau de la guerre la situation de 50 compagnies d'artillerie à pied qui ont fait la campagne; il en résulte qu'à peine on peut espérer de former les cadres de 15 à 16 compagnies en officiers, et de 7 à 8 sous officiers. Toute l'artillerie à cheval que le ministre ordonnait qu'on reformât à 6 compagnies a été dirigée sur Berlin pour y être remontée. Là on y reformera autant de compagnies d'artillerie à cheval qu'il y aura de fois 80 hommes, et tout ce qui restera de cadres sera dirigé sur Magdebourg. Toutes les compagnies d'artillerie qui n'ont point fait la campagne sont réparties dans les places, et seront attachées aux différents corps d'armée à mesure qu'ils seront rendus mobiles.

« J'ai réitéré plusieurs fois au général Sorbier l'ordre de se rendre près de moi. Il était allé jusqu'à Berlin. Je l'attends d'un moment à l'autre. Le général Neigre, directeur du parc, doit être à Berlin, et je crois même à Magdebourg, de sorte que je ne puis rendre compte à Votre Majesté de ce qui concerne le matériel. Je sais que nous n'avons dans le moment disponibles, si j'en excepte la division Durutte, qui est au corps du général Reynier, que 28 pièces, dont 6 aux Bavarois. — J'ai déjà écrit depuis plusieurs jours au général Bourcier de presser le versement des chevaux de trait, afin de pouvoir atteler promptement l'artillerie du 11ᵉ corps.

« *Cavalerie.* — C'est la partie sur laquelle il m'a été impossible jusqu'à présent d'avoir des données positives. Le général Belliard est à Berlin. Le

1er corps est à Hanovre, le 2e corps à Magdebourg, le 3e en arrière de Glogau. N'ayant pu me procurer aucune situation des commandants de ces différents corps, j'ai dû y envoyer, il y a quatre jours, des officiers d'état-major qui seront certainement de retour demain ou après-demain. Les instructions ont été données pour réunir tous les détachements des régiments, pour en garder par chaque régiment autant de compagnies qu'il aura de 10 hommes à pied ou à cheval, et renvoyer tout le reste au centre de la France. Les colonels resteront à l'armée toutes les fois qu'il y aura deux escadrons; sans quoi ils se rendront à leurs dépôts. Les remontes vont bien. Le général Bourcier va recevoir l'ordre d'envoyer directement au ministre de la guerre par estafette les situations de quatre différents dépôts de remonte; mais avant le 1er mars il nous manquera des hommes pour les chevaux que nous aurons; car le général Bourcier passe des marchés pour plus de 15,000 chevaux de selle, et, lors du passage de la Vistule, il n'avait pu réunir que 6,000 hommes de cavalerie des différents corps. Le général Belliard comptait qu'après quelques jours de tranquillité ce nombre pourrait être porté à 8,000; mais il faut en déduire tous les hommes malingres, blessés et ayant les pieds gelés, qui ne pourront servir de plusieurs mois. Cet objet mérite toute l'attention de Votre Majesté. Quant aux selles et effets de harnachement, j'ignore ce qui se trouve sur les derrières de l'armée; mais je sais qu'il y en a un assez bon nombre d'enfermés dans Dantzig; je sais aussi qu'il y en avait une assez grande quantité, ainsi que des effets d'habillement, dans les bateaux arrêtés par les glaces dans le canal de Bromberg. Ces effets ont été pris et pillés par les Cosaques et par les habitants mêmes du pays. — Votre Majesté se ferait difficilement une idée du désordre qui a régné pendant quelques jours. — Ci-joint, le dernier état de situation du dépôt de remonte.

« *Équipages militaires*. — D'après les ordres précédemment reçus, tout ce qui reste des cadres des 2e, 6e, 15e et 17e bataillons des équipages militaires a été envoyé à Mayence. Les cadres des 4e, 5e et 6e compagnies du 9e bataillon ont été envoyés en poste à Plaisance. Les bataillons des équipages militaires de la garde impériale ont été également dirigés sur Mayence. Il reste donc à la Grande-Armée 11 bataillons d'équipages français, formant à peine 700 hommes. Les bataillons italiens ne vont pas à 50 hommes, l'auxiliaire est également très-réduit. Ces 14 bataillons ont eu ordre de se rendre à Magdebourg pour y être organisés. M. le comte Daru a dû, avant son départ, ordonner qu'il serait formé de tout ce qui restait 3 à 4 bataillons d'équipages militaires et que tout le reste serait renvoyé en France.

« *Trésor*. — J'ai prescrit à l'intendant général d'établir ses fonds de réserve, et au payeur général à Magdebourg, où se tiendra la comptabilité générale. Il sera établi dans chacune des places de Stettin, Cüstrin, Glogau et Spandau, une caisse ayant tout au plus 5 à 600,000 francs; un souspayeur attaché au quartier général avec 1,000,000.

« *Places*. — Suivant les désirs de Votre Majesté, j'ai l'honneur de lui adresser la situation des troupes laissées dans Dantzig. Cette place a cessé d'être en communication avec nous depuis le 16, et je n'ai pris le commandement de l'armée que le 17. Je n'ai donc pu retirer de là un tas de cadres ou dépôts inutiles, comme par exemple tout ce qui appartenait à la 34ᵉ division, un petit dépôt de la garde impériale. Le général Rapp, qui commande, est resté gouverneur. Le général Heudelet commande en second. Le général Campredon commande le génie Il a avec lui le colonel Richemond et 20 officiers du génie. Le général Lepain commande l'artillerie; il a 14 compagnies de cette arme. — Je dirai franchement à Votre Majesté qu'au moment où on a formé la garnison de cette place il y avait une grande confusion et un grand désordre à l'armée. — Le général Rapp avait bien reçu l'ordre de renvoyer tout ce qui lui serait inutile, on l'avait même engagé à ne pas garder tant de cavalerie ; mais nous ne savons pas qu'il ait rien renvoyé. La précipitation avec laquelle on a agi a fait qu'il n'existe point de chiffre avec cette place, ce qui est très-nuisible à la correspondance.

« Le comté Daru présente à Votre Majesté un état des approvisionnements de cette place; ils étaient considérables en blé, farine, viande salée et eau-de-vie, les articles manquants étaient les médicaments et la viande fraîche. Il a dû envoyer d'Elbing à toute hâte 3,500 quintaux de riz. Il a fait rentrer de Franc fort des bestiaux, mais nous n'en avons point encore l'état exact.

« La ville de Thorn est bien approvisionnée ; il y manquait la viande fraîche, mais j'y ai fait passer pour le moment un premier envoi de 150 bœufs. — La garnison est composée de 3,500 Bavarois, 400 Français et 2 compagnies d'artillerie. A mon avis, le prince d'Eckmühl, qui avait été chargé de l'organisation de cette garnison, y a laissé trop peu de Français. Il avait d'abord laissé le commandement au général bavarois de Zoller, et il m'a rendu compte qu'au dernier moment il y avait placé le général du génie Poitevin. Je regrette qu'il n'ait pas laissé dans cette place un officier général habitué à manier des troupes. Je compte, s'il est possible, remédier à cet inconvénient, en laissant bientôt un fort détachement sur Thorn, pour communiquer avec cette place, faire quelques changements dans la garnison, y faire rentrer des bœufs et de l'argent. Il existe un chiffre avec la garnison de Thorn.

« *Troupes polonaises à la solde de la France.* — J'ai réuni sur la Wartha, sous les ordres d'un même général de division, les 4 régiments de la Vistule, les 3 régiments polonais qui étaient dans le 3ᵉ corps, et j'attends de Varsovie les 2 régiments de Lithuanie ; on s'occupe de remonter ces régiments ; on les armera et habillera aussitôt que possible, et, lorsqu'ils présenteront une force importante, j'en formerai 2 divisions sous le commandement d'un maréchal ou général de division de premier rang. Les 3 régiments de la Vistule et les 3 régiments polonais ne présentent pour le moment qu'une force de 150 hommes par régiment. Le seul 4ᵉ de la Vistule, qui n'a point fait la campagne, est en fort bon état. Ces régiments vont recevoir 3,000 conscrits de ce département, qui vont être livrés dans l'instant. Les officiers ont été en chercher un pareil nombre au dépôt de Kalisch.

« *Infanterie.* — Enfin j'ai gardé pour le dernier article celui qui mérite le plus l'attention de Votre Majesté. — D'après ses ordres récemment arrivés et adressés au major général, celui-ci avait ordonné à tous les commandants de corps d'armée de ne garder de chaque régiment qu'autant de cadres de compagnies qu'il y aurait de centaines d'hommes, et, comme les plus forts régiments étaient à 200 et 250 hommes, et les plus faibles à 80, il en est résulté qu'on n'a gardé par régiment qu'une ou deux compagnies. Tout le reste des cadres était en marche pour se rendre à Mayence. — Il ne faut pas dissimuler à Votre Majesté que les régiments des quatre premiers corps avaient éprouvé de telles pertes, que presque aucun n'aurait pu faire le cadre de 2 bataillons d'officiers, et le cadre seulement d'un bataillon de sous-officiers et caporaux ; ne pouvant donc plus revenir sur ce qui a été fait, et voulant cependant remplir les intentions de Votre Majesté, voici ce que j'ai ordonné. — Tous les cadres que les régiments renvoyaient en France seraient arrêtés à Erfurth, et le général Drouet retiendra de chacun d'eux de quoi former un bataillon ; ainsi l'ordre de Votre Majesté relativement à l'organisation qui doit avoir lieu à Erfurth aura son exécution, à l'exception que ce ne sera pas positivement le second bataillon de chaque corps, mais un bataillon par régiment qui prendra probablement le n° 1er, puisque ce bataillon ne recevra que 700 conscrits de leurs dépôts, et pourra, par conséquent, facilement recevoir les 100 ou 200 hommes qui restent à l'armée à eux appartenants. — Votre Majesté ne me parlant pas du 4º corps dans les ordres pour Erfurth, j'ai donné la direction de Vérone à tous les cadres, et je pense que, quand ils auront rejoint les dépôts et qu'ils se seront reposés quelque temps, ils pourront former une belle armée de défense en Italie. Il serait donc nécessaire que Votre Majesté ordonnât que l'on y reformât les 4es bataillons dans chaque régiment, en ayant soin de déduire de ces 4es bataillons les compagnies que ces régiments auraient laissées sur l'Oder.

« Je crois avoir, par la présente, répondu à toutes les différentes questions que Votre Majesté m'a faites, et, si je ne l'ai pas fait d'une manière aussi satisfaisante que je l'aurais désiré, je prie Votre Majesté de n'en accuser que le désordre qui a régné et qui règne encore dans presque toutes les parties; je la prie aussi de croire que je ne négligerai rien pour y porter remède en tout ce qui dépendra de moi. »

« Sire, j'ai l'honneur d'adresser à Votre Majesté les différents rapports que j'ai reçus sur les mouvements de l'ennemi. L'arrivée de son avant-garde à Mlawa, à Racionz et à Drobyn, démontre assez au-

Eug. à Nap.
Posen,
1er février
1813.

jourd'hui que son intention est de se porter sur la Vistule, entre Varsovie et Thorn. Je crois qu'il passera sur les deux points de Wroklewick et de Plock. J'ai reçu ces nouvelles du prince Schwarzenberg d'avant-hier matin, 30. Son quartier général était encore près de Nieporent; mais le même jour, 30, la 1ʳᵉ division autrichienne et le 1ᵉʳ bataillon sapeurs étaient déjà entrés dans Varsovie. — Mon aide de camp, qui arrive à l'instant, m'annonce que les Autrichiens ne sont rien moins que disposés à se battre. Les avant-postes boivent continuellement ensemble, malgré les dernières défenses que je leur ai fait faire.

« Le prince de Schwarzenberg paraît avoir l'ordre de ne compromettre en aucune manière ses troupes, et c'est ce qu'il exécute soigneusement. Les officiers autrichiens affectent de dire « qu'ils ne peuvent pas « tenir à eux seuls contre toute l'armée russe, et que, « puisqu'il n'existe plus de Grande-Armée, ils n'ont « rien de mieux à faire que de se retirer. » — Je m'attendais bien à une semblable conduite de leur part, mais il était bien important pour moi de savoir sur quel point ils comptent faire leur retraite. — Il paraît certain que leurs projets seraient de se retirer sur Cracovie. Il est vrai qu'alors le prince de Schwarzenberg n'avait pas encore reçu la lettre où je lui annonçais le nouveau mouvement du 11ᵉ corps, et la réunion à Posen de 40 à 45,000 hommes, et dans laquelle je lui enjoignais positivement de se retirer sur Kalisch, s'il était forcé d'abandonner Varsovie.

« J'attends une réponse catégorique à cette dernière lettre, car, si une fois les Autrichiens prenaient une direction sur la Gallicie, nous ne pourrions plus espérer qu'ils participassent d'aucune manière aux opérations. — Ils s'y laisseraient masquer par un corps de 8 à 10,000 hommes, et nous laisseraient toute l'armée ennemie sur les bras ; dans ce cas, la position de Posen ne serait probablement plus tenable; surtout dans la supposition où l'ennemi se dirigerait sur Kalisch, chercherait à donner la main aux Prussiens en Silésie[1]. »

Eug. à Nap. Posen, 1·' février 1813.

« Sire, j'ai reçu hier les ordres de Votre Majesté du 25 janvier, et j'ai l'honneur de répondre aux différentes demandes que sa lettre contient.

« 1° Le roi, peu de jours avant de quitter l'armée, avait donné l'ordre à tout ce qui était de sa garde de partir pour Naples. Cet ordre avait été donné par le roi directement, et, en montant en voiture, il écrivit au major général un ordre pour régulariser ce mouvement. Nous n'avons donc su que ces troupes avaient quitté l'armée que lorsqu'elles avaient déjà dépassé Glogau. — J'avais fait arrêter les vélites à pied pour les faire inspecter et voir s'ils pouvaient présenter quelque utilité; mais il ne restait de ce corps que 180 hommes, en officiers, sous-officiers et soldats, presque tous hors de service et obligés d'être transportés sur des voitures. — Quant à la cavalerie, elle ne présentait en tout que 80 et quelques

---

[1] L'événement prouva que le prince Eugène raisonnait fort juste et voyait très-clair dans la conduite des alliés de la France.

hommes, ne pouvant montrer un seul petit peloton à l'ennemi, étant tous en mauvais état. Afin de remplir les intentions de Votre Majesté, j'écrirai au commandant de Bayreuth l'ordre d'arrêter ces troupes à leur passage, en prévenant l'officier supérieur qui les commande qu'il doit y attendre les conscrits qui leur seront destinés.

« 2° J'ai déjà eu l'honneur de remettre à Votre Majesté la situation de Dantzig. L'interruption des communications avec cette place m'a empêché de recevoir l'état exact actuel de cette garnison. J'ai adressé dernièrement au général Rapp les ordres pour en retirer le plus de cadres qu'il lui sera possible. Je lui ai prescrit de compléter à 800 hommes les bataillons de la division Heudelet, en faisant incorporer les soldats disponibles de quelques bataillons dont il renverra les cadres en France. Quant aux bataillons de la 34ᵉ division commandés précédemment par le général Loison, leur faiblesse ou perte totale n'a pas permis de faire réunir les hommes disponibles des 1ᵉʳˢ et 2ᵉˢ bataillons par régiment, ainsi que Votre Majesté l'a demandé. Voici quelle était la situation des troupes françaises de cette division au 7 janvier, savoir : 50 officiers, 437 sous-officiers ou soldats. La force de cette division pourrait à peine former un bataillon. — J'ai ordonné au général Rapp de ne conserver qu'un seul cadre de bataillon (celui du 3ᵉ bataillon du 113ᵉ régiment), d'y faire incorporer tous les soldats disponibles des autres corps, et de renvoyer en France les cadres des 4ᵉˢ bataillons des 3ᵉ et 10ᵉ régiments, ceux du

4ᵉ bataillon du 29ᵉ régiment de ligne, et celui du 4ᵉ bataillon du 113ᵉ régiment.

« Tous les cadres qui seront renvoyés par le général Rapp seront dirigés sur Erfurth, conformément aux instructions de Votre Majesté. — Voici la force des cadres des 5ᵉˢ bataillons provenant de la garnison de ....., dont Votre Majesté a prescrit l'incorporation dans les 1ᵉʳ, 2ᵉ, 3ᵉ et 4ᵉ corps.

« 3° J'ai l'honneur de rendre compte à Votre Majesté qu'il n'a jusqu'à ce moment été envoyé à l'armée que le bataillon de marche du Texel, qui est en garnison à Cüstrin, et le bataillon de marche de l'Escaut, qui est en garnison à Spandau. Le bataillon de marche du Texel est composé ainsi qu'il suit, savoir : 8 officiers et 348 sous-officiers et soldats.

« J'ai déjà adressé au duc de Castiglione l'ordre de faire dissoudre ce bataillon de marche et de faire verser tous les soldats des 123ᵉ, 124ᵉ et 125ᵉ régiments dans les bataillons de ces corps qui font partie de la 12ᵉ demi-brigade provisoire, à la 31ᵉ division d'infanterie, et de renvoyer à leurs dépôts en France les cadres de ces trois compagnies. Ce versement n'a pu se faire dans les 1ᵉʳˢ bataillons de ces régiments, comme Votre Majesté l'avait prescrit, parce qu'il ne reste au 2ᵉ corps d'armée aucun cadre des 123ᵉ et 124ᵉ régiments, qui en faisaient partie, et qu'il n'existait plus ni officiers ni soldats du 125ᵉ régiment à la ci-devant 12ᵉ division d'infanterie, ce régiment ayant été pris en totalité à l'affaire du général Partouneaux.

« Quant à la compagnie du 5ᵉ bataillon du 126ᵉ

régiment, qui faisait partie du bataillon ....., les hommes de ce régiment qui restaient à la 12ᵉ division ayant été incorporés dans le 106ᵉ régiment, j'ai ordonné au duc de Castiglione de faire diriger cette compagnie du 126ᵉ sur Glogau, pour y rejoindre les cadres du 106ᵉ régiment au 4ᵉ corps, et y être incorporée; le cadre de cette compagnie sera envoyé au dépôt du régiment en France.

« Quant au régiment de marche de l'Escaut, qui est en garnison à Spandau, voici quelle est sa composition d'après les revues passées le 5 janvier, savoir : 36 officiers ou soldats. J'ai ordonné la dislocation de ce régiment de marche et la réunion des différentes compagnies dont il se compose aux compagnies des mêmes régiments qui sont aux 1ᵉʳ, 2ᵉ et 3ᵉ corps d'armée; mais, comme ces compagnies du régiment de marche de l'Escaut présentent une force assez considérable, elles ne verseront pas leurs soldats dans les compagnies restées aux 1ᵉʳ, 2ᵉ et 3ᵉ corps; elles s'y réuniront, ce qui formera 2 compagnies aux régiments qu'elles rejoindront s'ils n'en ont qu'une déjà au corps d'armée. Il se trouve, dans ce régiment de marche de l'Escaut, 3 compagnies de régiments qui n'ont rien à la Grande-Armée. Ce sont celles des 28ᵉ, 55ᵉ et 65ᵉ de ligne; je ferai incorporer les soldats dans les corps les plus faibles des régiments des trois corps d'armée, et les cadres de ces compagnies incorporées seront renvoyés au dépôt de ces régiments en France.

« 4° D'après les dispositions ci-dessus, les 1ᵉʳ, 2ᵉ, 3ᵉ et 4ᵉ corps ne seront plus considérés que comme divisions qui deviendraient la garnison des places fortes, jusqu'à ce que les bataillons qui doivent sortir de France recomposent ces corps.

« Le 1er corps d'armée a organisé 3 bataillons formant ensemble 1,600 hommes, en y ajoutant les 8 compagnies du régiment de marche de l'Escaut, formant environ 590 hommes. Le 1er corps aura donc à Stettin 2,190 hommes. Le 2e corps a organisé 3 bataillons, formant ensemble environ 1,900 hommes; il recevra 4 compagnies des régiments de l'Escaut de 415 hommes. Le 2e aura donc pour Cüstrin 2,215 hommes.

« Le 3e corps n'a pu former que 2 bataillons, présentant ensemble environ 1,000 hommes; ils sont aux environs de Cüstrin, et ont été aussi à Spandau pour former la garnison de cette place.

« Ces 2 bataillons sont augmentés de 3 compagnies du régiment de l'Escaut, qui leur appartiennent, et de trois détachements de corps qui ne sont point à l'armée, ce qui augmentera le 3e corps de 400 hommes environ. Le 3e corps aura donc à Spandau 1,400 hommes. Le 4e corps a formé 3 bataillons qui présentent la force de 1,900 hommes. Il faut y ajouter 1,100 Badois; ce qui portera la garnison de Glogau à 3,000 hommes, guéris ou sortant des hôpitaux; Stettin est le point où la garnison sera la plus faible. Je compte y envoyer les 1,200 Westphaliens que j'ai ici, dès que la division du général Grenier sera arrivée. Tous les états que Votre Majesté m'a demandés s'achèvent, et j'aurai l'honneur de les adresser demain à Votre Majesté. »

*Eug. à Nap.
Posen,
2 février
1815.*

« Sire, j'ai reçu les ordres de Votre Majesté, relativement au commandement du duc d'Elchingen. J'ai déjà eu l'honneur de lui rendre compte que ce maréchal était parti d'Elbing pour Magdebourg, d'où il avait demandé l'autorisation de venir en France; cette autorisation lui ayant été accordée, il doit être en ce moment rendu à Paris. Le maréchal Ney a quitté l'armée, fatigué, mécontent du roi et disant hautement que c'était trop souvent son tour de faire l'avant ou l'arrière-garde. Je ne puis exprimer à Votre Majesté jusqu'à quel point a été porté le découragement dans l'armée depuis Wilna. Très-peu d'officiers généraux sont restés à leur poste. Votre Majesté croirait-elle par exemple que le général X....., qui est cependant un brave officier, ne s'est pas cru en sûreté à Cüstrin, s'est retiré jusqu'à Berlin? Il n'est pas encore venu me voir, malgré trois ordres qu'il a reçus. Je lui fais écrire pour la dernière fois, et si, dans quarante-huit heures, il n'a pas rejoint son poste, je le mettrai à l'ordre de l'armée; j'espère n'être point obligé de venir à ces extrémités; mais j'ai bien l'intention, parce que j'en sens la nécessité, de faire quelques exemples sévères pour établir un peu d'ordre. »

*Eug. à Nap.
Posen,
2 février
1813.*

« Sire, j'ai l'honneur d'adresser à Votre Majesté la copie d'une lettre que j'ai reçue aujourd'hui du prince de Schwarzenberg, ainsi que le rapport de celui de mes aides de camp que j'avais envoyé dernièrement auprès du prince. »

« ..... Ma santé est assez bonne, je travaille beaucoup et suis obligé d'être bien sévère pour parvenir à rétablir un peu la discipline; tu ne saurais croire jusqu'à quel point elle est oubliée. Les Russes, qui paraissaient s'être arrêtés, se sont mis de nouveau en mouvement; ils veulent avoir Varsovie, que les Autrichiens défendraient peu ou pas du tout; si le mouvement de l'ennemi continue, je serais forcé de me replier derrière l'Oder, et cela m'affligerait beaucoup, parce que je n'avais pas encore fait un seul pas rétrograde depuis dix-huit jours. Enfin, sous très-peu je saurai à quoi m'en tenir. Je désire et attends avec grande impatience le dégel : ce sera seulement l'époque où on pourra un peu se reposer; je conserve l'espoir de nous revoir, soit à Paris, soit à Munich; pourtant, je ne sais rien de sûr à cet égard, et ce ne sera guère que dans un mois que nous aurons quelque certitude; mais je ne veux plus faire de projets parce que cela porte malheur, et je veux t'aimer toute ma vie parce que cela fait mon bonheur.... »

Eugène à la vice-reine. Posen, 2 février 1813.

« Mon fils, je reçois votre lettre du 28 janvier au soir. — Je vous ai écrit constamment et fort longuement. — Donnez l'ordre au général Belliard de se rendre près de vous avec les bureaux de la cavalerie. — Le moment n'est pas éloigné où vous pourrez réunir quelques milliers de chevaux. — J'approuve le parti que vous avez pris pour la 31ᵉ division et le 11ᵉ corps. Je vous ai mandé de les réunir en un corps d'avant-garde sous les ordres du duc d'Elchingen.

Nap. à Eug. Paris, 3 février 1813.

Jusqu'à ce que vous ayez assez de cavalerie pour le couvrir, il est bon de le réunir sur l'Oder, dans de bons cantonnements, en en formant, comme je l'ai dit, trois bonnes divisions. — Je suppose que ce corps a déjà 80 ou 100 pièces de canon.

« Aussitôt que vous aurez réuni avec le régiment de la garde, qui a, je crois, 500 chevaux en état, le régiment italien de la division Grenier, le régiment lithuanien et quelques escadrons formés de ce qui aura été remonté aux différents dépôts, 5 ou 6,000 chevaux, vous pourrez le faire avancer sur Posen. Je m'en rapporte à votre prudence pour ne pas le compromettre légèrement dans cette saison ; c'est-à-dire de ne pas lui faire passer l'Oder, si, par des circonstances quelconques, vous deviez être forcé de reculer.

« Il fait aujourd'hui assez froid ici ; je crains donc que la saison ne soit encore bien rigoureuse de votre côté.

« Envoyez-moi quelques noms qui me fassent connaître les officiers généraux qui se sont le plus mal comportés.

« Il est convenable, s'il en est encore temps, de ne rien changer aux cadres des régiments lithuaniens. Ce n'est pas là qu'il faut porter la réforme. Ce sont de pauvres gens qu'il faut payer et nourrir. D'ailleurs, ces cadres serviront à incorporer les prisonniers russes polonais, ou bien seront utiles à notre rentrée en Lithuanie. Laissez également subsister en escadron la gendarmerie lithuanienne ; ce sera un escadron de 200 hommes, auprès de vous, qui servira pour les guides et autres opérations.

« Vous aurez enfin reçu des états qui vous font connaître la forme que je veux donner à la réorganisation de l'armée. — Les 28 bataillons qui doivent former les seconds bataillons sont en marche. Aussitôt qu'ils seront rendus dans les places, cela complétera suffisamment les divisions pour que les places soient dans une situation raisonnable.

« Envoyez-moi tous les cinq jours un état qui me fasse connaître où sont tous les corps et les maréchaux et généraux. — Je ne sais pas encore qui commande à Pillau, et ce qui compose la garnison. — Également pour Thorn.

« Je vous ai écrit pour la formation de magasins à Spandau et à Cüstrin; je ne vois pas d'inconvénient à ce que vous fassiez former un pareil magasin à Stettin.

« Je vous ai fait connaître mes intentions, qui sont que, si le prince Schwarzenberg était obligé d'évacuer Varsovie, vous le fissiez marcher sur vous, soit par la route de Posen, soit par celle de Kalisch. »

Nap. à Eug. Paris, 3 février 1813. (Expédiée le 10 février.)

« Mon fils, le grand-duché de Berg doit avoir 250 hommes du côté de Stettin : donnez m'en des nouvelles.

« Donnez-moi des renseignements sur les 2 bataillons de la jeune garde, le 1ᵉʳ bataillon du 2ᵉ de voltigeurs et le 1ᵉʳ bataillon du 2ᵉ de tirailleurs. Ils étaient à Stettin ; ils ont dû en partir le 14 janvier pour Dantzig. Sont-ils réellement partis? Ont-ils fait leur retour sur Stettin? Il m'importe d'avoir des renseignements positifs là-dessus. »

Eug. à Nap. Posen, 3 février 1813.

« Sire, j'ai l'honneur de rendre compte à Votre Majesté qu'un officier parlementaire avait été envoyé il y a quelques jours aux avant-postes russes par le prince de Neuchâtel.

« 1° Pour envoyer de l'argent à un officier d'état-major fait prisonnier; 2° pour avoir des nouvelles du médecin Desgenettes; 3° enfin pour avoir quelques données certaines sur la position du quartier général ennemi. Cet officier a trouvé le général Woronzoff à Bromberg, occupant avec sa division cette ville et Pordon. Le général Woronzoff l'a envoyé au quartier général de l'amiral Tittchakoff, qui se trouvait encore le 31 janvier à Strasburg. Il a trouvé à Galopp la division du général .... Toute l'infanterie russe était cantonnée dans un assez grand espace de pays; ils paraissaient attendre cependant d'un moment à l'autre des ordres de mouvement de leur quartier général, qu'ils disaient être à Wittenberg : d'après cela il paraîtrait qu'il n'y aurait que le corps du général Wittgenstein qui se trouverait sous Dantzig. — 1,500 Cosaques, attachés à l'avant-garde du général Woronzoff, parcourent les bords de la Neitz. Ils sont venus tâter nos avant-postes : on a échangé quelques coups de fusil sans résultat.
— J'ai reçu avant-hier des nouvelles de Thorn : tout y était tranquille; l'ennemi ne s'y était montré que par quelques Cosaques. — On m'annonce à l'instant que l'ennemi a déjà fait passer de la cavalerie à *(illisible)*. J'attends de plus grands renseignements

pour connaître au juste si cela sera suivi par des colonnes de troupes. »

« Mon fils, écrivez au général Morand, commandant dans la Poméranie suédoise, qu'il ait à mettre en règle les ouvrages qui défendent l'île de Rügen et la Poméranie. Faites-lui connaître qu'un corps de 15 ou 20,000 hommes arrivera au mois d'avril pour la défense du pays; qu'il est donc convenable que les approvisionnements soient faits; que tout soit en état, et qu'il n'attende pas le dernier moment pour armer ses ouvrages. »

Nap. à Eug.
Paris,
4 février
1813.

« Mon fils, les places de Glogau, Stettin, Cüstrin, Spandau et Magdebourg ont besoin d'une grande quantité de bois, soit pour palissades, soit pour blockhaus ou blindage. Mon intention est que vous donniez des ordres sur-le-champ pour que tous les bois qui seraient dans ces villes soient requis, et que tous les trains de bois qui seraient à huit lieues aux environs sur les rivières, appartenant soit au roi de Prusse, soit à des particuliers, soient requis et transportés dans la ville. Si cela n'est pas suffisant, des coupes doivent être entreprises dans tous les bois le plus à proximité de la ville, soit propriétés particulières, soit propriétés royales; enfin, qu'on ne néglige rien et qu'on se procure tout ce qui est nécessaire. — Vous donnerez les même ordres pour l'approvisionnement de bois. J'entends que cela ne coûte rien; qu'on prenne dans les forêts, soit particulières, soit royales, et dans les promenades; qu'on

Nap. à Eug.
Paris,
4 février
1813.

établisse ainsi une grande quantité de gabions, de saucissons et de piquets.

« Comme j'ai ordonné qu'il y ait beaucoup d'artillerie dans ces places, ainsi que des officiers de génie, ils doivent s'occuper sans délai de ce qui est nécessaire. Ordonnez que le comité de défense, présidé par le gouverneur et composé d'officiers du génie et d'artillerie et de commissaires des guerres, fasse toutes les réquisitions et prenne toutes les mesures nécessaires sur-le-champ et sans attendre votre approbation; ils vous enverront cependant toutes leurs délibérations. Enfin, toutes les places doivent être approvisionnées pour un an pour les garnisons qu'elles doivent avoir. Vous leur donnerez des instructions pour que, en cas d'investissement, tous les bestiaux et les fourrages qui seraient à leur convenance à huit ou dix lieues de la place soient renfermés dans la ville.

« Il faut palissader le plus promptement possible ce qui doit être palissadé, et blinder ce qui doit être blindé. Le commissaire des guerres sera de même chargé de demander chez les habitants et de transporter dans les magasins avec de bons reçus les objets de médicaments et de fournitures, et tout ce qui peut servir à faire des sacs à terre, des cartouches et des gargousses.

« Vous savez que la plus importante de ces places est Cüstrin. Vous ferez connaître aux gouverneurs que je n'accepterai aucune excuse, et que si, avec de bons reçus, ils ne se procurent pas dans leurs commandements tout ce qui leur est nécessaire, je les en rendrai responsables et les regarderai comme coupables de ne l'avoir pas fait. »

« Mon fils, je vous envoie la copie d'une lettre au ministre de la guerre pour que vous l'exécutiez sur-le-champ. Concertez-vous avec le duc d'Istrie et les commandants de la garde.

*Nap. à Eug.-
Paris,
4 février
1813.*

« Vous nommerez provisoirement lieutenants cent sergents, et sous-lieutenants cent caporaux de ma garde. Vous les dirigerez sans délai sur Magdebourg, où ils seront à la disposition du général Lauriston pour être placés dans les cohortes, en remplacement des officiers manquants ou des mauvais officiers.

« Vous avez déjà reçu l'ordre d'envoyer à Magdebourg de bons chefs de bataillon, des majors en second et des adjudants-majors.

« Vous pourriez également nommer provisoirement 20 lieutenants ou lieutenants en second de ma garde capitaines, et les envoyer à Magdebourg. Cela fera un avancement dans la garde.

« Si les cadres qui sont à l'armée ne suffisent pas, vous prendrez dans les cadres qui sont en route pour revenir. J'ai ordonné qu'ils s'arrêtassent à Fulde, où ils recevront 10,000 conscrits pour se compléter.

« Je suppose que le ministre de la guerre vous a envoyé l'état des 4 divisions du corps d'observation de l'Elbe. A la fin de février, ce corps sera à Magdebourg à cheval sur l'Elbe; mais je ne crois pas que son artillerie puisse être à Magdebourg à cette époque. »

Nap. à Eug.
Paris,
4 février
1813.

« Mon fils, vous aurez vu, par les lettres du ministre de la guerre, que les détachements de 700 hommes que les dépôts des régiments de la Grande-Armée fournissent pour les 2es bataillons qui sont à Erfurth doivent commencer à partir le 7 février, et arriveront à Erfurth depuis le 19 de ce mois jusqu'au 15 mars. — Je vous ai fait connaître, par ma dernière dépêche, la manière dont ces régiments doivent se réunir d'abord à Leipzig, puis à Dessau et Wittenberg, où vous leur enverrez des ordres pour rejoindre leurs 1ers bataillons à Spandau, Stettin et Custrin. Cela fera pour le 1er corps une augmentation de 10,000 hommes, et une augmentation de 8,400 hommes pour le 2e corps formé des 2e et 3e corps réunis. — Vous aurez vu que les 6 régiments du 4e corps qui sont en Italie font partir leurs 700 hommes le 15 février, lesquels arriveront à Augsbourg du 10 au 14 mars, ce qui fera pour ce corps une augmentation de 4,200 hommes et portera le total de l'augmentation des 1er, 2e et 4e corps à près de 24,000 hommes. J'ai ordonné également que toutes les compagnies des 5es bataillons qui étaient en garnison à bord de mes vaisseaux se missent en marche pour être incorporées dans leurs 1ers bataillons; ce sera une augmentation de 4,000 hommes; en sorte que l'augmentation dans les places, pour ces trois corps, sera, au mois de mars, de 28,000 hommes. — Les 6es bataillons bis sont formés partout. — Outre cela, il y a 50,000 hommes aux dépôts de ces différents régiments pour recruter les 3es et 4es bataillons. — Je suppose que ces

3ᵉˢ bataillons pourront partir le 1ᵉʳ avril, et les 4ᵉˢ le 15 du même mois; ce qui complétera la formation du 1ᵉʳ, du 2ᵉ et du 4ᵉ corps.—Quant aux 6ᵉˢ bataillons de ces régiments, dont les cadres sont déjà formés, ils seront complétés au moyen des conscrits de 1814, et resteront dans l'intérieur pour défendre les côtes. »

« Mon fils, je vous envoie un rapport du comité de fortification sur les garnisons qui sont nécessaires dans les places de Stettin, Cüstrin, Glogau et Spandau. — Je vous prie de me faire connaître l'opinion qu'on a à l'armée sur la force de ces garnisons. — En tout cas, je serai d'opinion que 6,000 hommes seraient suffisants à Stettin et 5,000 à Glogau. — Toutefois il est nécessaire que si ces places venaient à être cernées et l'Oder abandonné, la moitié de ces garnisons soit étrangère et l'autre moitié française, hormis pour Cüstrin, où il faudrait deux tiers français. — Je ne parle point de l'artillerie, qui doit être toute française. »

Nap. à Eug.
Paris,
4 février
1813.

« Mon fils, je vous envoie la copie de deux lettres que je viens d'adresser à mon ministre de la guerre, pour que vous en exécutiez les dispositions et que vous m'envoyiez tous les renseignements que vous aurez. »

Nap. à Eug.
Paris,
4 février
1813.

« Monsieur le duc de Feltre, faites-moi un rapport sur le régiment espagnol de Joseph-Napoléon qui avait 4 bataillons à la Grande-Armée, 2 au 1ᵉʳ corps et 2 au 4ᵉ. — Mandez au vice-roi d'en-

Napoléon
au ministre
de la guerre.
Paris,
4 février
1813.

voyer tout ce qui reste de ce régiment à Erfurth. Aussitôt que je connaîtrai ce qui reste de ses cadres, on verra à le réduire de 4 à 2 ou 1 bataillon, et on le complétera par des prisonniers espagnols, vu que tous les officiers et sous-officiers qui sont restés peuvent être regardés comme des hommes sûrs. — Vous ordonnerez la même chose pour le 1er régiment portugais, le 2e et le 3e, qui sont aux 3e et 2e corps. Vous laisserez cependant le vice-roi maître de former un bataillon de ces régiments s'il reste 400 hommes. Ce bataillon pourrait être attaché au 3e corps; il enverra tout le reste à Erfurth. — Le général Doucet verra ce qui arrive et en formera un ou deux bataillons, selon la force des cadres, et on verra également à les compléter. — Faites-moi un rapport sur les Suisses. Ils avaient au 2e corps, le 1er régiment, 3 bataillons; 2e régiment, 3 bataillons; 3e régiment, 3 bataillons; 4e régiment, 3 bataillons. — Vous donnerez ordre que tous les Suisses qui se trouvent dans les bataillons de marche, dans les garnisons, ou dans la 35e division, se réunissent au 2e corps, et qu'il en soit formé 1 ou 2 bataillons, selon leur force. Tous les cadres restants seront envoyés à Erfurth. Faites-moi connaître ce que les dépôts de ces 4 régiments peuvent fournir à Erfurth pour les compléter. — Faites-moi un rapport sur les régiments illyriens et croates. — Mon intention est de réunir à Erfurth une division composée des 123e, 124e, 127e, 128e et 129e régiments, des Suisses, des 35e et 36e d'infanterie légère, 31e, 32e et 33e de ligne, et des régiments illyriens et croates. — Faites-moi un rapport qui me fasse connaître l'état de tous les régiments qui ne sont pas compris dans les états joints à votre lettre du 31 janvier, afin que je puisse former cette division où l'on prendra pour garnir les garnisons. »

« Monsieur le duc de Feltre, le travail pour les 2ᵉˢ bataillons qui doivent compléter le 1ᵉʳ corps, le 2ᵉ et le 4ᵉ, est terminé. Cela fournit un renfort pour la Grande-Armée de 23,400 hommes; mais il est des régiments que je n'ai pas compris, tels que les 123ᵉ, 124ᵉ, 127ᵉ, 128ᵉ et 129ᵉ. Ces 5 régiments, compris le 126ᵉ, qui est incorporé, se trouvent avoir à leurs dépôts plus de 4,000 hommes. — Le 123ᵉ est composé de 5 bataillons : le 1ᵉʳ, les 2ᵉ et 4ᵉ étaient au 2ᵉ corps de la Grande-Armée; le 3ᵉ bataillon est à la 31ᵉ division. Donnez ordre au vice-roi d'incorporer ce qui est disponible en hommes de ce régiment dans le bataillon de la 31ᵉ division qui est dans les places de l'Oder, et de renvoyer à Erfurth le colonel avec les cadres des 1ᵉʳ, 2ᵉ et 4ᵉ bataillons. — Le 124ᵉ a le 1ᵉʳ, le 2ᵉ et le 3ᵉ bataillons au 2ᵉ corps de la Grande-Armée; le 4ᵉ à la 31ᵉ division. Donnez ordre au vice-roi d'incorporer tout ce que ce régiment a de disponible dans le 4ᵉ bataillon à la 31ᵉ division et de renvoyer à Erfurth les 1ᵉʳ, 2ᵉ et 3ᵉ bataillons. — Dirigez tout ce qu'il y a de disponible dans les 125ᵉ et 126ᵉ, et qui ne serait pas déjà au 124ᵉ sur Erfurth, où cela sera incorporé entre ces 6 bataillons. — Donnez ordre que le 123ᵉ fasse partir tout ce qu'il a de disponible au dépôt, 6 ou 700

Napoléon au ministre de la guerre. Paris, 4 février 1813.

hommes. Le 124ᵉ idem, et que cela se dirige sur Erfurth. Ces 6 bataillons resteront à Erfurth jusqu'à nouvel ordre, et on les recomplétera. Ils ne feront partie d'aucun corps d'armée. — Les 1ᵉʳ et 2ᵉ bataillons du 127ᵉ étaient au 1ᵉʳ corps d'armée; le 3ᵉ bataillon est à la 30ᵉ division, qui est à Dantzig. Mais ces bataillons sont restés à Posen. Donnez ordre au vice-roi d'incorporer dans ce 3ᵉ bataillon tout le disponible du 1ᵉʳ et du 2ᵉ, et de renvoyer le 1ᵉʳ et le 2ᵉ cadres à Erfurth. — Le 128ᵉ était au 2ᵉ corps. Le 3ᵉ bataillon est à la 30ᵉ division. Donnez ordre qu'on incorpore tout ce qui est disponible des 1ᵉʳ et 2ᵉ bataillons dans le 3ᵉ et que les cadres viennent à Erfurth. — Le 129ᵉ a le 1ᵉʳ et le 2ᵉ bataillon à la Grande-Armée, faisant partie du 3ᵉ corps. Le 3ᵉ bataillon est à la 34ᵉ division. Ordonnez que ce qu'il y a de disponible dans le 1ᵉʳ et le 2ᵉ bataillon soit incorporé dans le 3ᵉ, et que les cadres des 1ᵉʳ et 2ᵉ avec le colonel se rendent à Erfurth, ce qui fera 12 bataillons dont le général Doucet prendra un soin particulier.—Donnez ordre que le dépôt du 127ᵉ envoie ce qu'il a de disponible, 7 ou 800 hommes, autant du 128ᵉ, et autant du 129ᵉ, afin de recomposer ces régiments.—Ces 12 bataillons seront ainsi de 4 à 5,000 hommes. — Proposez-moi les moyens de les reporter au grand complet de 840 hommes par bataillon, c'est-à-dire à 10,000 hommes. — Vous ordonnerez que les cadres des 5ᵉˢ bataillons retournent sur-le-champ à leurs dépôts en France, pour y prendre ce qu'ils doivent recevoir de la conscription de 100,000 hommes. »

« Sire, Votre Majesté ayant ordonné en Italie la formation d'un corps d'observation dans lequel doivent entrer des troupes italiennes, il est indispensable que Votre Majesté veuille bien nommer quelques officiers généraux, tous ceux qui existent en ce moment en Italie n'étant pas dans le cas de faire un service actif. J'ai l'honneur de lui proposer pour généraux de brigade les colonels Saint-André, Belloti et Jargent. »

<small>Eug. à Nap. Posen, 4 février 1813.</small>

« Sire, j'ai l'honneur d'adresser à Votre Majesté les différents rapports qui me sont arrivés dans la journée. Il paraît que les autorités ont commencé à quitter Varsovie, après toutefois l'insinuation du prince Schwarzenberg. Je n'ai pas encore reçu sa réponse catégorique sur l'ordre que je lui ai donné de se retirer sur Kalisch. Si, comme je le crains, le prince de Schwarzenberg ne l'exécute pas, il perd là une belle occasion pour sa gloire.

<small>Eug. à Nap. Posen, 4 février 1813.</small>

« J'ai reçu cette nuit les lettres de Votre Majesté du 28, dans lesquelles elle veut bien me parler du projet de son organisation de la Grande Armée pour la campagne prochaine. Je donne, autant qu'il dépend de moi, tous les ordres d'exécution pour remplir les intentions de Votre Majesté. Je la prie de me permettre de faire trois observations sur ses derniers ordres :

« 1° Je n'envoie point le prince d'Eckmühl à Stettin, car il est déjà parti pour Magdebourg, d'après les premiers ordres de Votre Majesté ;

« 2° Les divisions des nouveaux corps d'armée ne

pourront pas être formées telles que le désirerait Votre Majesté, puisqu'il ne reste plus à l'armée les cadres entiers des premiers bataillons, et qu'au lieu de cela il ne reste par régiment qu'une ou deux compagnies. Je dois à ce sujet représenter à Votre Majesté que les régiments sont bien loin de pouvoir fournir les cadres de 2 bataillons. La moitié de ceux du 4ᵉ corps, dont je connais particulièrement le détail, ne peuvent compléter le cadre d'un bataillon par compagnie, et ceux qui arrivent à le compléter n'enverront à leurs dépôts que deux ou trois officiers, et pas un seul sous-officier ni caporal. D'après ce que je sais, il en est de même dans les autres corps d'armée. Il ne faut donc point abuser Votre Majesté. Elle ne doit point compter trouver dans les régiments qui ont fait la campagne d'autres ressources que les cadres d'un bataillon, tout compris;

« 3° Votre Majesté me recommande de former à l'avant-garde 2 divisions de cavalerie, dont une de cuirassiers et une de cavalerie légère. Nous sommes dans l'impossibilité d'exécuter en ce moment cet orrde. Nous n'aurons que 1,000 chevaux de disponibles dans quelques jours, du 4ᵉ de chasseurs italiens, et 1,000 chevaux de la garde impériale, y compris 500 chevaux légers. La cavalerie polonaise est occupée à se réorganiser. Tous les corps de cavalerie de la Grande Armée sont près de leurs grands dépôts, occupés à recevoir des chevaux, à attendre des selles; et, s'il y avait 30 hommes disponibles par régiment, et que je les appelasse, cela serait encore, ce que Votre Majesté ne veut point, des régiments provisoires. Nous n'avons dans ce moment de disponible que la cavalerie du général Reynier et celle qui s'organise en ce moment dans les États prussiens. Je crois avoir déjà mandé à Votre Majesté que le maréchal Ney était parti pour Paris. S'il ne vient point ici pour l'époque de l'arrivée des troupes du général Grenier, je donnerai le commandement des 3 divisions du 11ᵉ corps au maréchal Saint-Cyr, et je pourrai me servir du général Grenier pour commander d'autres corps. »

« ..... Enfin le courrier est arrivé ce matin, tes lettres m'ont bien fait plaisir; sois tranquille sur mon compte : je suis grandement récompensé de toutes mes peines par ta tendresse, par mon bonheur de famille et par la bonne opinion qu'on veut bien avoir de moi. Tu me demandes des nouvelles du gendre et du fils de M. Giovia? je n'en ai que de tristes à te donner : 1° son gendre et le plus jeune de ses fils ont été faits prisonniers dans la retraite; le colonel avait été blessé précédemment à la grande bataille, et il allait en voiture avec ses six frères; ils se sont éloignés de la colonne pour chercher quelques vivres dans un village et y furent pris par les Cosaques; 2° le fils aîné, capitaine dans un régiment italien, est tombé fort malade pendant la retraite, et est mort à Gumbinen, en Prusse. Si quelque chose peut adoucir les malheurs de cette famille, c'est la part que chacun a pris et le regret général qu'a inspiré la perte du jeune Giovia; cet officier était très-distin-

¹ Eugène à la vice-reine. Posen, 4 février 1813.

gué et de la plus brillante bravoure... Je n'ai pas été mécontent de Letourneur dans cette campagne, il s'est tué à mon service et est vraiment malade. »

Nap. à Eug. Paris, 5 février 1813.

« Mon fils, je reçois votre lettre du 30 janvier. — Je vois dans l'état de l'artillerie de campagne que vous avez 92 pièces; mais j'y vois une division Girard portée pour 12 pièces. Je ne sais pas ce que c'est que cette division. Il serait donc bien convenable que vous m'envoyassiez la situation de tous les corps que vous avez sous la main, afin de me tenir au courant.

« J'approuve fort le parti que vous avez pris pour les envois à Erfurth.

« Vous verrez, dans la copie ci-jointe, ce que je viens d'ordonner au ministre de la guerre. »

Napoléon au ministre de la guerre. Paris, 5 février 1813.

« Monsieur le duc de Feltre, je reçois à l'instant une lettre du vice-roi, datée du 30 janvier. Il résulte de sa lettre que l'on n'a gardé à la grande armée que les cadres d'une ou de deux compagnies des 4e, 1er, 2e et 3e corps, et que tout le reste se rend à Erfurth. — Vous donnerez l'ordre au général Doucet de garder à Erfurth le cadre de 2 bataillons, en y comprenant ce que l'on a laissé dans les places de l'Oder, ce que les colonels devront savoir. — Il appellera un de ces 2 bataillons, 1er bataillon, et c'est dans celui-là qu'il comprendra ce qui est resté sur l'Oder; et l'autre bataillon sera le second. — Le général Doucet versera les 500 hommes qui sont en route dans le 2e bataillon, et fera partir ces seconds bataillons comme je l'ai ordonné. — Quant aux 3 ou 4 compagnies du 1er bataillon, il les gardera jusqu'à ce que les 4 ou 500 hommes que je viens de vous ordonner de faire partir pour Erfurth soient arrivés. A leur arrivée, il les incorporera, et alors ces compagnies partiront sur-le-champ pour rejoindre leur bataillon. — Par ce moyen, les 3 compagnies des 6es bataillons qui mèneront à Erfurt les 4 ou 500 hommes seront plus tôt de retour. — Avant de faire partir ces seconds envois, vous devez me proposer les mouvements. — Le général Doucet doit avoir une grande besogne; il serait nécessaire de lui envoyer un ou deux bons inspecteurs aux revues, ainsi qu'un ou deux bons adjudants-commandants, accoutumés à tenir la plume et à faire des organisations. — Je vous prie aussi de veiller à ce qu'il y ait un trésorier et de l'argent à Erfurth, afin de mettre au courant la solde de tous ces officiers. »

« Mon fils, vous trouverez ci-joint la formation des 4 corps d'observation de l'Elbe, d'Italie, 1er et 2e corps d'observation du Rhin, avec le lieu et l'époque où seront réunies les différentes divisions, les généraux que j'y ai nommés, et les divisions où il n'y a point encore de généraux.

Nap. à Eug. Paris, 5 février 1813. (Partie le 7.)

« J'avais nommé le général Carra Saint-Cyr pour commander la 1re division du corps d'observation de l'Elbe, mais il paraît n'être pas en état. Envoyez le général Maison à Magdebourg pour y prendre le commandement de cette division. Le général Carra-Saint-Cyr restera à Hambourg.

« Les cohortes sont de belles troupes, et avec le changement de quelques officiers, et en y mettant de bons généraux, on peut compter sur elles. Proposez-moi des généraux bien en état de servir, et qui seraient de trop à l'armée, pour commandants des divisions vacantes aux corps d'observation du Rhin et d'Italie. — La 5ᵉ division du corps d'observation de l'Elbe est commandée par le général Lagrange qui était à Dantzig. Faites-moi connaître s'il s'est rendu à Osnabrück. — J'ai nommé le général Girard, qui était en Espagne, et qui est employé au 9ᵉ corps, pour commander la 2ᵉ division du 1ᵉʳ corps d'observation du Rhin. Donnez-lui l'ordre de se rendre le plus promptement possible à Mayence. — Je n'ai encore nommé au 2ᵉ corps d'observation du Rhin que le général Bonnet, qui commandera la 4ᵉ division, formée de 20 bataillons de l'artillerie de marine. »

Eug. à Nap. Posen, 5 février 1813.

« Sire, j'ai l'honneur de rendre compte à Votre Majesté que le prince Poniatowski m'annonce à la date du 3 février que son départ est décidé pour le soir même. — Toutes les autorités de Varsovie ont été prévenues par le prince de Schwarzenberg qu'il ne pouvait défendre Varsovie. Toutes les troupes polonaises vont se diriger sur Pétrikau, d'où elles viendront à Kalisch pour se concentrer avec les Autrichiens, s'ils exécutaient mes ordres; — ou le général Reynier, si les Autrichiens nous abandonnent. Une lettre du prince d'Eckmühl m'annonce de Cüstrin, que des Cosaques ont passé à Landsberg, le 3, et y ont pris quelques hommes isolés. J'avais eu connaissance de 45 Cosaques qui avaient paru le 1ᵉʳ à Drissen ; je pense que ce sera le détachement qui, par son arrivée à Landsberg, a jeté l'alarme à Cüstrin et Francfort. Le commandant de cette dernière place m'écrit, du 4, que, le 3, trois régiments, dont un d'infanterie et deux de cavalerie, étaient entrés à Landsberg ; ce ne peut être que les Français qui aient dicté un pareil rapport. J'aurais été sûrement prévenu par les agens que j'ai à Schneidemuhl, et par le général Bulow, qui se trouvait encore le 31 à Neusteich, d'où il m'écrivait qu'il n'avait devant lui que 12 à 1,500 Cosaques. Je vais arranger un parti de cavalerie pour aller couper la route de Landsberg ; du reste, la division du général Grenier, devant se mettre en mouvement de Berlin aujourd'hui ou demain, et marchant par brigade, ainsi que je l'ai ordonné, rencontrerait ces partis de cavalerie. »

« Mon fils, je vous envoie la copie de la lettre que j'écris au ministre de la guerre. Conformez-vous-y sur-le-champ. — Le corps du général Latour-Maubourg, avec ses 4 divisions, se formera à Posen ou à Francfort sur l'Oder. — Les 3 divisions que commandera le général Sébastiani se réuniront à Magdebourg et sur l'Elbe. — Donnez donc aussitôt l'ordre que tous les détachements de cavalerie qui composeront les 4 divisions du 1ᵉʳ corps se mettent en marche sur Posen ou Francfort, selon que vous le déciderez ; et que tous ceux qui composeront les 3 divisions du 2ᵉ corps se mettent en marche pour

*Nap. à Eug.
Paris,
6 février
1813.*

se rendre sur l'Elbe. — Quant au régiment italien de la division Grenier, vous le placerez à la division de cavalerie légère qui vous conviendra. — Je pense qu'il convient de réunir les régiments de cavalerie lithuanienne avec les régiments de lanciers polonais de ma garde, et d'en former une brigade dont vous donnerez le commandement au général Dejean. Cette brigade, réunie aux 800 hommes de ma garde que commande le major Lion, pourra former une petite division. — Reste-t-il quelque chose de la cavalerie napolitaine? S'il n'y a plus de chevaux, il doit en rester des hommes. Envoyez-moi-les sur les derrières pour les remonter. — J'ai ordonné que les Italiens soient remontés des dépôts comme les Français. — Ma garde a déjà ici 4,000 hommes à cheval; 12,000 d'infanterie, et 60 pièces de canon attelées. — Je compte faire partir, du 15 au 20 de ce mois, une belle division de 12,000 hommes, avec 60 pièces de canon, et 3,000 hommes de cavalerie. J'ai porté le complet de la cavalerie de ma garde à 10,000 hommes. — Prenez toutes les mesures convenables pour activer le recrutement des 1er et 3e régiments de lanciers polonais. — Le général Dejean, qui commande cette brigade, doit en suivre l'organisation avec activité. — Il faut aussi tâcher de recruter les 2 régiments lithuaniens; cela sera une ressource. — Par les dispositions que j'ai prises, vous voyez que je ne parle point de la cavalerie alliée qui faisait partie des brigades dans l'ancienne organisation. Il n'y a plus de Bavarois, de Vurtembergeois et de Westphaliens. Mon intention est qu'à mesure qu'il en arrivera ils se réunissent au 2ᵉ corps de cavalerie, commandé par le général Sébastiani. — 2,000 Bavarois, 2,000 Vurtembergeois, et 2,000 Westphaliens, doivent être prêts à partir dans le courant de mars.—Quant aux Saxons, il faut les laisser se réunir à leur corps sous les ordres du général Reynier. En attendant, ils pourront former une brigade de 2,000 chevaux, dont le beau régiment de cuirassiers fera partie, et qui se réunira sur votre droite. — La même chose s'applique aux Prussiens. — Les 16 régiments polonais formeront 2 divisions, chacune de 8 régiments et de 2 brigades. Si ces régiments avaient bientôt 500 chevaux, cela ferait 4,000 chevaux par division.

« *P. S.* Vous verrez dans cette même lettre que j'écris au ministre de la guerre la formation d'un 3ᵉ corps de cavalerie qui sera composé de 2 escadrons tirés des régiments de l'armée d'Espagne, et qui sont déjà en France. — Ce 3ᵉ corps, composé de 4 divisions, sera d'environ 18,000 hommes. J'ai nommé le général Grouchy pour le commander, et j'ai donné des divisions aux généraux Kellermann et Defrance. Reste à prendre 2 généraux de division et 8 généraux de brigade qu'il faut choisir parmi ceux qui ne seront pas employés dans les autres corps d'armée. »

« Sire, j'ai l'honneur d'adresser à Votre Majesté les copies de lettres du prince de Schwarzenberg au moment où il allait quitter Varsovie, et du général Dutaillis, gouverneur de cette ville. Ce dernier me

Eug. à Nap. Posen, 6 février 1813.

rend compte de l'évacuation de presque tous les objets de matériel. Le peu qu'on n'a pu évacuer a été détruit suivant tous les rapports. Il paraît qu'outre la colonne du général Sacken, qui marche sur Praga, les Russes auraient passé la Vistule entre Thorn et Modlin sur trois colonnes, savoir, à Plock, à Wizogrod et à Grodawitz. A l'époque du 3, aucune infanterie n'avait encore passé sur ces différents points, mais seulement quelques troupes légères. La route directe avec Varsovie se trouve par là interrompue, et l'on passe par Kalizelo. Votre Majesté verra par la lettre du prince de Schwarzenberg qu'il ne paraît pas du tout décidé à se retirer par Kalisch; il m'a fait dire verbalement, par le colonel prince d'Hohenloé, qu'il prévoyait ne pouvoir pas faire ce mouvement, que son artillerie de réserve, les effets d'habillement, sa ligne d'évacuation, d'hôpitaux, les renforts qu'ils pouvaient attendre, étaient tous sur la route de Cracovie et qu'il prévoyait ne pouvoir s'éloigner de cette ligne. Votre Majesté doit voir combien ma position est désagéable vis-à-vis des troupes alliées sur lesquelles on ne peut réellement pas compter.

« Je n'ai point encore voulu donner l'ordre d'arrêter les troupes venant de Berlin, mais je le ferai aussitôt que je saurai positivement que toutes les forces russes ont passé la Vistule, car, s'il est vrai qu'ils font passer ce fleuve à toute leur armée, c'est pour nous obliger à nous replier sur l'Oder, pouvoir travailler les esprits du Grand-Duché; qui sait même s'il n'entre pas dans leur politique de tâcher de communiquer avec la Silésie. Votre Majesté a grandement raison de ne pas croire que l'ennemi fasse la faute militaire de s'avancer jusqu'à l'Oder, laissant une ligne de places fortes derrière eux et un corps considérable sur sa gauche pouvant déboucher d'un moment à l'autre par la Galicie; mais il y a à parier que les raisons militaires auront cédé à leur politique, et que probablement ils ne craignent rien de la Galicie, et espèrent peut-être un secours de la Silésie. Je préviens Votre Majesté que je confierai les trois divisions du 11ᵉ corps au maréchal Saint-Cyr, et, comme ses troupes n'arriveront à Francfort et Cüstrin que du 10 au 12 de ce mois, j'ai encore quatre à cinq jours devant moi pour les voir venir avant de les arrêter sur l'Oder.

« Je partage bien toute l'impatience de Votre Majesté pour le rétablissement de la cavalerie; cela me paraît aller bien lentement. Les derniers états que j'ai reçus n'indiquaient pas d'une manière assez précise les hommes disponibles de ceux qui ne le sont pas. Il en est de même des chevaux harnachés et non harnachés. Il y a beaucoup de ces derniers; car, ainsi que le comte Daru aurait pu en rendre compte à Votre Majesté, la totalité des selles a été perdue à Elbing ou se trouve renfermée à Dantzig. »

« Sire, j'ai l'honneur d'adresser à Votre Majesté la copie d'un rapport qui m'est parvenu, d'après lequel une division serait sortie de Dantzig et aurait fait éprouver quelque perte à l'ennemi. Un agent arrive ce matin des bords de la Vistule, rapporte qu'à Wilkowick, le 3 et le 4, il a passé une colonne

<small>Eug. à Nap Posen, 7 février 1813.</small>

de cavalerie de 2,000 chevaux, et une colonne d'infanterie qui lui a paru être de 4,000 hommes. Il a remarqué sur les épaulettes les n°ˢ 12 et 18. Cette infanterie est partie, le 5 à midi, de Wilkowick, et demandait la route de Guchna. J'ai mis du monde en campagne pour être journellement informé de leur marche. Le même jour 4, l'ennemi a passé à Plock, et a jeté des partis sur la grande route d'ici à Varsovie. 200 Cosaques étaient même venus jusqu'à *San-Pollo*. Le prince de Schwarzenberg a dû évacuer le 5 Varsovie, et l'ennemi y sera entré le 5 au soir ou le 6 au matin.

« Ainsi que je l'ai annoncé à Votre Majesté, les Russes arrivés à Landsberg n'étaient réellement qu'un parti de Cosaques; ils étaient 48 hommes; un parti que j'ai jeté sur les derrières a pu en prendre 2 à Filehne, qui ramenaient prisonnier un officier français et un officier polonais. Les Cosaques font partie d'une division de 4 régiments établis à Lobsents et aux environs; ils n'avaient eu d'autres ordres que de courir le pays, aller aux nouvelles et faire du butin. »

Eugène à la vice-reine. Posen, 7 février 1813.

« Je suis pourtant encore ici, mais je crains bien de ne pas y rester longtemps; les Russes passent la Vistule sur plusieurs points et paraissent vouloir occuper tout le grand-duché de Varsovie; alors nous serons forcés à prendre position sur l'Oder. Dimanche dernier, on m'a présenté les dames de la ville, et ce soir je les ai fait inviter à une espèce de cercle où l'on fera de la musique. Tous les soirs, après mon dîner, je fais faire une heure de musique, et je suis très-content des quatre musiciens qu'Annoni m'a envoyés; sans être de la première force, ils chantent réellement très-bien. — J'ai reçu ce matin un aide de camp du roi de Saxe; la reine m'a fait dire les choses les plus obligeantes et aimables; j'en suis tout confus; au reste, je sais fort bien que c'est à toi que je le dois. Je suis un peu enrhumé du cerveau, cela provient du temps humide qu'il fait depuis deux jours; je voudrais bien que le dégel continuât, mais je ne l'espère pas. »

« Mon fils, il faut que vous désigniez les deux généraux de division et les quatre généraux de brigade qui doivent former les deux divisions du 1er corps; de même pour le 2e corps; et le général de division et les deux généraux de brigade du 4e, ce qui vous fera 5 divisions. — Il est nécessaire aussi que vous envoyiez l'état de tous les généraux qui sont inutiles à cette organisation et à celle de l'avant-garde, et que vous les dirigiez sur Magdebourg, où ils recevront des ordres pour être employés dans les corps d'observation de l'Elbe, du Rhin et d'Italie. »

<small>Nap. à Eug.
Paris,
8 février
1813.</small>

« Mon fils, je reçois vos deux lettres du 1er février. Par l'une, je vois que vous avez dissous les bataillons du Texel et de l'Escaut. J'approuve tout ce que vous avez fait. Ayez seulement soin que les compagnies des 5es bataillons que vous avez incorporées dans les 1ers bataillons aient un numéro, et faites connaître

<small>Nap. à Eug.
Paris,
8 février
1813.</small>

cette mesure au général Doucet à Erfurth pour qu'il sache le nombre de compagnies qu'a chaque 1er bataillon, et dès lors ce qu'il a à compléter. — Écrivez aussi au ministre de la guerre pour qu'il puisse remplacer aux 5es bataillons les cadres que vous avez placés dans les 1ers. — Je crois que depuis j'ai fait quelques dispositions qui s'éloignent un peu de celles que vous avez prises; mais tout cela est égal. — Les bataillons de Toulon, de Brest, de Rochefort, se dirigent sur l'armée. Vous aurez vu, par ma dernière lettre, la destination que je leur ai donnée. — Je vois, par votre lettre, que le 1er corps a organisé 3 bataillons, qui sont actuellement forts de 2,400 hommes : cela fait donc 18 compagnies, ce qui suppose 1 ou 2 compagnies par régiment. — Vous aurez placé à Stettin au moins 4 compagnies d'artillerie, ce qui fera 500 hommes. J'approuve que vous y dirigiez 1,200 Westphaliens, ce qui portera la garnison de cette place à 4,100 hommes. — Si jamais Stettin courait les dangers d'être investi, le régiment saxon Maximilien qui est dans la Poméranie, et dont la force est de 1,600 hommes, pourrait y être renfermé; cela ferait alors 5,700 hommes dans Stettin, ce qui, je crois, serait suffisant pour la garnison de cette place, en y ajoutant 3 à 400 chevaux. Mais, dans les premiers jours de mars, la garnison de Stettin recevra 16 fois 700 hommes, c'est-à-dire 12,000 hommes. Elle sera donc alors de 14,400 hommes du 1er corps, ce qui, joint aux 500 hommes d'artillerie et aux 500 hommes de cavalerie, portera à 16,000 hommes les troupes qui seront réunies à

Stettin. Avec les 1,600 hommes qui sont dans la Poméranie, cela fera 17,500 hommes, force qui sera déjà suffisante pour tenir garnison à Stettin et avoir une bonne division pour tenir la campagne et fortifier l'armée. — Je crois que dans le courant de mars, le 1ᵉʳ corps recevra, outre cela, 500 hommes par régiment, ou 8,000 hommes, ce qui portera ce corps à 25,000 hommes. — Je pense que la présence du prince d'Eckmühl sera nécessaire pour bien organiser ces 32 bataillons. Si vous n'y voyez pas d'inconvénient, donnez-lui ordre d'établir son quartier général à Stettin, de s'y occuper de l'organisation de son corps et de la mise en état de la place; de surveiller le corps prussien qui se rassemble à Neu-Stettin, et de prendre le commandement de la Poméranie suédoise. Enfin, vous le chargerez de toutes les dispositions à prendre relativement à ce point important.

« Ces 25,000 hommes, qui certainement existeront à la fin de mars, devaient former 4 divisions; mais on pourra n'en former que 3; ce qui exigera l'organisation d'une artillerie assez nombreuse, et méritera tous les soins du prince d'Eckmühl, d'autant plus que cela ira toujours en augmentant dans le courant d'avril et de mai; et, comme la Suède menace du côté de la Poméranie, ce corps sera bien placé là pour répondre à toute attaque qui serait tentée.

« J'ai réuni le 2ᵉ et le 3ᵉ corps en un seul, sous le titre du 2ᵉ corps. — Vous avez placé le 2ᵉ corps à Cüstrin. Je vois qu'il est de 2,400 hommes; ce qui, avec les 600 hommes du génie, de l'artillerie et de la cavalerie, fait 3,000 hommes, force suffisante pour Cüstrin.

« Le 3ᵉ corps est à 1,500 hommes. — Cela porte donc à 4,500 hommes tout le 2ᵉ corps. Mais ce 2ᵉ corps va recevoir 10,000 hommes; il peut en rentrer 5,000, ce qui fait 15,000. Ce corps sera donc porté à 20,000 hommes; il pourra fournir une garnison de 2,500 hommes à Cüstrin, et avoir encore 17,000 hommes disponibles pour les garnisons de Spandau et de Berlin. — L'organisation des deux divisions de ce corps, la formation de son artillerie et tout ce qui y est relatif, demande les soins d'un maréchal. Je vous ai laissé maître de nommer celui que vous voudrez.

« Je vois que le 4ᵉ corps a 2,000 hommes, mais vous allez en recevoir 5,000, ce qui portera le 4ᵉ corps à 7,000; ce qui, joint aux 1,100 Badois, réunira assez de monde pour former la garnison de Glogau et la division active.

« Ayez soin de recommander au général Doucet de vous envoyer tous les jours un état de situation du dépôt d'Erfurth. Il peut envoyer une estafette extraordinaire à Magdebourg pour y joindre l'estafette qui vient de Paris à votre quartier général.

« Je pense donc que le prince d'Eckmühl doit s'occuper de la formation de son corps d'armée et avoir son quartier général à Stettin; qu'un maréchal doit s'occuper de la formation du 2ᵉ corps et avoir son quartier général à Cüstrin; qu'un général de division suffit pour le 4ᵉ corps; que, si Stettin devait être investi avant que les bataillons d'Erfurth aient rejoint, ce qui me paraît impossible, on rappellerait le régiment saxon qui est à Stralsund pour renforcer la garnison.

« Du moment que les bataillons d'Erfurth seront arrivés à Spandau, il ne faudra plus laisser à Cüstrin que 2 régiments ou 4 bataillons, lesquels feront environ 2,500 hommes présents; et, selon les circonstances, vous réunirez le reste du 2ᵉ corps pour la garnison de Spandau, la police de Berlin, ou en avant de Cüstrin pour appuyer l'avant-garde.

« Quant à la garnison de Glogau, si elle était investie avant que les bataillons d'*Augsbourg* y arrivassent, il faudrait demander un supplément de 2,000 hommes de garnison à la Saxe. »

« Mon fils, s'il arrivait que le prince Schwarzenberg évacuât Varsovie et se dirigeât sur Kalisch, il serait nécessaire de renforcer le corps du général Reynier de tout ce que la Saxe pourrait offrir en infanterie, cavalerie et artillerie, de manière à pouvoir porter son corps de 15,000 hommes à 25,000 hommes; ce qui, joint au 5ᵉ corps qui, je suppose, serait de 15,000 hommes, et au corps du prince Schwarzenberg, ferait 60 à 70,000 hommes. A côté de cette armée, vous auriez 40,000 hommes de l'avant-garde; et enfin les Prussiens et les Bavarois. — Vous devez mettre les Prussiens sous les ordres du maréchal Saint-Cyr, qui les réunira aux Bavarois. Tout cela ensemble pourra vous faire une armée de 100,000 hommes. »

Nap. à Eug.
Paris,
8 février
1813.

Nap. à Eug.
Paris,
8 février
1813.

« Mon fils, je vous envoie un rapport du ministre de la guerre : vous y verrez les propositions qui me sont faites pour différents emplois de colonels de cavalerie. Je vous envoie également la réponse que j'ai faite au ministre. Nommez sur-le-champ des colonels, des majors, ou des colonels en second qui puissent aussitôt prendre le commandement de leur régiment. Dans ces circonstances, il faut que chaque régiment ait son colonel. »

Eug. à Nap.
Posen,
8 février
1813.

« Sire, j'ai l'honneur d'adresser à Votre Majesté copie d'une lettre du prince de Schwarzenberg et l'extrait d'une autre du général Reynier. D'après la première, c'était hier, 7, au matin, que les avant-postes russes auraient dû entrer dans Varsovie. L'ennemi paraît avoir passé en force entre Plock et Modlin. Tous les rapports s'accordent à dire que l'empereur Alexandre était lui-même arrivé à Plock. Il nous reste à savoir si l'ennemi entend s'établir sur les deux rives de la Vistule, ou s'il aura l'intention de pousser jusqu'à l'Oder : c'est ce que nous saurons dans bien peu de jours.

« Hier, nos avant-postes ont été attaqués à Gnesen. Il y avait 400 Cosaques. Ils ont été repoussés par l'infanterie; mais un détachement de cavalerie bavaroise, qui s'est avancé trop imprudemment contre eux, a perdu 17 hommes et 14 chevaux. L'ennemi s'était montré hier également sur d'autres points de nos avant-postes, mais seulement pour observer. Si les jours suivants ils continuent de même et que leur nombre s'augmente, il est à parier qu'ils seront soutenus par leurs colonnes. »

« Mon fils, vous trouverez ci-joint copie d'un décret que je viens de prendre pour régler le commandement des régiments de la Grande-Armée. »

<small>Nap. à Eug.
Paris,
9 février
1813.</small>

« Sire, j'ai l'honneur d'adresser à Votre Majesté copie d'une lettre de M. de Saint-Marsans. Comme elle voudra bien le remarquer, cette lettre est loin d'être satisfaisante. Le comte de Saint-Marsans ne me parle du corps du général Bulow que comme d'une réunion de quelques recrues qui ont ordre de se jeter dans Colbert. Un émissaire, rentré hier, m'a même rendu compte qu'il n'avait plus trouvé de Prussiens à Neusteich, ce qui m'étonnerait d'autant plus, que le général Bulow n'en a point prévenu l'état-major après avoir promis de le faire. J'ai donné ordre qu'on vérifiât le fait.

<small>Eug. à Nap.
Posen,
9 février
1813.</small>

« L'ennemi a de nouveau attaqué Gnesen. Il y avait environ 1,500 Cosaques. On dit qu'il y avait 3 pièces d'artillerie, mais il n'en a pas fait usage. Un émissaire a laissé avant-hier soir le général Woronzoff à Labiczen avec 3 à 400 hommes d'infanterie et 14 pièces de campagne; il n'a pu savoir quelle direction il prenait. Le général Woronzoff, au dire de ce même agent, aurait été remplacé à Bromberg par une division de cavalerie ayant avec elle de l'artillerie.

« Depuis deux jours le nombre des troupes légères ennemies s'est considérablement augmenté autour de nous. On peut évaluer à 4 ou 5,000 chevaux tout ce qui s'est montré depuis Rogassen jusqu'à Kopen. Les nouvelles venues à San-Pollo par des gens du pays annoncent que l'ennemi se dirigeait sur Kolo, pour y passer la Wartha. Si cela se vérifiait, et que le mouvement fût exécuté par une forte colonne, je serais fort inquiet du mouvement que font en ce moment le général Reynier et le prince Poniatowski. Ils pourraient être prévenus sur Kalisch. Le premier était le 6 à Strikow, le deuxième à Petrikau. Je leur ai écrit de ne point perdre du temps pour reprendre une nouvelle ligne d'exécution, qui est celle de Glogau. J'attendrai aujourd'hui et peut-être demain avant d'arrêter sur l'Oder le général Grenier; mais je ne cache pas à Votre Majesté que nous serons probablement bientôt obligés à prendre cette position, si tous les rapports sur les mouvements de l'ennemi se vérifient. Le temps est, depuis quatre jours, au dégel. On m'assure que, dans six jours, la Vistule ne sera plus praticable. Il est bien malheureux que nous n'ayons pas pu gagner assez de jours sur l'ennemi pour l'empêcher de faire passer ses principales forces jusqu'ici. »

Nap. à Eug. Paris, 10 février 1813.

« Mon fils, il est nécessaire d'intercepter toute correspondance de Kœnigsberg à Berlin, et d'arrêter toutes les malles et courriers et *vice versa* de Berlin à Kœnigsberg. »

Nap. à Eug. Paris, 10 février 1813.

« Mon fils, il faut faire cesser le recrutement des Prussiens et se contenter des troupes du général Bulow comme elles sont. Donnez partout vos ordres en conséquence. »

« J'ai l'honneur d'adresser à Votre Majesté la dernière lettre que j'ai reçue du prince de Schwarzenberg, le général Reynier continuait son mouvement sur Kalisch. On annonçait déjà une grande quantité de Cosaques sur la Wartha. Les régiments polonais étaient tous en marche pour se rendre dans les villes situées le long de la Basse-Silésie. Cette troupe se serait trouvée là, à même de se refaire et de se réorganiser, et elle se trouvait couverte par le corps de Reynier; mais il ne paraît pas que ces projets puissent réussir. Les rapports que j'ai reçus cette nuit et ce matin annoncent comme positif que toutes les troupes ennemies sont en marche pour se porter sur l'Oder. Deux émissaires auxquels on peut se fier, et qui ne se connaissent point, annoncent que les troupes qui étaient à Dirschau, Numberg et Schevedito remontent la Vistule et prennent la direction de la Neitz. Un de ces commissaires a même rencontré, le 5, le général Wittgenstein à la tête de tout son état-major, venant de Dirschau et arrivant à Stargard. On disait qu'il prenait le lendemain la route de Tuchel. En face de moi, le général Woronzoff est arrivé vis-à-vis mes avant-postes. Il a été remplacé le 7 à Bromberg par un corps d'infanterie venant de Calinsée, fort d'environ 5 à 6,000 hommes, et ayant 40 pièces de canon. Il y avait, le même jour, à Wackel, quelques compagnies d'infanterie avec 2,000 hommes de cavalerie régulière et 2,000 Cosaques.

« Ces renseignements, et plus encore la force que l'ennemi montre devant nous, m'ont décidé à con-

Eug. à Nap. Posen, 10 février 1813.

centrer davantage nos cantonnements. Les têtes de mes troupes sont à Gnesen, Kostrzyn et Goslina. Je fais évacuer sur Francfort tous les malades qui sont transportables, ainsi que toutes les administrations. Je pense, d'après ce que j'apprendrai aujourd'hui ou demain, être obligé de commencer après-demain un mouvement rétrograde sur l'Oder. Si je puis tenir le 12, et même le 13 à Posen, je le ferai pour laisser arriver à Kalisch la queue du général Reynier et lui faciliter ses mouvements sur la nouvelle ligne d'opération. Il paraît donc que l'ennemi veut occuper entièrement le Grand-Duché et se porter sur l'Oder. Le départ du général Wittgenstein de Dirschau, où il n'était resté que peu d'infanterie et quelques Cosaques, prouverait que l'ennemi n'a laissé devant Dantzig qu'un faible corps d'observation. Les officiers russes disent hautement qu'ils se portent sur la Silésie, pour obliger le roi de Prusse à se déclarer en leur faveur. Je pense que Votre Majesté aura prévu ce cas et aura stylé M. de Saint-Marsans en conséquence.

« Nous sommes inondés de Cosaques. Nos communications deviennent chaque jour plus difficiles. »

Eugène à la vice-reine. Posen, 10 février 1813.

« Je pense que c'est la dernière lettre que tu recevras d'ici, car il est probable que je quitterai cette ville demain ou après-demain. Les Russes marchent en grande force, et nous ne pouvons que nous retirer sur l'Oder. J'espère pourtant que ce sera là notre dernière halte. Mon rhume va beaucoup mieux; tous ces messieurs se rétablissent; il n'y a que Méjan fils qui a encore la fièvre; Soulanges se remet d'une espèce de coup de sang qu'il eut l'autre jour à la tête. Je ne sais encore rien sur nos beaux projets de nous revoir ce printemps; ce qui est sûr, ce sont les vœux ardents que je forme pour qu'ils se réalisent le plus tôt possible. Adieu, etc., etc.

« Hortense m'a écrit pour me demander si tu ne pourrais venir à Paris dans le cas où je n'irais pas; je lui ai répondu que je t'en laisserais maîtresse, mais que je ne m'en souciais pas trop. »

« Mon fils, il y a à Magdebourg 500 gendarmes à cheval. Faites-les rendre à Berlin, où ils seront utiles pour la police de cette grande ville. »

*Nap. à Eug.
Paris,
11 février
1813.*

« Sire, j'ai l'honneur de rendre compte à Votre Majesté que l'ennemi a enfin décidé son mouvement en face de nous. Hier, une colonne de 3,000 hommes d'infanterie, 2,000 Cosaques et 6 pièces d'artillerie ont attaqué le cantonnement de Rogösno et le 4ᵉ régiment de la Vistule. Ce régiment s'est fort bien comporté; mais, ayant affaire à des forces supérieures, il s'est retiré, ainsi qu'il en avait l'ordre, sur Obernick. La perte a été égale des deux côtés, et nous avons 90 hommes hors de combat. Une autre colonne d'infanterie, qui a marché toute la nuit dernière, est venue établir ses postes aujourd'hui à midi, à trois petites lieues sur la gauche de la route de Powicz. Je me suis décidé à commencer un mouvement rétrograde demain. Les Bavarois, qui s'étaient retirés ce soir sur Powicz, en partiront

*Eug. à Nap.
Posen,
11 février
1811.*

cette nuit pour occuper le pont de ... à la pointe du jour. Je me mettrai en mouvement avec la garde impériale au même moment. Les Polonais et les Westphaliens, qui s'étaient retirés sur Obernick, ne quitteront leurs positions qu'au jour fait pour marcher parallèlement à ma colonne. Les 5 bataillons français des compagnies d'élite napolitains, sous les ordres du général Gérard, qui occupent ce soir les villages en avant de Posen, suivront le mouvement à quelques heures en arrière de la garde impériale.

« Je donnerai chaque jour des nouvelles du mouvement à Votre Majesté, et je l'informerai des mouvements de l'ennemi. Je me dirigerai sur Francfort, et j'ai arrêté, en arrière de cette ville et de Custrin, le corps du général Grenier.

« J'enverrai sur Crossen les Bavarois qui suffisent pour garder le pont. Malgré toutes les évacuations que nous avons pu faire, nous laisserons encore ici 6 à 700 malades dont les médecins ont décidément refusé le transport.

« J'adresse à Votre Majesté copie d'une lettre que je reçois du général Reynier. Votre Majesté remarquera sans doute l'appel du prince de Schwarzenberg de Vienne. »

Eug. à Nap. Bythin, 12 février 1813.

« Sire, d'après le rapport que je reçois ce soir, il était plus que temps d'évacuer Posen. Un bataillon polonais, fait prisonnier par les Russes, a laissé hier soir à Obrzycko sur la Wartha, le général Zekinskow ayant avec lui 4,000 hommes d'infanterie, 2,000 Cosaques et 12 pièces d'artillerie. En même temps, la division du général Woronzow se présentait devant Obernik où elle a dû passer ce matin. Tout annonce que l'amiral Tchittchakow suit de Bromberg la même division, enfin un parti de 2,000 Cosaques et 2 pièces d'artillerie a attaqué la nuit dernière à minuit le 17e de lanciers lithuaniens qui était à Zirke, très en arrière de nous sur la Wartha. Ce régiment que j'ai prévenu de la marche et de la force de l'ennemi, après s'être rassemblé sur la place de la ville, et avoir placé cinq postes, n'en a pas moins été surpris. Ce régiment a été entièrement disséminé, et je crains beaucoup que le prince Gédroyé n'ait été pris. Tout ce que nous avions de Cosaques devant nous, hier à Posen, s'était déployé pour suivre le grand mouvement de l'ennemi sur notre gauche. Des partis sont même arrivés à Pinne. Je compte m'y arrêter demain. »

« Mon fils, le général Lauriston devant être du 15 au 20 février à Magdebourg, il devient important que vous donniez ordre au prince d'Eckmühl de revenir à Stettin. Il y a de l'anarchie dans cette place, et on y éprouve le besoin d'une autorité supérieure. D'ailleurs le 2e bataillon du 30e et celui du 33e seront arrivés à Erfurth le 19 février. Les 2es bataillons des 25e, 57e, 61e, 85e et 111e y arriveront le 22, le 23, le 24 et le 28 février. Voilà donc tout de suite une augmentation de 4,000 hommes pour Stettin. Vous avez reçu la lettre par laquelle je vous instruis de quelle manière mon intention est que ces bataillons soient dirigés sur Stettin ; mais vous pouvez leur

Nap. à Eug.
Paris,
13 février
1813.

donner ordre d'y venir de suite, si vous n'y voyez pas d'inconvénient. Je pense effectivement qu'il est très-important que nous ayons le plus tôt possible entre Stettin et la Poméranie et sur cette place une vingtaine de mille hommes. Or, dans le courant de mars, les 16 bataillons seront tous dans cette place. Les 2 régiments westphaliens, si c'est de ce côté que vous les avez dirigés, et, en cas d'événement, le régiment saxon Maximilien, qui est à Stralsund, compléteront le nombre de 20,000 hommes.

« Il faut que le prince d'Eckmühl prenne toutes les mesures nécessaires pour assurer l'armement et l'approvisionnement de Stettin ; donnez-lui aussi le commandement de toute la Poméranie suédoise, et aidez-le à réorganiser quelques batteries d'artillerie.

« Le 2⁰ corps va avoir aussi beaucoup de monde, ce qui lui permettra de pourvoir à la garnison de Cüstrin, Spandau et Berlin.

« Il serait bien important de réunir la 31ᵉ division aux 35ᵉ et 36ᵉ ; avec ce que vous avez pu réunir de la garde et autres corps, cela formerait une quarantaine de mille hommes. »

Nap. à Eug.
Paris,
13 février
1813.

« Mon fils, je reçois votre lettre du 7 février. Vous avez mal fait de retirer le régiment saxon Maximilien de Stralsund. Ce régiment y est nécessaire, et la Poméranie se trouvera ainsi sans personne. Vous avez également mal fait d'y envoyer 600 Illyriens et Suisses. Cela s'opposera à la réorganisation de ces régiments et sera d'ailleurs d'un faible secours.

Donnez ordre que le régiment saxon retourne à Stralsund, et que les Suisses et les Illyriens se rendent à Glogau. Répondez au roi de Saxe pour lui faire connaître qu'il est impossible en ce moment, et jusqu'à ce que des forces soient arrivées en Poméranie, de renvoyer ce régiment; que rien ne s'oppose cependant à ce qu'il en retire 200 officiers et sous-officiers, en les y faisant remplacer par un même nombre de recrues. Il me semble que vous avez assez organisé de troupes pour savoir qu'il n'était pas besoin de faire revenir ce régiment pour en tirer 200 officiers ou sous-officiers; d'ailleurs le contingent saxon, se rapprochant, devra pouvoir fournir des officiers et sous-officiers. »

« Mon fils, je vous ai déjà fait connaître la nécessité de réunir dans votre main, indépendamment de la 37ᵉ division, dont vous ferez 2 divisions, la 31ᵉ division; ce qui, avec la réserve que vous avez formée à Posen, vous portera à 40,000 hommes de troupes fraîches et disponibles et à une soixantaine de pièces de canon. Je fais réitérer les ordres au duc de Castiglione, pour qu'il ne retienne pas, sous divers prétextes, ce qui appartient à la 31ᵉ division, et que tout vous soit envoyé. Vous pourrez diriger les 2 régiments westphaliens sur Stettin, en en donnant avis au roi, pour qu'il les fasse compléter sur ce point à 3,000 hommes; ce qui, joint aux 1,600 hommes du régiment Maximilien saxon et aux 15 à 16,000 hommes auxquels va être porté le 1ᵉʳ corps, mettraient 20,000 hommes entre les mains du prince

Nap. à Eug.
Paris,
18 février
1813.

d'Eckmühl à Stettin, avec lesquels il garderait la Poméranie suédoise, les bouches de l'Oder, Stettin et la ligne de l'Oder jusqu'à Cüstrin. En cas d'événement, je pense que la garnison de Stettin pourrait être portée à 6,000 hommes d'infanterie, à 5,000 hommes de cavalerie et à 5 ou 600 hommes d'artillerie, sans comprendre les hôpitaux. Réitérez des ordres pour que cette place soit parfaitement approvisionnée.

« Le 2ᵉ corps, qui va recevoir 14 à 15,000 hommes, pourra très-bien tenir garnison à Cüstrin, Spandau et Berlin, et avoir encore une division d'observation pour défendre l'Oder et vous appuyer.

« Enfin, le 4ᵉ corps, les Bavarois, et quelques Saxons, s'ils étaient nécessaires, seront suffisants pour Glogau.

« Je suppose donc qu'au 1ᵉʳ mars l'état des choses sera le suivant : votre corps d'observation à Posen ou sur l'Oder, fort des 31ᵉ, 35ᵉ et 36ᵉ divisions, plus, de la réserve, des 10,000 hommes de la garde, des Bavarois, etc., que vous avez réunis. Je suppose que vous aurez aussi reçu, indépendamment du régiment italien, 1,000 hommes de la garde et 3,000 du corps que doit commander le général Latour-Maubourg ; ce qui vous fera 5 à 6,000 hommes de cavalerie. Le prince d'Eckmühl sera à Stettin et commandera la Poméranie et la ligne de l'Oder jusqu'à Cüstrin. Le 2ᵉ corps sera à Cüstrin, Spandau et Berlin. L'un et l'autre pourraient avoir une division pour vous soutenir ; ce qui, joint au corps du général Reynier, à celui du prince Poniatowski et à celui du prince de Schwarzenberg, si celui-ci conserve ses communications avec vous, vous maintiendra dans une position raisonnable; d'autant plus qu'à cette époque le général Lauriston doit avoir sa 1re division à Brandebourg, sa 2e à Magdebourg, sa 3e à Brunswick, et sa 4e à Halberstadt. Il faudra qu'il passe quelque temps dans cette position pour recevoir ses 100 pièces de canon, ses équipages et compléter son organisation.

« Je suppose que vous n'avez pas manqué d'envoyer bon nombre d'officiers à Magdebourg, comme je vous l'ai mandé, afin que le général Lauriston puisse les placer dans ses différents corps. Enfin, à la même époque, le 1er corps d'observation du Rhin, fort de 60 bataillons, aura passé le Rhin et gagnera l'Elbe. Je pense qu'indépendamment des magasins que j'ai ordonnés à Spandau et à Cüstrin il faut en ordonner un pareil à Stettin. Il me semble que, quant aux 4 divisions de Latour-Maubourg, il est bien entendu que leurs dépôts pourront se remonter sur l'Elbe, où ils sont, mais que tout ce qu'ils auront de disponible doit se rendre sur l'Oder, et que le général Latour y formera ses 4 divisions. Cela ne devrait pas tarder à vous produire 3,000 chevaux; l'Oder et la Wartha allant dégeler, cela vous mettra en mesure de bien vous couvrir. Il paraît que les projets des coalisés seraient d'attaquer l'île de Rügen par une expédition de 6,000 Suédois, qui espéreraient s'y loger, tandis que les Suédois attaqueraient la Norvége. Donnez avis de cela au général Morand et au prince d'Eckmühl. »

<small>Eug. à Nap. Pinne, 15 février 1813.</small>

« Sire, j'ai l'honneur de rendre compte à Votre Majesté, que je suis arrivé ici avec la colonne de la garde, l'infanterie et la cavalerie. Nous y avons trouvé 2,000 Cosaques qui étaient venus de Zirke, et qui ont fait ici quelques prisonniers, dont un adjudant-commandant, un officier d'ordonnance, qui était venu faire mon logement, et 8 gendarmes d'élite. Nous avons poussé ces Cosaques jusqu'à deux grandes lieues d'ici. Ils se sont retirés sur la route de Zirke et de Birnbaum. Ils ont répandu le bruit dans le pays qu'ils étaient suivis par de l'infanterie qui venait de Driesen. Comme j'ai envoyé sur ce point plusieurs émissaires, je saurai bientôt à quoi m'en tenir. Leur principale colonne s'était dirigée sur notre gauche le long de la Wartha. Il ne s'est présenté hier devant Posen que peu de monde. Mon arrière-garde y a passé la journée tranquillement, et n'a quitté Posen que ce matin à la pointe du jour. D'après ce que ces Cosaques ont dit, il paraît qu'ils ont décidément pris le prince Gédroyé.

« Avant de partir de cette ville, j'avais envoyé le maréchal Saint-Cyr prendre le commandement du 11ᵉ corps, et j'avais réuni les 35ᵉ et 36ᵉ divisions entre Custrin et Francfort. La 34ᵉ division, qui occupait toutes les places de l'Oder et même Spandau, se réunira entre Berlin et l'Oder. Quelques hommes de cette division restent pourtant à Berlin jusqu'à ce qu'on puisse les relever, afin de ne point laisser cette ville sans troupes. »

<small>Eugène a la vice-</small>

« Ainsi que je le pressentais, j'ai dû quitter Posen

pour me rapprocher de mes renforts. J'ai 20,000 hommes et 1,000 chevaux à deux marches en arrière; avec cela, je ne craindrai rien; mais il était temps que je quitte Posen, car plusieurs milliers de Cosaques avaient déjà coupé mes communications. Ce pauvre petit Janois a été pris hier soir ici par eux. Je l'avais envoyé faire mon logement..... Mon rhume continue toujours assez fort; ces deux journées de marche, à cheval, par un temps assez humide, ne pouvaient pas me guérir. »

reine.
Pinne,
13 février
1813.

« Sire, je n'ai rien de bien intéressant à mander aujourd'hui à Votre Majesté sur l'ennemi. Les Cosaques, dont il y avait un très-grand nombre, puisque 8 régiments étaient déjà de ce côté-ci de la Wartha, se sont retirés sur Birnbaum et Schwerin. Ils en sortiront sûrement demain, puisque je dirige par là la 1re colonne de 3,000 hommes d'infanterie, et le 4e de chasseurs italien qui m'a rejoint ici.

Eug. à Nap.
Schillen,
14 février
1813.

« Je dois répondre aux différents ordres que Sa Majesté m'a donnés par sa dernière lettre.

« 1° J'ai envoyé un officier au général Belliard, pour lui donner connaissance des intentions de Votre Majesté sur la réorganisation de la cavalerie.

« Le 1er corps commandé par le général ..... se réunira à Wittemberg, le 2e corps à Magdebourg; mais je ne dois pas laisser ignorer à Votre Majesté qu'il n'y a, pour le moment, aucune ressource à espérer de ces régiments. Il y en a bien qui montrent dans les états de situation de 3 à 400 hommes et autant de chevaux, mais les harnachements manquent, et on ne doit les livrer que dans le courant de février et de mars. L'habillement et l'équipement des cavaliers qui ont fait la campagne est entièrement à recommencer. J'ai déjà donné l'ordre à l'intendant pour faire mettre des fonds à la disposition de chaque régiment, en à-compte. Pour mettre un peu de régularité à cette mesure, il a fallu réformer les conseils éventuels, faire passer des revues d'inspecteur, pour connaître la force et les besoins de chaque corps. Tout cela prend un temps indispensable, et Votre Majesté ne doit pas penser, avant la fin du mois de mars, à pouvoir tirer une première compagnie dans chaque régiment. Cependant l'organisation se fera avec le plus de célérité possible, et je rendrai compte à Votre Majesté du résultat.

« 2° J'ai envoyé au général Sorbier tout ce qui est de l'organisation de l'article 1er qui m'a été envoyé du ministère de la guerre : je lui prescris de s'y conformer; je lui renouvelle, pour la dixième fois, l'ordre de venir me joindre.

« 3° Je fais tout ce qui dépend de moi pour exécuter les ordres de Votre Majesté relativement aux officiers et aux sous-officiers à tirer de sa garde, pour envoyer à Magdebourg, mais elle connaît le peu de cadre que j'ai conservé à l'armée, et je fais choisir en ce moment, par le général Rogniat, tous les sujets les plus propres à remplir les conditions prescrites par Votre Majesté.

« Quant aux officiers que Votre Majesté demande à prendre dans l'armée, presque tous les cadres étant partis pour Erfurth, Augsbourg et Mayence, je suis dans l'impossibilité de faire ce choix. A ce sujet, je prendrai la liberté de dire à Votre Majesté combien, selon mon avis, il sera pernicieux d'introduire dans des corps neufs des officiers qui ont fait cette campagne. Tous ceux tirés de l'Espagne sont parfaits, tous les autres sont démoralisés à un point que Votre Majesté ne voudra pas croire. L'amalgame de ces officiers fatigués et démoralisés avec de jeunes et belles troupes fraîches ne peut qu'être d'un mauvais effet pour ces dernières. Votre Majesté me pardonnera ces réflexions : l'amour seul de son service me les dicte.

« Demain, je compte aller à Meseritz, ce qui fera une très-petite journée. Je m'y arrêterai plusieurs jours, et je m'étendrai par Schwerin jusqu'à Landsberg, pour mieux connaître les intentions de l'ennemi.

« Suivant les derniers rapports, les avant-postes ennemis seraient entrés hier à neuf heures du matin à Posen. L'infanterie qui était à Koftrzyn devait y entrer le même soir. Les deux colonnes d'infanterie qui s'étaient dirigées par Pobiedisko n'avaient point débouché hier de la Wartha. »

« Mon fils, je demandais depuis longtemps où était un escadron du grand-duché de Berg, fort de 221 hommes. J'apprends qu'il est à Brunswick. Cet escadron, qui est en bon état, vous serait plus utile à l'armée. Faites-le venir sur l'Oder, et joignez-le à la brigade de lanciers du 1er et du 3e de la garde. — Je pense aussi que vous devez utiliser tout le corps

Nap. à Eug
Paris,
15 février
1813.

de cavalerie du général Latour-Maubourg. En réunissant une compagnie par régiment, cela doit vous offrir au moins 3,000 hommes. — Le roi de Saxe me promet 7,000 hommes et 2,000 chevaux au 1ᵉʳ mars. Il serait bien important que cela joignît le contingent saxon, et vous pourriez alors en ôter la division Durutte, que vous attacheriez à l'avant-garde. — Vous auriez ainsi la division Durutte, la 35ᵉ, la 36ᵉ et la 31ᵉ divisions; avec ce que vous avez réuni, cela serait un commencement d'armée. Les 8,000 Saxons maintiendraient le corps du général Reynier à 15,000. — Faites-moi connaître ce qu'a le général Poniatowski en infanterie, cavalerie, artillerie. — Réitérez l'ordre au général Schwarzenberg d'appuyer sur vous et de ne pas laisser couper ses communications avec vous. »

Nap. à Eug. Paris, 15 février 1813.

« Mon fils, je ne sais pas pourquoi vous ne donnez pas l'ordre que toutes les diligences, malles, courriers et communications quelconques entre Berlin et les pays occupés par l'ennemi soient interrompues. Il est ridicule que le 7 il soit encore passé une malle par Cüstrin. Donnez ordre qu'on ne laisse plus rien passer ni allant ni venant. »

Nap. à Eug. Paris, 15 février 1813.

« Mon fils, le bataillon de marche du 4ᵉ corps, fort de 600 hommes, provenant des garnisons de vaisseaux, est parti le 13 de Mayence pour Glogau. »

Nap. à Eug. Paris, 15 février 1813.

« Mon fils, je viens de voir avec la plus grande surprise les marchés qu'a passés l'intendant général

Dumas. Aurait-il perdu la tête? D'abord, il me fait payer 2,000,000 pour approvisionner les trois places de l'Oder. Indépendamment des prix excessifs qu'il accorde, il augmente les quantités nécessaires. Il paye l'avoine 30 sols le boisseau, c'est le double de ce que cela vaut; le blé 16 francs, etc. Je ne peux pas et je n'entends pas jeter l'argent de cette manière. Il y a de la folie dans ces prix. Les Prussiens doivent continuer à fournir pour le journalier. S'ils cessaient, il faudrait faire des réquisitions, et alors la Prusse nous mettrait dans le cas de prendre possession du pays. — Le général Dumas a passé aussi des marchés pour lesquels il passe 3 francs par soldat aux hôpitaux : vous sentez qu'il est impossible d'accoutumer les peuples de la Prusse à de pareilles aubaines. Les finances d'aucun pays n'y pourraient suffire. »

Nap. à Eug.
(Sans date.)

« Mon fils, en conséquence de ma précédente lettre, vous avez dû envoyer le prince d'Eckmühl à Magdebourg et à Erfurth, pour accélérer le travail de ce côté. Aussitôt que ce maréchal se sera assuré que toutes les dispositions sont faites à Erfurth, je pense qu'il est convenable qu'il retourne à Stettin, où se trouve son corps. On me raconte qu'il y a peu d'harmonie à Stettin, et qu'une autorité supérieure y serait bien nécessaire. La présence du prince d'Eckmühl y sera utile. Je crois vous avoir écrit là-dessus. Il donnera, d'ailleurs, un coup d'œil sur la Poméranie.

« Faites-moi connaître où vous envoyez les deux

régiments westphaliens que vous avez, afin que le roi puisse diriger de ce côté les hommes qu'il envoie pour les recruter. »

Eug. à Nap. Mescritz, 15 février 1813, au soir.

« Sire, j'ai l'honneur d'adresser à Votre Majesté : 1° le rapport de l'officier d'état-major que j'avais envoyé au général Bulow, à Neusteich ; 2° la réponse du général Bulow au chef d'état-major général. Votre Majesté verra, par ces pièces, combien peu on doit compter sur ces troupes-là, et combien il est permis, au contraire, de s'en méfier. Le général Bulow, par sa lettre, fait entendre qu'il n'est sous les ordres que de son souverain. Il a positivement dit à l'officier d'état-major qu'il ne recevait aucun ordre de nous. Il pousse l'impudence jusqu'à recevoir à ses bals les aides de camp des généraux ennemis, et il est continuellement en pourparlers avec eux, et enfin les Cosaques viennent faire logement dans les mêmes villages où sont les bataillons prussiens.

« Il paraît certain, et tous les rapports me confirment ce que l'officier d'état-major m'a rapporté, que l'ennemi est en grand mouvement sur l'Oder. Les troupes qui bloquaient Dantzig en sont réellement parties, et ont été remplacées par les troupes prussiennes du général York. Leurs premières troupes d'infanterie doivent être aujourd'hui à Denkew et Scherveide-Mühl. Je m'arrêterai ici un jour ou deux pour faire reposer les troupes et tâcher de reconnaître Driesen et le mouvement de l'ennemi, après quoi je me rapprocherai de Francfort.

« Je dirige demain, par Schwed et Landsberg, 3,000 hommes d'infanterie polonaise et westphalienne, que j'avais mis sous les ordres du général Girard. Votre Majesté vient de donner un nouveau commandement à cet officier général; mais je la prie de permettre que je diffère de quelques jours son départ pour Magdeboug, jusqu'à ce qu'il ait conduit sa colonne à Schwerdt. De là, les Westphaliens iront à Cüstrin pour en compléter la garnison, et les Polonais resteront sur la rive gauche pour établir la communication entre Cüstrin et Stettin et observer le point de passage de Schwedt. J'ai reçu aujourd'hui des nouvelles du général Reynier. Il est arrivé à Kalisch le 12. Son flanc droit était vivement inquiété. L'ennemi, qui avait déjà débouché par Kolo et Konin, avait joint les flanqueurs à Huta et Stawisczyn. Cependant il n'avait eu affaire jusque-là qu'aux troupes légères.

« Le prince Poniatowski était parti de Petrikau pour Kalisch. Il était dans le plus grand découragement. Une partie de ses régiments était arrivée assez à temps pour suivre le mouvement du général Reynier. L'autre partie, venant des contrées plus éloignées, ne pourra probablement pas suivre la même direction, et se rejettera sans doute sur Cracovie.

« C'est une grande faute qu'a faite le prince Poniatowski, lorsque les troupes polonaises sont arrivées dans le grand-duché, de les avoir disséminées dans toutes les places par régiment, comme dans un temps de pleine sécurité. Dès mes premiers rapports avec lui, je lui ai prescrit de resserrer ses troupes, et il aurait dû les mettre en mouvement peu de jours avant l'évacuation de Varsovie par les Autrichiens.

« Il est très-important que Votre Majesté veuille bien me faire connaître, pour moi seul, où elle en est positivement avec le roi de Prusse, car je crains bien que le mouvement général actuel des troupes ennemies n'ait pour but de faire déclarer le roi de Prusse contre nous, dans la crainte que celui-ci veuille nous faire entendre qu'il y aurait été forcé. J'ai écrit à M. de Saint-Marsan, pour lui dire que, dans le cas où l'ennemi voudrait entrer en Silésie, je déboucherai de l'Oder avec 45,000 hommes et 120 pièces d'artillerie.

Eug. à Nap. Mezeritz, 16 février 1813.

« Sire, j'ai reçu les différentes lettres de Votre Majesté du 8 février. Je vais faire donner un numéro aux compagnies du 5ᵉ bataillon qui ont été ajoutés aux compagnies du 1ᵉʳ bataillon restés à l'armée. Je ferai connaître au général..... combien il lui reste de compagnies à organiser pour compléter les premiers bataillons. Le prince d'Eckmühl, que Votre Majesté m'a ordonné d'établir à Stettin, a bien passé par cette place pour y établir son 1ᵉʳ corps, mais il doit être rendu aujourd'hui à Magdebourg, suivant les premiers ordres que Votre Majesté m'avait donnés. Si Votre Majesté le permet, il pourrait rester là ou à Erfurth pour surveiller l'organisation de ses seize 2ᵉˢ bataillons, et se rendrait à Stettin avec eux. Je la prie de vouloir bien me faire connaître ses intentions à ce sujet.

« J'ai confié au duc de Belluue le commandement des 2ᵉ et 3ᵉ corps, ne formant plus que le 2ᵉ corps. Enfin, j'ai donné, ainsi que j'en ai informé Votre Majesté, le commandement du 11ᵉ corps au maréchal Saint-Cyr. Je ne pouvais donner à ce maréchal ni les Bavarois ni les Prussiens : 1° parce que ces derniers n'ont reçu aucun ordre positif de leur cour, et ont des instructions particulières contraires aux ordres que j'ai donnés ; 2° parce que les Bavarois ayant jeté 3,000 hommes dans Thorn, d'après les ordres du roi de Naples, n'ont plus conservé que 2,000 baïonnettes environ. Je les ai dirigés sur Crossen pour y surveiller ce point.

« Le général Sokowzki arrive à l'instant et me rapporte que le bruit s'est répandu parmi les régiments, qu'une colonne d'infanterie de 10,000 Russes était arrivée avant-hier à Soldge, et en était repartie, hier 15, prenant la direction de Schwedt. Ce rapport me paraît incroyable, d'autant plus qu'un émissaire a laissé hier au soir le général Czernicheff avec des Cosaques à Driesen. Il paraissait faire l'avant-garde des troupes de Wittgenstein qui se dirigeaient sur l'Oder. J'ai à toute fin envoyé à Soldge un agent sûr, qui arrivera, et j'ai prévenu le maréchal Saint-Cyr qui est sur l'Oder, pour avoir son corps d'armée prêt, dans la nuit, à tout événement. »

« Sire, Votre Majesté me fait l'honneur de m'adresser un rapport du comité des fortifications sur les garnisons qui sont dans les places de l'Oder et de Spandau, en m'ordonnant de lui faire connaître

Eug. à Nap. Mezeritz, 16 février 1813.

l'opinion qu'on a à l'armée sur la force de ces garnisons.

« L'opinion générale des gens du métier est qu'il faut pour la défense de Stettin, 7 à 8,000 hommes ; pour celle de Cüstrin, 3,000 hommes ; pour Glogau de 5 à 6,000 hommes ; pour Spandau, 3 à 4,000 hommes, ce qui fait au total 20,000 hommes, ainsi que l'a jugé le comité de fortification.

« Au 1er mars, j'aurai à Stettin près de 2,000 hommes du 1er corps. Si j'y envoie le bataillon du 127e que j'ai ici disponible, cela ferait 2,500 Français. Il y aura 1,800 Westphaliens, 5 à 600 hommes d'artillerie et du génie, et enfin les trois régiments polonais qui étaient au grand corps, et qui viennent de recevoir 5 à 600 conscrits chacun, lesquels ont besoin d'être dans une place pour se former, présenteront encore une force de 2,000 hommes. Cela fera donc 7,000 hommes qui seront rendus à Stettin au 1er mars et dans le courant du mois prochain. Cette force ne pourra que s'accroître par les renforts que recevra nécessairement le 1er corps.

« A Cüstrin, la garnison se trouve complétée par le 2e corps. A Glogau, elle se complète par le 4e corps, par 1,100 Bavarois, et, s'il est nécessaire, en y laissant le régiment de marche de 1,000 Croates qui doit y arriver à la fin de ce mois. Spandau se trouvera plus que suffisamment garnie par la partie du 2e corps qui était anciennement le 11e corps. »

Eugène à la vice-reine. Mezeritz,

« Je me suis arrêté ici deux jours, ma chère Auguste, malgré tous les rapports qui voulaient me faire croire que l'ennemi arrivait sur l'Oder avant moi, et j'ai sagement fait de ne pas les croire, car j'ai eu ce matin la certitude que tous ces bruits étaient faux. L'ennemi s'avance toujours, mais très-lentement, et nous nous retirons de même. J'espère qu'il sera assez prudent pour ne pas s'engager au delà de l'Oder, si par hasard la Prusse venait pourtant à nous tromper, je crois que nous serions obligés de gagner promptement l'Elbe. Tu vois par cet aperçu que ma position n'est pas brillante, aussi je ne me dissimule pas tout ce qu'elle a de pénible et de difficile ; tu peux pourtant être sûre que je ne perdrai jamais courage et que je ferai toujours mon devoir..... Je serai bientôt à Francfort-sur-l'Oder d'où je t'écrirai. »

17 février 1813.

« Sire, je n'ai que deux nouvelles à mander aujourd'hui à Votre Majesté. La nouvelle dont je l'avais informé hier paraît tout à fait dénuée de fondement, ainsi que je l'avais pensé.

« J'attends d'un moment à l'autre des nouvelles de la colonne du général Girard qui a dû entrer aujourd'hui à Landsberg.

« J'ai reçu aujourd'hui des nouvelles du général Reynier, qui était encore à Kalisch le 13. Je compte demain continuer ces mouvements pour me rapprocher de l'Oder. Je laisserai pourtant encore ce point-ci occupé par 3 bataillons et 6 pièces d'artillerie. »

Eug. à Nap. Mezeritz, 17 février 1813.

« Sire, j'arrive à l'instant même à Francfort. J'ai l'honneur d'adresser à Votre Majesté la lettre que j'y

Eug. à Nap. Francfort-sur-l'Oder, 18 février 1813.

reçois du général Reynier, ainsi qu'une du général Poniatowski. La première est loin d'être satisfaisante. Son infanterie a été entamée dans la journée du 15, et il se trouve séparé de deux de ses 4 régiments de cavalerie et de 1,000 hommes d'infanterie qui n'auront d'autre ressource que de se replier sur les Autrichiens.

« Dans la seconde, Votre Majesté verra que le prince Poniatowski, ne pouvant plus passer par Glogau, se retire avec ses troupes sur Orlenschaw. Enfin je joins un rapport de Petrikau qui annonçait que l'empereur Alexandre n'est point encore allé à Varsovie, mais se dirige sur Plock, sur Kalisch, pour gagner de là Breslau. Je parlerai ensuite à Votre Majesté des événements qui se sont passés à ma gauche.

« Il paraît réel qu'une colonne d'infanterie russe est arrivée avant-hier 16, à Konigsberg près du bas Oder. Le même jour 800 Cosaques ou hussards ont passé le fleuve près de Writzen, et ont surpris dans cette petite ville un bataillon de 400 Westphaliens qui se rendait à Stettin par la rive gauche. Je dirige demain sur ce point la 36ᵉ division qui était autour de Cüstrin. Dès qu'on a su à Berlin que des Cosaques avaient passé l'Oder, l'alarme y a été très-grande. Le maréchal Augereau me mandait de cette ville, hier au soir, qu'il avait envoyé 2 bataillons et 100 chevaux en reconnaissance sur ce point, et qu'on a appris que les Cosaques étaient venus à peu de distance de cette ville. De Cüstrin on me mande qu'une reconnaissance qui a été envoyée sur Writzen assure que l'ennemi a passé l'Oder hier. Ce ne sera que demain que je pourrai savoir au juste à quoi m'en tenir, car les rapports varient à chaque instant. On disait aujourd'hui, à Francfort, que l'ennemi avait forcé le pont de Schwedt, et cependant le général Rouyer, qui était resté sur ce point avec trois bataillons et deux pièces de canon, m'écrivait du 15 au soir qu'à l'approche de l'ennemi il détruirait le pont. Je ne puis penser que le mouvement de l'ennemi sur le bas Oder soit un mouvement décisif. Le gros de leurs troupes en est encore très-éloigné. Un officier français, qui s'est échappé de leurs mains et qui est arrivé hier matin à Landsberg avec un passeport prussien, a déposé avoir quitté le 14 au soir Cernitz, où il a laissé le prince Repnin avec une assez grande quantité de troupes, infanterie, cavalerie et artillerie. En supposant que ces troupes fussent parties le 15, elles ne pourraient pas arriver sur l'Oder avant le 23 ou le 24. J'aurai demain des rapports plus détaillés de Soldgne, de Schwedt et de Writzen, et je pourrai dire à Votre Majesté quelque chose de positif.

« Ce qui n'est que trop vrai, c'est le mauvais esprit en ce moment en Prusse. Les autorités se refusent à distribuer les vivres aux troupes, les paysans quittent leurs maisons quand nos colonnes arrivent, pour n'être point obligés de nourrir le soldat. Enfin, quand l'ennemi se présente quelque part, les bourgmestres indiquent les mouvements de nos troupes, et leur gendarmerie va même jusqu'à escorter les prisonniers que nous font les Cosaques. »

Eug. à Nap. Francfort-sur-l'Oder, 19 février 1813.

« Sire, j'ai reçu ce matin les lettres de Votre Majesté du 13 de ce mois. Je vois par les avis qu'elle m'y donne qu'elle ne connaissait pas encore notre changement de position. Tous les rapports paraissent assurer que l'ennemi fait un grand mouvement sur notre flanc gauche. Les deux corps de Wittgenstein et de Czernicheff sont en mouvement dans cette partie, ils savent trouver ici de nombreux partisans, et la présence de leurs premières troupes produira nécessairement la première étincelle.

« En arrivant hier soir, et en apprenant les nouvelles qui se passaient à ma gauche, j'ai ordonné que la 36⁰ division se portât sur Cüstrin, sur Wrietzen et Freyenwalde. La 35ᵉ division sera en seconde ligne à Werneichen et Stransberg; après-demain, elles s'étendront par leur gauche jusqu'à Prasterdorf et Obernau. La garde arrive demain ici. Je lui ferai continuer sa route pour approcher de Berlin. Je laisserai ici une tête de quelques bataillons pour brûler le pont au dernier moment. Le dégel est complet et depuis hier la rivière charrie beaucoup. J'ai donc bien de la peine à croire que l'ennemi continue son passage, surtout si le général Rouyer a détruit le pont le 15, comme il me l'écrivait.

« Il est très-fâcheux que sur quelque contre-ordre du prince d'Eckmühl le duc de Castiglione n'ait pas réuni la 31ᵉ division. Il n'y a à Berlin que les deux bataillons qui étaient à Glogau, le bataillon qui était à Cüstrin et ceux de Spandau. Les nôtres sont à Stettin, d'où ils ne devaient partir qu'après l'arrivée du 1ᵉʳ corps et de la majeure partie de la garnison destinée à Stettin. Cette nuit, j'ai appris que le maréchal Augereau ayant envoyé 1 bataillon, 2 pièces d'artillerie et 100 chevaux, pour aller au-devant des partis ennemis qui s'approchaient de Berlin, a rencontré, à quatre lieues de cette capitale, 500 chevaux cosaques ou hussards. L'officier et sept ou huit des leurs ont été tués. »

« Sire, j'ai reçu cette nuit des nouvelles de Berlin. La journée d'hier 19 y avait été fort tranquille. Les partis cosaques rôdaient toujours autour de cette ville. Mais on était tranquillisé, parce qu'on connaissait la marche des 35ᵉ et 36ᵉ divisions. Demain, ces troupes occuperont Bernau, Werneicken et Landsberg. Je porte moi-même mon quartier général à Furstenwalde, et après-demain 22, à Copnick. Mon intention est de concentrer les troupes autour de la capitale pour la contenir et pour avoir les troupes sous la main. J'aurai seulement sur l'Oder deux à trois corps d'observation. Le général Girard, qui de Landsberg s'est porté sur Mudennen et qui a poussé des reconnaissances sur Zellin, point de passage des Russes, m'assure que dans cette partie il n'était passé que Tettenborn, le 16, avec 1,500 Cosaques; les 17 et 18, Czernicheff avec le même nombre d'hommes. Cette dernière colonne a eu même beaucoup de difficultés pour passer l'Oder, la débâcle étant survenue dans l'instant. Le général Girard m'assure que tous les gens qu'il a questionnés venant de Soldau et de petit Konigsberg lui ont affirmé n'avoir vu aucune infanterie ennemie, et que le pont

Eug. à Nap. Francfort-sur-l'Oder, 20 février 1813.

de Schwedt avait été détruit par nos troupes. J'aurais reçu d'autres rapports du général Rouyer si les communications n'avaient été interrompues par les partisans. Depuis que je suis ici, j'ai envoyé sur le pont de Schwedt deux émissaires que j'attends d'un moment à l'autre. Je reçois à l'instant des nouvelles du général Reynier. Il est arrivé à Glogau le 18, sans être inquiété depuis Kalisch ; il comptait prendre des cantonnements en arrière de cette place et étendre ses postes de cavalerie de droite et de gauche. Il a emmené avec lui 2 régiments d'infanterie polonaise et 9 régiments de cavalerie, les deux premiers forts de 1,200 hommes, dont les deux tiers recrues, seront laissés à Glogau, tant pour y compléter la garnison que pour avoir le temps d'instruire ces recrues. J'ai ordonné que les 9 régiments de cavalerie se rendissent sur l'Elbe. Ils sont forts de plus de 2,000 hommes et 1,500 chevaux dont deux tiers sont sans harnachement. Le général qui les commande assure que dans quatre semaines de temps, et avec quelques secours, il pourra mettre à cheval ces 2,000 hommes. »

*Nap. à Eug.
Paris,
21 février
1813.*

« Mon fils, je reçois votre lettre du 15 février. Vous pouvez garder le général Girard et l'employer comme vous le jugerez convenable; mais comme il y a deux généraux de division de ce nom, vous ferez bien connaître celui que vous conservez. »

*Eug. à Nap.
Berlin,
22 février
1813.*

« Sire, j'ignore si Votre Majesté a reçu les derniers rapports que j'ai eu l'honneur de lui adresser.

Je l'ai informée du passage de l'Oder par 3,000 hommes de cavalerie ennemie en deux colonnes. L'ennemi s'est avancé jusqu'à Berlin, et avant-hier quelque 80 Cosaques ont pu pénétrer dans la ville, et y ont jeté l'alarme. Les dispositions du duc de Castiglione, qui avait rassemblé sa garnison et mis son artillerie en batterie dans les principales avenues, ont obligé l'ennemi à se retirer promptement. Il s'est retiré sur Charlottenburg, et jette dans la campagne une quantité de petits partis de 25 à 40 chevaux. Dans cette circonstance, la garde bourgeoise de Berlin s'est parfaitement conduite et a puissamment contribué à rétablir l'ordre. Les esprits de la populace étaient très-exaspérés. Officiers et soldats isolés ont été maltraités par elle. Ayant appris cette nouvelle à Furstenwalde, et sachant que le maréchal Augereau n'avait aucune cavalerie pour se débarrasser des partis de Cosaques, je suis parti ce matin avec la cavalerie de la garde, et, en doublant la journée, je suis arrivé ici avant quatre heures. L'ennemi a été prévenu de notre arrivée, et ne s'est plus montré autour de la ville que par quelques Cosaques.

« Demain, avant le jour, je mettrai ma cavalerie en campagne pour les éloigner entièrement de la ville.

« Ainsi que j'en ai rendu compte à Votre Majesté, j'ai placé autour de Berlin, dans un rayon de 8 à 10 lieues, les 35ᵉ et 36ᵉ divisions et la garde impériale. J'établirai mon quartier général à Copenick.

« Je vais prendre des mesures pour établir à Berlin la 31ᵉ division, qui a encore deux bataillons à

Magdebourg et à Stettin. Ayant ainsi concentré mes principales forces, je n'aurai plus que 3 à 4 corps légers sur la ligne de l'Oder. Je regrette d'être, pour le moment, totalement privé de cavalerie, car je crois que les partisans vont désoler le pays, exaspérer les esprits, couper les communications et tenir les troupes dans une alerte continuelle. »

<small>Eugène au roi de Westphalie. Kopenick, 23 février 1813.</small>

« Sire, j'ai reçu ce matin la lettre que Votre Majesté m'a fait l'honneur de m'écrire pour m'exprimer le désir qu'elle aurait que les 2 régiments, restant de son corps d'armée, se rendissent à Magdebourg. Dès qu'il me sera possible de les y envoyer, je le ferai avec plaisir. Mais je ferai observer à Votre Majesté que cette brigade se trouve en ce moment à Cüstrin, où elle s'est arrêtée, d'après les derniers événements passés sur le bas Oder. Ces troupes, d'après les ordres de l'Empereur, se rendaient à Stettin pour y former un corps d'observation. Je pense que Votre Majesté peut toujours diriger sur Magdebourg les recrues qu'elle veut bien désigner pour ces régiments.

« Je me chargerais de leur assigner une destination ultérieure, si je ne pouvais pas disposer de ces corps suivant l'intention de Votre Majesté.

« *P. S.* Cette lettre a été expédiée hier au soir par erreur à Votre Majesté par la voie de l'estafette. Je la remets ce matin, par duplicata, à son courrier. Ce n'est que ce matin que j'ai reçu la *première lettre* qu'elle m'avait écrite. Quand il y aura quelque chose de nouveau, j'aurai soin d'en informer Votre Majesté.

« L'ennemi n'a encore fait passer l'Oder qu'à des partisans. Mais ces partis de cavalerie nous inquiètent beaucoup, vu le manque total où nous sommes de cette arme. Les cantonnements que j'ai fait prendre à l'armée autour de Berlin ont momentanément éloigné l'ennemi de cette capitale. »

« Sire, j'arrive à l'instant à Copenick, de retour de Berlin.

Eug. à Nap. Copenick, 24 février 1813.

« J'ai poussé moi-même ce matin une reconnaissance avec les 600 chevaux de la garde, et nous avons repoussé les Cosaques jusqu'à quatre lieues de Berlin. J'ai fait quelques rectifications de cantonnements de l'infanterie, afin de leur faire occuper de préférence les défilés, et les mettre par là un peu moins dans le cas d'être traversés; mais je ne dois pas taire à Votre Majesté que cette situation est loin d'être heureuse. Manquant totalement de cavalerie, je ne puis détacher ni une brigade ni une division d'infanterie pour me voir continuellement privé de communication avec elle.

« Il est arrivé hier un événement très-malheureux pour nous, surtout dans ces circonstances. Le 4ᵉ de chasseurs italiens, venant de Francfort et allant rejoindre la division dont il faisait partie, fut attaqué à l'improviste par des forces tellement supérieures aux siennes, qu'il fut presque totalement détruit. J'attends pour demain un rapport détaillé de cette affaire. Il paraît que les officiers ont ramené plusieurs fois les soldats à la charge; qu'ils ont fait beaucoup de mal à l'ennemi, mais qu'ils ont dû succomber au nombre. L'ennemi avait 1,800 Cosaques ou hussards. Le régiment avait environ 800 chevaux. Je vois que nous allons être continuellement harcelés, et que nous serons obligés d'être sans cesse sous les armes. Ajoutez à cela la mauvaise volonté du pays et l'impossibilité où il se trouve de nourrir les troupes, surtout étant placé dans un petit rayon de Berlin. Je parlerai demain plus en détail à Votre Majesté de l'article subsistance. Je me borne à lui dire aujourd'hui que nous sommes dans l'impossibilité physique d'obtenir rien par la force, à moins de compromettre la sûreté de nos troupes, car l'incendie est tout prêt à éclater. »

Eug. à Nap. Copenick, 24 février 1813.

« Sire, j'ai reçu jusqu'à présent très exactement toutes les estafettes de Paris. Rien n'a encore paru sur Potsdam. Les partis du général Czernicheff se sont retirés sur Oranienburg. J'ai appris aujourd'hui que le parti de cavalerie qui avait attaqué le 4º de chasseurs italiens à Muncheberg, avait passé l'Oder nouvellement et sur des barques. Ce parti est commandé par le général Benkendorff. Il est établi à Muncheberg, et a même attaqué hier les postes de Furstenwalde. Je n'entends point encore parler d'infanterie russe, mais je prévois qu'il faudra encore nous concentrer davantage et couvrir la plus grande partie de nos cantonnements par les marais de la Prégel, car il devient chaque jour plus difficile de communiquer d'un cantonnement à un autre. Mais je tiens beaucoup à l'occupation de Berlin; car je ne doute pas que l'occupation de cette capitale par l'ennemi ne soit un prétexte de plus pour le roi de Prusse de se déclarer contre Votre Majesté. D'ailleurs, en tenant ici, je donne le temps à mes divisions de s'organiser, à la cavalerie de se remonter, et à nos renforts d'arriver.

« Votre Majesté peut bien voir, d'après ce qui s'est passé, que je n'ai pas pu envoyer le prince d'Eckmühl à Stettin; mais dans quelques jours, si l'ennemi ne tente rien sur la gauche de l'Oder, je lui ordonnerai de prendre le commandement des bataillons du 1er corps qui se reforme à Erfurth, et je le dirigerai suivant les circonstances.

« J'ai l'honneur de rendre compte à Votre Majesté que le duc de Castiglione, m'ayant itérativement demandé à rentrer en France pour cause de santé, j'ai cru devoir lui accorder sa demande, d'autant plus qu'il se trouvait sans commandement de troupes, et que la présence de deux maréchaux était inutile pour commander les trois seules divisions qui existent en ce moment. »

« J'ai eu tous ces jours-ci de vives inquiétudes sur ma position, ma chère Auguste. L'ennemi, qui avait jeté 3 à 4,000 chevaux sur mes derrières, avait déjà gagné Berlin, qui a été sur le point de se révolter. Heureusement qu'en doublant deux marches j'ai pu y arriver à temps avec le peu de cavalerie qui me reste. Les esprits sont un peu plus tranquilles, mais il ne faut pas trop s'y fier. J'ai porté mon quartier général ici, où je ne suis qu'à quatre lieues de la ville. Il nous arrive de gros renforts sur l'Elbe, mais

Eugène à la vice-reine. Copenick, 24 février 1813.

c'est toujours la cavalerie qui nous manque. »

Eug. à Nap.
Copenick,
25 février
1813.

« J'ai l'honneur de rendre compte à Votre Majesté que le parti de cavalerie ennemie commandée par le général Benkendorff, qui était à Muncheberg, s'est présenté devant Furstenwalde avec environ 1,200 chevaux. Comme ce point était assez important, et pour garder le passage sur la Sprée, j'y avais laissé le bataillon de vélites de Turin, commandé par le chef de bataillon Ciceron. Cet officier s'est laissé imposer par l'ennemi et a accepté la proposition qu'il lui a faite d'évacuer ce poste, ce qui a eu lieu ce matin à onze heures. Cet événement est d'autant plus désagréable que l'ennemi va jeter ses partis sur la rive gauche de la Sprée et sera sûrement demain sur nos communications de Dresde et de Leipzig. Je demande à Votre Majesté de punir la pusillanimité de cet officier en le renvoyant de la garde et le faisant passer dans un régiment. L'ennemi lui avait fait croire qu'il avait de l'infanterie, de l'artillerie, et il n'y avait rien de tout cela. Il devait bien penser que l'ennemi ne lui offrirait pas de quitter la ville s'il avait eu des forces suffisantes pour l'attaquer. Enfin cet officier avait d'ailleurs les moyens de repasser la Sprée sur le pont qui existe à Furstenwalde et de brûler ensuite ce pont; il nous rejoignait facilement sur la rive gauche, et c'est ce qui lui avait été ordonné.

« Je concentrerai encore davantage les troupes, et je les réunirai particulièrement sur la rive gauche de la Sprée, occupant cependant toujours Berlin avec une division. J'attends avec impatience le rapport du général Belliard, qui, ne recevant aucun résultat satisfaisant, s'est rendu lui-même sur les lieux pour l'organisation de deux corps ordonnés par Votre Majesté. »

« Prince, M. l'intendant général de l'armée ne m'écrivant pas, il m'est impossible de savoir si les places de guerre seront approvisionnées à temps; quelles mesures sont prises pour cet objet et pour les hôpitaux, et quel moyen je dois proposer à l'Empereur ou à M. de Cessac pour pourvoir à ce qui manque, si toutefois cela doit venir de Paris. D'une autre part, les commandants des places fortes, et notamment celui de Spandau, demandent des fonds, et les services de l'artillerie et du génie en demandent. Quels sont les moyens de Votre Altesse Impériale pour tout cela ? Je la prie de me le faire dire par le chef d'état-major qui est près d'elle, car je sais parfaitement combien elle a à faire, et j'ai moi-même trop peu de temps pour lui écrire personnellement autant que je le voudrais. »

Le ministre de la guerre à Eugène. Paris, 26 février 1813.

« Mon fils, je reçois votre lettre du 20 février, par laquelle vous m'instruisez de votre arrivée dans les environs de Berlin et de l'arrivée du général Reynier à Glogau. — Le général Lauriston est arrivé à Magdebourg, où tout son corps se réunit. — Les deux corps d'observation du Rhin et le corps d'observation d'Italie sont en marche. — La garde impériale, qui est partie de Paris et de la Fère il y a

Nap. à Eug. Paris, 27 février 1813.

déjà plusieurs semaines, se réunira sur Gotha. — Voyez les capitaines capables d'être faits chefs de bataillon, ou les chefs de bataillon à la suite, que vous avez dans vos corps, et envoyez-les à Magdebourg, afin de tâcher d'exécuter l'ordre que je vous ai donné à cet égard.

« Donnez ordre au prince d'Eckmühl de se rendre à Wittenberg sur l'Elbe, pour y réunir les 28 seconds bataillons de la Grande-Armée; et, après cela, selon les circonstances, dirigez-les du côté de Stettin.

« J'ai donné ordre au ministre des relations extérieures de faire donner, par le canal de mon ministre Serre, à Dresde, ce qui serait nécessaire pour habiller et équiper les deux régiments d'infanterie polonaise et le régiment de cavalerie, qui sont arrivés à Glogau avec le général Reynier.

« Beaucoup de convois d'artillerie sont partis de Wesel et de Mayence dès le 20 février pour Magdebourg, où ils compléteront les 100 pièces d'artillerie avec le double approvisionnement que doit avoir le corps d'observation de l'Elbe.

« Le général Dumas a dû recevoir un décret que j'ai pris relativement à l'approvisionnement de toutes les places de l'Oder. Tous les marchés que passe le général Dumas sont des folies. Il croit apparemment que l'argent n'est que de la boue. Il faut frapper de fortes réquisitions dans le pays, faire des magasins et donner des *bons*, comme font les ennemis. Il n'y a rien de ridicule comme les marchés qu'il passe. Faites-vous communiquer le décret que j'ai pris pour tous ces objets. — On doit payer également avec des *bons* les journées d'hôpitaux, jusqu'à ce qu'on puisse faire une liquidation générale. Toutefois, je n'entends pas les payer jamais plus de vingt sols.

« Désormais je vous ferai écrire par le duc de Frioul en mon nom, craignant que des partis ennemis n'enlèvent de mes lettres. Si vous devez écrire en chiffres, vous pouvez vous servir du chiffre du secrétaire d'ambassade qui est resté à Berlin. Il est bien nécessaire que vous renouveliez tous les chiffres de l'armée.

« Une division bavaroise, composée de 3 brigades et de 15 bataillons, avec 18 pièces de canon et plusieurs régiments de cavalerie, se réunit à Bayreuth et Cronach. — Les Wurtembergeois, les Badois et les Hessois se réunissent à Wurtzbourg. Cela formera, vers la fin de mars, un corps de 30,000 hommes le long des montagnes de la Thuringe. — J'ai mandé au roi de Westphalie de placer son corps du côté de Havelberg. — Je suppose que Torgau est approvisionné ; j'ai demandé un approvisionnement de réserve que la Saxe y aura fait placer. — Je suppose que vous aurez mis tout entière en ligne la 31ᵉ division, et qu'ainsi vous avez les 31ᵉ, 35ᵉ et 36ᵉ divisions. — Le général Lauriston n'aura pas manqué de vous renvoyer tout ce qui était à Magdebourg.

« Donnez les ordres les plus sévères pour que les commandants des places de l'Oder s'approvisionnent de tout ce qui leur est nécessaire. Mettez ces places en état de siége. Faites-moi connaître les commandants et la situation de ces places. »

<small>Eug. à Nap.
Schœnberg,
près Berlin,
27 février
1813.</small>

« Sire, j'ai l'honneur de rendre compte à Votre Majesté que j'ai reçu des nouvelles du général Reynier, qui m'annonce le passage de l'ennemi sur l'Oder, à Stettin. Les troupes légères étaient déjà rendues à Buntzlau. Le général Reynier a cru devoir se replier sur Gorlitz, afin de couvrir Dresde. Comme il ne me parle pas de partis de cavalerie, et qu'il ne m'annonce point encore un passage définitivement effectué par un corps d'armée, je crois ne devoir faire ici aucun mouvement; mai si cette nouvelle se vérifiait, je n'aurais point de temps à perdre pour repasser l'Elbe à Wittenberg et étendre ma droite sur Torgau. Je prie Votre Majesté de donner une direction sur ma position à venir. Je puis, en quatre jours de marche, en me réunissant au général Lauriston, avoir plus de 60,000 baïonnettes bien animées; mais, comme Votre Majesté le sait, je manquerai, pour le moment, et d'artillerie et de cavalerie. Je n'ai pu encore obtenir un rapport détaillé de cette arme, et je ne sais encore sur quoi je puis compter du 1er et 2e corps de cavalerie, dans le cas où l'ennemi aurait passé l'Oder au-dessus de Glogau avec 45 à 50,000 hommes d'infanterie et 12 à 15,000 chevaux. J'aurais besoin de savoir si Votre Majesté, qui connaît notre situation actuelle, voudrait que l'ennemi, débouchant par exemple par Dresde, on marchât à lui, et que l'on courût les chances d'une bataille, malgré la disproportion qu'il y aura peut-être en artillerie et en cavalerie : il est bien intéressant pour moi que Votre Majesté me réponde à ce sujet. Les partis de cavalerie que nous avons autour de nous nous ont laissés assez tranquilles hier et aujourd'hui. Tous les rapports des bourgmestres annoncent bien l'arrivée prochaine d'une colonne d'infanterie, mais je n'ai rien de positif à cet égard.

« Cette mésaventure de Furstenwalde m'a obligé d'envoyer, par *duplicata*, l'ordre au général Gérard, que j'avais laissé à Francfort avec 5 bataillons et 8 pièces d'artillerie, de se rapprocher de moi pour se mettre en communication.

« La ville de Berlin est fort tranquille; le régiment qui y est établi y maintient l'ordre qui, je l'espère, ne sera pas troublé. J'écrirai aujourd'hui au duc de Feltre pour me plaindre de ce que le général X..... a quitté Berlin sans permission, en emmenant avec lui tout son état-major. Il a suivi le maréchal Augereau, et n'a laissé aucun renseignement sur le service qu'il quittait aussi inopinément. »

Eug. à Nap.
Schœnberg,
28 février
1813,
au soir.

« Sire, j'ai l'honneur de renvoyer à Votre Majesté différents rapports qui me sont parvenus aujourd'hui. Le roi de Saxe est parti avec la famille royale pour se rendre à Plauen. Les partis ennemis qui s'étaient approchés jusqu'à dix-huit milles de cette capitale paraissent y avoir jeté l'alarme.

« Le général Reynier se portait sur Gorlitz pour couvrir Dresde. Tous les renseignements qu'il s'était procurés lui annonçaient que l'avant-garde ennemie était le 24 à Guhrau, et qu'on établissait deux ponts, à Köben et à Steinau. Il me promettait de m'instruire des mouvements de l'ennemi dès qu'ils seraient prononcés.

« Le général Frimont me mandait, sous la date du 21, qu'il avait cru devoir prendre une position plus en arrière que celle de Pelitza; il m'annonçait que le corps du général Sacken le suivait, tandis qu'un corps détaché cherchait à tourner sa droite en remontant la Vistule. Il paraîtrait qu'il serait resté à Varsovie une partie du corps de Miloradowich; il n'y aurait donc de corps ennemis dans la basse Silésie que le corps du général Tormazoff, une partie du corps de Miloradowich, celui du général Wintzingerode et la garde impériale, ce qui ne doit pas faire plus de 40,000 hommes. Il est vrai que, suivant tous les rapports, il arrive en ce moment sur le bas Oder, entre Landsberg et Schwedt, le corps du général Wittgenstein, et, m'assure-t-on, celui du général Yorck, qui aurait déjà dépassé Stettin.

« Les bruits de Berlin sont que l'avant-garde du général Reynier aurait passé le 26 à Writzen. Elle serait composée de 6 régiments de cavalerie ayant de l'artillerie, et 2 à 3 régiments d'infanterie. Je saurai demain si cette nouvelle se confirme. Je ne parle pas à Votre Majesté des partis que nous avons autour de nous. Ils font leur service de manière à fatiguer beaucoup notre infanterie, à gêner nos communications, à nous enlever des officiers, et à empêcher, soit l'évacuation de nos malades, soit l'arrivée de nos subsistances. Demain, je ferai sortir de nos cantonnements une colonne de 300 chevaux et de 800 hommes d'infanterie, avec 2 pièces d'artillerie, pour éloigner ces partis. »

Eugène à la vice-reine. Schœnberg, près Berlin, 28 février 1813.

Mes nouvelles de santé continuent à être bonnes, ma chère Auguste. Je voudrais qu'il en fût ainsi de tout le reste. L'ennemi paraît déjà vouloir entrer en campagne, car on assure que ses premières colonnes passent l'Oder aujourd'hui; je ne parle pas des partis de Cosaques qu'ils ont déjà jetés sur nous, cela ne compte pas. Je commence pourtant à me renforcer; j'ai déjà 30,000 baïonnettes et 80 pièces d'artillerie; malheureusement, il me manque de la cavalerie, et c'est pourtant là l'essentiel. Lauriston arrive sur l'Elbe avec 40,000 hommes, mais il n'a pas non plus de cavalerie. Le roi de Prusse ne s'est pas encore déclaré contre nous, et j'attends avec impatience des nouvelles de Breslau. Tu dois juger, ma bonne amie, comme je suis occupé, et combien ma position est difficile. »

Le ministre de la guerre à Eugène. Paris, 1ᵉʳ mars 1813.

« Monseigneur, j'ai l'honneur d'informer Votre Altesse Impériale que, d'après les ordres donnés par MM. les maréchaux de l'Empire qui sont revenus de la Grande-Armée, un très-grand nombre d'officiers de tous grades ont été autorisés à se rendre en poste de Posen à Paris.

« Ces frais de poste occasionnant des dépenses considérables, je crois devoir prier Votre Altesse Impériale de vouloir bien donner les ordres qu'elle jugera nécessaires pour qu'en général on ne fasse voyager les officiers en poste qu'autant que les besoins du service l'exigeront impérieusement. »

Le ministre de la guerre à Eugène. Paris, 1er mars 1813.

« Monseigneur, conformément aux intentions de Votre Altesse Impériale, j'ai demandé à l'Empereur que M. le chef d'escadron de X..., qui s'est rendu à Paris malgré vos ordres, cessât d'être employé comme aide de camp de Votre Altesse Impériale, et fût envoyé dans un régiment de hussards ou de chasseurs.

« Sa Majesté a ordonné qu'il serait fait une enquête pour savoir comment cet officier a quitté l'armée sans permission, qu'il lui en serait rendu compte, et qu'en attendant M. de X... resterait en prison.

« Je prie, en conséquence, Votre Altesse Impériale de vouloir bien faire procéder à cette enquête et de m'en transmettre le procès-verbal. »

Le ministre de la guerre à Eugène. Paris, 1er mars 1813.

« Monseigneur, Votre Altesse Impériale m'a fait l'honneur de m'écrire pour me demander un certain nombre des meilleures cartes qui existent sur le pays compris entre l'Elbe et l'Oder, tant pour son service particulier que pour en faire une distribution aux généraux de l'armée.

« J'ai donné des ordres pour qu'un exemplaire des cartes existantes au dépôt général de la guerre soit collé sur toile pour être adressé à Votre Altesse.

« Ce sont, savoir : la Poméranie prussienne, le duché de Magdebourg, la Saxe, le cours de l'Elbe, les deux Mecklembourg avec la carte générale, la Nouvelle-Marche, la principauté d'Alberstadt, la carte générale des États prussiens, les trois cartes de la Prusse par Textor, Gilly et Schroette.

« Toutes ces cartes sont renfermées dans des paquets dont un est parti par le courrier du 26, deux par celui du 27, et ainsi successivement. Une vingtaine d'exemplaires de ces mêmes cartes, destinés pour les généraux, seront envoyés à Votre Altesse Impériale par un courrier particulier, aussitôt qu'on en aura fait le tirage, ce qui aura lieu à la fin de la semaine prochaine.

Nap. à Eug.
Paris,
2 mars 1813.

« Mon fils, je vois avec peine que vous ayez renvoyé le duc de Castiglione. Sa présence à Berlin pouvait être utile; il avait l'habitude de la police de cette ville et était connu de la population. — Je vois également avec peine l'événement arrivé au 4ᵉ de chasseurs italiens. S'il y avait eu là un bon général de cavalerie, ce ne serait pas arrivé; mais vous renvoyez tout le monde et ne gardez personne. Il aurait fallu réunir ce régiment à la garde et en former un corps de cavalerie qui, partout où il se serait présenté, aurait tout culbuté. — Tout cela n'est pas bien. — Faites des exemples sévères et maintenez la tranquillité. Les 300,000 hommes qui composent les 4 corps d'observation sont en mouvement et la scène changera bientôt. — Je donne ordre au général Lauriston de se concentrer à Magdebourg; au corps de Westphalie de se réunir du côté de Havelberg, et au prince d'Eckmühl de se porter, avec les 28 seconds bataillons, sur Wittenberg et Dessau. — Les 100 pièces de canon du corps d'observation de l'Elbe sont parties. Complétez votre artillerie. — Envoyez-moi tous les cinq jours l'état de situation de votre corps et les lieux où il se trouve. — Enfin, envoyez-moi des relations de tous les événements qui se sont passés depuis que vous commandez. — Votre correspondance ne dit rien. — Indépendamment des lettres que vous m'écrivez, il faut que l'état-major écrive tous les jours et en détail. — Ainsi, qu'est-ce que c'est que l'événement où le prince Gédroyé a été pris? Je ne le sais pas; je ne connais pas nos pertes. — Je ne connais pas davantage l'événement du 4e de chasseurs. — Cette manière de m'instruire est insuffisante et fausse. J'ai besoin surtout de connaître la vérité; c'est ce que vous ne me dites pas assez. — Appelez un bon général de cavalerie pour commander votre cavalerie. Tenez-la réunie, et mettez avec, un bon corps de voltigeurs et une bonne batterie d'artillerie à cheval. — Ne faites pas avancer sur vous le corps du général Lauriston qu'il n'ait toute son artillerie et un peu de cavalerie. »

Nap. à Eug.
Paris,
2 mars 1813.
« Mon fils, le général Lagrange, qui a un bras de moins, était très-propre à commander une place. C'est un homme d'honneur qui en aurait fait bonne raison. Je l'aurais préféré pour Stettin au général que vous y avez mis, et pour Cüstrin au général qui y est. »

-Nap. à Eug.
Paris,
2 mars 1813.
« Mon fils, dans la situation actuelle des choses, il serait inconvenant de faire marcher en avant de

votre corps d'armée les 28 seconds bataillons d'Erfurth. Ces bataillons ont besoin de se former. Il sera plus convenable de réunir les 12 bataillons du 2ᵉ corps en une division à Dessau, où ils garderont le pont. Envoyez-y un général de division et deux généraux de brigade. Vous avez dû en garder à cet effet, et ceux qui ont été à Erfurth peuvent servir. — Les 16 bataillons du 1ᵉʳ corps formeront une autre division à Wittenberg, où ils garderont le pont et la ville. Vous leur enverrez également un général de division et trois généraux de brigade. — On organisera à chacune de ces divisions une batterie de pièces de canon. — Ou le prince d'Eckmühl commandera les deux divisions et portera son quartier général à Wittenberg, ou bien le duc de Bellune ira prendre à Dessau le commandement du 2ᵉ corps, et, dans ce cas, le prince d'Eckmühl ne commandera à Wittenberg que la division du 1ᵉʳ corps. Vous leur recommanderez bien de faire exercer les bataillons. Il faut que les généraux de brigade leur fassent faire l'exercice à feu et tirer à la cible. Ces deux divisions se trouveront ainsi intermédiaires entre Torgau et Magdebourg. Quand elles auront leurs batteries de canon et qu'elles seront un peu formées, nous verrons à les renvoyer sur Stettin; mais telles qu'elles sont aujourd'hui, il serait imprudent de les exposer en route et de les envoyer en avant. — J'ai ordonné que les 28 quatrièmes bataillons des mêmes régiments partissent de France dans le courant de mars. Cela fournira deux autres divisions qui pourront également se réunir sur l'Elbe. »

Nap. à Eug.
Paris,
2 mars 1813.

« Mon fils, je ne connais pas bien la situation des garnisons de Stettin et de Cüstrin Si jamais une garnison isolée devait être laissée à Magdebourg, mon intention est que vous ne tiriez rien du corps de l'Elbe, mais que vous y placiez les divisions du 1ᵉʳ et du 2ᵉ corps que je vous ai ordonné de former à Dessau et à Wittenberg. »

Nap. à Eug.
Paris,
2 mars 1813.

« Mon fils, je reçois votre lettre du 25 février. Je suis surpris que vous n'ayez pas fait arrêter, juger par une commission militaire et fusiller le chef de bataillon qui a quitté son poste malgré sa consigne. Faites-le faire sur-le-champ.

« Je ne comprends pas pourquoi vous mettez la garde en première ligne, et comment, dans un poste aussi important, vous n'avez pas de voltigeurs et pas de canons.

« Je désire que vous me fassiez connaître le détail des pertes que vous faites en hommes, etc. Votre correspondance ne m'apprend absolument rien de cela. »

Nap. à Eug.
Paris,
2 mars 1813.

« Mon fils, j'ai fait connaître au général Lauriston mon intention sur les mouvements à faire en cas que l'ennemi se portât en force sur Dresde, et sur la ligne d'opération à prendre. Je vous l'écrirai demain en détail, parce que j'attends un chiffre pour cela. Je vois que le général Guilleminot vous a quitté : cela méritait du moins de m'en dire la raison, et ce que fait ce général.

« J'ai ordonné, comme je vous l'ai déjà mandé,

que le prince d'Eckmühl se portât à Wittenberg. Mettez sous ses ordres les régiments polonais, cavalerie et infanterie, que le général Reynier a amenés. Cela augmentera sa division. Donnez des ordres pour que son artillerie soit promptement organisée. Il faut deux batteries à pied pour sa division et deux batteries pour celle qui se réunit à Dessau.

« Sire, j'ai l'honneur de rendre compte à Votre Majesté que les rapports que je reçois annoncent que l'ennemi s'occupe sérieusement de passer l'Oder sur divers points. Non-seulement 8,000 chevaux et plusieurs pièces d'artillerie ont déjà passé en face de moi, mais encore l'infanterie a commencé hier son passage sur les ponts de Furstenwalde et Wrietzen. Le général Wittgenstein et 80 pièces d'artillerie étaient hier sur la rive droite de l'Oder. Il est à présent hors de doute que l'ennemi n'effectue un prompt passage en Silésie. J'ai prolongé mon séjour en Prusse tant qu'il m'a été possible, mais manquant totalement de cavalerie, et mon artillerie étant loin d'être organisée, attendre plus longtemps serait risquer de compromettre les troupes que j'ai avec moi. D'ailleurs, je ne veux pas risquer que l'ennemi, avec le gros de son armée, puisse arriver sur l'Elbe et se trouver sur les grandes communications de Leipzig avant moi. J'ai prescrit au maréchal Davout de se rendre sur-le-champ à Leipzig pour y réunir les 16 bataillons de son corps d'armée. J'ai prescrit au général Sorbier de faire partir de Magdebourg deux ou trois batteries pour ce corps d'armée. J'ai ordonné au duc de

Eug. à Nap. Schœnberg, 2 mars 1813.

Bellune de se rendre à Erfurth pour y prendre le commandement de 12 bataillons des anciens 2ᵉ et et 5ᵉ corps; je lui ferai également organiser de l'artillerie. Enfin je presse le général Lauriston pour l'organisation de son artillerie, et le général Belliard pour l'organisation de la cavalerie. J'espère trouver sur l'Elbe 2,000 chevaux du général Latour-Maubourg, et je ne négligerai rien pour nous mettre en mesure de nous battre au delà de l'Elbe. Je désire que Votre Majesté approuve ces différentes mesures. Je crains beaucoup de la mécontenter en évacuant Berlin. Je crois l'avoir occupé le plus longtemps possible, car je pensais que cela pourrait influer sur les dispositions de la Prusse, mais n'ayant aucune direction à ce sujet, j'ai dû ne regarder que les opérations militaires. Je n'étais donc pas placé dans une bonne position à Berlin, dès que les principales forces de l'ennemi paraissaient déboucher de la Silésie. Ces combinaisons politiques et militaires, le peu de connaissance que j'ai du théâtre de la guerre actuelle, et surtout les opérations ultérieures de Votre Majesté me font vivement désirer qu'elle me donne quelques conseils pour la circonstance présente.

« Je suis fort inquiet des 5 bataillons que commandait le général Gérard, que j'avais laissé à Francfort avec 8 pièces d'artillerie. Depuis que l'ennemi a forcé le poste de Furstenwalde aucun des officiers que je lui ai envoyés n'a pu lui parvenir. Le cinquième est rentré hier après avoir pénétré jusqu'aux premières maisons du faubourg que gardent soigneusement les Cosaques. En outre des cinq officiers, je lui ai envoyé, par trois émissaires, l'ordre de quitter Francfort et de s'approcher de nous. Il ne m'a pas donné de ses nouvelles, mais j'espère qu'il ne lui sera arrivé aucun accident, puisqu'il n'avait devant lui que deux à trois mille chevaux.

« Encore un mouvement rétrograde, ma chère Auguste, je suis décidé à me replier sur l'Elbe, j'espère y être plus tranquille. J'ai maintenant sur les bras 8 à 10,000 hommes de cavalerie, et moi je n'en ai que 8 à 900; aussi mon infanterie est-elle toujours sous les armes; j'enrage de tout cela, mais il n'y a pas moyen de faire autrement. C'est aujourd'hui, dit-on, le mardi gras, jamais carnaval n'a passé plus tristement pour nous..... Je t'envoie un courrier, mais je ne sais plus quelle route il fera, car on me rapporte que des partis de cavalerie ennemie ont déjà été jusqu'aux portes de Dresde. On parle beaucoup de paix en Silésie et à Vienne; ces deux souverains désirent être les médiateurs de la grande querelle; puissent-ils réussir dans leur beau dessein! »

Eugène à la vice-reine. Schœnberg, 2 mars 1813.

« Sire, j'ai l'honneur de rendre compte à Votre Majesté que je commence demain un mouvement sur l'Elbe. Toutes mes mesures sont prises pour qu'il se fasse dans le plus grand ordre.

« J'ai reçu enfin des nouvelles du général Gérard. Il a reçu mes ordres et s'est mis en communication avec moi. Il était cerné à Francfort par le général Benkendorff et 1,500 chevaux. Il a été sommé plusieurs fois de se rendre, et il a répondu comme il

Eug. à Nap. Schœnberg, 3 mars 1813.

le devait. Il a pu surprendre dans un faubourg un officier de Cosaques et 20 hommes qu'il a faits prisonniers. Il paraît que dans le bas Oder le passage de l'ennemi est momentanément interrompu par les hautes eaux. Il n'en est pas ainsi en Silésie. Le général Reynier était déjà arrivé le 2 mars à Bautzen, où il croyait pouvoir tenir quelques jours. Il m'annonçait que l'avant-garde du général Landskoï, composée de 4,000 hommes d'infanterie et 3,500 chevaux, était déjà sur la frontière de la Saxe. Il assurait que le corps du général Wintzingerode passait l'Oder et devait suivre son mouvement. Enfin, d'un autre côté, j'apprends que le 26 février, le corps du général Beckmatiew était à Rawiez, où l'empereur Alexandre et sa garde étaient attendus le 28. On parlait beaucoup en cette ville d'une prochaine entrevue de l'empereur et du roi de Prusse. Les dernières lettres de M. de Saint-Marsan m'assurent cependant que le roi est dans son système.

« J'ai l'honneur d'adresser à Votre Majesté un rapport de l'intendant, comte Dumas, sur les difficultés qu'il a éprouvées à Magdebourg non-seulement pour la formation des approvisionnements de siége, mais encore pour la subsistance journalière des troupes. Je vais écrire au roi de Westphalie à ce sujet. »

Eugène au roi de Westphalie, Schœnberg, 3 mars 1813.

« Sire, je m'empresse d'informer Votre Majesté que toutes les nouvelles que je reçois annoncent que l'ennemi s'occupe sérieusement du passage de l'Oder sur divers points. Déjà 8,000 chevaux ont passé en face de moi avec de l'artillerie; l'infanterie a commencé hier son passage sur les points de Furstenwalde et de Wrietzen; et le général Witgenstein était hier avec 80 pièces d'artillerie, sur la rive droite de l'Oder. Dans ces circonstances, je ne dois pas prolonger davantage mon séjour en Prusse, et quoiqu'il m'en coûte d'abandonner Berlin, le manque total de cavalerie me force à retirer sur l'Elbe les troupes que j'ai avec moi. L'on ne peut douter à présent que l'ennemi n'effectue un prompt passage en Silésie; et je ne veux pas risquer que le gros de son armée puisse arriver sur l'Elbe et se trouver sur les grandes communications de Leipsick avant moi. Je regrette bien d'être obligé à ce mouvement; mais le retarder serait compromettre mes troupes, et j'espère trouver en arrière de moi des renforts en cavalerie et artillerie qui nous permettront enfin d'arrêter l'ennemi sur l'Elbe.

« P. S. J'allais expédier la présente lettre, Sire, lorsque le courrier de Votre Majesté m'est arrivé. Elle répond aux diverses questions que Votre Majesté m'adresse. Le corps du général Lauriston était déjà en Westphalie et autour de Magdebourg, les principales forces de l'ennemi paraissent d'ailleurs agir par la Silésie sur Dresde. J'ai jugé que la position des troupes était plus convenable vers Leipsick. Je compte donc établir mon quartier général entre cette ville et Wittenberg, où j'ai fait faire une tête de pont, et que je ferai occuper par ma division.

« Mon fils, on m'assure que Pillau a capitulé, sans que la tranchée ait été ouverte et qu'il y ait eu brè-

Nap. à Eug.
Paris,
4 mars 1813.

che au corps de la place. Aussitôt que le général qui commandait à Pillau sera à votre hauteur, faites-le arrêter ainsi que le commandant du génie, à moins que ce dernier n'ait protesté, et faites-les conduire sous bonne escorte dans la citadelle de Wesel. — On dit qu'un officier russe les accompagne : aussitôt que cet officier sera arrivé aux avant-postes, renvoyez-le. »

Nap. à Eug. Paris, 4 mars 1813.

« Mon fils, je vous avais mandé d'envoyer 34 chefs de bataillon pour être nommés majors en second ; 34 capitaines pour être nommés chefs de bataillon ; 34 lieutenants pour être nommés capitaines ; 34 sous-lieutenants pour être nommés lieutenants, à Magdebourg, pour y être employés dans les 11 nouveaux régiments. Cet ordre est arrivé trop tard, et vous n'avez rien pu en faire. J'ai ordonné que les majors fussent à leurs régiments ; ainsi il n'y a plus besoin des majors en second ; mais je désire que vous envoyiez 16 capitaines, pris dans le 11ᵉ corps, pour être chefs de bataillon (vous choisirez de bons officiers) ; 32 lieutenants pour être capitaines et adjudants-majors ; et 32 sous-lieutenants pour être lieutenants. Vous pourrez prendre dans les 34ᵉ, 35ᵉ et 36ᵉ divisions. Vous ferez les nominations provisoires et les remplacements nécessaires, et vous aurez soin de m'envoyer les nominations et les états de service des officiers nommés. Tous ces officiers seront envoyés à Magdebourg, à la disposition du général Lauriston. Je vous ai aussi mandé d'envoyer à Magdebourg 100 sergents de ma garde pour être lieutenants et 100 caporaux pour être sous-lieutenants. Vous y avez envoyé 12 lieutenants en second pour être capitaines, 6 sergents pour être lieutenants et 13 caporaux pour être sous-lieutenants. Voyez si vous pouvez en envoyer d'autres. »

« Sire, j'ai l'honneur de rendre compte à Votre Majesté que l'évacuation de Berlin a eu lieu ce matin à la pointe du jour, et dans le plus grand ordre. L'ennemi, prévenu de notre mouvement, a traversé la ville dès qu'elle a été libre, et s'est montré à 9 heures du matin sur notre arrière-garde, avec 2,000 chevaux et 4 pièces d'artillerie. La brigade du général ..... a reçu l'attaque de l'ennemi avec beaucoup de sang-froid. Le général Grenier s'est porté de suite à cette brigade et me rend compte de la manière dont les troupes ont soutenu plusieurs charges de cavalerie. Dans une de ces charges, le bataillon du 6ᵉ de ligne a jeté bas une cinquantaine de Cosaques ou dragons russes. Au total, l'ennemi a eu 80 hommes hors de combat. Nos soldats ont pris une trentaine de chevaux, nous avons eu 25 à 30 hommes hors de combat. Parmi eux, se trouve le major Palombini, qui a été tué. On a remarqué parmi la nombreuse cavalerie ennemie, 4 à 5 compagnies d'infanterie, de soixante hommes chacune. Le général Grenier doute que ce soient des Russes, il présume que ce pourraient être quelques volontaires prussiens. Je vais tâcher de leur tendre quelque embuscade pour m'assurer du fait.

« J'ai reçu ce matin la première situation du corps de cavalerie; je l'enverrai à Votre Majesté,

Eug. à Nap. Saarmund, 4 mars 1813.

lorsqu'elles seront toutes réunies. L'ancien 2ᵉ corps ne peut fournir que 650 chevaux, l'ancien 3ᵉ corps près de 900. Je n'ai pas encore l'état du 1ᵉʳ corps. Votre Majesté sait combien cela est loin de suffire à mes besoins et combien nous serons en arrière pour cette partie dans la campagne prochaine.

« Le général Lauriston me mande que quelques mouvements séditieux ont eu lieu à Hambourg. Il a cru devoir y envoyer deux bataillons du 15ᵉ régiment. Je n'ai point encore de détail sur cette affaire. »

Nap. à Eug. Sans date. (Expédiée le 3 mars 1813.)

« Mon fils, les deuxièmes bataillons du 17ᵉ de ligne, du 24ᵉ et du 25ᵉ doivent être arrivés à Cassel le 25 février; celui du 56ᵉ a dû arriver le 20; ils peuvent, s'ils ne l'ont déjà fait, se mettre en marche sans délai pour se rendre à Wittenberg.

« Les 30ᵉ et 33ᵉ doivent être à Erfurth, le 19 février; le 57ᵉ, le 28; le 61ᵉ, le 23; le 85ᵉ, le 24; le 18ᵉ, le 28; le 111ᵉ, le 22. Ces 7 bataillons d'Erfurth avec les 4 premiers de Cassel font 11 bataillons qui peuvent être presque déjà réunis sur l'Elbe. — Le 11ᵉ léger a dû arriver le 17 février à Cassel; il doit être maintenant à Spandau.

« Le 26ᵉ léger doit arriver à Erfurth, le 1ᵉʳ mars; le 24ᵉ léger le 2; le 4ᵉ de ligne, le 6; le 12ᵉ de ligne, le 8; le 48ᵉ de ligne, le 10; le 7ᵉ léger, le 9; le 37 de ligne, le 9; le 72ᵉ de ligne, le 8; le 108ᵉ de ligne, le 9; le 2ᵉ de ligne, le 10; le 33ᵉ de ligne, le 12. Quant au 13ᵉ léger, il ne pourra arriver à Erfurth que le 17 mars; le 19ᵉ, le 16; le 46ᵉ, le 15; le 15ᵉ, le 15; le 93ᵉ, le 15.

« Ainsi, lorsque vous recevrez cette lettre, les 28 bataillons, hormis 5, auront dépassé Erfurth et seront dirigés sur Wittenberg ou Spandau, c'est-à-dire suivant l'emplacement de leurs corps respectifs.

« Prescrivez les mesures pour qu'ils partent réunis suivant les circonstances. Le prince d'Eckmühl pourrait les réunir à Wittenberg ou à Dessau. Ces jeunes conscrits doivent être spécialement placés dans les forteresses. »

(En chiffres.) — « Mon fils, je ne connais pas assez la situation de l'armée pour pouvoir la diriger. Je n'ai ni son état de situation ni aucun rapport détaillé de chaque affaire. Il faut que tous les jours l'état-major adresse au grand maréchal des récapitulations de deux ou trois pages sur chaque événement, et que tous les cinq jours on envoie des états de situation. On doit faire connaître chaque corps. Je suis dans une ignorance telle, que je ne sais pas quelle est la composition des garnisons de Stettin, Cüstrin et Glogau. Je ne sais pas ce qu'est devenu le corps qui était dans la Poméranie suédoise, quelle est la garnison de Spandau, et enfin la formation de vos divisions; et j'ignore où sont les Polonais, les Lithuaniens, les Polonais de ma garde. J'ignore quelle est l'artillerie que vous avez et les approvisionnements. Combien d'hommes a-t-on perdu du côté de Posen? Combien d'infanterie a-t-on laissé dans la retraite? Combien d'hommes a-t-on perdu à l'affaire du 4ᵉ de chasseurs italiens? Il faut que j'aie [une connaissance très-détaillée et journalière

Nap. à Eug.
Paris,
5 mars 1813.

de toutes les affaires, sans quoi il est impossible de prendre aucun parti et de donner la direction. Je ne sais vraiment pas pourquoi vous ne rendez pas de comptes très-détaillés. J'ignore pourquoi le général Guilleminot vous a quitté. Quel est le chef d'état-major? Qui commande votre cavalerie? En général, vous ne gardez personne. Vous avez très-mal fait de renvoyer le duc de Castiglione. Il fallait au moins attendre mon ordre. Vous avez aussi mal fait de renvoyer les généraux de cavalerie. Tout le monde étant renvoyé, il n'y a plus personne aux corps[1]. Le général X..., auquel vous avez donné un commandement, est un homme qui n'est bon à rien. Qui est-ce qui commande enfin définitivement à Stettin? Le général Dufraisse, qui y était, valait mieux que le général Bruny, et surtout que le général X..., qui, je le répète, ne vaut rien du tout. Qui est-ce qui commande à Glogau? Le général Lauriston concentre son corps autour de Magdebourg. Les convois d'artillerie sont en marche, et doivent y arriver à chaque instant. Il est difficile de penser que les Russes s'enfoncent dans l'Allemagne en grande force, laissant sur leurs flancs Dantzig, les places de l'Oder et le corps autrichien. Toutefois, quand même ils se porteraient sur Dresde avec les principales forces de leur armée, et pousseraient des partis dans différents points de la Saxe, cela ne doit en rien vous déranger sur Magdebourg. Vous devez rester sur l'Elbe, autant que vous pourrez, occupant

---

[1] Par une lettre antérieure, l'Empereur avait autorisé le vice-roi à renvoyer, sans le lui demander, les officiers qu'il croirait inutiles.

le cours de ce fleuve depuis Torgau jusqu'à Magdebourg, et protégeant ainsi le royaume de Westphalie et la 32° division militaire. — Si vous étiez enfin contraint par un mouvement de grande force, c'est-à dire de 70 à 80,000 hommes d'infanterie, d'abandonner Magdebourg, vous vous retireriez sur les montagnes du Hartz, protégeant Cassel et Hanovre; votre ligne d'opération serait prise sur Wesel. Si vous étiez forcé dans les montagnes du Hartz, vous défendriez le Weser, protégeriez Cassel et la 32° division militaire. Vous laisseriez à Magdebourg 18,000 hommes avec des vivres pour six mois; vous laisseriez dans Torgau une bonne garnison saxonne. La garnison d'Erfurth est arrangée et approvisionnée. Le général Reynier formerait votre droite. La garnison de Magdebourg serait formée de la division du 1ᵉʳ corps, de la division du 2ᵉ, de 2,000 Westphaliens. Indépendamment de cette garnison, vous auriez dans la main plus de 80,000 hommes, les 100 pièces d'artillerie du corps d'observation de l'Elbe, et une centaine de pièces que vous pourriez organiser des vôtres, indépendamment des 80 pièces d'artillerie du général Reynier. Vous auriez donc réellement une armée. Le corps de l'Elbe pourrait former votre gauche et prendre par Hanovre, le vôtre, le centre, et couvrir Cassel; le général Reynier la droite, et pourrait se lier avec Francfort; mais je ne pense pas que vous soyez dans le cas de quitter Magdebourg. Il me paraît impossible que vous n'ayez pas enfin dans le courant de mars 7 à 8,000 chevaux, en réunissant tous les dépôts et tout ce qui a été fourni. Vous seriez renforcé par le corps du roi de Westphalie. Dans cette situation, vous n'oublieriez point de vous assurer que Cowerden est en bon état. Votre ligne d'opération serait, comme je l'ai dit, par Wesel. Indépendamment de ce, vous maintiendrez les communications de Cassel, Marburg et Francfort. Une division de ma garde, partie il y a quinze jours, et qui arrive à Mayence, ayant beaucoup de chevaux de main, j'ai ordonné au dépôt de Fulde de se rendre à Francfort-sur-le-Mein, où je porterai mon quartier général, et réunirai toute ma garde. — Le 15, le duc de Trévise sera à Francfort avec 12,000 hommes d'infanterie, 60 pièces d'artillerie attelées et 2,000 chevaux. Le prince de la Moskowa y sera à la même époque avec les quatre divisions de son corps, formant 60 bataillons et 100 pièces d'artillerie. La division Souham, qui est depuis un mois à Hanau, sera à Aschaffenbourg, afin de faire de la place aux autres divisions. Je ne les fais pas avancer parce qu'elles ne sont pas prêtes, et que leur artillerie n'est pas en mesure. Le 2ᵉ corps d'observation du Rhin, que commande le duc de Raguse, sera formé à Mayence le 30 mars. Le corps d'observation d'Italie, que commande le général Bertrand, commence son mouvement de Vérone le 10 mars. Ces trois corps d'observation formeraient une armée de plus de 120,000 hommes, qui seraient sur le Mein. Nos communications seraient donc maintenues par Cassel et Marburg. 15,000 Bavarois seront, à la fin du mois, rendus à Horff; autant de Wurtembergeois, de Hessois et de Badois le seront à Würtzbourg. Le mouvement de ces troupes contiendra d'autant l'ennemi.

(*Résumé.*) — « Restez à Berlin autant que vous pourrez. Faites des exemples pour la discipline. A la moindre insulte d'une ville, d'un village prussien, faites-le brûler, fût-ce même Berlin, s'il se comporte mal. Si vous êtes obligé de vous retirer sur l'Elbe, ne quittez point l'Elbe, sans y être entièrement obligé, puisque l'ennemi qui voudrait tourner votre droite, en s'avançant, serait lui-même tourné par Würtzbourg par le mouvement du duc d'Elchingen qui pourrait marcher sur les montagnes de Gotha. Défendez donc Hanovre, Cassel et la 32e division militaire aussi longtemps que possible. Il faut prolonger votre gauche entre Magdebourg et Hambourg. J'ai ordonné que les Westphaliens y envoient une colonne. La cavalerie se forme à force en France, mais il nous faut encore tout le mois d'avril. Au mois de mai, les trois corps de l'armée du Mein se réuniront avec ma garde, une bonne artillerie et une nombreuse cavalerie, et alors je pousserai les Russes sur le Niémen. — Je n'approuve pas que vous n'ayez pas renvoyé le bataillon de Turin et l'officier qui le commande, pour reprendre son poste, quand même on aurait dû le faire deux heures après : c'est par ces moyens qu'on rétablit le moral. — Puisque vous vous retiriez sur Berlin, qu'est-ce qui vous a porté à garder Francfort? Vous n'aviez qu'à brûler le pont. Vous aviez Cüstrin, mais vous n'avez pas su tirer parti de cette forteresse : elle n'a pas plus servi à vos opérations que si elle n'eût pas existé. Vous devez faire venir de Cassel à votre quartier général quelqu'un qui connaisse bien tout le royaume de Westphalie, qui soit sûr, et qui puisse vous être utile. Envoyez aussi demander au roi des cartes du pays si vous n'en avez pas. — Ne quittez pas Magdebourg et l'Elbe sans des forces raisonnables. Si vous les quittez, maintenez-vous en communication avec Magdebourg par les montagnes du Harz. Envoyez reconnaître la position. Écrivez-moi tous les jours avec vérité et grand détail. »

Eug. à Nap.
Treuenbriet-
zen.
5 mars 1813.

« Sire, j'ai l'honneur de rendre compte à Votre Majesté que le 11ᵉ corps, marchant sur Wittenberg, par trois routes, a pris position ce soir à Belitz, Bruck et Luckwalde. La garde et le quartier général sont à Treuenbrietzen. Je restais à l'arrière-garde avec la cavalerie pour la suivre, et, vers midi, nous avons vu déboucher sur nous quelque mille Cosaques. On a pu engager avec eux une affaire de tirailleurs; deux charges ont été tentées : ils n'ont point attendu. 9 des leurs ont été tués et 12 à 15 blessés. Nous avons eu aussi quelques blessés. Le général Reynier a pris position à Bautzen, en avant de Dresde, et il me mande aujourd'hui que le passage de l'Oder par l'ennemi paraît être ralenti à cause du débordement de la rivière. Le corps bavarois que j'avais laissé à Crossen pour abattre le pont et observer ce point marche sur Torgau et sert d'intermédiaire entre moi et le général Reynier. Le général Rechberg me mande qu'avant son départ de Guben, il a appris que quelques colonnes d'infanterie venant de Posen se dirigeaient sur Crossen.

« En supposant même que l'ennemi ne pût pas, en ce moment, achever son passage de l'Oder, je pense qu'il n'aura pas été moins convenable de faire le mouvement de l'Elbe. L'armée s'y reposera sans être continuellement inquiétée par l'ennemi. Toutes nos masses auront le temps de nous rejoindre, et le premier pas que Votre Majesté ordonnera en avant fera rétablir l'ordre et oublier les misères passées. »

« Deux mots seulement, ma chère Auguste, pour te dire que je continue à me bien porter; je suis seulement un peu fatigué, et cela se conçoit facilement. L'ennemi est arrêté momentanément dans son passage de l'Oder par les débordements de la rivière, de sorte que j'ai quelque espoir de trouver du repos derrière l'Elbe. Si nous avons le bonheur de gagner ce mois-ci de tranquillité, nous aurons le temps de voir arriver tous nos moyens, et, au premier mouvement en avant, nous oublierons tous nos désastres passés. »

Eugène à la vice-reine. Treuenbietzen, 5 mars 1813, au soir.

« Mon fils, je reçois votre lettre du 28 février au soir. Vous ne m'instruisez pas si les bataillons qui étaient à Francfort vous ont rejoint. Vous ne me donnez, comme à l'ordinaire, aucun détail.

« Je vous ai mandé que le grand maréchal faisait les fonctions de major général. Il faut donc lui adresser tous les renseignements, car le moment arrive où il faut que je connaisse en détail toutes les affaires. »

Nap. à Eug. Paris, 6 mars 1813.

*Nap. à Eug.
Paris,
mars 1813.*

« Mon fils, comme mon intention est de réunir toute l'artillerie de la garde à Francfort, vous devez ordonner au général Sorbier de me renvoyer tout ce qu'il a de l'artillerie de la garde, en ne conservant qu'une compagnie à pied et une à cheval, pour servir l'artillerie de la ligne, qui sera réunie à la garde; qu'il me renvoie tout le reste sur Francfort. — Donnez ordre aussi au colonel Lion de garder autant de cadres de compagnies de cavalerie qu'il aura de fois 125 hommes et ceux que je lui ai fait désigner. Il renverra à Francfort tous les officiers et sous-officiers qui seraient inutiles à ces cadres. — Le 1er et le 2e régiment polonais de ma garde, vous les dirigerez du côté de Gotha, pour de là se reployer, s'il est nécessaire, sur Francfort, et se réunir à la garde. — Ainsi, la garde sera divisée en deux parties : l'une sera à Francfort, composée d'une quarantaine de mille hommes d'infanterie, de 6,000 hommes de cavalerie et de 120 pièces de canon; — l'autre composée de 3 à 4,000 hommes d'infanterie, y compris les Napolitains, de 5 à 600 chevaux, et de 14 pièces d'artillerie, sera sous vos ordres à l'armée. — Je laisse également à la suite de votre quartier général la partie de ma maison et de mes chevaux qui a fait la campagne, et qui est restée sous les ordres de mon écuyer de Saluces; et j'organiserai une autre partie de ma maison à Francfort. »

*Nap. à Eug.
Paris,
6 mars 1813.*

« Mon fils, vous trouverez ci-joint mes ordres pour la formation de 17 régiments provisoires. Les majors ont ordre de se rendre en poste aux lieux où ils se trouvent pour en prendre le commandement. Les 3 régiments provisoires d'Augsbourg feront partie du corps d'observation d'Italie, par suite de la suppression du 4° corps. Ceux des 1ᵉʳ et 2ᵉ corps seront détachés à Dessau et à Wittenberg, et, en cas d'événement, feront la garnison de Magdebourg. Comme en avril les 4ᵉˢ bataillons arriveront, on défera ces régiments provisoires, qui, ayant 2 bataillons, compteront alors sous leurs propres noms. »

« Mon fils, pour votre gouverne, il est probable que dans le courant d'avril je porterai mon quartier général à Francfort. Il y a autour de cette ville beaucoup de forces; mais il y en aura alors une telle quantité, que l'ennemi craindra d'être attaqué par la Thuringe, et l'on pourra manœuvrer pour soutenir votre droite. Ainsi, dans ce mois, les deux corps d'observation du Rhin, les Hessois, les Badois et les Bavarois feront une diversion pour vous. Dès le commencement d'avril, si rien n'est changé, je ferai avancer les deux corps d'observation pour soutenir votre droite et tenir en échec ce que l'ennemi voudrait faire avancer par Dresde. Mais je ne compte prendre l'offensive que vers la mi-mai. J'aurai alors 200,000 hommes sous la main, avec la cavalerie convenable, sans compter votre armée, ni celle de Lauriston et de Reynier. Tout cela est pour votre gouverne. Pensez surtout à couvrir la 32ᵉ division militaire et le royaume de Westphalie. Restez à Berlin autant de temps que vous pourrez. Il serait bien important, pour le début de la campagne, de se

Nap. à Eug. Paris, 6 mars 1813.

maintenir sur l'Elbe. Appuyé à Magdebourg, je ne pense pas que vous puissiez avoir la crainte d'être tourné, vous trouvant à cheval sur une si forte rivière, et à moins que l'ennemi ne déploie une force considérable, comme 100,000 hommes, je ne pense pas qu'il puisse vous obliger d'abandonner Magdebourg. Si vous êtes obligé de quitter Berlin, il est nécessaire de contenir l'ennemi, en vous tenant à cheval sur l'Elbe. Vers le milieu de mars, le corps de l'Elbe doit avoir reçu son artillerie, et je vois qu'il y a beaucoup de pièces de canon à Magdebourg, ainsi que beaucoup de personnel d'artillerie. — Si vous abandonnez Berlin, le choix d'un camp, à deux ou trois lieues en avant de Magdebourg, que vous feriez fortifier par quelques redoutes, et où vous réuniriez vos corps, vous rendrait, ce me semble, inattaquable et bien redoutable. Certainement l'ennemi ne pourrait pas venir vous chercher dans une bonne position qu'il n'eût 100,000 hommes, et vous seriez toujours maître de manœuvrer par les côtés de Magdebourg. Des corps légers de cavalerie et d'infanterie sur la rive gauche de l'Elbe maintiendraient vos communications avec Torgau, si surtout vous pouviez enfin réunir 7, à 8,000 hommes de cavalerie. »

Nap. à Eug.
Paris,
7 mars 1813.

« Mon fils, je vous ai écrit en chiffres avant-hier. Je vous écris aujourd'hui deux lettres en chiffres, et j'y fais joindre le duplicata de la première. Si, par quelque événement quelconque, vous ne pouviez pas déchiffrer ces lettres, vous devez vous adresser au général Lauriston, à qui j'ai fait connaître mes intentions sur votre direction. Je ne vous en dis pas davantage en l'air, de peur que l'estafette ne tombe dans quelque parti de cavalerie ennemie. »

« Mon fils, je reçois votre lettre du 2 mars au soir. Je suis profondément chagriné de ce que vous êtes inquiet du général Gérard. Je ne puis pas comprendre, pourquoi compromettre ce corps d'observation, lorsque vous pouviez l'appuyer à Cüstrin? Je comprends encore moins comment vous n'avez pas marché à lui pour rétablir les communications aussitôt que vous avez appris qu'elles étaient interrompues. Si vous quittez Berlin dans cet intervalle, il est à craindre que ce corps ne soit perdu. Je ne puis vous donner aucun ordre ni aucune direction, puisque vous ne remplissez aucun devoir, en ne m'envoyant aucun détail ni aucune espèce de compte, et que vous ne me dites rien, ni vous ni votre état-major. Je ne sais pas quels sont les généraux qui commandent les corps; j'ignore où ils sont; je ne connais pas votre situation, votre artillerie. Je ne reçois aucuns renseignements; je suis dans l'obscurité sur tout. Comment voulez-vous que je dirige mon armée? J'ignore même les différentes affaires qui ont eu lieu et ce que l'on a perdu. J'ai écrit, le 1er mars, au général Lauriston pour lui donner la direction de votre marche. Je ne vous l'ai pas écrit par le même courrier, parce qu'il fallait chiffrer la lettre, qui est partie deux jours après. J'espère donc que le 3 le général Lauriston vous aura instruit de

Nap. à Eug.
Paris,
7 mars 1813.
Signée le 8.

mes intentions. Je ne sais pas qui commande à Stettin et quelle est la garnison qui s'y trouve. Je ne connais pas davantage les ordres que vous avez donnés au général Morand dans la Poméranie ; si vous l'avez fait reployer sur Magdebourg ou sur Stettin. Je ne connais pas la force de la garnison de Cüstrin, ni celle de Glogau, ni celle de Spandau.

« Vous devez défendre Magdebourg, couvrir la 32ᵉ division militaire, le royaume de Westphalie, Hanovre et Cassel. Vous pouvez prendre une bonne position en avant de Magdebourg, occupant Torgau par une bonne garnison saxonne. Si vous êtes obligé de quitter l'Elbe, vous avez les montagnes du Hartz pour première ligne, couvrant Cassel et Hanovre; ensuite, en seconde ligne, entre le Hartz et Cassel; enfin, le Weser. »

Eug. à Nap.
Wittenberg,
7 mars 1813.

« Sire, je suis arrivé trop tard hier soir ici pour pouvoir écrire à Votre Majesté. Aujourd'hui, j'ai l'honneur de lui rendre compte que la cavalerie ennemie, forte de 2,000 chevaux et de trois pièces d'artillerie, a suivi hier l'arrière-garde en cherchant à l'entamer, mais inutilement. On s'est tiré quelques coups de canon, et l'ennemi a eu hors de combat de 70 à 80 hommes. Un de leurs chefs a été tué par un dragon de la garde : nous n'avons eu de notre côté que 10 blessés dont 4 gardes d'honneur de Florence. Demain la 35ᵉ division prendra position à Wittenberg, que je fais palissader pour servir de tête de pont. Les 31ᵉ et 36ᵉ divisions seront placées sur la rive gauche de l'Elbe, étendant la droite jusqu'en arrière de Torgau. Je donne le commandement de la 31ᵉ division au général Gérard, et comme cette division n'a pas pu recevoir les bataillons qui étaient restés à Stettin, je la compléterai par les cinq bataillons qu'avait avec lui le général Gérard.

« Le général Belliard a enfin terminé l'organisation provisoire du 1ᵉʳ et du 2ᵉ corps de cavalerie. Le 1ᵉʳ corps a en ce moment 1,600 hommes à cheval, et le 2ᵉ corps, 1,800 en tout. Ces deux corps vont avoir leurs dépôts réunis à Brunswick et Hanovre. Ils pourraient recevoir chacun un renfort de 1,000 hommes montés, s'il ne manquait pas plusieurs parties d'habillement, de harnachement et d'équipement. On va faire tous les efforts pour porter chacun de ces corps au 1ᵉʳ avril à 3,000 chevaux. Nous aurons ensuite la cavalerie polonaise pour réorganiser le général Dombrowski, et dont j'espère tirer à la fin de ce mois 2,000 chevaux. Enfin la brigade lithuanienne, qui a reçu des fonds pour s'habiller et s'équiper, et qui pourra sous quinze à vingt jours présenter 1,000 à 1,200 chevaux. Le général Lauriston a en ce moment une division à Magdebourg, une à la droite de Magdebourg se liant avec le 11ᵉ corps, et une à la gauche de Magdebourg pour éclairer le bas Elbe. Je compte, afin de rendre plus disponible ce corps d'observation de l'Elbe, envoyer le prince d'Eckmühl, avec les 16 seconds bataillons du 1ᵉʳ corps, occuper l'Elbe au-dessous de Magdebourg, en fournissant, s'il était nécessaire, la garnison de cette place.

« Je m'occupe beaucoup de l'organisation de notre artillerie. Chaque corps de cavalerie va d'abord avoir très-promptement une batterie d'artillerie légère. Le 1ᵉʳ corps d'armée aura ses deux batteries d'artillerie à pied. Le 2ᵉ corps en aura d'abord une. La partie de la garde qui est restée à l'armée aura 2 batteries de 6 pièces. Sous très-peu de jours, les 31ᵉ, 35ᵉ et 36ᵉ divisions seront complétées à deux batteries par division, indépendamment des pièces régimentaires. Enfin je dirige sur Leipzig les bataillons de la garde qui sont ici sous les ordres du général Roguet, et je compte, sous deux à trois jours, y porter moi-même mon quartier général, afin d'être mieux en relation avec Dresde, Magdebourg et Wittenberg. »

Eug. à Nap. Wittenberg, 8 mars 1813.

« Sire, j'ai l'honneur de rendre compte à Votre Majesté que l'ennemi n'a pas suivi hier l'arrière-garde de la division Grenier. Cette division a pris ce matin position ici. Sa 1ʳᵉ brigade occupe les villages environnants et ayant avec elle quelques centaines de chevaux.

« J'adresse ci-joint à Votre Majesté les états de situation des 1ᵉʳ et 2ᵉ corps de cavalerie. Ils seront, j'espère, chaque semaine augmentés de tout ce qui pourra être habillé et équipé aux dépôts. J'ai affecté le 1ᵉʳ corps de cavalerie au 11ᵉ corps sous les ordres du général Lauriston. Des ordres sont donnés, et des officiers sont envoyés pour retirer à Torgau et à Magdebourg tous les gros bateaux existants sur l'Elbe.

« Je reçois les lettres de Votre Majesté du 2 mars.

Je vois avec peine qu'Elle n'est pas satisfaite de ma correspondance. Je m'efforce cependant de la mettre au courant de tout, en lui faisant chaque soir un rapport de la journée. Elle me demande l'état des pertes que nous avons faites depuis Posen. J'ignore si on a rendu compte à Votre Majesté qu'il y avait eu des pertes marquantes dans l'armée : on l'aurait trompée. L'état détaillé de chaque fait a été envoyé au prince major général. Excepté l'affaire du 4e de chasseurs où de ces 750 hommes il n'est revenu que le colonel, 10 officiers et 33 soldats, nous n'avons pas perdu 150 hommes par le feu de l'ennemi, durant notre marche de Posen jusqu'ici. Votre Majesté me demande pourquoi le général Guilleminot m'a quitté. Cet officier général a été nommé par Votre Majesté chef d'état-major du 4e corps. Il est donc resté à Glogau jusqu'à la dissolution de ce même corps. Je partais alors pour Posen, et lui écrivais d'aller m'attendre à Berlin. Lorsque l'ennemi s'approcha de cette ville, le duc de Castiglione enjoignit à tous les généraux d'en partir. Le général Guilleminot se retira à Magdebourg, où je lui ai écrit de venir me joindre.

« Votre Majesté est étonnée de ce que j'ai envoyé tant de monde sur les derrières de l'armée. Elle voudra bien se rappeler que, dans le commencement de mon séjour à Posen, Votre Majesté ordonna de renvoyer à Mayence tous les officiers et généraux qui n'y étaient pas utiles. On ne devait primitivement garder qu'un général de brigade par corps d'armée. Le prince de Neufchâtel peut assurer ce fait à Votre Majesté, car toutes les lettres lui étaient alors adressées. Les corps d'armée se reformaient par compagnies d'après ses ordres. Il resta à chacun d'eux un général de brigade, et tout le reste partit pour Magdebourg et Mayence. Sur ces entrefaites, Votre Majesté ordonna de reformer des seconds bataillons à Erfurth, les cadres de l'armée devaient y être arrêtés et recevoir les conscrits qui reviendraient des dépôts. On écrivit alors inutilement à Magdebourg et à Mayence pour ravoir les généraux; ils étaient tous pressés de rentrer en France.

« D'après une des lettres de Votre Majesté du 2 mars, dans laquelle elle m'annonce l'intention que les 2es bataillons du 1er et 2e corps soient principalement destinés à la garnison des places, de préférence au corps d'observation de l'Elbe, je vais envoyer à Magdebourg le prince d'Eckmühl avec 16 bataillons. Il sera chargé de se renfermer dans cette place au besoin et tant que le corps de l'Elbe restera dans sa position actuelle. Il étendra sa gauche pour observer le bas Elbe, quand les 12 bataillons du 2e corps qui sont à Erfurth seront définitivement organisés. Je dirigerai également le duc de Bellune avec les 12 bataillons, soit sur Magdebourg, soit sur Wittenberg, suivant le besoin.

« J'ai l'honneur de rendre compte à Votre Majesté que le maréchal Saint-Cyr, depuis son départ de Berlin, est tombé sérieusement malade. On a même craint hier pour sa vie. Il est hors d'état de continuer à commander son corps, de plusieurs mois, de l'avis de tous les médecins et chirurgiens.

J'ai confié momentanément le 11ᵉ corps au général Grenier, car je désire qu'il entre dans les projets de Votre Majesté de me désigner un commandement lorsqu'elle reviendra à l'armée, ce qui, j'espère, sera bientôt. »

Eugène à la vice-reine. Wittenberg, 8 mars 1813, au matin.

« ... J'ai été bien inquiet, en arrivant ici, d'apprendre par les courriers du 24 que tu étais si subitement indisposée. Depuis, je sais par ta lettre du 25 que tu allais mieux ; mais, au nom de Dieu, soigne bien ta chère santé ; j'ai assez de peine d'être éloigné de toi sans avoir encore le chagrin de te savoir malade ; je ne sais pas si j'aurais alors le courage de rester ici ! Je dois me rendre aujourd'hui à moitié chemin de Leipzig et demain dans cette ville ; j'espère que, derrière l'Elbe, nous aurons quelques semaines de tranquillité. Le corps du général Lauriston m'a déjà rejoint, les deux corps du Rhin sont déjà en marche, et j'espère que l'Empereur viendra bientôt, car tout cela serait trop pesant pour moi. »

Nap. à Eug. Trianon, 9 mars 1813.

« Mon fils, je reçois votre lettre du 4 mars. J'ignore où vous a rejoint le général Gérard. Je suppose qu'il était déjà arrivé à Berlin lorsque vous avez quitté cette ville. On m'assure que le général de division Girard a été pris par les Cosaques, ainsi que mon secrétaire de légation. Si cela est vrai, je ne vois pas pourquoi vous ne m'en instruisez pas. Puisque le passage du bas Oder était impraticable, et que dans la haute Silésie le général Reynier était encore à Buntzlau, je ne vois pas ce qui vous obligeait à quitter Berlin. Vos mouvements sont si rapides, que vous n'avez pas pu prendre la direction qui vous était indiquée; mais j'espère que vous aurez reçu mes lettres en chiffres, et que, d'ailleurs, Lauriston vous aura instruit que mon intention était que vous réunissiez vos forces autour de Magdebourg, en y joignant le corps de l'Elbe et toute votre cavalerie, pour couvrir la 32ᵉ division militaire et le royaume de Westphalie, et que vous prissiez votre ligne de communication par Cassel et Wesel, qui doit devenir votre point d'appui. — Vous découvrez Magdebourg sans vous être assuré si cette place est approvisionnée et quelle garnison on y mettra. Là sont cependant toute notre artillerie de campagne et beaucoup de choses importantes. Rien n'est moins militaire que le parti que vous avez pris de porter votre quartier général à Schœnberg, en arrière de Berlin. Il était très-clair que c'était attirer l'ennemi. Si, au contraire, vous eussiez pris une situation en avant de Berlin, en communiquant par convois avec Spandau, et de Spandau avec Magdebourg, en faisant venir une division du corps de l'Elbe à mi-chemin ou en construisant quelques redoutes, l'ennemi aurait dû croire que vous vouliez livrer bataille. Alors il n'aurait passé l'Oder qu'après avoir réuni 60 à 80,000 hommes, et dans l'intention sérieuse de s'emparer de Berlin. Mais il était encore bien loin de pouvoir faire cela. Vous pouviez gagner vingt jours, et cela eût été bien avantageux politiquement et militairement. Il est même probable qu'il n'eût pas risqué ce mouvement, car il sait bien à quoi il s'expose, et ne peut pas ignorer la grande quantité de troupes que nous rassemblons sur le Mein, et, d'un autre côté, celles que les Autrichiens rassemblent en Gallicie[1]. Mais le jour où votre quartier général a été placé derrière Berlin, c'était dire que vous ne vouliez pas garder cette ville. Vous avez ainsi perdu une attitude que l'art de la guerre est de savoir conserver. Un général expérimenté qui eût établi un camp en avant de Cüstrin aurait donné le temps au corps d'observation de l'Elbe de venir sur Berlin, ou, du moins, si ce général avait pris un camp en avant de Berlin, il n'aurait pu être attaqué que par de grandes dispositions qu'il aurait forcé l'ennemi de prendre. Actuellement, je vous le répète, puisque l'ennemi n'a pas pu passer sur le bas Oder, j'espère qu'il sera encore temps de suivre la direction générale que je vous ai indiquée. Vous vous placerez en avant de Magdebourg, vous y réunirez le corps de l'Elbe et tout le 11ᵉ corps. Vous devez même avoir le temps d'y réunir vos 12,000 hommes de cavalerie et vos 200 pièces de canon que vous devez avoir dans mars. Dans cette position, vous devez empêcher tout parti de se porter sur Hambourg. Si l'ennemi se portait sur Dresde, le général Reynier se retirerait sur Torgau et formerait votre droite; si Wittenberg est dans la même situation que dans la campagne de Prusse, si rien n'a été démoli, on peut, en quatre jours, le mettre

---

[1] On voit que l'Empereur cherche encore à se faire illusion sur la marche politique de l'Autriche.

à l'abri d'un coup de main, faire venir une vingtaine de pièces d'artillerie de Torgau, y réunir des approvisionnements, et 2 à 3,000 hommes suffisent pour conserver cette tête de pont. Il faut brûler sur-le-champ le pont de Dessau. Il faut réunir tous les bateaux de l'Elbe à Magdebourg, Wittenberg et Torgau. Je vous ai fait connaître que la garnison de Magdebourg devait être formée par les 28 bataillons des 1er et 2e corps, en n'y laissant aucun maréchal, mais seulement deux généraux de division et quatre généraux de brigade sous les ordres du général Haxo, que j'ai nommé gouverneur de cette place. Ces jeunes troupes, avec de bons cadres, formeront très-bien la garnison de la ville, et je ne vois pas trop comment l'ennemi pourrait marcher sur vous pour vous débusquer de Magdebourg, puisque vous y serez en avant avec près de 80,000 hommes. — Les partis ennemis de Dresde battront toute la Thuringe, mais la ligne de communication avec Francfort sera par Cassel. — 1,200 hommes avec le général de brigade resteront dans la citadelle d'Erfurth. J'ai ordonné que l'on construisît des tambours aux portes de la ville, pour que cette garnison soit en position pour mettre la ville à l'abri des Cosaques. Dans la position des choses, il n'est pas possible que d'ici à un mois l'ennemi puisse avoir plus d'un corps d'armée, c'est-à-dire plus de 20 à 25,000 hommes devant Magdebourg. Vous devez donc faire construire quelques redoutes, réunir vos approvisionnements à Magdebourg, battre toute la Prusse par de fortes avant-gardes, et ne pas souffrir que l'ennemi s'ap-

proche à plus d'une journée de vous, à moins que
ce soit avec tout son corps d'armée. Vous avez de
tout à Magdebourg. Le pays est beau. L'Elbe est une
rivière assez grande; c'est dans ce moment qu'elle
déborde et qu'elle est le plus grosse. Le corps d'observation du Rhin, qui est déjà réuni à Aschaffen-
burg, Hanau et Francfort, menacera la gauche de
l'ennemi. Le gros de l'armée russe de Wittgenstein
est resté devant Dantzig. Je ne pense donc pas que,
si l'ennemi veut marcher en grande force et vous
dénicher de la position de Magdebourg, il le puisse
avant la mi-avril, et je ne vois même pas comment
l'armée russe, dans la situation présente des affaires,
pourrait vous forcer dans une bonne position où
vous aurez autant d'artillerie de campagne que vous
voudrez, et que vous aurez su couvrir par quelques
ouvrages. Vous n'avez d'ailleurs rien à craindre,
puisque la communication avec Magdebourg ne peut
jamais vous être ôtée; s'il est une belle position,
c'est celle en avant de Magdebourg, où vous mena-
cez à chaque instant d'attaquer l'ennemi, et d'où
vous l'attaquerez en effet s'il ne se présente pas en
force; ayant à votre droite une bonne place comme
Torgau, liée à votre armée par un bon poste comme
Wittenberg. Si cette dernière ville était démolie et
n'était plus tenable, il faudrait brûler le pont et les
petits ponts qui y aboutissent. Je suppose que vous
avez donné des ordres au général Morand en Poméranie pour qu'il se réfugiât à Stettin, ou fît sa retraite sur vous et que vous ne l'aurez pas laissé compromettre. Vous ne me dites rien dans vos lettres.

Je vous ai mandé déjà plusieurs fois que, dans la situation actuelle des affaires, j'avais besoin de connaître la vérité dans tous ses détails. Il faut m'envoyer l'état nominatif des hommes que nous aurons perdus, la situation de tous les corps et tous les cinq jours leur état d'emplacement. Je vous ai mandé que votre état-major pouvait adresser tous les jours des rapports détaillés au grand maréchal, qui me les mettrait sous les yeux plus vite que ne le pourrait le ministre. Il serait honteux de le dire, et le monde ne le croirait pas : j'ignore quel est le général qui commande à Stettin, quelle est la garnison que vous y avez laissée; vous ne prenez pas même la peine de me dire quel est le général, quelle est la garnison que vous laissez à Spandau. Je ne sais pas quels sont les généraux que vous avez. J'ignore qui commande votre cavalerie. Je n'ai, enfin, aucunes notions sur la situation de votre artillerie, de votre génie, ni même de votre infanterie. Je vous ordonne de faire connaître à votre chef d'état-major que si tous les jours il n'envoie pas des rapports très-détaillés, indépendamment de votre correspondance, j'en ferai un exemple sévère. Je ne suis instruit de ce qui se passe que par les journaux anglais. Vous avez eu deux ou trois affaires de cavalerie. J'ignore encore votre perte par la marche que vous avez faite sur Wittenberg, mouvement qui, heureusement, peut être réparé, puisque l'ennemi n'est pas en force. Vous avez laissé à découvert toute la 32° division militaire et le royaume de Westphalie. Par là, vous vous trouvez perdre toute la cavalerie qui est éparpillée dans les cantonnements, et vous livrez à une avant-garde de quelques mille hommes les plus belles provinces de l'Empire. Je vous ai toujours dit que vous deviez vous retirer sur Magdebourg. En vous retirant sur Wittenberg, en prenant votre ligne d'opération sur Mayence, non-seulement vous compromettez la 32° division, mais même vous compromettez la Hollande et mon escadre de l'Escaut. Bon nombre de troupes sont déjà réunies sur le Mein; mais, dans un mois, une armée de 200,000 hommes y sera en ligne, et, pour peu que vous sachiez prendre un camp et une position près de Magdebourg, vous devez tenir plus d'un mois contre un ennemi qui, d'ailleurs, a la plus grande partie de ses forces occupées à Dantzig, à Varsovie, en Gallicie, qui est obligé d'observer les places de l'Oder, et qui a tant souffert. Interdisez toute communication de la rive gauche de l'Elbe avec l'ennemi; aussitôt que les Russes s'apercevront que vous avez fait halte et que vous avez pris le parti de leur disputer le terrain, vous les obligerez à se concentrer devant vous; or ils ne peuvent pas avoir aujourd'hui une armée disponible égale à la vôtre; ils s'affaiblissent et vous vous renforcez. — Je suppose que vous avez fait fusiller l'officier de la garde qui a quitté son poste sans se battre. — Si du côté d'Havelsberg, sur votre gauche, il y avait sur la rive gauche de l'Elbe un poste ou petit village qu'on pût mettre à l'abri d'un coup de main, il faudrait le faire pour y établir le corps de troupes qui doit garder le bas Elbe. Aussitôt que vous aurez pris position sur Magdebourg, et que vous aurez bien interdit toute communication avec l'ennemi, vous prendrez toutes les dispositions convenables pour faire croire que j'arrive à Magdebourg et que l'armée va se porter en avant. Vous ferez savoir à Hambourg et partout que vous ne quitterez pas cette ligne sans une bataille, et que l'ennemi ne peut pas avancer en laissant derrière lui une rivière comme l'Elbe et 80,000 hommes bien postés et ayant repris contenance. Quant à votre cavalerie, vous en avez assez, si vous la tenez réunie et la faites marcher avec de bons corps d'infanterie; mais si vous la disséminez, il vous arrivera encore ce qui est arrivé au 4° de chasseurs italiens et aux deux régiments lithuaniens. Faites reconnaître la position à prendre, en cas d'événement inattendu, sur le Hartz et les autres positions d'où vous pourriez couvrir Hanovre et Cassel. Je suppose que vous n'avez laissé dans les places de l'Oder et à Spandau que le nombre de compagnies d'artillerie désigné. Vous avez à l'armée tout le matériel nécessaire pour votre artillerie. Vous avez même assez de caissons pour un approvisionnement. Votre second approvisionnement vous sera envoyé par Wesel, mais vous n'avez pas besoin du second tant que vous serez près de Magdebourg, puisque vous retirerez de cette place toutes les munitions que vous voudrez.

« Nous voilà bientôt à la fin de mars. La saison est déjà radoucie, et vous pouvez commencer à camper en établissant des baraques, coupant les forêts et démolissant les villages, enfin, en ne considérant que la raison militaire. Le général Bourcier a assuré que dans le courant de mars il vous fournirait 12,000 chevaux bien équipés et bien montés. Dans la position que vous allez prendre, vous n'aurez pas besoin d'un aussi grand nombre de cavalerie. Aussitôt que vous aurez pris cette position et que vous aurez pu réunir 4 à 5,000 chevaux, une pointe que vous feriez faire dans la direction de Stettin, avec cette avant-garde et quelque bon corps d'infanterie pour la soutenir, remplirait l'ennemi de crainte et le ferait renoncer à tout mouvement de flanc. Dans cette position, sur Magdebourg, faites des proclamations pour rassurer Hambourg, la 32° division et le royaume de Westphalie. Déclarez que vous n'abandonnerez pas l'Elbe, et que l'ennemi n'est pas en force pour le franchir. Vous pouvez placer dans Magdebourg vos hôpitaux et votre quartier général administratif. Mais vous vous tiendrez de votre personne avec votre état-major au camp. Ce système de baraquement sera d'autant plus utile qu'il formera l'armée. Je vous le répète, si Wittenberg est ce que je l'ai laissé, c'est-à-dire si l'on n'y a rien démoli, c'est un bon poste. Il suffira de construire deux ou trois redoutes qui le lient bien à la rivière; travaux qui peuvent être faits en peu de jours. L'ennemi n'a plus aujourd'hui d'infanterie capable de vous attaquer, et vous êtes certainement plus nombreux que tout ce qu'il peut vous présenter. — Le 3° corps de cavalerie se forme à Metz, et plus de 40,000 chevaux sont en mouvement pour se réunir à Francfort-sur-le-Mein. Le duc de Trévise est déjà parti pour cette ville. Le prince de la Moskowa y sera rendu dans trois jours. »

Le ministre de la guerre à Eugène. Paris, 8 mars 1813.

« Monseigneur, j'ai l'honneur de prévenir Votre Altesse Impériale que Sa Majesté, en me renvoyant une copie de la capitulation signée à Pillau par le général Castella le 27 février dernier, m'a fait connaître que son intention était que ce général fût arrêté à son arrivée aux avant-postes, ainsi que les officiers du génie et d'artillerie, s'ils n'ont pas protesté, ou si, étant consultés, ils ont donné un avis dans le sens de cette capitulation.

« Je prie en conséquence Votre Altesse Impériale de vouloir bien donner les ordres nécessaires pour que les intentions de Sa Majesté soient remplies, et de m'adresser toutes les pièces et les renseignements qu'elle a ou qu'elle pourra se procurer sur les circonstances qui ont précédé, accompagné et suivi la reddition de cette place.

P. S. « Le général Castella et les officiers dont l'arrestation est ordonnée par l'Empereur au sujet de la capitulation de Pillau devront être conduits à Metz pour y être détenus. »

Eug. à Nap. Leipzig, 9 mars 1813, au soir.

« Sire, je reçois à l'instant la lettre de Votre Majesté du 4 mars. Il paraît positif que le fort de Pillau se serait rendu, du moins cette nouvelle a été officiellement annoncée dans la gazette de Königsberg. J'exécuterai les ordres de Votre Majesté relativement au général qui y commandait, et au chef du génie, dès qu'ils auront rejoint nos avant-postes.

« J'ai l'honneur d'adresser ci-joint à Votre Majesté la copie d'une lettre que j'ai reçue du général Reynier. Elle y verra qu'on regarde en Saxe comme positive la rupture très-prochaine du roi de Saxe. Cependant M. de Saint-Marsan, qui m'écrit le 4 de Breslau, tout en m'annonçant les armements universels qui se font en Silésie, et les fréquentes communications du quartier général russe avec la cour de Prusse, m'annonce qu'il n'y avait encore eu aucun mouvement de troupes de cette dernière puissance, mais qu'on en parlait beaucoup, ainsi que d'une très-prochaine entrevue sur les frontières de Silésie, près de Rawitz. Je compte voir ce soir le prince d'Eckmühl, et m'entendre avec lui sur les dispositions à prendre pour la meilleure et plus sûre défense de l'Elbe. Je rendrai compte demain à Votre Majesté de ce que j'aurai cru devoir faire pour arriver à ce but. »

« Sire, j'ai l'honneur d'adresser à Votre Majesté la copie de l'ordre que j'ai donné pour régler la défense de l'Elbe. Je désire vivement que ces dispositions obtiennent l'approbation de Votre Majesté. Dans peu de jours les bataillons de Leipzig et d'Erfurth seront rendus à Magdebourg. Le duc de Bellune aura deux divisions ayant chacune, dans le premier moment, une batterie d'artillerie. Je mettrai également sous les ordres de ce maréchal les troupes westphaliennes que le roi doit envoyer vers Havelsberg, si Votre Majesté ne change rien à ces dispositions. Je crains qu'elle n'approuve pas que j'aie accordé au prince d'Eckmühl d'emmener avec lui six des 2es bataillons de son corps d'armée, mais il était instant de renforcer la droite de notre armée, et ces troupes doivent être dans une position en ar-

Eug. à Nap. Leipzig, 10 mars 1813.

rière, de manière à faire voir à l'ennemi que le prince d'Eckmühl est là avec son corps.

« Quant à la cavalerie, le 1er corps est avec le général Grenier, le 2e corps avec le général Lauriston ; le maréchal Davout aura la cavalerie saxonne et polonaise. Le duc de Bellune aura la cavalerie westphalienne quand elle sera arrivée, et dispose en attendant de 500 gendarmes qui étaient à Magdebourg.

« Rien ici de nouveau. De Breslau, du 6 mars, on y parlait toujours de l'arrivée de l'empereur de Russie. Aucun écrit ou proclamation de la part de la Russie n'avait encore paru. La position des troupes légères russes était la suivante :

« Le colonel Proendel était le 7 à Görlitz avec un millier d'hommes cosaques, hussards et dragons. Le général Benckendorff était à Interbrock avec 500 chevaux et 2 pièces d'artillerie. Le général Czernicheff était à Berlin et Treuenbrietzen avec plus de 2,000 chevaux et quelques pièces d'artillerie. Le corps de Wittgenstein était attendu à Berlin pour le 7 mars. Des émissaires ont été envoyés sur divers points et particulièrement à Breslau et Ravitz. Il est à présumer que dans le nombre de ceux arrivés plusieurs nous retrouveront. »

Nap. à Eug. Trianon, 11 mars 1813.

« Mon fils, je reçois votre lettre du 5 mars. Il est bien fâcheux qu'on ait livré Berlin et Dresde à quelques troupes légères. Je suppose cependant que le général Reynier se maintiendra à Dresde aussi longtemps que possible. Il faut enfin commencer à faire la guerre. Toutes mes lettres chiffrées vous auront fait connaître mes intentions. Je vous écris de nouveau aujourd'hui. C'est devant Magdebourg qu'il faut que vous réunissiez 80,000 hommes, et de là, comme d'un centre, protégiez tout l'Elbe. Si vous préférez faire venir à Dessau le corps bavarois qui était à Crossen, vous pourrez réunir sous le prince d'Eckmühl, à Wittenberg, les deux divisions des 1er et 2e corps, ce qui vous mettra à même d'occuper la ville, qu'il faut mettre à l'abri d'un coup de main, en même temps que toute cette rive gauche de l'Elbe. Je suppose que vous avez gardé deux généraux de division et quatre généraux de brigade pour ces deux divisions. Cela n'empêche pas que, dans le cas où vous abandonneriez Magdebourg, ce qui ne me semble pas possible, vous ne fissiez venir ces deux divisions pour en former la garnison. En prenant une bonne position, et réunissant votre cavalerie, et menaçant de vous porter sur Brandebourg et Stettin, vous laisserez l'ennemi dans l'incertitude, et vous serez dans une belle situation, puisqu'il est de fait que les Russes n'ont pas aujourd'hui plus de troupes disponibles que vous n'en avez vous-même. Les convois d'artillerie du corps d'observation de l'Elbe filent à force. Vous réunirez un corps westphalien à deux journées de Magdebourg, sur l'Elbe, entre Magdebourg et Hambourg. Prenez des mesures énergiques pour faire concourir à l'approvisionnement de votre armée la province de Magdebourg en Prusse, à plusieurs journées de marche de votre camp, en faisant des exemples sévères selon les usages de la guerre toutes les fois que l'on n'obéirait pas à vos réquisitions. Faites faire également des réquisitions dans les provinces de Halle, Halberstadt, etc., et faites faire des versements abondants. Vous payerez avec des bons qui seront ensuite liquidés ; mais ayez soin que votre camp ne manque de rien. Je ne conçois pas pourquoi vous avez renvoyé le général Belliard, il vous aurait été utile pour l'ensemble de la cavalerie, mais vous renvoyez tout le monde, et ne gardez personne. — Je n'ai pas approuvé la nomination des chefs d'escadron Faudoas, Galbois, Fontenilles et Devence à des régiments de cavalerie. Ils sont trop jeunes, et n'ont pas assez d'expérience de la cavalerie. Vous trouverez ci-joint la copie du décret par lequel j'ai pourvu à ces régiments. Veillez à ce que les colonels se rendent sur-le-champ à leurs corps. — Vous trouverez aussi un décret par lequel je nomme les chefs d'escadron Galbois et Fontenilles adjudants-commandants. Donnez ordre à ces deux adjudants-commandants de se rendre sans délai à Francfort-sur-le-Mein, où ils seront attachés au quartier général de l'armée du Mein. — J'attends avec impatience vos états de situation. J'ai fait envoyer de l'argent à la caisse centrale de Magdebourg. Cette caisse en était sortie, il faut l'y faire rentrer. D'ailleurs, en cas de siège, il serait nécessaire de laisser à Magdebourg 1 million.

« Le 1er régiment de lanciers polonais de ma garde a 600 hommes et 300 chevaux ; le 3e a 600 hommes et 280 chevaux. Donnez ordre au général Bourcier de fournir à ces régiments les 600 chevaux dont ils ont besoin, et aux régiments d'envoyer en remonte à Hanovre pour y recevoir ces 600 chevaux. — Tenez le 11ᵉ corps que commande le maréchal Saint-Cyr et le corps d'observation de l'Elbe bien réunis, ainsi que la division Gérard. Ces neuf divisions formeront votre corps d'armée. Les divisions des 1ᵉʳ et 2ᵉ corps, les Bavarois, les Polonais, les Westphaliens et les Saxons doivent border la rive gauche de l'Elbe, et avoir des postes sur la rive droite. Si, à deux journées de marche sur la gauche, entre Magdebourg et Hambourg, l'Elbe fait un coude, on pourrait établir une tête de pont ou bien un poste à l'abri des Cosaques et des troupes légères avec un va-et-vient; cela serait important, et empêcherait les partisans ennemis de se rendre dans le Mecklembourg. — Nos opérations militaires sont les objets de risée de nos alliés à Vienne et de nos ennemis à Londres et à Pétersbourg, parce que constamment l'armée s'en va huit jours avant que l'infanterie ennemie soit arrivée, à l'approche des troupes légères, et sur de simples bruits. Il est temps que vous travailliez et agissiez militairement. Je vous ai tracé tout ce que vous avez à faire. Vous pouvez réunir à Magdebourg, et à couvert par cette place, plus de troupes que l'ennemi ne peut vous en opposer. Dès lors, c'est là qu'il faut tenir, et l'ennemi n'est pas assez fort pour s'avancer avec toutes ses forces, en s'exposant à être coupé par l'armée rassemblée sur le Mein. En suivant fidèlement les plans que je vous ai tracés, en faisant marcher des avant-gardes dans toutes les directions, vous tiendrez l'ennemi en alerte, et vous reprendrez la position qui vous convient; c'est vous qui porterez partout l'alarme. »

<small>Nap. à Eug.
Trianon,
11 mars 1813.</small>
« Mon fils, faites-moi connaître le nombre de compagnies d'artillerie que vous avez laissées à Dantzig, Thorn, Stettin, Cüstrin, Glogau et Spandau. Si vous abandonniez Magdebourg, il ne faudrait y en laisser que 4 ou 5. Faites-moi connaître comment toutes les autres sont employées. Vous devez avoir à l'armée plus de 10 compagnies d'artillerie à pied. Il me tarde bien de voir arriver de Magdebourg à Francfort-sur-le-Mein les compagnies destinées aux deux corps d'observation du Rhin. »

<small>Eugène
au roi de
Westphalie,
Leipzig,
11 mars 1813.</small>
« Sire, j'ai reçu la lettre que Votre Majesté m'a fait l'honneur de m'écrire le 8 courant. J'ai fait les dispositions nécessaires pour défendre l'Elbe depuis Dresde jusqu'à Magdebourg, avec les corps saxons, bavarois, et ceux des généraux Grenier et Lauriston. Le prince d'Eckmühl est parti pour Dresde à l'effet de prendre le commandement de la droite. Quant à la partie de l'Elbe au-dessous de Magdebourg sur laquelle Votre Majesté témoigne des craintes, je dois la prévenir que le général Lauriston y a une division et que le duc de Bellune y marche avec tous les seconds bataillons des 1er et 2e corps, organisés en 2 divisions. Il aura sous ses ordres 560 gendarmes montés, ce n'est pas assez de cavalerie, je ne puis y en envoyer davantage; et je prie Votre Majesté d'y diriger le plus tôt possible celle dont elle pourra disposer.

« L'Empereur a dû écrire à Votre Majesté de diriger une division de ses troupes sur le Havelsberg; je serais fort tranquille sur ma gauche si Votre Majesté pouvait y envoyer promptement cette division. »

« Mon fils, je n'ai rien à ajouter aux différentes lettres que je vous ai écrites ces derniers jours. Le général Lauriston m'a appris qu'on avait déjà travaillé aux fortifications de Wittenberg; 20 pièces de canon qu'on retirera de Torgau et 2,000 hommes de garnison mettront cette position à l'abri de toute insulte. Il faut faire palissader la tête du pont, soit d'un côté, soit de l'autre de la rivière; il faut faire également palissader la tête des inondations et le grand nombre de petits ponts sur la rive droite. De simples tambours, qui mettront les corps de garde à l'abri des Cosaques, seront suffisants. Il faut faire reconstruire les lunettes des redoutes telles que je les avais fait faire dans la campagne précédente. Un tambour en palissadement mettra de ce côté à l'abri de toute insulte l'espace entre la ville et la rivière.

« L'intendant devra prendre des mesures énergiques pour réunir une grande quantité de vivres à Magdebourg en requérant les préfets de tous les départements, en requérant même sur la rive droite, et en écrivant à tous les petits princes de la Saxe qui sont à portée. On donnera des bons contre tout ce qui sera livré et vous prendrez des mesures pour que cela soit exécuté. — On se plaint qu'on n'a pas payé la gratification de campagne que j'avais ac-

Nap. à Eug. Trianon. 12 mars 1813.

cordée aux officiers de cavalerie. Faites-la payer sans délai.

« Les généraux Sébastiani et Latour-Maubourg doivent être arrivés à leurs corps; ils y feront lever tous les obstacles.

« Vous devez avoir actuellement au moins 600 hommes de cavalerie. Le général Bourcier assure qu'à la fin de mars, ou au commencement d'avril, vous en aurez 12,000 en Allemagne. — J'attends avec impatience les états de situation détaillés que je vous ai demandés, car je suis dans l'obscur sur tout. — Je n'ai rien à ajouter à ce que je vous ai écrit aujourd'hui en chiffres, relativement à votre gauche. — Je suis fâché que le général Lauriston, qui a reçu ma lettre du 21 mars, ne vous ait pas mandé (p. m.) *ce que je lui avais écrit sur vos opérations ultérieures.*

« Faites comprendre au roi de Westphalie qu'en France, en Italie, pays qui m'appartiennent, on ne peut, dans les grandes circonstances, agir autrement que par voie de réquisition. C'est ainsi qu'on établit des magasins autour de Mayence et de Wesel.

« Vous savez ce qu'on a fait en Italie en 1805; et pourtant ce pays est bien organisé et les circonstances y étaient moins urgentes. Vous devez écrire dans ce sens à mon ministre, afin de lui fournir des arguments et de lui ôter cette vaine subtilité.

« A Strasbourg, à Mayence, on requerrait des chevaux, des bœufs, des fourrages, etc., et des commissaires de département délivreraient des bons en échange. C'est ainsi que cela doit se faire dans le royaume de Westphalie.

P. S. « Je n'ai pas besoin de vous dire que si l'ennemi arrivait en force à Dresde, peut-être que le général Reynier, qui forme votre droite, pourrait s'appuyer derrière la Moldau, qui est une rivière assez profonde pour une ligne et qui n'a que peu ou point de ponts.

« Par cette ligne, Leipzig et toute la basse Saxe seraient à couvert des incursions des Cosaques. »

« Mon fils, je suppose que vous renvoyez à Francfort tous les officiers d'artillerie et du génie qui sont nécessaires pour l'organisation des corps d'observation du Rhin, entre autres le général Charbonnel, qui commande l'artillerie du corps d'observation du Rhin. »

Nap. à Eug. Trianon, 12 mars 1813, au soir.

« Mon fils, je forme une brigade de 2,500 chevaux du grand-duché de Berg. Je désire donc que vous dirigiez sur Francfort tout ce que vous avez de la cavalerie de Berg aux différents corps d'armée et dans les dépôts. — Comme j'ai porté la cavalerie de ma garde à 10,000 chevaux, dont 3,000 sont déjà à Francfort et le reste en marche, je désire que vous dirigiez le 1ᵉʳ et le 3ᵉ de lanciers de la garde sur (p. m.) *Gotha*. — Je voudrais aussi avoir le régiment que commande le colonel Lion, afin de me servir de ces 500 vieux soldats. Toutefois, comme ils vous sont utiles, je désire que vous ne les envoyiez qu'après que vous aurez réuni 6,000 chevaux, parce qu'alors vous pourrez vous en passer. Nous avons besoin de ces 500 vieux soldats qui donneront une

Nap. à Eug. Trianon, 12 mars 1813.

valeur à un bien plus grand nombre. En attendant, renvoyez-moi les officiers et sous-officiers qui sont au delà du nombre nécessaire, et dirigez-les sur Francfort. Toute l'artillerie de la garde doit se diriger sur cette ville. Si vous avez grand besoin des chevaux du train, vous pouvez les garder. Enfin, je suppose que les généraux Latour-Maubourg et Sébastiani sont arrivés, ainsi que les généraux Pajol et Bruyère, et autres attachés aux corps de cavalerie.

« J'attends des renseignements sur tous ces articles, ainsi que sur les troupes qui forment les différentes garnisons. Les vingt-huit 4es bataillons des 1er et 2e corps se réunissent à Osnabrück et Minden. Ils commenceront à y arriver dans les premiers jours d'avril. Aussitôt que ces bataillons pourront rejoindre leurs seconds bataillons, ce qui ne doit pas se faire sans mon ordre, alors les 24 bataillons du 2e corps pourraient former la garnison de Magdebourg et les 32 du 1er corps resteraient disponibles comme corps d'armée. J'avais écrit au prince d'Eckmühl dans l'éloignement où vous étiez, sentant l'importance de garder Wittenberg; mais actuellement les circonstances ont rendu toutes ces dispositions inutiles.

« Si, lorsque vous serez arrivé à Magdebourg, l'ennemi se plaçait en présence devant vous, vous pourriez engager le roi de Westphalie à venir vous rejoindre avec sa garde et tout ce qu'il aurait de disponible; ou du moins à venir se placer à portée de Magdebourg. »

Nap. à Eug.
Trianon,

« Mon fils, vous trouverez ci-joint copie du décret

que je viens de prendre pour la formation de la 12 mars 1813. Grande-Armée. Vous le recevrez du ministre de la guerre; mais j'ai voulu vous l'envoyer directement pour que vous le receviez plus tôt.

« J'approuve fort que vous donniez au général Gérard la 31ᵉ division. »

« Mon fils, j'ai fait partir le général de brigade Nap. à Eug. Flahaut, mon aide de camp, pour vous entretenir de Trianon, l'état des choses et vous faire bien comprendre mes 12 mars 1813. projets et la direction que j'ai désiré que vous donniez à votre corps d'armée, fondé sur tout ce que je vous ai dit dans mes différentes lettres. Quand il sera resté vingt-quatre heures avec vous, renvoyez-le-moi avec tous les détails qui puissent me faire connaître l'état des choses. »

« Mon fils, je suppose que vous avez pris toutes Nap. à Eug. les mesures nécessaires pour armer Wittenberg et Trianon, l'approvisionner pour 2,500 hommes pendant deux 12 mars 1813. mois. »

« Je n'ai pas beaucoup de temps à moi, ma chère Eugène Auguste, et tu le comprendras facilement, ayant, à la vice-reine. outre les affaires de l'armée, à correspondre avec la Leipzig, Saxe, la Westphalie et autres princes qui tous se 12 mars 1813. plaignent à moi de la moindre chose qui leur déplaît, et la guerre entraîne avec elle beaucoup de ces désagréments. Pourtant, le roi de Saxe est parfait pour moi, et quand tu écriras à la reine, n'oublies pas de lui dire combien je suis peiné que les circonstances aient porté la guerre dans son pays, que j'aurais tant désiré ne revoir que dans des temps heureux et tranquilles. »

*Nap. à Eug.
Trianon,
13 mars 1813.*
« Mon fils, le roi de Westphalie me mande, sous la date du 9, qu'il n'est pas encore en état d'envoyer aucun corps du côté de Havelsberg pour appuyer la gauche, parce qu'il n'a encore rien de formé; mais qu'à la fin de ce mois il aura 4 bataillons et 12 pièces de canon. Sa garde est en bon état. Je lui ai mandé qu'aussitôt que vous seriez placé en avant de Magdebourg, il s'approche à deux ou trois journées de vous, pour être là à même de vous renforcer si vous en avez besoin, ou de se porter à droite ou à gauche sur les ailes, si l'ennemi menaçait d'un passage. Ainsi, il formera une espèce de réserve qui pourra vous être fort utile. Concertez-vous avec lui sur le lieu où il doit se placer. »

*Nap. à Eug.
Trianon,
13 mars 1813.*
« Mon fils, le général Charbonnel, qui commande l'artillerie du 1er corps d'observation du Rhin, n'est pas encore arrivé à Francfort. — Faites-moi connaître si vous en avez des nouvelles. »

*Nap. à Eug.
Trianon,
13 mars 1813.*
« Mon fils, il est nécessaire que vous renvoyiez, en les dirigeant sur Bamberg, tous les cadres bavarois, en ne gardant que les cadres d'une compagnie pour 100 hommes et le nombre d'officiers supérieurs proportionné. Vous renverrez tous les autres : le roi de Bavière le demande à force. »

« Mon fils, j'avais établi une caisse centrale à <small>Nap. à Eug. Trianon, 15 mars 1813.</small> Magdebourg. Cette caisse s'est sauvée du côté de Leipzig; ce qui est d'autant plus ridicule qu'il fallait au moins laisser 1,000,000 à Magdebourg pour le service de la garnison. Faites-moi connaître qui a donné l'ordre à cette caisse d'évacuer la place. Le ministre du Trésor doit avoir envoyé plusieurs millions, afin qu'on terminât l'approvisionnement.

« Je suppose que le roi de Westphalie fait les réquisitions convenables; sans quoi vous feriez faire ces réquisitions militairement. Je ne me refuse pas à payer une indemnité au roi, mais il est impossible que ce soit au prix ridicule que les fournisseurs et même le peuple demandent quand ils voient que les besoins sont urgents. »

« Mon fils, je reçois votre lettre du 8 mars, par <small>Nap. à Eug. Trianon, 15 mars 1813.</small> laquelle je vois avec peine que le maréchal Saint-Cyr est malade. — Le général Flahaut, mon aide de camp, est parti hier. Je suppose qu'il sera arrivé ou bien près d'arriver quand vous recevrez cette lettre.

« Je n'ai rien à ajouter à ce que je vous ai mandé dans mes lettres précédentes. Je désire avoir un rapport de ce qui s'est passé au 4ᵉ de chasseurs italiens et au régiment lithuanien, rédigé par le colonel ou les officiers qui ont échappé à l'affaire. Vous y joindrez vos observations, pour que je sois à même de connaître ce qui est arrivé; car, même aujourd'hui où vous m'avez fait connaître que presque tout avait été perdu, je n'ai pas d'idée précise sur ces affaires.

« Faites-moi connaître la composition de toutes

les garnisons. Une lettre du 27 février, de Stettin, annonce que la consommation de cette place est de 10,000 rations par jour : j'aurais préféré qu'elle ne fût que de 7,000.

« Vous pourrez donner le commandement de la division polonaise au général Lapoype, que vous mettrez à Wittenberg, et les places ainsi que les divisions du 2ᵉ corps sous les ordres du duc de Bellune, qui aura son quartier général à Dessau, et qui gardera toute la rive gauche de l'Elbe de Wittenberg à Magdebourg. Vous lui recommanderez bien de ne pas se laisser couper de Magdebourg. La garnison de Torgau doit tenir la moitié de son monde hors de la ville, sur la rive gauche, pour défendre le passage de la rivière entre Torgau et Wittenberg. Il faut un peu d'art pour vous rapprocher de Magdebourg. Il faut d'abord que le général Lauriston choisisse le camp, y fasse entrer ses quatre divisions, construire les redoutes et y placer son artillerie, et qu'ensuite les trois divisions du 11ᵉ corps y arrivent successivement, étant relevées dans leurs positions par les troupes du duc de Bellune.

« Si le général Reynier était obligé d'évacuer Dresde, il devra se rapprocher de vous et prendre une ligne qui empêche les Cosaques de venir à Leipzig, en défendant la Mulda ou toute autre ligne; mais ce que je considère comme le plus important de tout, c'est le bas Elbe.

« Faites travailler avec la plus grande activité à l'armement et approvisionnement de Wittenberg. Tirez des canons de Torgau. Mettez-y, indépendam-

ment des Polonais, un bon officier d'artillerie français *et du génie*, et faites venir de Torgau un bataillon saxon et deux compagnies d'artillerie saxonne.
— Vous ferez évacuer sur Erfurth tous les malades qui sont à Leipzig. Ne laissez rien à Leipzig. J'apprends qu'il y a des dépôts de la garde à Leipzig : je ne sais ce qu'ils y font. Dirigez-les sur Francfort.

« Il est possible que je ne passe pas moi-même à Leipzig. Cela dépendra des circonstances. Enfin, puisque votre mouvement sur Wittenberg y a attiré l'ennemi, exécutez votre mouvement sur Magdebourg avec l'art nécessaire pour que l'ennemi vous y suive, et qu'il puisse craindre qu'on veuille prendre l'offensive par Magdebourg, avant qu'il sache que vous vous êtes dégarni devant Wittenberg; ceci dans la supposition que l'infanterie ennemie serait devant vous; car toutes les nouvelles que l'on a de Londres, de Copenhague, de Vienne, s'accordent à dire que l'armée ennemie souffre, qu'elle est affaiblie par les maladies, qu'elle a 40,000 hommes devant Dantzig, 12,000 devant Thorn et beaucoup de troupes vis-à-vis les Autrichiens. »

« Sire, j'ai l'honneur d'adresser à Votre Majesté les copies de lettres du général Reynier et du prince Poniatowski. Elles sont l'une et l'autre satisfaisantes, et les espions revenus du bas de l'Oder, qu'ils avaient quitté les 9 et 10, assurent qu'il n'y avait encore eu aucun mouvement de troupes prussiennes, et que les officiers russes commençaient déjà à se plaindre

<small>Eug. à Nap. Leipzig. 15 mars 1813.</small>

assez ouvertement de la lenteur du roi de Prusse à se déclarer contre nous. M. de Saint-Marsan écrit le 8 de Breslau qu'on n'avait encore remarqué aucun mouvement de troupes prussiennes, mais qu'il y avait beaucoup de pourparlers entre les souverains. On parlait toujours d'une entrevue, mais elle n'avait pas eu lieu. Votre Majesté remarquera, dans la lettre du prince Poniatowski, qu'il se loue de la conduite des Autrichiens à son égard, et que les nouvelles qu'il a de son côté de la Silésie sont assez satisfaisantes. Enfin, j'adresse à Votre Majesté une lettre du prince d'Eckmühl qui m'annonce que le général Benckendorff aurait envoyé hier 12, à deux heures de l'après-midi, demander l'évacuation de Dresde par nos troupes. On lui a répondu comme on le devait. Le prince d'Eckmühl devait arriver aujourd'hui dans cette ville avec des renforts. Le pont de........ a été détruit, celui de Dresde sera défendu jusqu'à ce que l'ennemi ait montré des forces supérieures et ait prononcé son mouvement sur le bas Elbe, s'il en avait le dessein. L'ordre de détruire tous les bacs et bateaux sur l'Elbe pourrait bien avoir été exécuté depuis Kœnigstein jusqu'au-dessus de Magdebourg. J'ai recommandé au général Lauriston, et après lui au duc de Bellune, de bien observer les embouchures de la Saale et du canal de Plauen. Ces canaux renferment de grands moyens pour tenter des passages.

« Les maladies continuent à affliger plusieurs corps de l'armée, et particulièrement le 7ᵉ corps. C'est une fièvre maligne et nerveuse qui paraît être assez contagieuse. On prétend que le germe vient de l'armée russe de Moldavie. Tous les rapports s'accordent à dire que l'ennemi a également beaucoup de malades. Cette fièvre s'est particulièrement déclarée sur la droite de la Vistule. Un officier échappé de Marienwerder dit qu'il y mourait beaucoup de soldats et d'habitants. »

<small>Nap. à Eug. Trianon, 14 mars 1813, au matin.</small>

« Mon fils, je reçois votre lettre du 9. Le prince de Neufchâtel, qui est en pleine convalescence, reprend son service de major général. Ordonnez au général Monthyon de lui envoyer tous les jours des états de situation et un rapport de tout ce qu'il voit et entend.

« J'attends encore le rapport qui a eu lieu du côté de Posen, et un état de ce qu'on a laissé à Berlin. Est-il vrai qu'entre Postdam et Wittenberg on ait perdu quatre pièces de canon? Exigez que les colonels vous rendent compte.

« Il est bien fâcheux qu'on ait laissé tant de compagnies d'artillerie à Spandau. Deux auraient suffi. Je vois avec plaisir que le général Bruny a pris le commandement de cette place. Il vaut mieux que celui qui y était. Êtes-vous bien sûr que le général Dode soit à Glogau? Je le croyais revenu en France.

« Le bataillon de marche du 4e corps qui est à Wurstzbourg devait être destiné à renforcer les bataillons qui sont à Glogau. Laissez ce bataillon à Wurstzbourg. Il y a un autre bataillon de marche de ce corps qui est dans la citadelle de Wurstzbourg, et aussitôt que le corps d'observation d'Italie sera arrivé sur le Mein, ce bataillon y sera incorporé.

« Vous savez que les 6 bataillons français et les 3 bataillons italiens qui devaient s'organiser à Augsbourg feront partie des corps d'observation d'Italie, ce qui portera ce corps à près de 60 bataillons.

« Je vous ai déjà annoncé que le 4ᵉ corps était supprimé. Il sera nécessaire de porter comme faisant partie du nouveau 4ᵉ corps (corps d'observation d'Italie) tout ce qui est resté à Glogau, ainsi que les bataillons de marche qui sont à Augsbourg et Wurstzbourg; mais il faudrait ne plus les désigner sous le titre de leurs anciennes divisions, quoique ces divisions ont changé.

« Il me tarde fort d'avoir l'état de situation exact de tout ce que vous avez d'officiers généraux, officiers d'état-major, chefs de bataillon, la situation de l'artillerie, celle des équipages militaires, etc., etc. Ordonnez bien au général Monthyon de faire connaître tous les jours au prince de Neufchâtel le lieu où se trouve chaque corps et tous les cinq jours d'envoyer des états de situation. Le général Guilleminot sera attaché au major général pendant tout le temps que vous garderez le général Monthyon. Il se rendra à Mayence pour y organiser l'état-major. Les adjudants commandants Galbois et Fontenilles se rendent également à Mayence pour seconder le général Guilleminot. Le général Pernety, commandant en second l'artillerie de l'armée, et le général Pellegrin, directeur en second du parc, se rendent aussi à Mayence pour être attachés à l'armée du *Mein*, tandis que les généraux Sorbier et Neigre resteront à votre armée.

« Je crois vous l'avoir dit et j'ai besoin de vous le

répéter : j'ai besoin de tout le personnel de l'artillerie de la garde. Renvoyez donc tout sur Francfort. Cela rentre dans l'immense composition de l'artillerie de la garde, et, si l'on était privé de quelque chose, cela affaiblirait d'autant le matériel, qui doit être de 120 pièces de canon.

« Le général d'artillerie Charbonnel est destiné à commander l'artillerie du 1er corps d'observation du Mein (aujourd'hui 3e corps). Il me tarde de le savoir à Francfort, car le prince de la Moskowa y sera rendu le 15, et son corps est déjà réuni et dans le cas de faire quelque chose. Si vous avez des nouvelles de ce général, faites-les-moi connaître.

« Le 6e convoi d'artillerie pour le corps d'observation de l'Elbe est parti de Mayence le 11. Ainsi le général Lauriston a aujourd'hui 92 bouches à feu et un approvisionnement et demi et un huitième attelés.

« Instruisez-moi du jour où toutes les compagnies d'artillerie destinées aux 1er et 2e corps d'observation du Rhin, qui étaient à Magdebourg, arriveront à Francfort. »

« Mon fils, je vous ai demandé d'envoyer sur Gotha les 1er et 3e régiments de lanciers de ma garde, ainsi que l'escadron du grand-duché de Berg. Je vous ai témoigné également le désir que tous les officiers et sous-officiers de la garde qui vous seraient inutiles, ainsi que tout le personnel de l'artillerie de la garde, fussent dirigés sur Francfort. Faites-moi connaître l'exécution de ces dispositions.

<small>Nap. à Eug.
Trianon,
14 mars 1813</small>

« Aussitôt que vous penserez pouvoir vous passer du régiment que commande le général Lion, envoyez-le sur Gotha. Envoyez-y aussi mes gendarmes d'élite, vu que vous devez trouver à Magdebourg deux escadrons de 500 gendarmes dont vous vous servirez pour la police de votre armée. »

Nap. à Eug. Trianon, 14 mars 1813.

« Mon Fils, je reçois votre lettre de Leipzig du 9 mars au soir.

« Vous ne me dites pas si le général Lauriston vous a fait connaître la direction que j'indiquais. Au reste, vous aurez reçu le 10 ma lettre du 5, qui vous aura instruit de mes intentions. Le général Flahaut vous arrivera, je crois, demain. — Aussitôt que vous aurez des nouvelles du général Morand en Poméranie, instruisez-m'en, même des bruits qui vous arriveraient de ce côté. — Par nos dernières nouvelles, il ne paraît pas encore décidé que la Prusse veuille entrer en campagne contre nous. Cependant, depuis la trahison du général York, et par la physionomie qu'ont prise les choses depuis, le cabinet de Berlin ne paraissait pas devoir rester longtemps notre allié; mais je ne pense pas qu'ils aient autant de troupes que le général Reynier le croit. N'oubliez pas que la Prusse n'a que 4 millions de population; dans les temps les plus prospères, la Prusse n'avait pas plus de 150,000 hommes, qu'elle ne manquait pas d'exagérer et de porter à 300,000. — Malgré tous les efforts du roi, certainement il n'aura pas au mois de mai 40,000 hommes, sur lesquels 25,000 tout au plus seront disponibles, par suite de la nécessité où il se trouve de garder la Silésie, les places de Grandentz, de Colberg, de Pillau et d'avoir des troupes pour la police du pays. — Après la bataille d'Iéna, dans la campagne d'hiver qui a suivi, quelques efforts qu'aient fait les Prussiens, ils n'ont jamais pu réaliser plus de 10,000 hommes. — Il y a beaucoup de malades dans le corps du général York. Tous les renseignements qui arrivent de l'armée russe annoncent également qu'elle a beaucoup de malades. Quoi qu'on en dise, un gros corps d'armée est devant Dantzig, il est vrai qu'ils ne sont pas entrés à Varsovie, qu'ils font faire le service par les gardes nationales et qu'ils n'ont laissé s'établir aucune communication entre la ville et leur armée.

« Est-ce pour cacher leur situation et pour empêcher que beaucoup d'hommes ne se fourrent dans la ville pour s'y réfugier contre le froid ? »

« Sire, j'ai l'honneur d'adresser à Votre Majesté la situation de la partie de la garde impériale qui est ici sous les ordres du général Roguet. Le dépôt de cavalerie a reçu l'ordre de se rendre à Francfort, où il pourra achever de s'habiller et de s'équiper. Le dépôt d'infanterie peut rester à Iéna, car ce sont tous des hommes convalescents. Je n'ai pu remplir les ordres de Votre Majesté pour attacher à l'artillerie de cette division une compagnie de canonniers de la garde à cheval, une compagnie de canonniers à pied, car tout le personnel de l'artillerie, à l'exception d'une compagnie à cheval qui devait se former à Magdebourg, avait été dirigé sur Fulde et nouvelle-

Eug. à Nap. Leipzig, 14 mars 1813.

ment à Francfort. Mais cette compagnie, qui a été reformée à Magdebourg, a dû être renvoyée en Hanovre pour des remontes, et, soit de Hanovre, soit de Magdebourg, elle a été également dirigée avec le personnel sur Fulde et Francfort. D'après ce que m'a dit le général Sorbier, tous les hommes qui se formaient, étant anciens, auraient été répartis dans les compagnies que l'on forme nouvellement ainsi pour remplir les intentions de Votre Majesté. Il faudra qu'on nous envoie de Francfort une compagnie à pied et une compagnie à cheval pour servir les 12 pièces qu'a actuellement la division du général Roguet, et que je ferai porter incessamment à 14. Le prince d'Eckmühl me rend compte de son arrivée à Dresde avec la division du général Gérard. Votre Majesté voudra bien se rappeler que le général Gérard commande en ce moment la 31ᵉ division, qui n'avait point de général de son grade, et, comme cette 31ᵉ division manquait de bataillons qui étaient restés à Stettin, ainsi que Votre Majesté l'aura vu par la situation, je l'ai complété avec les 2,000 hommes que j'avais mis à Posen sous les ordres de ce même général. Le prince d'Eckmühl n'entre encore dans aucun détail sur ce qui s'est passé à Dresde. Il m'écrit seulement qu'il n'était encore question que de partis de Cosaques et qu'il allait faire passer des troupes sur la rive droite. D'après nos rapports d'hier de nos postes sur l'Elbe, l'ennemi a fait quelques reconnaissances, et le général Lauriston me rend compte qu'il apprend de son extrême gauche qu'à Lutzen il serait arrivé une colonne de cavalerie. On prétend qu'elle se dirigeait sur Hambourg. J'ai donné ordre pour que de Torgau on envoyât à Wittenberg de l'artillerie. Cette place vient de recevoir une bonne augmentation de défense, parce qu'on a pu mettre dans les fossés jusqu'à 6 pieds d'eau. On s'occupe du palissadement et de terminer l'ouvrage qui est entre le pont et la ville. Je demanderai à Votre Majesté si, le cas arrivant d'un mouvement pour se rapprocher de Magdebourg et des montagnes du Hartz, je devrais continuer d'occuper cette place; elle est très-avantageuse à conserver pour le moment où nous reprendrons l'offensive, mais je doute qu'elle pût tenir longtemps, si elle était sérieusement attaquée; ne serait-ce pas diminuer nos ressources que d'y laisser 5,000 hommes livrés à eux-mêmes?

« Le général Lauriston a dû commencer à recevoir aujourd'hui son artillerie; les convois vont se suivre à deux ou trois jours de distance. On m'écrit de Hanovre que le général Bourcier y a 5,000 hommes et 5,000 chevaux, mais qu'il ne peut encore mettre personne à cheval, parce qu'il manque d'armes, d'habillements et d'harnachements pour les chevaux; je prie Votre Majesté de vouloir bien donner ses ordres à ce sujet.

« Nous commençons à ressentir le besoin d'argent. Il n'existe plus en caisse que quelques centaines de mille francs en traites du trésor qu'on trouve difficilement à négocier. Le ministre du trésor comptait que nous avions 2,000,000 en numéraire de plus que nous n'avons réellement, car il avait compris ce qui existait dans la caisse de Hambourg. Mais le payeur de cette ville, dans la crainte de quelque mouvement séditieux, a changé son numéraire en papier qu'il a renvoyé à Paris. Il est donc en ce moment très-urgent que le ministre du trésor nous renvoie des fonds en effectif. »

Nap. à Eug. Trianon, 15 mars 1813.

« Mon fils, comme vous ne m'avez pas envoyé les états de situation de votre corps; que je n'ai aucun état de celui du général Reynier; que j'ignore la situation de votre artillerie à l'un et à l'autre de ces corps; que je ne sais pas même où est le général Reynier; que je ne sais s'il couvre Dresde, et pas même si l'infanterie ennemie a passé l'Oder, vous sentez qu'il est bien difficile que je donne des ordres et que je commande mon armée. Je ne puis comprendre ce qui empêche votre chef d'état-major d'envoyer tous les états au prince de Neufchâtel; et pourquoi vous ne me faites pas connaître tout ce que vous savez.

« Je réponds à votre lettre du 10. Mes lettres du 5 jusqu'au 10, et l'arrivée de mon aide de camp Flahaut, vous auront fait connaître mes intentions. Par vos dispositions du 10, vous placez parfaitement vos troupes pour empêcher aux Cosaques et aux troupes légères ennemies de passer la rivière. Vous placez votre armée comme une arrière-garde ou comme on placerait une avant-garde; mais il n'y a pas de dispositions réelles. — En effet, vous ne faites pas connaître ce que feront le prince d'Eckmühl, le duc de Bellune et vos différents généraux si l'ennemi passait l'Elbe; il faut mettre en principe que l'ennemi passera l'Elbe où et comme il voudra. Jamais une rivière n'a été considérée comme un obstacle qui retardât de plus de quelques jours, et le passage n'en peut être défendu qu'en plaçant des troupes en force dans des têtes de pont sur l'autre rive, prêtes à reprendre l'offensive aussitôt que l'ennemi commencerait son passage. Mais, voulant se borner à la défensive, il n'y a pas d'autre parti à prendre que de disposer ses troupes de manière à pouvoir les réunir en masse et tomber sur l'ennemi avant que son passage ne soit achevé; mais il faut que les localités le permettent et que toutes les dispositions soient faites d'avance.

« Si le corps ennemi de droite qui peut être de 25,000 hommes et qu'il fera, comme de raison, passer pour 50,000, se portait sur Hawelsberg et voulait passer l'Elbe, entre Magdebourg et Hambourg, que feriez-vous? L'ennemi aurait passé et serait déjà sur Hanovre avant que vous eussiez fait aucun mouvement. Si 40 ou 50,000 hommes marchaient sur Dresde, se battrait-on sur la ville pour défendre le pont? Si l'ennemi passait l'Elbe du côté de Pilnitz, où cela est si facile, la rivière y étant si étroite, que ferait le prince d'Eckmühl? Enfin, si l'ennemi passait l'Elbe entre Magdebourg et Wittenberg, ce qu'il n'osera faire s'il ne voit nulle part des masses offensives, que deviendront toutes les colonnes de l'armée, coupées par les troupes légères, en ayant sur leur derrière, et ne pouvant se rallier? Rien n'est plus dangereux que d'essayer de défendre sérieusement une rivière en bordant la rive opposée; car, une fois que l'ennemi a surpris le passage (et il le surprend toujours), il trouve l'armée sur un ordre défensif très-étendu et l'empêche de se rallier. Tous ces inconvénients sont encore bien plus grands dans la situation actuelle des choses, quand l'ennemi a tant de cavalerie et tant l'habitude de ces mouvements; je ne puis donc que m'en rapporter à mes dernières lettres.

« Placez le prince d'Eckmühl avec ses 16 bataillons sur votre gauche, il y sera bon. Il connaît Hambourg et y est connu, et sa proximité de cette ville sera très-utile. Ces 16 bataillons doivent observer l'extrémité par des postes et ne jamais se laisser couper de Magdebourg. S'il y avait sur la rive droite, vis-à-vis de Werben et Hawelsberg, un poste qu'on pût mettre à l'abri d'un coup de main, pour servir de tête de pont, ou au moins son va-et-vient, ce serait une fort bonne chose.

« Placez en avant de Magdebourg les quatre divisions du général Lauriston, les trois divisions du 11ᵉ corps, la division de la garde, le 1ᵉʳ et le 2ᵉ corps de cavalerie. Vous réunirez ainsi 60,000 hommes d'infanterie, 250 pièces de canon et bientôt 10 ou 12,000 hommes de cavalerie [1].

« Couvrez votre camp par quelques lunettes, faites-y bien baraquer vos troupes, envoyez tous les jours dans différentes directions des avant-gardes de 1,500 chevaux et d'une division d'infanterie. Placez

---

[1] Jamais le prince ne put réunir, pendant cette campagne, plus de 3 à 4,000 cavaliers. Il ne le laissa pas ignorer à l'Empereur.

le duc de Bellune sur la rive droite de Magdebourg. Donnez-lui le commandement de Wittenberg. Placez dans cette ville le général Dombrowski avec un bataillon saxon, une compagnie d'artillerie saxonne, une compagnie d'artillerie française, un officier d'artillerie et un officier du génie français. Si cela ne composait pas 2,000 hommes, le duc de Bellune y fournirait 1 ou 2 de ses 12 bataillons pour compléter ce nombre. On mettra à Wittenberg 30 bouches à feu dont 6 obusiers et petits mortiers et un approvisionnement pour cette garnison pendant deux mois; et on travaillera constamment à mettre la place en état. Le duc de Bellune se tiendra du côté de Dessau; il veillera à la défense de l'Elbe entre Magdebourg et Wittenberg, et commandera également entre Wittenberg et Torgau. Le général Reynier commandera le long de l'Elbe depuis Torgau jusqu'à la Bohême. A cet effet, un général saxon, avec les deux tiers de la garnison de Torgau, gardera la rive gauche de la rivière, tandis que l'autre tiers restera dans la place. Le général Reynier fera couper le pont de Meissen, et se maintiendra autant que possible à Dresde. Le commandant de Kœnigstein gardera l'Elbe au-dessus de Dresde et fera retirer tous les bateaux qui seront placés sous le canon de Kœnigstein à Torgau. Dans cette situation des choses, votre position dans le camp devant Magdebourg rétablira le moral de vos troupes. Si l'ennemi marchait en force sur Hawelsberg, il ne pourrait pas le faire sans avoir 80,000 hommes pour vous masquer. Si l'ennemi veut sérieusement marcher sur Dresde et que Reynier ne puisse l'arrêter, ce général se jettera derrière la Mulda, et défendra cette ligne contre les troupes légères de l'ennemi. Enfin, il se formera toujours sur votre droite. Dans cette situation, un mouvement sur Magdebourg, sur Brandebourg et Berlin effrayerait l'ennemi, et le forcerait à rappeller la masse de ses forces sur la rive droite de l'Elbe. En faisant prendre une position offensive, et en montrant l'existence de la grande quantité de troupes qui sont à Magdebourg, l'ennemi sera bridé et ne pourra rien faire de raisonnable sans opposer une armée de 100,000 hommes à la vôtre; et, se voyant ainsi à la veille d'une bataille, il se gardera bien de faire des détachements qui l'affaibliraient. — Je sais bien que la grande question est Dresde, mais c'est une question qu'on ne peut éviter. Les dispositions que vous avez prises ne défendent point cette ville, car, si l'ennemi veut sérieusement marcher sur Dresde, que feront la 31ᵉ division et 6 bataillons de plus que vous donnez au prince d'Eckmühl? Cela est tout à fait comme rien. Vous ne défendez pas Dresde et vous vous exposez à un échec, en compromettant ce corps si l'ennemi y marchait en force. S'il n'entre pas dans les projets de l'ennemi de se porter en force sur Dresde, le général Reynier avec le corps saxon, qui a dû se renforcer et que je suppose avoir été complété à 12,000 hommes, est bien suffisant pour le défendre. La retraite du général Reynier de Dresde ne serait ni un affront pour nous, ni une nouvelle pour l'Europe. Ce ne serait que la suite de son premier mouvement de retraite. Celle du prince d'Eckmühl serait un véritable affront. Elle montrera que nous avons voulu défendre Dresde, et que nous ne l'avons pas pu. Pour défendre Dresde, il faudrait vous y porter avec toutes vos forces, et y faire ce que je vous ai indiqué pour Magdebourg; mais alors la Westphalie, Hanovre et la 32ᵉ division militaire seraient à découvert; ce sont les points les plus importants, et je préférerais voir l'ennemi à Leipzig, Erfurth et Gotha plutôt qu'à Hanovre et à Brême. C'est un malheur que le 1ᵉʳ et le 2ᵉ corps d'observation du Rhin, et que le corps d'observation d'Italie ne soient pas encore en état de se porter sur Dresde; c'est ce que je leur ferai faire aussitôt qu'ils le pourront; mais je ne veux point compromettre toute la destinée de la campagne prochaine, en envoyant en avant des corps dont l'artillerie n'est pas complète et ayant peu de cavalerie. Ce serait s'exposer à un affront.

« Le roi de Westphalie avec 8 bataillons, ce qui, avec les troupes et les batteries qu'il aura organisées, fera au 1ᵉʳ avril 10,000 hommes et 30 pièces de canon, se portera à deux ou trois journées en arrière de Magdebourg, pour être à portée de se porter sur votre flanc gauche ou votre flanc droit, si l'ennemi voulait vous livrer bataille. — Je suppose qu'une fois votre corps d'armée réuni dans le camp en avant de Magdebourg, ayant 80,000 hommes d'infanterie, en comptant les corps de vos flancs, vous ne vous laisserez pas enfermer par les Cosaques et quelques bataillons d'infanterie. Dès que vous aurez enlevé cette infanterie, et montré l'intention de détruire tous les détachements ennemis qui seront à voire portée, tout cela se dissipera comme de la fumée. Aussitôt qu'une bonne fois, à la pointe du jour, vous aurez fait sortir de votre camp, sur plusieurs colonnes, 6,000 chevaux de cavalerie soutenus par l'infanterie nécessaire, et que vous aurez culbuté les Cosaques, enlevé leur artillerie et le peu d'infanterie qu'ils ont avec eux, vous ne les verrez plus se présenter que cinq par cinq, montés sur leurs meilleurs chevaux pour éclairer ce que vous faites. Il est urgent qu'une pareille opération se fasse pour faire connaître le changement des choses, ce qui arrêtera le mouvement de l'ennemi, et, s'il a cerné Spandau ou s'il a un corps dans Berlin, ces troupes se trouveraient fort compromises. En prenant l'offensive, vous aurez repris Berlin, car on n'y verra pas plutôt la garnison russe inquiète et alarmée, et ce gros nuage qui se forme à Magdebourg, que les esprits changeront. Il y a aussi trop de communication avec Francfort pour qu'on ne sache pas aussi celui qui s'y forme.

« *En résumé* : Si l'ennemi veut marcher sur Dresde avec son armée en même temps qu'il marche avec un autre corps sur le Hanovre, il est évident que vous ne pouvez point penser à défendre Dresde. Obligé d'opter entre la défense du bas Elbe et celle du haut, je désire défendre le bas ; 10 à 12,000 hommes qu'a le général Reynier suffisent pour défendre Dresde[1], si l'ennemi ne veut pas y venir en

---

[1] C'était encore une erreur ; le corps de Reynier était loin d'être aussi considérable à cette époque.

force pour ne pas trop s'étendre et ne pas se compromettre. La formation du camp de Magdebourg est même le meilleur moyen de défendre Dresde, en ôtant à l'ennemi l'envie d'y aller, puisque, comme je l'ai déjà observé, il pourra craindre qu'on ne veuille se porter de Magdebourg sur Stettin, et c'est le seul moyen de réorganiser l'armée. S'il avait été convenable de défendre Dresde, il aurait fallu se grouper autour ; mais nous n'aurions eu ni magasins, ni munitions, ni aucune des ressources que donne une place forte.— Si Wittenberg était une place comme Magdebourg, vous auriez pu vous y porter comme je l'ai dit pour Magdebourg, et cela aurait même été plus avantageux, puisque Wittenberg est plus près de Berlin, de Dresde, et même de la ligne d'opération de l'armée ennemie qui se portera sur Hanovre, mais une armée campée à Wittenberg peut craindre d'être tournée, tandis que, campée à Magdebourg, elle n'a rien à craindre ; elle pourrait au besoin s'y renfermer tout entière, et peut manœuvrer sur les deux rives. Enfin, si, ce que je ne pense pas pouvoir arriver, l'ennemi était bien loin d'avoir autant de troupes disponibles que vous, à cause de ce qu'il a été obligé de laisser devant les Autrichiens, devant Dantzig, Thorn, Modlin, et les places de l'Oder, le grand nombre de ses malades et ses pertes dans les marches, si, dis-je, l'armée devait quitter Magdebourg, ce devrait être pour protéger la Westphalie, la 32e division militaire et la Hollande. La ligne d'évacuation de vos malades, des postes de l'armée et l'estafette des mouvements des dépôts d'artillerie, etc., doit passer par Wesel. Aussi ai-je donné l'ordre que le second approvisionnement d'artillerie pour votre corps se réunît à Wesel.

« Si ce que j'ordonne pour l'Elbe eût été fait sur l'Oder, et qu'au lieu de vous retirer sur Francfort, vous vous fussiez groupé devant Custrin, l'ennemi aurait regardé à deux fois avant que de rien jeter sur la rive gauche, vous auriez du moins gagné vingt jours, et donné le temps au corps d'observation de l'Elbe de venir occuper Berlin.

« Lorsque la saison sera plus avancée, il sera possible qu'avant même de commencer mes opérations votre armée se porte dans une position avancée sur Spandau. Au reste, je vous ai dit tout cela tant de fois dans mes lettres, je l'ai tant dit au général Flahaut, que j'ajouterai seulement encore que si l'ennemi, comme je le crois, n'est pas en force entre l'Oder et l'Elbe, j'attache une grande importance à ce que vous fortifiiez un point vis-à-vis Hawelsberg, qui domine le canal, et assure le passage de la rivière.

« Les Autrichiens ont un corps d'observation en Bohême, et si les Russes s'avançaient au delà de Dresde, ils seraient obligés de laisser un corps pour observer les débouchés de la Bohême. Quant à la difficulté de vivre, vous avez devant vous les plus belles provinces de Prusse, d'où vous pouvez tirer, en suivant les principes d'exécution militaire, c'est-à-dire en désignant à chaque village, même à dix lieues de distance, les quantités qu'il doit fournir à votre camp; et, dans le cas où un village n'exécuterait pas votre ordre, y envoyer un détachement pour le mettre à contribution, et y brûler au besoin quelques maisons.

« Vous avez sur la rive gauche les provinces de Magdebourg, de Halberstadt, etc., qui sont les plus belles provinces de cette partie de l'Allemagne; il ne serait pas impossible qu'au 1er avril je n'ordonnasse à 60,000 hommes de se porter sur Leipzig pour servir de réserve à la défense de Dresde. Vous pouvez donc faire connaître au général Reynier que, vraisemblablement, au 1er avril, j'enverrai 60,000 hommes avec 200 pièces de canon se ranger derrière lui. — Les deux armées étant alors ainsi formées, et l'Elbe bien gardée, nous serons maîtres de choisir le moment convenable pour l'offensive; mais cela ne peut être avant le 1er avril; ce corps ne pouvant partir de Wurstzbourg qu'au 1er avril. Vous recevrez cette lettre le 18 ou le 19; ce sera donc douze jours qu'il faudra que le général Reynier gagne. »

« Mon fils, il ne faut pas prendre les 500 gendarmes; chacun a son service : ces 500 gendarmes sont très-précieux; ils doivent former la police de toute l'armée. Tenez-les reposés derrière Magdebourg. Faites-en la police de votre quartier général. Nous aurons besoin de 250 gendarmes pour la police du quartier général de l'armée de l'Elbe. Renvoyez, sans perdre un moment, tous les gendarmes d'élite à pied et à cheval sur Gotha, ainsi que le 1er

<small>Nap. à Eug. Trianon, 15 mars 1813.</small>

et le 3ᵉ de lanciers. Ne gardez pas un seul gendarme d'élite. »

Nap. à Eug.
Trianon,
15 mars 1813.

« Mon fils, il est convenable que les généraux Sébastiani et Latour-Maubourg reçoivent le plus souvent possible des ordres directs de vous, sans quoi l'esprit de la cavalerie se perdrait. Les généraux d'infanterie ont trop souvent l'habitude d'écraser la cavalerie, et de la sacrifier à l'infanterie ; je désire donc que vous la gardiez dans vos mains, et que vous lui donniez directement vos ordres.

« Levez tous les obstacles à Magdebourg, faites former un magasin d'effets d'habillement et d'équipement, faites faire des recherches partout où vous pourrez. On m'annonce qu'en beaucoup d'endroits, à Leipzig, à Erfurth, il y a quantité d'effets propres à l'armée. Instruisez-moi quel est le commissaire qui a fait toute l'année les transports depuis Mayence jusqu'à Magdebourg. Veillez à ce que tout soit en règle. Faites mettre la solde au courant, et payer la gratification accordée aux officiers de cavalerie. J'ai nommé Lhéritier général de division. Envoyez-le à Mayence, où il recevra de nouveaux ordres. — Mandez au général Guilleminot de se rendre à Mayence pour être à la tête du bureau d'état-major, à moins que vous ne préfériez d'y envoyer le général Monthyon ; dans ce cas, vous garderiez le général Guilleminot.

« Je suppose que les compagnies qui étaient à Magdebourg, destinées pour les deux corps d'observation du Rhin, sont parties le 11 pour Francfort, où elles sont nécessaires pour l'artillerie de ces deux corps d'armée. »

Eug. à Nap. Leipzig, 15 mars 1813.

« J'ai l'honneur d'adresser à Votre Majesté les copies des différentes lettres que j'ai reçues hier et ce matin du général Lauriston, ainsi que de la lettre que j'ai cru devoir lui répondre. Je n'ai pas pu approuver que, pour un parti de 2,000 chevaux et quelques hommes d'infanterie, il fasse faire un changement de front à ses troupes. Il parlait même déjà de prendre la position de l'Alle, d'arrêter son artillerie à Cassel; tout cela doit prouver à Votre Majesté combien on s'inquiète facilement.

« J'ai reçu ce matin la lettre chiffrée du 9 mars de Votre Majesté. Elle n'est point encore achevée de traduire; mais je vois avec le plus grand regret que je n'ai pas prévu ses intentions. Je n'ai reçu que sur la rive gauche de l'Elbe la marche à suivre sur Magdebourg en cas d'évacuation de Berlin; je crois cependant encore pouvoir prendre, ainsi que Votre Majesté paraît le désirer, la ligne d'opération sur Cassel, puisque de Cassel comme de Magdebourg on peut marcher par les deux flancs du Hartz sur Hanovre et Cassel, dans le cas où l'ennemi aurait forcé le passage de l'Elbe.

« J'ai reçu le rapport du prince d'Eckmühl d'hier. Quelques partis de Cosaques ont été rencontrés par les reconnaissances à une demi-lieue de Dresde. On en a tué une douzaine. Un rapport du général Thielmann, gouverneur à Torgau, porte qu'il serait passé avant-hier à Herzberg, se dirigeant sur Dresde, une colonne de 4 à 5,000 hommes de cavalerie et 3,000 d'infanterie. Ce rapport me paraît très-exagéré. On fait aussi courir le bruit sur la rive droite de l'Elbe que les Prussiens se sont déclarés, et qu'une avant-garde de 16,000 hommes, commandée par le général Taunzin, est déjà en mouvement. Ces bruits méritent peu de confiance, d'autant plus que ces mêmes rapports feraient croire que l'empereur Alexandre serait déjà entré le 3 ou le 4 en Silésie, pour une entrevue. M. de Saint-Marsan dit, par sa lettre du 8, qu'il n'y a encore que l'envoi d'officiers d'un quartier général à l'autre.

« Tous les bateaux, depuis Kœnigstein jusqu'au dessous de Magdebourg, ont été coulés ou ralliés à Torgau et Magdebourg. On me fait seulement rapport aujourd'hui qu'une barque sur l'embouchure de l'Elster en avait été exceptée. J'envoie l'ordre au général Grenier d'employer tous les moyens de la détruire. »

<small>Nap. à Eug.
Trianon,
15 mars 1813.</small>

« Mon fils, je vous ai écrit hier; je viens de lire une lettre que vous écrivez le 11 au duc de Frioul, dans laquelle je vois que vous avez reçu ma lettre du 5.

« Je ne puis que vous dire un mot : pour sauver Dresde et contenir l'ennemi de ce côté sans courir aucun danger, pour sauver en même temps Hambourg, la Westphalie et la 32e division militaire, il n'y a qu'un seul moyen : c'est de prendre une position offensive, et la place de Magdebourg vous offre pour cela la position la plus favorable.

« Aussitôt que l'ennemi vous saura avec une armée de 80,000 hommes en avant de Magdebourg, qu'il verra à deux ou trois journées de cette place de forts détachements d'infanterie de bonnes troupes et de belles cuirasses; qu'il verra enfin que vous êtes en état de marcher sur Berlin et sur Stettin, dès ce moment Dresde se trouvera dégagé.

« Dès que vous aurez pu réunir assez de cavalerie pour faire avec de l'infanterie quelque expédition contre les Cosaques, et les étriller, vous les verrez disparaître.

« Tous les voyageurs qui arrivent de Paris à Francfort ont vu la France couverte de troupes. Ils voient le grand nombre de troupes qui se trouve déjà à Francfort, et la nouvelle en doit passer aux Russes, qui, au fait, sont dans une très-mauvaise situation.

« Il est fâcheux que Wittenberg ne soit pas une place aussi forte que Magdebourg. »

« Sire, j'ai l'honneur d'adresser à Votre Majesté la copie d'une lettre du prince d'Eckmühl, ainsi que deux lettres que j'ai reçues ce matin du général Lauriston. *Eug. à Nap. Leipzig, 16 mars 1813.*

« J'ai lu et relu attentivement les diverses lettres chiffrées que Votre Majesté m'a fait l'honneur de m'écrire. J'y vois que son intention est bien prononcée pour que je me concentre autour de Magdebourg, en poussant même une avant-garde sur la rive droite de l'Elbe, et en ne laissant pour éclairer la rive gauche que le corps du général Reynier, les Bavarois, les Polonais, les deux divisions du 1er et

2ᵉ corps, et enfin le corps westphalien quand il sera formé. Je suis très-pénétré actuellement des intentions de Votre Majesté, et, en conséquence, je vais faire mon reploiement sur Magdebourg, en prenant une ligne d'opération sur Cassel et Hanovre, sur Wesel. Ce mouvement sera effectué dans sept à huit jours, et je rendrai demain compte en détail à Votre Majesté des ordres de mouvement et instructions qui auront été donnés à cet effet. Je ne cache pas à Votre Majesté tous les obstacles que nous éprouvons par la difficulté de réunir un aussi grand nombre de troupes dans un pays où on éprouve déjà tant d'embarras pour compléter le simple approvisionnement de la place; par les maladies qui ne manqueront pas de se manifester en campant les troupes dans une pareille saison, et enfin par les craintes que j'ai que quelques partis ennemis ne parviennent à pénétrer sur la rive gauche, à gêner nos communications, nos approvisionnements, etc., etc. Mais les ordres de Votre Majesté sont trop positifs et trop clairs pour que j'hésite un instant à les mettre en exécution.

« J'ai reçu ce matin une lettre de M. de Saint-Marsan, sous la date du 12, de Breslau. Il m'envoie la composition de l'armée prussienne, et me mande que non-seulement il n'y avait encore eu à cette époque aucune entrevue entre les deux souverains, mais que le bruit courait que l'empereur Alexandre ne commandait plus à Breslau, mais directement à Berlin. Il me mande cependant que l'armée prussienne paraît pouvoir être rendue mobile d'un moment à l'autre. Plusieurs transports d'artillerie ont déjà eu lieu sur Leignitz. »

Eug. à Nap.
Leipzig,
16 mars 1813.

« Sire, Votre Majesté, par sa lettre du 12 mars, me prescrit de faire payer la gratification qu'elle a accordée aux officiers de cavalerie. Le défaut de fonds est seul cause du retard de ce payement. J'ai l'honneur de mettre sous les yeux de Votre Majesté la situation de caisse en ce moment. Elle verra qu'une somme de 2,835,000 francs est dans la caisse de diverses places, mais l'emploi en est fixé par le trésor, et une seconde somme de 3,200,000 francs est en route, et doit couvrir les dépenses courantes et celles ordonnées par Votre Majesté. Lorsque ces derniers fonds seront parvenus à leur destination, on pourra acquitter la gratification accordée par Votre Majesté aux officiers de cavalerie. »

Nap. à Eug.
Trianon,
17 mars 1813,
4 heures
après midi.

« Mon fils, je vous envoie un bulletin de Hambourg du 12. Vous y verrez que 200 Cosaques vont s'emparer de toute la 32ᵉ division militaire. On a coulé beaucoup de chaloupes canonnières; ils me font un tort de plusieurs millions ; ils porteront l'insurrection sur tous les derrières de la ligne de l'Elbe. —Cela est le résultat de ce que, vous tenant sur la défensive derrière la gauche, vous n'avez plus aucune action sur l'ennemi. Je vous ai tant répété cela, et je vous l'ai fait dire avec tant de détail par le général Flahaut, que j'espère enfin que vous aurez senti la nécessité d'occuper un camp en avant de Magdebourg, et de menacer de couper tous les partis ennemis qui s'enfonceraient du côté de Hambourg, à 80 lieues du gros de leur armée. Cela est d'autant plus important, que ce qui se passe dans la 32ᵉ division va probablement attirer des débarquements d'Anglais, de Suédois, et peut-être même de Russes, et, lorsque l'ennemi sera établi sur le bas Elbe, s'il fait sur Dresde un mouvement en force auquel vous n'auriez rien à opposer, vous vous trouverez sans ligne d'opération.

« En réunissant toute votre cavalerie au camp en avant de Magdebourg, l'ennemi serait obligé de rappeler toute la sienne pour la tenir en échec, et vous aurez protégé le retour du général Morand de la Poméranie suédoise. D'après le bulletin ci-joint, son retour paraît éprouver bien des obstacles. Comment ce général ne s'est-il mis en mouvement que le 11, tandis que vous aviez quitté Berlin dès le 4? Je n'ai rien à ajouter à toutes les lettres que je vous ai écrites dans le courant de ce mois.

« La grande affaire, c'est la 32ᵉ division militaire et la Westphalie, puisque de là dépend la Hollande. Tout cela ne peut être gardé que par une position offensive en avant de Magdebourg.

« Toutes les remontes qui devaient avoir lieu dans la 32ᵉ division militaire, les voilà perdues! Voilà vos moyens de cavalerie paralysés, et cela par 2 ou 300 hommes!!! »

Nap. à Eug.
Trianon,
17 mars 1813.
« Mon fils, le grand maréchal m'a mis sous les yeux votre lettre du 12 et celle du général Monthyon. Continuez la correspondance avec le grand maré-

chal, quoique j'espère que sous quelques jours le prince de Neufchâtel reprendra ses fonctions.

« Vous avez reçu l'organisation générale de l'armée, vous y aurez vu que les 16 bataillons du 1ᵉʳ corps forment sa 1ʳᵉ division. Il est nécessaire que ces 16 bataillons soient réunis ensemble. Donnez ordre aux 6 bataillons que vous avez mal à propos détachés de rejoindre les autres. Ces 6 bataillons ne peuvent servir à Dresde si l'ennemi l'attaquait en force. Ces bataillons, composés de jeunes gens, seraient perdus sans pouvoir rendre aucun service.— D'ailleurs, les 1ᵉʳ et 2ᵉ corps doivent être de trois divisions, savoir : — 1ʳᵉ division, les seize 2ᵉˢ bataillons. — 2ᵉ division, les seize 4ᵉˢ bataillons. — 3ᵉ division, les seize 3ᵉˢ bataillons; les seize 4ᵉˢ bataillons sont en marche sur Wesel. Les seize 3ᵉˢ bataillons ne peuvent être en marche que vers la fin d'avril. C'est absolument le même principe pour le 2ᵉ corps, qui se trouve composé de la même manière.

« Ces 6 divisions, qui font 84 bataillons, sont destinées à faire le service dans la 32ᵉ division militaire et entre l'Oder et le Rhin. Ils se dirigent tous par Wesel. Ce serait un grand désordre si ces divisions étaient dérangées, il ne serait plus possible de s'y reconnaître.

« Je vous avais mandé de garder un général de division et 2 généraux de brigade pour le 1ᵉʳ corps, et un général de division et deux généraux de brigade pour le 2ᵉ corps; il paraît que vous n'en avez rien fait.

« Donnez ordre au général Morand de prendre la

1re division; attachez-y deux généraux de brigade. Donnez ordre à un général de division et à deux de brigade de se rendre au 2e corps. 14 majors doivent partir en poste pour prendre le commandement chacun de deux bataillons. Lorsque les divisions composées des 4es bataillons seront arrivées, on dédoublera ces bataillons, et chaque major prendra le commandement de deux bataillons, et les régiments figureront sous leur véritable nom.

« Comme je vous l'ai déjà mandé, ces deux divisions du 1er et 2e corps doivent former la garnison de Magdebourg, et, en attendant, elles doivent border l'Elbe depuis Hawelsberg jusqu'à Wittenberg.

« Wittenberg est une place forte et non une simple tête de pont. Je vous l'ai répété si souvent, que j'espère que vous l'aurez fait armer et approvisionner et que la garnison tiendra si l'ennemi avait passé l'Elbe, et que l'armée sera placée dans le camp en avant de Magdebourg. Mais il ne faut pas que la garnison de Wittenberg soit formée d'aucune des troupes du corps d'observation de l'Elbe ni du 11e corps. Les divisions de ces corps doivent tenir la campagne. Vous devez les avoir dans la main et non en détacher pour des garnisons. Les Polonais et Bavarois peuvent former la garnison de Wittenberg. Si cela était nécessaire, on pourrait cependant les renforcer de deux bataillons du 2e corps.

« Je suppose que vous avez ordonné que la route de communication de l'armée fût de Magdebourg sur Wesel, au moins pour la gauche et pour le centre. Pour la droite, la ligne peut aller de Magdebourg à Cassel et de Cassel à Wesel. — Je vois que vous n'êtes pas loin d'avoir 150 pièces de canon. Le général Lauriston en a 92; vous aurez donc en tout 250 pièces de canon.

« J'ai ordonné d'établir des magasins à Erfurth. Renvoyez tous les sapeurs, tous les artilleurs, tout le train de la garde à Francfort. Organisez-vous de manière à débarrasser Leipzig et Erfurth. Renvoyez sur Bamberg tous les cadres de la division bavaroise. Ils sont nécessaires au général de Wrede, qui arrive dans ce mois à Bamberg avec 10 bataillons, 6 escadrons et 30 pièces de canon. Ce corps doit achever de s'organiser à Bamberg et est sous les ordres du prince de la Moscowa. »

« Mon fils, je vous envoie deux bulletins de Hambourg. Il faut que l'on soit fou dans ce pays. Toutes ces alarmes viennent du général Lauriston. Je ne vois pas comment, quand on a 80,000 hommes à Magdebourg, on peut avoir ces inquiétudes à Hambourg. Voilà comme une division est bouleversée. Ces circonstances rendent l'arrivée du prince d'Eckmühl nécessaire de ce côté. Il connaît bien Hambourg et il est bien connu.

<small>Nap. à Eug. Trianon, 17 mars 1813, au matin.</small>

« Six bataillons ont dans ce moment passé Wesel pour se porter sur Brême. Les vingt-huit 2ᵉˢ bataillons des 1ᵉʳ et 2ᵉ corps sont en marche. Les vingt-huit 4ᵉˢ bataillons sont également en mouvement. Il y aura donc sur le bas Elbe (prop. main) *ou dans la 32ᵉ division militaire*, 56 bataillons appartenant aux 1ᵉʳ et 2ᵉ corps. »

Eug. à Nap.
Leipzig,
17 mars 1813.

« Sire, pour remplir les intentions de Votre Majesté, je ne laisse sur l'Elbe, depuis Dresde jusqu'à Torgau, que le 7ᵉ corps, général Reynier, et 1,500 Bavarois.

« Le prince d'Eckmühl, avec les 6 bataillons du 1ᵉʳ corps et la 31ᵉ division, occupera Wittenberg comme double tête de pont, et garnira le fleuve depuis Torgau jusqu'à Dresde. Son mouvement sera terminé le 22. Il aura aussi à ses ordres les Polonais commandés par le général Dombrowski, qui seront en seconde ligne sur la Mulda. Aussitôt que les 2 divisions du 1ᵉʳ et 2ᵉ corps seront organisées, je les échelonnerai entre Wittenberg et Magdebourg. La division Grenier et celle du général Charpentier, du 11ᵉ corps, seront placées entre Dessau et Schönebeck, où elles arriveront le 23.

« Le corps d'observation sur l'Elbe aura une division entre Schönebeck et Magdebourg, une seconde en arrière de cette place, une troisième à Wolmirstadt, une quatrième vis-à-vis les embouchures du canal de Plauen, détachant un fort parti vis-à-vis celle de la Havel, où il se retranchera.

« Le général Morand, avec les troupes qu'il aura ramenées de Stralsund, formera un corps détaché sur l'extrême gauche, pour préserver le pays en deçà du bas Elbe contre les courses des partis ennemis qui pourraient passer ce fleuve.

« Je donne l'ordre au général Reynier de faire sauter le pont de Dresde, dans le cas où il serait forcé de se retirer, de disputer le terrain pied à pied, et de profiter des avantages que pourraient lui offrir successivement la Mulda, l'Elster, la Saale, l'Unstruk et autres positions naturelles : il doit manœuvrer de manière à couvrir la route de Cassel par Langensalza.

« Je vais porter sous peu de jours mon quartier général à Magdebourg. J'ai déjà donné des ordres pour qu'on rassemblât des vivres. Je m'occuperai fortement de cet objet, et, lorsque j'en aurai réuni pour quelque temps, je ferai prendre aux troupes le camp indiqué par Votre Majesté, en avant de cette place, sur la rive droite du fleuve.

« Tout le mouvement que j'indique ci-dessus à Votre Majesté n'est que le mouvement préparatoire pour remplir entièrement ses intentions. »

« Sire, j'adresse ci-joint à Votre Majesté l'extrait des rapports qui me sont parvenus avant midi. J'y joins également la lettre du général Cara Saint-Cyr, que le général Lauriston m'a fait passer. J'ai fort désapprouvé la précipitation du général Saint-Cyr à passer l'Elbe, surtout avant d'avoir rallié le général Morand. Réunis, ils pouvaient suffire à empêcher les partis de Cosaques à pénétrer jusqu'à Hambourg. Le général Flahaut, aide de camp de Votre Majesté, est arrivé ce soir. J'ai déjà eu une longue conférence avec lui ; il en sera de même demain ; et, s'il dit à Votre Majesté toutes les raisons qui m'avaient porté à agir sur Wittenberg, il lui dira aussi que j'ai bien compris à présent l'intention de Votre Majesté, et que je vais m'occuper à la remplir de mon mieux.

« Le prince d'Eckmühl me mande de Dresde que

Eug. à Nap. Leipzig, 17 mars 1813.

le comte de Gottorp était arrivé en cette ville, et qu'il lui a fait insinuer de se tenir plus loin du théâtre de la guerre. »

Nap. à Eug.
Trianon,
18 mars 1813.

« Mon fils, je n'ai rien à ajouter à toutes les lettres que je vous ai écrites du 5 au 16. La 32e division militaire et la Westphalie sont les principaux objets de ma sollicitude. L'évacuation de Hambourg me coûte bien des millions et plus de 100 pièces de canon; et elle occasionne à votre cavalerie un grand retard dans son organisation.

« J'ai envoyé le général Dubreton pour commander la 4e division de la Grande Armée, composée de 12 seconds bataillons du 2e corps, et qui se réunit à Magdebourg.

« Le général Morand, qui était en Poméranie, commandera les 18 bataillons du 1er corps, formant la 1re division. Il faudra attacher à ces 2 divisions 4 généraux de brigade.

« Le général Dumonceau se rendra à Osnabruck pour y prendre le commandement des seize 4es bataillons du 1er corps formant la 2e division.

« Le général Dufour commandera les douze 4es bataillons du 2e corps, formant la 5e division. Les 2 divisions vont se réunir à Osnabruck et Brême (main propre), *sous les ordres du général Vandamme*, et ne tarderont pas à arriver. Par ce moyen, 4 divisions du 1er et du 2e corps se trouveront réunies entre la mer et le bas Elbe. Le duc de Bellune ne connaît pas assez la 32e division, ni les hommes, ni les choses, et n'y est pas connu. Il faut que le prince d'Eckmühl en ait le commandement.

« Le général Reynier suffit pour commander à Dresde; et je ne vois pas pourquoi vous envoyez tant de commandants. Puisque la division Gérard est déjà à Dresde, il y a peu d'inconvénient qu'elle renforce ce point important.

« Le parti pris de faire sauter le pont de Dresde et de rétablir l'ancienne enceinte à la tête de la ville me paraît convenable; mais tous ces préparatifs disparaîtront si l'ennemi fait un mouvement de 40,000 hommes sur Dresde. Or c'est contre ce mouvement qu'il faut se prémunir. Il ne faut pas chercher si l'ennemi fera ou ne fera pas de mouvement. Ce qu'il ne fait pas aussitôt, il pourra le faire dans quinze jours, et dans quinze jours rien ne sera changé de votre côté. C'est parce que vous vous êtes laissé éblouir par de pareilles illusions que vous n'avez pas pris un grand parti.

« Je vous répète donc que vous devez donner au prince d'Eckmühl le commandement de la 32ᵉ division et de toute la rive de l'Elbe de Magdebourg à Hambourg. — Que le duc de Bellune, avec la 4ᵉ division et une poignée de Bavarois et Polonais, aura le commandement depuis Wittenberg jusqu'à Dessau; que la garnison de Torgau gardera la rive gauche, et qu'elle renforcera tout ce qui appartient au général Reynier. Puisqu'il paraît que le corps du général Reynier est si faible, vous lui laisserez la division Gérard; mais il faut qu'il s'échelonne en 2ᵉ ligne de manière à ne pas pouvoir être coupé de Magdebourg. Réunissez le 1er et le 2e corps de cavalerie sur Magdebourg. Faites placer les 4 divisions du général Lauriston et les 2 du général Grenier en avant de cette place. Prenez votre ligne d'opération de Magdebourg sur Wesel. Faites battre par des avant-gardes de cavalerie et d'infanterie, avec de l'artillerie, toute la rive droite. L'alarme sera aussitôt à Berlin. La crainte que vous ne preniez l'offensive, en vous portant sur Stettin, retiendra l'ennemi. C'est le moyen le plus puissant de venir au secours de Dresde; et vous serez au moins certain d'empêcher toute opération sur Hambourg. — Je n'ai plus autre chose à ajouter : ce serait la même répétition.

« Vous garderez Dresde si l'ennemi le veut; et, sans doute, tant que l'ennemi ne viendra pas avec 25 à 30,000 hommes, qu'il fera passer pour 50,000, on n'évacuera point Dresde. D'après les mesures qui ont été prises, il est évident que l'ennemi ne tentera point de forcer la ville; mais, s'il est en force, il menacera de passer ou passera effectivement à droite ou à gauche, en amont ou en aval. Toutefois, c'est cependant un très-grand point que de garder Dresde jusqu'à ce que l'ennemi ait fait un grand mouvement d'armée et aussi longtemps que possible; mais il faut enfin prendre une position qui vous mette à l'abri des volontés de l'ennemi, et que vous puissiez occuper, quelque chose qu'il fasse; d'où vous puissiez maîtriser ses mouvements en l'obligeant à venir vous bloquer; ce ne peut être que le résultat d'une position offensive, en campant en avant de Magdebourg, ou du moins en ayant un camp, si vous ne voulez pas faire camper toutes vos troupes, qui couvre vos cantonnements; et, dans le cas où la saison serait encore trop rude, les grouper autour de Magdebourg, sur les deux rives, en faisant de forts détachements sur Spandau dans la direction de Stettin. Cela rétablira le moral et la discipline de l'armée et toutes les affaires. Quant aux vivres, vous avez les plus belles provinces de l'Allemagne sous la main. Vos partis sont couverts par une grande rivière; vous ne pouvez donc avoir de difficulté à vivre. Tout cela est d'autant plus important qu'il faut s'attendre d'un moment à l'autre à un débarquement anglais du côté de Hambourg. »

« Mon fils, le général Vandamme sera arrivé le 25 mars à Wesel. Il y prendra le commandement de la 2ᵉ division du 1ᵉʳ corps, composée des seize 4ᵉˢ bataillons qui sont sous les ordres du général Dumonceau, de la 5ᵉ division, composée des douze 4ᵉˢ bataillons du 2ᵉ corps, qui sont sous les ordres du général Dufour, et des 10 bataillons des divisions réunies. Le général Vandamme aura donc 38 bataillons sous ses ordres, mais tous de jeunes troupes. J'ai ordonné qu'on lui organisât sur-le-champ à Wesel une batterie d'artillerie. Le général Vandamme va d'abord porter son quartier général à Osnabruck, de là à Minden et à Brême; il rétablira la police sur les côtes; rétablira le général Cara Saint-Cyr à Hambourg et fera tout rentrer dans l'ordre à Lubeck. Quatre ou cinq de ces bataillons doivent déjà être arrivés à Osnabruck. D'autres y arri-

Nap. à Eug. Trianon, 18 mars 1813.

veront dans les derniers jours du mois, et dans les premiers jours d'avril.

« Aussitôt que le prince d'Eckmühl sera arrivé sur la gauche, vous lui donnerez le commandement de sa 1ʳᵉ division, que commandera le général Morand, celui du corps du général Vandamme et de toute la 32ᵉ division militaire. Ce maréchal est très-propre, par la connaissance qu'il a des localités, à rétablir l'ordre et à faire des exemples sévères. Vous direz au général Morand de garder ses artilleurs et ses marins, mon intention étant de le renvoyer en Poméranie avec la 1ʳᵉ division, aussitôt que nous serons sur l'Oder. — Le général Dubreton commandera la 4ᵉ division de la Grande Armée, composée des douze 2ᵉˢ bataillons du 2ᵉ corps et qui se réunit à Magdebourg. »

Nap. à Eug.
Trianon,
18 mars 1813.
« Mon fils, je vous envoie une lettre du général Latour-Maubourg. Faites-lui connaître que la mauvaise organisation de son corps est sa faute et celle de tous les généraux qui, au lieu de se remuer, de faire distribuer ce qui se trouvait dans les magasins et de s'occuper sans cesse à remettre leurs troupes en état, n'ont rien fait; ils ont été comme gelés jusqu'à présent. C'est de là que provient l'état de choses.

« Vous avez donné de l'argent à chaque homme pour les réparations. On dit qu'il y a beaucoup de choses à Magdebourg; faites-les distribuer. »

Nap. à Eug.
Trianon,
18 mars 1813.
« Mon fils, vous trouverez ci-joint des réponses du ministre de l'administration de la guerre sur la ca-

valerie. Un état n° 1 de ce qu'il y a pour l'habillement des différents régiments de cavalerie et de la Grande Armée; et sous le n° 2 l'état de ce qui existe dans les magasins de Magdebourg. Je suis porté à croire qu'il y a beaucoup d'effets restés chez les correspondants de la maison Boubé, entrepreneur de transports sur toute la route de Mayence à Magdebourg.

« Dans la colonne 10 du n° 1, vous verrez ce que les corps ont envoyé à l'armée. Faites-moi connaître ce qui est arrivé à Magdebourg. Il y a 15,000 hommes de cavalerie; vous devez avoir 15,000 hommes de cavalerie sur l'Elbe. Le général Bourcier avait le pouvoir de tout faire, il n'en a pas usé.

« Envoyez des officiers partout et activez la mise en état de la cavalerie. »

Eug. à Nap. Leipzig, 18 mars 1813.

« Sire, l'aide de camp de Votre Majesté, qui est arrivé hier soir, repart cette nuit : il remettra à Votre Majesté tous les renseignements sur la situation actuelle des choses. J'ai répondu à toutes les questions et prévenu toutes celles que Votre Majesté pourrait lui faire. Excepté ce qui se passe à Gunbinen, tout est fort tranquille sur la ligne. Demain, je fais faire des reconnaissances de Magdebourg et de Wittenberg. Celle de Magdebourg sera de 8,000 hommes d'infanterie et de 800 chevaux; celle de Wittenberg, de 3,000 hommes et de 500 chevaux ; cela occupera l'ennemi pendant le mouvement que les troupes font pour se ployer sur Magdebourg. J'y serai moi-même le 21. J'ai reçu aujourd'hui les lettres de Votre Majesté du 13 et du 14. Le général

Charbonnel était ici et va partir pour Francfort. Il en sera de même de tous les officiers d'artillerie et du génie qui se trouvaient ici, et qui sont destinés au corps d'observation du Rhin. J'ai ordonné que tous les cadres bavarois excédant ceux d'une compagnie par 100 hommes soient envoyés à Bamberg. J'ordonne au chef d'état-major général de reprendre sa correspondance avec le prince de Neufchâtel, que Sa Majesté m'annonce reprendre ses fonctions de major général. J'ignore qui a pu dire à Votre Majesté que j'avais perdu quatre pièces d'artillerie entre Berlin et Wittenberg. Ce rapport est de toute fausseté.

« Votre Majesté m'ordonne de faire partir de Francfort le régiment du colonel Lica dès que j'aurai 5 à 6,000 chevaux. Aussitôt que je pourrai compter sur quelques mille chevaux bien organisés, je m'empresserai d'exécuter cet ordre.

« Le général Sébastiani est arrivé aujourd'hui. Le général Latour-Maubourg, dont Votre Majesté m'annonçait l'arrivée, est ici présent et n'a point quitté son poste, il est seulement pour le moment légèrement indisposé. J'adresse à Votre Majesté les rapports qui me sont parvenus de tous les points de la ligne. »

Nap. à Eug.
Trianon,
18 mars 1813.

« Mon fils, je reçois votre lettre du 14 au soir. La partie de la garde que vous avez avec vous ne doit pas avoir d'artillerie (m. p.) *servie par le personnel de la garde*, vu que tout le matériel de l'artillerie de la garde se réunit à Francfort, et qu'il est nécessaire d'y joindre le personnel que vous avez. Wittenberg doit être gardé; je ne pense pas que 3,000 hommes soient nécessaires à sa garnison ; 1,500 à 2,000 y suffisent, et je vous ai fait connaître quelle espèce de troupes vous devez y employer. Il faut qu'il y ait des vivres pour trois mois; il faut avoir la quantité d'eau nécessaire pour mettre six pieds d'eau dans les fossés. — Avec ce qui existe du tracé et des reliefs des ouvrages, cette place doit être en état. Ordonnez que des pièces de canon soient mises en avant du pont; qu'une petite tête de pont soit établie sur la rive gauche avec des palissades, et qu'elle soit armée de 4 pièces de canon de manière que l'ennemi, passant le fleuve, ne puisse pas brûler le pont. Faites faire là un blockaus. Il y a 4 ou 5 petits ponts sur les inondations, il faut occuper ceux qu'il est convenable de garder par des tambours, tels que de petits corps de garde ne puissent pas être enlevés par des Cosaques. — Le général Bourcier m'écrit et ne me dit rien. Je vois qu'il a 5,000 chevaux et 5,000 hommes à Hanovre, et qu'il n'en peut pas disposer parce qu'il manque d'armes et d'effets d'équipement.

« Je vous ai adressé hier l'état de ce que l'administration de la guerre a envoyé et de ce qui est à Magdebourg. Il me semble que vous avez fait distribuer 40 francs à chaque homme pour s'équiper. Ce que vous dites dans vos lettres ne m'apprend rien; ce sont des états qu'il faudrait avoir, afin de connaître ce qu'on a à envoyer. — Beaucoup de choses dans les marchés se payent avec des billets du trésor, qui sont de l'argent comptant. Le ministre du trésor doit d'ailleurs avoir envoyé de l'argent à Magdebourg.

« La cavalerie ennemie ne pourrait pas se hasarder sur Hambourg, si vous étiez dans une position offensive sur la rive droite, puisqu'elle craindrait d'être coupée.

« Vous me mandez dans quelqu'une de vos lettres que le corps saxon a une épidémie. Il serait d'abord urgent que le général Gérard ne mêlât pas ses troupes avec les Saxons. Ce doit être là la première de toutes les (m. p.) *considérations.* »

Nap. à Eug. Trianon, 19 mars 1813, au matin.

« Mon fils, un bataillon (m. p.) d'*ouvriers* de la marine, fort de 900 ouvriers, doit être arrivé à Magdebourg. Il doit être attaché jusqu'à nouvel ordre au parc d'artillerie, et vous donnerez des ordres pour qu'on y fasse travailler avec activité à l'équipage de pont. »

Nap. à Eug. Trianon, 19 mars 1813.

« Mon fils, je vous envoie un rapport du ministre de la guerre qui vous fera connaître l'organisation qui a eu lieu à Erfurth. Ces cinq bataillons auront dans les premiers jours d'avril 2,500 hommes. Ils seront bientôt à 4,000 hommes, et cela sera plus que suffisant pour tenir la ville et la citadelle d'Erfurth. »

Nap. à Eug. Trianon, 19 mars 1813.

« Mon fils, je n'ai rien à ajouter aux lettres que je vous ai écrites précédemment. Si le général Reynier était obligé d'évacuer Dresde, et que l'ennemi, maître de cette ville, eût ainsi tourné la ligne de l'Elbe, je vous ai fait connaître que cela ne devait avoir aucune influence sur votre position en avant de

Magdebourg. Outre la ligne de la *Mulda*, que je vous ai indiquée comme devant être prise par le général Reynier pour garder le pays contre les incursions des Cosaques, il y a encore celle de la *Saale*. — Faites connaître le nombre de ponts qu'il y a sur cette rivière. La *Saale*, qui va se jeter dans l'Elbe près de Magdebourg, a un cours très-encaissé qui ne présente qu'un petit nombre de passages. Il serait d'autant plus possible de tenir la position de cette ligne et d'y arrêter une avant-garde de troupes légères ennemies, qu'au 25 mars le général Wrède avec 10,000 Bavarois, de l'artillerie et de la cavalerie, sera arrivé à Bamberg et pourrait facilement porter la tête de cette colonne sur Schleitz et Saalfeld.

« Le général Souham sera le 25 mars à Wurstzbourg et le 1er corps d'observation du Rhin y sera au 1er avril. Ce corps pourrait aussi facilement se porter sur Iéna, Naumburg, Mersebourg, et par ce moyen toute la droite de la ligne serait gardée.

« Le général Reynier garderait Halle et le duc de Bellune depuis Halle jusqu'à l'embouchure de la Saale dans l'Elbe. Alors un mouvement offensif de 8 divisions en avant de Magdebourg empêcherait l'ennemi de s'enfourner entre nos différentes armées.

« Quand je parle de la ligne de la *Mulda* et de la ligne de la *Saale*, c'est toujours fondé sur la position offensive que vous occuperez devant Magdebourg, car sans cela il n'y a pas de ligne. L'Elbe et le Rhin et de plus larges rivières n'en sont pas. »

Eug. à Nap. Leipzig, 19 mars 1813.

« Sire, j'ai reçu aujourd'hui une deuxième lettre de Votre Majesté, du 24, par laquelle elle me renouvelle l'ordre de diriger sur Gotha tout ce qui reste à l'armée de cavalerie de la garde, aussitôt que j'aurai réuni 5 à 6,000 chevaux. Il existe en ce moment près de 3,000 chevaux des 1er et 2e corps. Le général Belliard, par sa lettre ci-jointe, m'annonce que 800 chevaux vont partir du dépôt pour rejoindre l'armée.

« Comme je vais à Magdebourg et que je ne veux pas emmener la cavalerie de la garde pour la renvoyer ensuite, je prends le parti de la diriger d'ici sur Gotha pour remplir les intentions de Votre Majesté. »

FIN DU HUITIÈME VOLUME.

TABLE DES MATIÈRES

LIVRE XXI

DU 7 SEPTEMBRE AU 5 DÉCEMBRE 1812.

§ I. — Bataille de la Moscowa (7 septembre 1812). — Rôle du prince Eugène sur la gauche de la Grande-Armée. — Attaque de Borodino. — Attaque de la Grande-Redoute. — Charge de la cavalerie Ornano. — Prise de la Grande-Redoute. — Le 4ᵉ corps marche sur Moscou par Rouza. — Il est établi au nord-ouest de Moscou sur la route de Saint-Pétersbourg (17 septembre). — Séjour à Moscou jusqu'au 19 octobre. — La Grande-Armée marche sur Kalouga. — Les Russes s'avancent sur Malo-Jaroslawetz. — Bataille de Malo-Jaroslawetz (24 octobre 1812), gagnée par le 4ᵉ corps. — Rapport du prince Eugène sur cette glorieuse affaire. — Mort du général Delzons. — Retraite sur Smolensk par Mojaïsk, Ghjat et Wiasma. — Combat de Wiasma (2 novembre). — Le 4ᵉ corps dirigé sur Doukhowtchina. — Passage du Vop. — Arrivée du 4ᵉ corps à Smolensk (12 septembre). — Combat de Krasnoé (16 novembre).
§ II. — Retraite sur Orcha (19 novembre). — Le vice-roi vole au secours du maréchal Ney (20). — Marche sur la Bérézina. — Destruction du 4ᵉ corps. — L'Empereur quitte l'armée (5 décembre). — Lettre du prince Eugène. — Réponse de l'Empereur. . 1
Correspondance relative au livre XXI. 39

LIVRE XXII

DU 5 DÉCEMBRE 1812 AU 17 JANVIER 1813.

Après le départ de l'Empereur (5 décembre 1812), le prince Eugène reste à l'armée. — Il arrive à Ochmiana (6 décembre); — à Wilna

(9 décembre). — Ses efforts pour défendre Wilna. — Il passe à Kowno la journée du 12. — Les débris de l'armée quittent la ligne du Niémen pour se porter sur celle de la Vistule. — Le 4ᵉ corps dirigé sur Marienwerder. — Wirballen (15 décembre). Gunbinen, 17 et 18 décembre. — Le vice-roi se dirige par Insterburg, Welhau et Eylau sur Marienwerder. — Il arrive dans cette dernière ville le 26 décembre. —Son séjour jusqu'au 13 janvier 1813. — Ses occupations dans cette place. — Affaires d'Italie. — Coup d'œil sur l'organisation donnée au royaume par le vice-roi avant son départ de Milan (de janvier à mars 1812). — Résumé de la situation envoyé par le prince à l'Empereur le 3 janvier. — Départ de Marienwerder et arrivée à Schwetz le 13 janvier 1813. — Eugène appelé au quartier général à Posen. — Le roi de Naples quitte l'armée le 17 janvier. — Conduite du vice-roi en cette circonstance. — Il refuse d'accepter de Murat le commandement, mais il prend le commandement intérimaire comme le seul lieutenant de l'Empereur présent à l'armée. — Opinion du roi Louis sur la conduite d'Eugène. — Lettre du vice-roi à l'Empereur pour lui annoncer le départ de Murat. — Résumé de la conduite du prince Eugène pendant toute la campagne de 1812. — Déni de justice, à son égard, de M. Thiers dans son *Histoire du Consulat et de l'Empire*. — Lettre par laquelle l'Empereur donne au prince le commandement de l'armée en lui exprimant le regret de ne pas l'avoir fait lors de son départ de Smorghoni.. 101

LIVRE XXIII

DU 17 JANVIER AU 12 MAI 1813.

Le prince Eugène prend le commandement en chef de l'armée (17 janvier 1813). — Il fait tous ses efforts pour en réorganiser les débris. — États sommaires des armées françaises et russes au commencement et à la fin de la campagne de 1812. — Opérations de Macdonald sur la gauche. — Mesures que prend le vice-roi pour la réorganisation des troupes. — Résumé de la curieuse correspondance de Napoléon relativement à la mise sur pied des nouvelles et nombreuses armées françaises. — Sa prodigieuse activité secondée par celle du prince Eugène. — L'Empereur semble vouloir se faire illusion sur la fidélité de ses alliés. — Le vice-roi, plus rapproché du théâtre des opérations, ne croit pas à cette fidélité. — Les Russes se portent sur la Vistule. — Eugène abandonne Posen (12 février). — Il se replie sur l'Oder par Meseritz et Francfort, où il s'arrête trois jours. — Combat de Kalisch à droite. — Le prince de Schwarzenberg oppose une force d'inertie à l'exécution des instructions qui

lui sont envoyées par le vice-roi. — Eugène occupe Berlin (22 février), et porte ensuite son quartier général au sud-est de cette ville, à Copenick, où il reste jusqu'au 27 février.—Il réside à Schœnberg, près de Berlin, du 27 février au 4 mars. — Évacuation de Berlin (4 mars). – Retraite de l'Oder sur l'Elbe par Saarmund (4 mars), Treuenbritzen (5 mars) et Wittenberg (6 mars). — Situation des armées belligérantes au commencement de mars 1813.— Le prince vice-roi porte son quartier général à Leipzig (9 mars), en avant de l'Elbe. — Sa lettre au roi de Saxe. — Eugène, dans la pensée de défendre Dresde, s'étend sur sa droite; Napoléon n'approuve pas cette disposition. — Ses reproches au vice-roi. — Réponse de ce dernier. — Opinion de M. Thiers sur les opérations du prince. — L'armée manque de cavalerie. — L'Empereur souvent abusé par de faux rapports. — Ordre à Eugène de se concentrer autour de Magdebourg. — Eugène se porte de Leipzig à Magdebourg (21 mars). Opération autour de Magdebourg. — Combat de Mœckern (5 avril). — Mouvement sur la Saale. — Staffurth (du 8 au 11 avril). — Ascherleben (du 11 au 15 avril). — Hoym (du 15 au 21 avril 1813). — Dans les derniers jours d'avril, le vice-roi manœuvre pour rejoindre la Grande-Armée entre Leipzig et Mersebourg. — Il vient le 1er mai à Weissenfeld.— Bataille de Lutzen (2 mai 1813). — Le 12 mai, il reçoit l'ordre de se rendre en Italie.. 143
Correspondance relative au livre XXIII.. 215

FIN DE LA TABLE DES MATIÈRES DU HUITIÈME VOLUME.

PARIS. — IMP. SIMON RAÇON ET COMP., RUE D'ERFURTH, 1.

CHEZ LES MÊMES ÉDITEURS. **ÉDITIONS FORMAT IN-8°.** SUR BEAU PAPIER GLACÉ

F. GUIZOT
MÉMOIRES pour servir à l'histoire de mon temps. Tom. I et II. 2 volumes. . . . 15 »
 Tom III (sous presse). 1 vol. . . . 7 50
TROIS ROIS, TROIS PEUPLES et TROIS SIÈCLES (sous presse). 1 volume 7 50
HISTOIRE DE LA FONDATION DE LA RÉPUBLIQUE DES PROVINCES-UNIES, par J. Lothrop Motley, traduct. nouv. précédée d'une introduction, 4 volumes in-8. . . . . . 24 »

VILLEMAIN
LA TRIBUNE MODERNE. 1re partie. M. DE CHATEAUBRIAND sa vie, ses écrits, son influence litté sur son temps. 1 vol. 7 50
2me partie (sous presse). 1 vol. . . 7 50
****
ALESIA, étude sur la septième campagne de César en Gaule, avec 2 cartes. 1 vol. 6 »
****
ÉTUDES SUR LA MARINE. 1 volume. . . . 7 50
****
MADAME LA DUCHESSE D'ORLÉANS (Hélène de Mecklembourg-Schwerin). (6e édition). 1 volume . . . . 6 »

PRÉVOST-PARADOL
ESSAIS DE POLITIQUE ET DE LITTÉRATURE. 1 volume. 7 50

SAINT-MARC GIRARDIN
SOUVENIRS POLITIQUES D'UN JOURNALISTE. 1 volume. 7 50

MADAME DU DEFFAND
CORRESPONDANCE INÉDITE avec la duchesse de Choiseul et l'abbé Barthélemy, précédée d'une Notice de M. de Ste-Aulaire. 2 volumes. . . . . 15 »

VICTOR HUGO
LES CONTEMPLATIONS. 2 beaux volumes. 12 »

LOUIS DE LOMÉNIE
BEAUMARCHAIS ET SON TEMPS, études sur la société en France au XVIIIe siècle, d'après des documents inédits (2e édition). 2 vol. 15 »

LE COMTE D'HAUSSONVILLE
HISTOIRE DE LA POLITIQUE EXTÉRIEURE DU GOUVERNEMENT FRANÇAIS (1830-1848), avec documents, notes et pièces justificatives entièrement inédits. 2 volumes. . . . . . 12 »
HISTOIRE DE LA RÉUNION DE LA LORRAINE A LA FRANCE, avec notes, pièces justificatives, dépêches et documents historiques entièrement inédits. 4 volumes. . . . . . 30 »

DUVERGIER DE HAURANNE
HISTOIRE DU GOUVERNEMENT PARLEMENTAIRE EN FRANCE, 1814-1848, précédée d'une introduction. 3 volumes. 22 50

LE PRINCE EUGÈNE
MÉMOIRES ET CORRESPONDANCE POLITIQUE ET MILITAIRE, publiés par A. DU CASSE. Tomes I à VI. — 6 volumes. . . . . . . 36 »
 Tom. VII (sous presse). 1 volume. . 6 »

LOUIS REYBAUD
ÉTUDES SUR LE RÉGIME DES MANUFACTURES. Condition des ouvriers en soie. 1 volume 7 50

LAMARTINE
GENEVIÈVE. 1 beau volume grand in-8 . 5 »
NOUV. CONFIDENCES. 1 beau vol. gr. in-8. 5 »
TOUSSAINT LOUVERTURE. 1 b. vol. gr. in-8. 5 »

ERNEST RENAN
ÉTUDES D'HISTOIRE RELIGIEUSE (4e éd.) 1 v. 7 »
DE L'ORIGINE DU LANGAGE (3e éd.). 1 vol. 6 »
AVERROES ET L'AVERROÏSME. 1 volume . 6 »
HISTOIRE ET SYSTÈME COMPARÉ des langues sémitiques (2e édition). 1 vol. grand in-8. 12 »
LE LIVRE DE JOB, trad. de l'hébreu. 1 vol. 7 5
ESSAIS DE MORALE ET DE CRITIQUE. 1 vol. 7 50
LE CANTIQUE DES CANTIQUES, trad. de l'hébreu et rappelé à son plan primitif (sous presse) 1 volume 7 50

LE COMTE DE MARCELLUS
CHATEAUBRIAND ET SON TEMPS. 1 volume 7 50

LE MARÉCHAL DE SAINT-ARNAUD
LETTRES (1832-1854), avec des notes et pièces justificatives (2e éd., précédée d'une Notice par M. SAINTE-BEUVE). 2 vol. avec portrait et autographe du maréchal. . . . . . 12 »

DE LATENA
ÉTUDE DE L'HOMME (3e édit.). 1 volume 7 50

ALEXIS DE TOCQUEVILLE
L'ANCIEN RÉGIME ET LA RÉVOLUTION (4e édition). 1 volume. 7 50

J.-J. AMPÈRE
PROMENADE EN AMÉRIQUE. États-Unis.—Cuba — Mexique (2e édition). 2 volumes . 12 »
CÉSAR, scènes historiques. 1 volume. . 7 50
L'HISTOIRE ROMAINE A ROME (s. pr.) 2 vol. 18 »

J.-B. BIOT
Membre de l'Académie des Sciences et de l'Académie française.
MÉLANGES SCIENTIFIQUES ET LITTÉR. 3 vol. 22 5

E. DE VALBEZEN
LES ANGLAIS ET L'INDE, avec notes, pièces ficat. et tableaux statistiq. (3e éd.) 1 v.

LE COMTE MIOT DE MELITO
Ancien ambassadeur, ministre, conseiller d'état et membre de l'Institut.
SES MÉMOIRES publiés par sa famille, 1788 1815. 3 volumes. 22 5

LA PRINCESSE DE BELGIOJOSO
ASIE MINEURE ET SYRIE. Souvenirs de voyage. 1 volume. 7 50

J. SALVADOR
PARIS, ROME ET JÉRUSALEM, ou la Question religieuse au XIXe siècle (s. presse).

JULES JANIN
LA RELIGIEUSE DE TOULOUSE. 2 vol.
LES GAITÉS CHAMPÊTRES. 2 volum.

CHARLES MAGNIN
HISTOIRE DES MARIONNETTES D'Europe l'antiquité jusqu'à nos jours. 1 vol.

LE COMTE DE MONTALIVET
LE ROI LOUIS-PHILIPPE (Liste Civile). édition, entièrement revue et complètement augmentée de notes, pièces ficatives et documents inédits, portrait et un fac-simile du roi et un du château de Neuilly. 1 volume. . 6 »

OSCAR DE VALLÉE
ANTOINE LEMAISTRE ET SES CONTEMPORAINS. — Etudes sur le XVIIe siècle (2e éd.). 1 vol.

A. MONGINOT
Professeur de comptabilité, expert près les et tribunaux de Paris.
NOUVELLES ÉTUDES SUR LA COMPTABILITÉ. TENUE DES LIVRES COMMERCIALE, INDUSTRIELLE ET AGRICOLE. 1 volume 7 50